U0514588

CHINA
INDUSTRY DEVELOPMENT REPORT

中国产业发展报告
2022

中国产业链供应链现代化研究

国家发展和改革委员会产业经济与技术经济研究所　著

中国财经出版传媒集团
经济科学出版社
Economic Science Press

图书在版编目（CIP）数据

中国产业发展报告. 2022：中国产业链供应链现代化研究/国家发展和改革委员会产业经济与技术经济研究所著. -- 北京：经济科学出版社，2022.12

ISBN 978 - 7 - 5218 - 4274 - 6

Ⅰ.①中… Ⅱ.①国… Ⅲ.①产业发展 - 研究报告 - 中国 - 2022 Ⅳ.①F269.2

中国版本图书馆 CIP 数据核字（2022）第 214168 号

责任编辑：孙丽丽　纪小小
责任校对：李　建
责任印制：范　艳

中国产业发展报告：2022
——中国产业链供应链现代化研究
国家发展和改革委员会产业经济与技术经济研究所　著
经济科学出版社出版、发行　新华书店经销
社址：北京市海淀区阜成路甲 28 号　邮编：100142
总编部电话：010 - 88191217　发行部电话：010 - 88191522
网址：www.esp.com.cn
电子邮箱：esp@esp.com.cn
天猫网店：经济科学出版社旗舰店
网址：http://jjkxcbs.tmall.com
北京季蜂印刷有限公司印装
787×1092　16 开　22.75 印张　500000 字
2022 年 12 月第 1 版　2022 年 12 第 1 次印刷
ISBN 978 - 7 - 5218 - 4274 - 6　定价：88.00 元
（图书出现印装问题，本社负责调换。电话：010 - 88191510）
（版权所有　侵权必究　举报电话：010 - 88191586
电子邮箱：dbts@esp.com.cn）

产业发展报告编委会

编委会主任：费洪平

副　主　任：姜长云　谭永生　王云平（执行）

编委会成员：（按姓氏笔画排序）

　　　　　　王云平　王　君　王岳平　王佳元　付保宗

　　　　　　李金峰　任旺兵　杨合湘　张于喆　姜长云

　　　　　　姜　江　洪群联　费洪平　涂圣伟　谭永生

前　言

党的十八大以来，习近平总书记高度重视产业链供应链现代化问题，多次发表重要讲话、作出重要指示，为我们做好产业链供应链现代化工作指明了前进方向、提供了根本遵循。推进产业链供应链现代化，形成具有更强创新力、更高附加值、更安全可靠、更加韧性、更稳定畅通的产业链供应链，是我国实现高质量发展、建设现代产业体系和构建新发展格局的根本路径，是增强我国产业国际竞争力、应对风险挑战和维护经济安全的必然要求。

当前，世界百年未有之大变局加速演进，全球产业链供应链竞争更加激烈，各种外部冲击导致风险趋升，我国产业链供应链现代化面临不少困难和挑战。新时代新阶段，我国要充分发挥制度优势、超大市场优势和产业齐全的配套优势，以夯实产业基础能力为根本，以自主可控、提高韧性、安全高效为目标，以数字化发展为方向，以绿色低碳化发展为要求，以扩大国际合作为途径，加快补齐短板、锻造长板，推动产业链国际延伸、供应链全球整合、价值链高端提升，全面提升我国产业链供应链现代化水平。为此，2022年，国家发展和改革委员会产业经济与技术经济研究所专门设立"中国产业链供应链现代化研究"课题，全面分析全球产业链供应链发展的趋势和特点，准确把握我国产业链供应链现代化面临的机遇和挑战，深入探讨我国产业链供应链现代化的优势基础和问题，研究提出推进我国产业链现代化的思路与政策措施。

本书坚持以习近平新时代中国特色社会主义思想为指导，深入贯彻党的十九大和二十大精神，从总论、综合、专题和行业四大篇共19章分别就我国产业链供应链现代化相关问题进行研究。各章执笔人分别是：第一章费洪平、姜长云、谭永生，第二章王海成，第三章王云平，第四章邱灵，第五章于潇宇、姜江，第六章李子文，第七章付保宗，第八章付保宗，第九章王君，第十章徐建伟，第十一章周振、张成鹏，第十二章洪群联，第十三章盛如旭、李红宇，第十四章杨威，第十五章张义博、张成鹏，第十六章余新创，第十七章郭怀英，第十八章郑腾飞、张于喆，第十九章韩祺、姜江。

　　本书在写作过程中，有关单位领导和专家给予了大力支持与帮助。经济科学出版社的编辑同志仔细审阅了书稿，并提出很好的修改意见，为本书增色不少。同时，也谨向书中涉及诸多观点和看法的有关专家领导，表示诚挚的谢意。书中的所有观点尤其不足之处，恳请有关领导、专家和读者朋友批评指正。

费洪平

2022 年 12 月于北京

目 录

总 论

综 合 篇

专　题　篇

行 业 篇

总　　论

第一章

积极应对新变局新挑战 聚力打好产业链供应链现代化攻坚战*

当前，世界百年未有之大变局加速演进，世界之变、时代之变、历史之变的特征更加明显。百年变局、新冠肺炎疫情影响交织叠加，俄乌冲突、地缘政治冲突和大国博弈加剧，单边主义、保护主义、霸权主义滋生蔓延，经济全球化遭遇逆流，新一轮科技革命和产业变革风起云涌，国际产业分工格局和竞争版图深刻调整，全球产业链供应链竞争更加激烈，各种外部冲击导致风险趋升，我国产业链供应链现代化面临不少困难和挑战。

党的十八大以来，习近平总书记高度重视产业链供应链现代化问题，多次发表重要讲话、作出重要指示，为我们做好产业链供应链现代化工作指明了前进方向、提供了根本遵循。推进产业链供应链现代化，形成具有更强创新力、更高附加值、更安全可靠、更稳定畅通的产业链供应链，是我国实现高质量发展、建设现代产业体系和构建新发展格局的根本路径，是增强我国产业国际竞争力、应对风险挑战和维护经济安全的必然要求。新时代新阶段，我国要充分发挥制度优势、超大市场优势和产业齐全的配套优势，以夯实产业基础能力为根本，以自主可控、提高韧性、安全高效为目标，以数字化发展为方向，以绿色低碳化发展为要求，以扩大国际合作为途径，围绕产业链供应链部署创新链、围绕创新链布局产业链供应链，加快补齐短板、锻造长板，推动产业链国际延伸、供应链全球整合、价值链高端提升，全面提升我国产业链供应链现代化水平。

一、全球产业链供应链进入重构变革期

当前，国际经济政治格局复杂多变，不稳定性、不确定性因素明显增加，全球产业

---

* 本章执笔人：费洪平、姜长云、谭永生。

链供应链加速演变，并呈现出多元化、本土化、区域化、数字化、低碳化新趋势新特征。

（一） 多元化

受新冠肺炎疫情暴发叠加中美贸易摩擦和俄乌冲突的影响，许多国家开始警惕"把鸡蛋放在同一个篮子"的断供风险，纷纷致力于加速推动全球产业链供应链多元化布局。2022 年 5 月，美国—欧盟贸易和技术委员会（TTC）第二次会议决定，美欧将在太阳能电池、稀土和芯片等领域扩大来源地，并准备将其关键产业供应链转移至印度。一些跨国公司既不想放弃庞大的中国市场，又不愿承担关税成本上升和本国政府鼓励制造业"回流"等压力，将面向中国市场和除美国以外的全球市场订单放在配套最完善的中国生产，而将对美出口订单转移至东南亚等国家和地区或者"回流"本土，形成多元化布局。

全球产业链供应链调整动力也日趋多元化，由追求成本和效益的经济因素主导，转向经济、政治、安全、环保等共同发力。一是追求安全动力。受多重因素影响，各国对产业链供应链关注重心从"效率"转向"安全"，一些发达经济体在科技、军事、战略资源等敏感核心领域加强技术出口管制和外国投资监管，许多国家根据双边关系和疫情防控成效划分"朋友圈"，而对产业链进行布局调整。二是追求"政治圈"动力。一些发达国家实施贸易和投资保护主义，组建各种形式的"小圈子""同盟体系"，把价值观不同的国家产业链排斥在外。三是追求绿色低碳环保动力。清洁能源等绿色产业链快速发展，高碳及传统化石能源行业产业链发展受到抑制。跨国公司通过绿色采购市场机制，加快构建绿色低碳产业链供应链。

（二） 本土化

出于应对自然灾害和抵御地缘政治风险、强化关键战略产业供应安全等考虑，世界各国更加重视本国产业链供应链的安全稳定问题，主要经济体纷纷加强在本土以及周边地区布局，全球产业链供应链呈现出本土化和"缩短"趋势。一些发达国家加快制造业"回流"战略部署，提出科技创新"安全"理念，出台尖端技术保护相关法律，强化"新兴与基础技术"出口管制，并在半导体、新能源和新能源汽车、数字经济等高新技术产业领域加大本土投资扶持力度，提升国内产业链本土化水平和供应链保障能力。

2008 年国际金融危机以来，美国实施"再工业化"战略，引导产业链供应链回归本土。2010 年 8 月，美国出台《制造业促进法案》，企图通过大范围减税降低制造业成本，以吸引在海外的美国制造业企业回归本土。奥巴马政府发布《全球供应链安全国家战略》，首次提出供应链弹性概念，并将供应链安全视为国家经济和安全的核心利益之一。特朗普政府试图通过"贸易战"倒逼美国企业将产业链迁回本土，多次以国家安全为由，采用出口管制实体清单、强制退市等手段打压中国高科技企业，实现"美国制造"

本土化目标。拜登政府推行供应链安全和韧性审查，采取推动全球头号战略产业向美国集中、加快构建以美国为中心的"美洲内循环体系"、促进制造业"回流"、提高软件供应链安全性、构筑"小院高墙"、增强农产品贸易控制力等多项政策重组全球产业链。2022年8月，美国通过《芯片与科学法案》，提出5年内为本土发展芯片制造及研发提供527亿美元补贴，并针对芯片制造投资提供约240亿美元税收抵免，以此削弱和限制中国半导体产业发展，增强美国芯片供应链安全和本土半导体产业竞争力。美国参议院通过《降低通胀法案》，提出税收激励措施扶持从上游原材料到下游车企的本土化供应链，鼓励各类新能源企业到美国建厂。2019年，《德国工业战略2030》提出把工业生产制造所有环节放在一个经济地区，打造完整的产业链供应链，减少外部冲击威胁，并加强审查境外企业。2021年，欧盟通过《供应链法》和《面向21世纪欧洲工业政策宣言》草案，试图以"保护性措施"推动欧盟经济竞争力的回归，并"在必要时进行储备和自主行动"。

（三）区域化

全球产业链分工格局深度调整，原有全球"大三角"分工格局加速调整，北美供应链、欧盟供应链和亚洲供应链等区域供应链"三足鼎立"格局加速形成。近年来，许多国家签订《全面与进步跨太平洋伙伴关系协定（CPTPP）》《美墨加贸易协定（USMCA）》《欧日经济合作伙伴关系协定（EPA）》等高标准区域自贸协定，北美、欧洲和亚洲三大区域内部循环不断强化。例如，美国主导签署《美墨加贸易协定》（2020年），提出5年过渡期内一辆汽车零部件的北美原产地占比必须从目前的62.5%逐步提高到75%，并要求汽车制造商至少70%的钢铁和铝原料必须来自美国、墨西哥和加拿大。德国优化产业链供应链布局以欧盟区域内循环为主，减少对外依赖。日本根据"海外供应链多元化支援"政策，对生产高度集中在特定国家的产品和对国民健康生活极为重要的产品，支持企业对供应链进行区域化布局，将生产从特定国家迁往以东南亚为中心的国家。

新冠肺炎疫情暴发以来，尽管全球产业链供应链存在不稳定性，但是区域内贸易往来有所增多，成为逆全球化思潮和贸易保护主义持续蔓延背景下经济全球化的重要补充。在各种区域经贸协定推动下，北美、欧洲、亚洲等区域内循环和联系不断增强，全球产业链供应链将由原来的美国等发达国家从事研发及中高端产品制造、中国等发展中国家从事中低端产品制造和组装加工、中东和俄罗斯等提供能源的"大三角"模式向北美、欧盟和亚洲"三足鼎立"格局转变。未来，用于生产所需的中间品贸易主要在区域内进行，全球产业链将会朝着区域化、次区域化方向发展，跨国公司的全球产业链将在欧洲、北美、东亚、东盟等区域聚焦。由于美国与加拿大、墨西哥的产业互补性较强，北美供应链区域化将会愈发明显，而东盟、中日韩等供应链次区域化也将成为新趋势。

（四）数字化

当今世界，以云计算、大数据、人工智能、互联网为核心的数字技术革命和产业变革加快发展，世界主要国家在数字经济、5G 等高科技领域的竞争日益激烈，全球产业链供应链呈现数字化趋势。《2020 年世界投资报告》提出影响未来全球产业链变动的三项技术进步趋势：机器人自动化、加强供应链数字化和增材制造，这三项技术进步趋势和进程将决定全球产业链重组的趋势和结构。受新冠肺炎疫情冲击影响，各行业数字化进程加速，智能工厂快速发展、工业互联网广泛应用、线上线下供需互动更加频繁，数字化技术广泛应用于农业、工业、服务业等众多行业，以及疫情治理、行政管理、国际贸易等，跨境电子商务实现逆势高速增长，"云经济""宅经济"等商业模式创新不断涌现。

数字技术加速创新改变了国际经济的形式、全球化参与者的构成以及相关国际贸易规则体系，成为推动全球产业链变革的新动力，加速了产业链供应链数字化转型趋势。以美国、德国为代表，处于全球价值链高端地位的发达国家，纷纷布局新一代人工智能、区块链、工业机器人等数字产业，作为抢占信息网络与智能技术等颠覆性技术创新话语权的重点领域。2022 年 5 月 4 日，美国商务部成立国家人工智能咨询委员会（NAIAC），致力于为美国发展负责任且兼具包容性的人工智能技术开辟道路。5 月 16 日，欧盟理事会批准通过《数据治理法案》，与《欧洲数据战略》《通用数据保护条例》《非个人数据自由流动条例》《开放数据指令》《数字内容指令》《数字市场法案》《数字服务法案》《数据法案》等"一揽子"法律共同构成欧洲单一数据市场建设的顶层设计，勾勒了未来数据要素生态图景的欧洲方案。

（五）低碳化

面对全球气候变化、环境污染、资源匮乏等人类面临的共同挑战，在各国应对气候变化和实现碳中和目标的政策推动下，世界将迎来一场绿色低碳技术革命和产业变革。全球 130 多个国家和地区陆续宣布了碳中和目标，主要企业也纷纷提出碳达峰、碳中和时间表。2020 年 3 月，欧盟公布《欧洲气候法》，提出到 2050 年实现碳中和；10 月，韩国和日本也相继宣布 2050 年实现碳中和目标。美国政府重回《巴黎协定》并开展一系列清洁能源革命，力求在 2050 年实现碳中和。2022 年 8 月，美国参议院通过《降低通胀法案》，提出约 3 700 亿美元的能源和气候投资及税收抵免。在应对气候变化的长期目标方面，世界主要工业大国达成共识，"低碳化"已成为全球产业链供应链的重要演进方向，未来国际经贸谈判将推动形成低碳减排标准和绿色贸易投资壁垒，加快全球产业链供应链绿色低碳转型。

二、我国产业链供应链安全稳定形势复杂严峻

当前，国内外形势发生深刻复杂变化，各种外部冲击导致风险趋升，全球产业链供应链竞争更加激烈，"卡链""断链""掉链"现象不断蔓延，国际循环出现局部性梗阻，我国产业链供应链不稳定性、不确定性明显上升。

（一）发达国家压制效应陡增

近年来，一些发达国家纷纷出台政策，以安全为由加大技术出口限制，支持本国企业从中国大陆迁出，并联合其他国家欲构建盟友供应链联盟、科技联盟围堵中国，全球产业链供应链调整格局出现"去中国化"现象。2022 年 2 月，美国商务部工业与安全局宣布将 33 家中国实体企业列入出口管制"未经验证清单"，意味着美国出口商需要获得许可证才能向其出口产品或关键零部件。2022 年 9 月，美国政府启动国家生物技术和生物制造倡议。此举在于降低美国对国外的依赖，以确保美国能够拥有将所有发明创造转化为产品的能力，并以此回应中国在生物技术方面的挑战。2022 年 10 月，美国政府将 31 家中国公司、研究机构和其他团体列入所谓"未经核实名单"，限制它们获得某些受监管的美国半导体技术。美国商务部工业和安全局发布了新的芯片出口管制措施，进一步限制中国出售半导体和芯片制造设备，禁止企业向中国供应先进的计算芯片制造设备和其他产品，为向中国出口 IC 半导体制造设施增加新的许可证要求。这在一定程度上将会加剧我国部分产业链供应链的"卡脖子"风险。美国针对中国制造经贸摩擦，企图将中国排斥在由其主导的全球产业链之外。由此将会导致一方面，与美国市场密切相关或对美国技术高度依赖的跨国企业，或者在美国加强投资，或者弱化与中国企业和市场的联系，将投资转移至东南亚等地；另一方面，与中国市场相关的企业，被迫在全球范围内寻找能够规避美国关税墙或保护主义壁垒的出口基地作为生产"原产地"。那些承接产业转移的国家在美国加征关税的压力下，可能会进一步采取与美国相似的保护政策，从技术转移、原材料采购、重大技术设备供应等方面同中国产业链供应链保持距离。

面对来自发达国家的压制效应，我国传统技术引进利用模式遭遇空前阻击。在诸多先进制造和高新技术领域，已形成发达国家主导的国际产业生态圈，一些关键零部件和软件平台的垄断局面短期很难打破。为巩固和再造产业优势，先行工业化国家纷纷制订制造业"回流"与振兴计划，再工业化重心集中在高端制造业和新兴产业领域，使我国产业升级受到越来越明显的竞争和挑战。随着先行工业化国家不断维护和强化先发优势和技术垄断，不断筑高外国投资的"堤坝"，针对全球产业链供应链制高点、控制权的争夺将更趋激烈，我国引进和利用外部技术的渠道受阻，可能在短时间内进一步加剧我

国关键技术"卡脖子"问题，导致我国利用外部资源推动产业链供应链升级的渠道不断收窄。

（二）部分跨国公司产业链外迁加速

面对新冠肺炎疫情与俄乌冲突，拥有更长链条、更多生产环节的跨国公司加速调整生产和供应链，追求生产过程的简化以及使用在岸、近岸生产甚至国内生产，进一步推动产业链供应链"短链化"趋势。关键行业的跨国公司就此迁回本国，尤其是关系国计民生的重要原材料、零配件、中间投入品等产业的全球价值链加速"回流"，以满足本国政府和社会所追求的自主可控目标。

受中美贸易摩擦不断升级影响，叠加国内人工成本上涨、资源环境约束加大等因素，特别是受新冠肺炎疫情冲击，为避免美国高额关税和分散产业链风险，一些劳动密集型产业、加工贸易行业及以美国市场为目标的中低端产业和组装环节加速迁出中国，特别是我国东部沿海地区外资企业加工组装环节不断向东南亚国家转移，未来可能会扩展到关键零部件乃至整个产业链上下游企业链条式外迁。

近年来，各国政府大力推动涉及国家安全和基础民生的产业（如医疗设备、药品、军工、高科技产业等）"回流"，以及跨国公司出于兼顾成本与分散风险等考虑而调整产能布局，降低在华生产的产业链比重。受中美贸易摩擦影响，为规避关税等风险，我国制造业已出现向越南、缅甸等东南亚国家外迁趋势。美国、日本等国家出台多项刺激计划，鼓励医疗设备、药品、半导体、汽车、军工、信息通讯等涉及国家安全的产业"回流"本国，降低核心环节在华生产比重。部分跨国企业为分散大国博弈和疫情导致的双重风险，必然在生产效率、经营利润之外更看重产业链本土化带来的安全稳定性，加速产业链核心环节"回流"本国，将导致我国相关产品、零部件供应受阻，不利于我国产业链供应链稳定。

（三）新兴经济体挤占效应凸显

当前，我国要素成本持续上升，低成本比较优势趋于弱化，一些新兴经济体后发优势逐步显现、追赶步伐加快。东南亚、南亚等新兴发展中国家，如印度、越南、柬埔寨、缅甸、孟加拉国、斯里兰卡等，利用后发优势加上优惠政策叠加作用，开始加快当地制造业发展，一批新的世界加工制造基地正在悄然兴起，对我国产业链供应链造成一定的F竞争效应和替代效应。为保护本国相关产业发展，一些新兴发展中国家针对我国传统优势出口产品的贸易保护举措越来越多，一些传统矿产资源出口国家也加大初级资源出口管控力度，力求更大限度地在本国延伸和拓展下游产业链。

随着大国博弈持续加剧，新兴经济体凭借更低的要素资源成本特别是劳动力成本优势，不断吸引跨国公司产业转移，跨国公司向东南亚和南亚等地区产业转移步伐有所加快。中美经贸摩擦以来，为应对美国对华加征关税影响，一些美国品牌商和客户要求中国供应商将生产基地转移至东南亚国家，甚至要求企业给出转移时间表，否则将失去新产品开发权和新订单。近年来，中国对美出口的家电、玩具等产品主要被越南、中国台湾地区等替代，纺织品主要被越南、印度、印度尼西亚等替代。与此同时，我国一些企业出于降低生产成本、拓展国际市场、优化全球布局等战略考虑，从自身利益诉求出发主动加大对新兴国家投资力度，在海外建设生产基地和营销网络。随着新兴国家吸引产业转移力度不断加大，产业链供应链体系也不断完善，对我国相关产业挤占效应将逐步显现，我国传统优势制造业产业链供应链存在被替代和转出的风险。

（四）高碳产业链转移面临更高的国际绿色壁垒

越来越多的国家正在制定和实施碳中和具体方案，全球产业链供应链加快向绿色低碳转型。我国是全球碳排放最大的国家，绿色低碳发展要求将对我国传统行业特别是高碳行业以及全球产业链布局调整造成影响。一方面，我国钢铁、有色、化工等高碳行业向外转移和国际产能合作步伐减慢；另一方面，高标准环境保护和碳排放要求将成为全球经贸规则重点，全球产业链"链长"将率先构建更高标准的绿色供应体系，对我国相关企业对外投资和产品出口形成更高门槛，一些达不到低碳技术要求的企业必将被排除在全球产业链体系之外。2022 年 6 月，欧洲议会通过新的《碳边境调节机制提案》（CBAM），2023～2026 年是碳关税实施的过渡期，2027 年起欧盟将正式全面开征碳关税，征收范围包括钢铁、铝、水泥、化肥、电力原有五个行业，以及有机化学品、塑料、氢、氨四个新纳入行业。

（五）国际能源资源供给、地缘政治和极端事件冲击加剧

近年来，受全球疫情蔓延、世界经济减速、地缘政治冲突加剧、矿山减产停产、进出口管控等因素影响，全球大宗能源资源原材料价格大幅上升，加上我国能源矿产资源对外依存度不断攀升，我国能源资源安全问题和供应风险明显增大。俄乌冲突引发全球能源危机，导致全球能源投资体系出现重大转向。俄罗斯作为世界上主要的能源供给国之一，在全球能源市场上扮演着至关重要的角色。2021 年，俄罗斯出口天然气、原油数量分别位居世界第一和世界第二。俄乌冲突的持续加剧以及相应的经济制裁，导致石油、天然气等大宗能源商品价格飙升，给全球能源市场带来剧烈冲击，导致能源供应面临极大的不确定性风险。目前我国许多重要战略资源对外依存度超过一半，且供应来源单一和国际运输通道比较集中，成本高、风险大。据国家统计局、商务部测算，2021 年我国原油对外依存度为 72%，铁矿石为 76.2%且高度依赖澳大利亚必和必拓、巴西淡水河谷等公司。铜矿、锰矿、镍矿对外依存度均超过 80%，铬矿接近 100%，钾盐、铝土矿超过 50%。

新冠肺炎疫情发生以来，主要发达国家更加重视产业链供应链安全，不断加强产业链韧性成为欧美等国家的战略共识。疫情引发的普遍隔离措施导致人流、物流大幅减少，产业链供应链循环不畅。聚集性现场消费也大幅缩水，相关消费品尤其是非必需性消费品需求受到压制，国际市场商品需求走低，企业投资趋于谨慎，国际经贸活动遭受空前打击，产业链供应链安全遭遇重大威胁。

在国际秩序转型与重塑期，全球地缘政治挑战有增无减，大国博弈日益增多，美国对伊朗、委内瑞拉的石油禁运制裁，俄乌冲突及西方国家对俄罗斯的制裁，进一步冲击全球产业链供应链格局。全球变暖引发气候系统的广泛变化，极端天气事件发生频率明显增加，而且未来气候问题将进一步加剧，重大水灾、雪灾、旱灾等自然灾害时常干扰冲击经济社会正常运行，对产业链供应链稳定带来严峻挑战。

三、推动我国产业链供应链现代化有基础也有隐忧

改革开放四十多年来，我国依托低成本劳动力和土地等要素资源优势，已形成规模庞大、配套齐全的完备产业体系，有 220 种工业品产量居世界第一位，成为名副其实的"世界工厂"和世界制造业第一大国，是全球唯一拥有联合国产业分类中全部工业门类的国家，在诸多行业积累形成了完整的产业链供应链体系，诸多领域在国际产业分工中占有举足轻重的地位。进入新发展阶段，我国经济韧性强、潜力大、活力足、长期向好的基本面不会改变。2020 年以来，我国疫情防控取得重大战略成果，据国家统计局和商务部测算，2021 年我国国内生产总值（GDP）突破 110 万亿元，占世界经济比重达到 18.5%，对世界经济增长的贡献率达到 25% 左右，为推动世界经贸复苏发挥了不可替代的重要作用。我国人均 GDP 达到 12 551 美元，接近世界银行标准的高收入国家门槛。我国作为 30 多个国家的最大出口国和 60 多个国家的最大进口国，既是全球产业链中的重要产品提供者，也是全球最大的市场之一。2021 年进出口规模首次突破 6 万亿美元，同比增长 30%，在世界贸易总量中的占比超过 20%，创下历史新高。我国加快构建新发展格局、扩大高水平对外开放，国民财富持续增长、产能规模效应明显、产业配套齐全、创新动力充足等因素进一步累积，供应链创新与应用试点进入新阶段，大中小企业融通发展格局正在形成，产业链供应链自主可控能力稳步提升，产业链供应链数字化、绿色化转型加速，产业链供应链风险应对机制初步形成，为提升我国产业链供应链现代化水平奠定了基础。

但应当看到，与发达国家相比，我国产业链供应链"大而不强""全而不精""韧中有脆"，"缺芯""少核""弱基"，基础能力薄弱，自主可控能力不强，价值链分工地位偏低，数字化、绿色化水平不高，产业链供应链局部梗阻和关键环节"卡脖子"问题日益突出。

（一）科技自主创新能力不强

近年来，我国科技创新能力持续增强，全社会研究与试验发展（R&D）经费投入保持较快增长，据科技部、工信部和国家统计局数据测算，从 2015 年的 1.42 万亿元增加至 2021 年的 2.79 万亿元。但应当看到，我国科技创新能力仍不适应高质量发展要求。在世界知识产权组织发布的"全球创新指数"中，我国排名从 2015 年的第 29 位跃居至 2022 年的第 11 位，这与我国作为世界第二经济大国和第一制造大国的地位仍然很不相称。2021 年我国研发投入强度达到 2.44% 左右，而 2018 年美国、德国、日本、韩国的研发投入强度分别达到 2.83%、3.13%、3.28% 和 4.53%。上述四个国家制造业研发投入占总投入的比重分别为 46.9%、58.8%、68.7% 和 71.3%，均远远高于其制造业增加值占 GDP 的比重，制造业研发投入强度均不同程度高于我国。我国机械行业研发投入强度约为 1.4%，远低于工业发达国家 3% 以上的行业平均水平。我国科技创新领域"重应用、轻基础"问题突出，2020 年基础研究经费占 R&D 经费的比重仅为 6.01%，远低于发达国家 15% 的总体水平，产业链高质量发展的原始创新能力有待提高。从研发投入产出来看，我国制造业研发投入常年占整体研发投入的 60% 以上，但以发明专利衡量的创新产出仅占全国总产出的 25% 左右，自主核心技术的突破仍有待提升。我国科技成果就地转化和承接技术转移的能力未充分发挥，每年的科技成果转化率为 10%~15%，与发达国家 40% 左右的水平相比仍有较大差距，科技资源优势没有完全转化为产业发展优势。多数企业研发投入不足，特别是科技成果孵化、中试、检测等投入不足，创新成果转化能力有待提高。高端专业人才供给和储备不足问题突出，我国集成电路、人工智能、生物医药等重点领域人才储备不足且流失较为严重。

（二）关键核心技术依然受制于人

改革开放以来，我国建立起了门类比较齐全的产业体系，但关键核心技术受制于人的问题仍未得到根本解决，一些关键核心技术、基础零部件、基础材料、基础工艺等普遍存在不同程度的对外依赖，有些核心技术与发达国家存在相当大差距。据中国工程院对 26 个制造业行业开展的产业链安全性评估，目前 6 个行业自主可控，占比 23%；10 个行业安全可控，占比 38.5%；2 个行业对外依存度高，占比 0.8%；8 个行业对外依存度极高，占比 30.8%。据有关部门对全国 30 多家大型企业 130 多种关键基础材料的调研，我国关键零部件、元器件和关键材料自给率只有 1/3，32% 关键材料在中国仍为空白，52% 依赖进口。据初步测算，我国 70% 以上光纤制造装备、集成电路芯片、智能终端处理器、轿车制造设备、高端分析仪器、高端医疗器械、高强度不锈钢、运载火箭、大飞机、真空蒸镀机、硫化染料、高端数控机床、高端传感器、轨道交通车辆轴承部件、航空发动机等高度依赖进口，80% 规划软件、50% 制作软件被外企占据。高铁装备中所需的制动装备、轮对及高强度螺栓等 80% 以上依赖进口。95% 高端专用芯片依赖进口，芯片已成为我国进口量最大的商品。这些国家一旦"断供"，对我国相关产业链安全的影响和冲击较大。

（三）产业链质量效益和品牌水平不高

我国许多产业仍处在全球价值链中低端，附加价值低，经济效益不高。据国家统计局测算，2021 年我国高新技术产品出口占出口总额的比例为 29.2%，高技术产业增加值占规模以上工业增加值的比重仅为 15.1%。产业技术基础建设不够完善，一些重要领域产品质量性能、可靠性和稳定性与国际先进水平还存在一定差距。大部分工业产品的功能性常规参数能够基本满足要求，但功能档次、可靠性、稳定性和使用效率等方面还有待提高，高品质、个性化、高复杂性、高附加值产品的供给能力不足。如我国通用零部件产品寿命一般为国外同类产品寿命的 30%~60%，模具产品使用寿命一般较国外先进水平低 30%~50%。国产合成材料由于产品牌号少，性能和质量稳定性不能完全满足下游需求。我国虽是第一钢铁大国，但通用钢材产品质量和性能波动仍然较大，部分高性能钢铁品种质量仍难以满足高端用途。一些工业机器人减速器针齿壳铸件材料存在不耐磨、有石墨析出、使用后润滑脂发黑等问题，影响产品使用寿命。在轻工、家电、纺织服装等领域，尽管中国制造已经遍布全球各国市场，但高附加值、高品质的产品比例仍然不高，品牌信誉度相对较低，一些产品国际流通渠道仍然被具有品牌和研发设计优势的跨国公司把控。我国品牌建设滞后，缺少一批具有国际影响力的品牌。世界品牌实验室公布的 2021 年"世界品牌 500 强"排行榜中，我国上榜品牌只有 44 个，而美国入选了 198 个品牌。我国品牌发展的总体水平与发达国家相比还有很大差距，品牌知名度、品牌资产价值、品牌国际化进程、品牌自主创新能力均有待提升。实践表明，夯实产品质量基础设施，推进品质革命和效率变革，是提升产业链供应链现代化水平的必由之路。

（四）产业链地区同质化竞争现象突出

近年来，我国各地区过于强调本地产业链的完整性，忽视区域合理分工与布局，重点产业链"集而不群"现象突出。一些地方注重产业链本土化的导向，过于强调在本地实现稳链、强链、延链、控链和补链，发展"小而全""弱而全"地方产业体系，搞内部小循环。特别是将资源和政策倾斜配置到战略性新兴产业，地区间缺乏基于产业链各环节的合理分工，导致一些新兴产业出现无序发展的苗头。有的地区不顾自身发展条件，竞相提出自建世界级先进制造业集群，全周期布局研发创新、加工制造、增值服务等产业链上下游环节，甚至打造从科技创新到转移转化再到推广应用的全过程。比如，各地重复布局高端芯片项目以及全链条布局电动汽车、氢能源等新兴领域的现象十分普遍。

链群封闭发展导致产业重复建设、资源过度竞争、市场碎片化等问题，最终不利于构建链群协作体系和良好竞争生态。

（五）资源环境压力加大

我国人口众多，资源禀赋较差，人均资源占有量远低于世界平均水平，环境容量有限，生态相对脆弱，这是基本国情。据自然资源部有关数据测算，我国已查明的矿产资源总量约占世界的12%，仅次于美国和俄罗斯，居世界第3位，但人均占有量仅为世界平均水平的58%，居世界第53位，大多数矿产资源人均占有量不到世界平均水平的一半，煤、油、天然气人均资源只及世界人均水平的55%、11%和4%。长期以来，我国高投入、高消耗、高排放发展模式带来资源环境的巨大压力，资源能源利用效率、主要污染物排放强度与国际先进水平仍然存在明显差距，产业发展与资源环境的矛盾更加尖锐化。我国能源资源消耗和污染排放总量居于世界前列，未来能耗"双控"和碳达峰、碳中和压力将显著增大。据本课题组测算，2021年我国GDP总量占世界的18.5%左右，但多种资源消耗高居世界首位，单位GDP能耗大致是世界平均水平的1.5倍、美国的3倍、日本的6倍、德国的5倍，单位资源产出率仅为美国的1/10左右，是世界上单位GDP能耗最高的国家之一。我国企业全球资源战略布局起步较晚，海外供应基地建设进展缓慢，掌控的海外矿产资源多数复杂难开采或处于特殊环境之下，涨价已向中下游产业链传导，使原材料工业、加工业、消费品工业成本普遍上升，导致中下游企业经营困难加大，部分企业面临增收不增利甚至亏损、有单不敢接的困境。

我国是世界第二大经济体和第一大工业国，对钢铁、水泥、大宗工业品的需求依旧旺盛，这决定了我国经济的高碳特征；富煤、贫油、少气的基本国情决定了我国以化石能源消费为主的结构特征。从产业结构来看，能源产业、工业制造业、交通运输业和建筑业是碳排放最高的四大行业领域，考虑到传统的产业结构、能源结构和交通运输结构短期内难以根本扭转，我国工业生产和生活消费等产生污染物排放的驱动因素仍处于高位，能源消费总量和碳排放总量的增长压力将持续存在。

（六）新型基础设施和供应链服务水平有待提升

产业链供应链现代化对新型基础设施建设提出新的更高要求。传统制造业数字化转型和智能制造发展需要工业互联网支撑；新能源汽车和智能网联汽车发展需要能源互联网、车联网和智能化交通基础设施支撑；水、电、气等城市公共基础设施的数字化和智能化转型需要城市物联网支撑；智慧农业建设需要农业物联网支撑。但目前我国多数新型基础设施尚处于初级发展阶段，宽带网络、工业互联网、数据库、新兴产业发展试验场所等建设不足，制造业关键工序数字化率偏低，人工智能、物联网等新型基础设施与产业发展融合程度还不深，急需加快提升。近年来，全球物流成本上升、集装箱"一箱难求"、海外港口拥堵，国际物流通道受限，全球物流体系遭遇挑战，加上国际支付体系受制于美元体系，直接冲击国际产业链供应链安全稳定。国际物流不畅大幅抬升外贸企业海运成本，国际航线减少导致物流运输资源不足，部分新兴产业发展面临海外资材交付不足、产业运输时效延长、交付成本增加、外籍供应商专家入境受阻等问题，增加了供应链风险和企业成本。我国物流成本偏高，渠道掌控力不强，大量存在受制于人现象，建立由我主导、受我掌控、为我所用的全球物流体系势在必行。

四、推动产业链供应链现代化对策措施

面对新变局新挑战，推进产业链供应链现代化既是中长期战略任务也是当务之急。要深入贯彻习近平总书记关于产业链供应链现代化重要讲话、重要指示精神，立足新发展阶段、贯彻新发展理念、构建新发展格局，既要打好"前攻"，又要做好"后防"，更要守住"底线"，充分发挥制度优势和超大规模市场优势，坚持经济性和安全性相结合，着力打通产业链供应链卡点、堵点、断点，围绕产业链部署创新链，围绕创新链布局产业链，推动产业链国际延伸、供应链全球整合、价值链高端提升，实现产业链供应链创新链深度融合，切实打好产业链供应链现代化攻坚战，形成具有更强创新力、更高附加值、更安全可靠的产业链供应链，从根本上保障我国产业安全。

（一）整合科技力量攻克关键核心技术和"卡脖子"技术

要发挥我国社会主义制度能够集中力量办大事的显著优势，强化党和国家对重大科技创新的领导，健全关键核心技术攻关新型举国体制，大力弘扬"两弹一星"精神，把政府、市场、社会有机结合起来，科学统筹、集中力量、优化机制、协同攻关，围绕国家战略需求，优化配置创新资源，强化国家战略科技力量，加快构建关键核心技术攻关新型举国体制，营造优良科研与创新生态，大幅提升科技攻关体系化能力，在若干重要领域形成竞争优势、赢得战略主动。一是加强对"卡脖子"核心技术联合攻关。更加突出创新在产业链供应链现代化中的核心动力作用，加快攻克重要领域核心技术和"卡脖子"技术，掌握更多"撒手锏"式技术，提高产业链供应链自主可控水平，在部分关键领域加快实现从跟跑、并跑到领跑的转变。突出企业技术创新主体地位，同时更好发挥政府集中力量办大事的制度优势。研究成立关键技术攻关领导小组，围绕科技资源优化配置、科技成果转化应用、科技金融结合、军民融合创新、开放创新等方面形成整合各方的合力，彻底改变政出多门、"九龙治水"的格局。在重点突破范围内，对重点核心领域产业链断供情况进行系统排查，加快实施关键核心技术可替代性措施，组织实施国产替代推进计划。二是加强对前瞻技术和未来产业发展方向的战略性研究。加大对前瞻技术的研发投入，积极培育早期市场，引导企业开展前瞻技术的工程化、产业化工作。

围绕硬科技和"暗创新"（设计、模式等）领域，实施颠覆性创新。加强类脑智能、量子信息、基因技术、未来网络、深海空天开发、氢能与储能等前沿科技和产业变革领域的科技创新重大项目部署和实施，推动颠覆性技术创新。三是提高技术创新效率。扬弃过去由技术模仿到技术创新或者由技术移植向技术创新转型的发展路径，拓展新思路，利用新科技革命出现前后的机会期，洞悉国际科技发展前沿理论与技术领域，凝练最新科学问题，明晰关键核心技术"瓶颈"，加大新兴科技领域自主创新投入，优化创新资源配置机制，提高科技创新效率，形成从基础研究、应用研究、技术研发再到产业化的全链条布局。四是促进产业链供应链创新链"三链"深度融合。建立产学研协同创新的新机制，围绕产业链部署创新链，针对产业链的断点、痛点、难点、堵点进行科技攻关，鼓励采取"揭榜挂帅""赛马"、众包众筹、后补助等方式推进技术攻关，推动科研机构按照产业需求进行创新和科技成果转化，提高产业链关键环节的科技供给能力，打造具有竞争力的产业链创新高地，确保产业链供应链在关键时刻不掉链子。围绕创新链布局产业链，确立企业创新主体地位，畅通科技成果产业转化渠道，推动创新要素集聚发展，打造创新产业集群，将创新成果深度嵌入产业链供应链。五是强化产业链供应链协同创新的人才支撑。构建"创新型"教育体制，加大支持基础学科发展和基础学科研究人才培养力度。通过"强基计划"等多种方式，大力培养国内高端人才。面向世界汇聚一流人才，探索建立海外人才特区，吸引海外高端人才，打造开放层次更高、营商环境更优、辐射作用更强的人才高地，为海外高端人才在华工作提供具有国际竞争力和吸引力的环境条件。

（二）培育发展一大批具有核心竞争力的"链主"企业

支持大型龙头企业、产业链"头部企业"利用市场地位和技术优势，以并购、引进、参股等方式提升产业的垂直整合度，形成以关键技术和关键环节为支撑、创新链和产业链深度融合的格局。一是培育"链主"型领军企业。落实好各项惠企稳企政策，大力弘扬激发敢闯敢干、勇于开拓的企业家精神，营造干事创业良好氛围，培养壮大一批具有国际视野的企业家和实干家。深入实施产业链"链长"行动计划，支持骨干龙头大企业做强做优，优化兼并重组市场环境，支持企业整合创新资源和要素，打通研发设计、生产制造、集成服务等产业链条，构建核心技术自主可控的全产业链生态，鼓励有条件的本土"链主"企业整合资源组建跨国公司，通过采取并购全球制造业龙头企业等方式提升企业的国际影响力和对产业链关键环节的控制力，培育一批具有全球竞争力和主导力的产业链"链主"领军企业。持续增强企业活力和实力，在关键共性技术研发、战略性产业路径开发、市场营销推广等方面发挥"链主"型企业关键性作用，提升本土企业在产业链价值链中的地位和技术的自主可控力。二是促进大中小企业融通创新。发挥"链主"企业、龙头企业以及大企业核心作用的同时，引导中小型创业企业积极参与分工协作，在产业链重要环节打造一批细分行业和细分市场专精特新"小巨人""单项冠军""隐形冠军""独角兽"企业，促进大中小企业融通发展，打造一批世界级产业集群。三是推动"两头在外"型企业本土化创新。引导"两头在外"型企业积极融入国内大循环，吸引利用全球要素面向国内市场进行本土化创新，支持本土企业瞄准产业链短板和价值链中高端环节创新突破，推动芯片、关键材料、核心部件、工业软件等企业加快迭代升级，培育参与国际竞争合作新优势。

（三）大力推动产业链供应链优化升级

适应国际经济竞争格局新变化，大力推动我国产业价值链由中低端环节向高端产品、高端要素、高端服务、高端平台等高端环节深化延伸，加快向全球产业链的高附加值环节跃升，推动产业链供应链优化升级。一是补齐短板。针对高端芯片、基础软件、生物医药等重点领域，加快补齐在先进工艺、基础零部件、关键材料等方面的短板，实施首台（套）、首批次和首版次政策，加大财政资金的支持力度，推进产业基础高级化。二是锻造长板。对轨道交通、电力装备、新能源、通信设备、工程机械、航空航天等具备优势的领域，锻造一批具有威慑力的"杀手锏"技术谱系，加快实现国产替代，以先进轨道交通装备等制造业领先领域为突破口，积极参与、主动谋划产业技术标准体系建立，逐步提升"反卡脖子"能力。三是巩固领先优势。对具有产业规模和配套优势的机械装备、电子信息、轻工家电、纺织服装等领域，坚持质量第一、效率优先，加强标准、计量、专利、品牌等体系和能力建设，推动传统产业向高端化、智能化、绿色化、服务化方向发展，培育一批世界级产业集群。四是深入开展质量提升行动。完善质量基础设施，加强标准、计量、认证认可、检验检测等体系和能力建设，发展新一代检验检测和高端计量设备仪器，健全公共技术服务平台，支持中小企业提高产品一致性、可靠性和稳定性。

（四）着力提升产业链供应链数字化水平

适应新技术革命和产业变革要求，强化数字技术应用，提高产业链供应链在时空上的数字化协同和集成能力，增强产业链供应链灵活性。一是推动产业数字化转型。以数字化转型促进传统产业转型，将数字技术有机融入研发设计、物流供应、生产制造、消费服务等环节，促进产业线上线下循环，加快产业链和供应链有机融合，提高产业链供应链效率。深入推进服务业数字化转型，培育众包设计、智慧物流、新零售等新增长点。加快发展智慧农业，推进农业生产经营和管理服务数字化改造。二是打造数字化转型平台载体。加快建设信息网络基础设施、智能应用场景、工业互联网平台、大数据中心、新能源汽车充电桩、智慧化交通基础设施、生物种植资源库等基础设施，构建以新一代信息技术和数字化为核心的新型基础设施，支撑产业数字化、网络化、智能化、绿色化发展。积极布局数字经济产业链新基建，加快推动产业数字化和数字产业化，培育壮大人工智能、大数据、区块链、云计算、网络安全等新兴数字产业，提升通信设备、核心电子元器件、关键软件等产业水平。三是促进数字化技术研发及试点示范。推动工业机器人、高端数控机床等高端装备核心技术和关键功能部件的自主研发创新，建立数字经济产业链集群优势。建立健全数据要素市场规则和数据互联互通标准，构建多层次工业互联网平台体系。构建基于5G的应用场景和产业生态，在智能交通、智慧物流、智慧能源、智慧医疗等重点领域开展试点示范。鼓励企业开放搜索、电商、社交等数据，发展第三方大数据服务产业。实施"上云用数赋智"行动，推动数据赋能全产业链协同转型，在重点行业和区域建设若干国际水准的工业互联网平台和数字化转型促进中心，深化研发设计、生产制造、经营管理、市场服务等环节数字化应用，培育发展个性定制、柔性制造等新模式。

（五）加快推进产业链供应链绿色低碳转型

适应"双碳"目标要求，更加注重资源节约和环境保护，切实把"低碳化"理念融入产业链供应链现代化全过程和各环节。一是推进工业绿色升级。加快推进能源、钢铁、有色、石化、建材、交通、建筑、纺织、造纸、皮革等行业和领域碳达峰实施方案的出台。全面推行清洁生产，依法在"双超双有高耗能"行业实施强制性清洁生产审核。加快实施排污许可制度，完善"散乱污"企业认定办法，分类实施关停取缔、整合搬迁、整改提升等措施。打造绿色低碳工业园区，促进园区企业采用能源资源综合利用生产模式，实施园区"绿电倍增"工程。二是提高农业和服务业绿色发展水平。鼓励发展生态种植、生态养殖，加强绿色食品、有机农产品认证和管理。加快发展生态循环农业，促进农业固碳增效。鼓励服务业企业开展绿色设计、选择绿色材料、实施绿色采购、推行绿色包装、开展绿色运输等，推进构建统一的绿色产品认证与标识体系，推动供应链全链条绿色低碳发展。促进商贸企业绿色升级，培育一批绿色流通主体。三是推进绿色低碳转型试点示范。支持创建国家级绿色产品、绿色工厂、绿色工业园区和绿色供应链，加快建设绿色制造体系。支持建设资源综合利用基地，促进工业固体废物综合利用。大力发展再制造产业，加强再制造产品认证与推广应用。建设一批国家绿色产业示范基地，提升产业园区和产业集群循环化、低碳化水平。

（六）调整优化产业链供应链空间布局

坚持"全国一盘棋"，调整优化产业链供应链区域布局，提高全产业链运行效率。强化重大生产力统筹布局，落实"窗口指导"要求，避免盲目投资、重复建设。打破行政壁垒对产业链供应链的分割，建立与国际接轨的统一市场规则，形成畅通协调的区域产业空间体系，实现产业链供应链跨区域高效配置。一是深化地区分工协作，共建跨区域产业集群。强化制造业与服务业、相近相关产业间协作，推动技术协作、市场联动和产业链条共建。推动产业链供应链标准化、模块化建设，增加柔性生产能力，打造跨区域产业链集群。二是构建东中西联动的产业发展格局，增强地区产业链供应链协同效能。东部地区强化关键核心技术创新，提升创新策源能力和全球资源配置能力，加快培育世界先进制造业集群。中部地区着力打造能源原材料基地、现代装备制造及高技术产业基地。西部地区重点建设国家重要的能源化工、资源精深加工、新材料、轻工产品等劳动密集型产业、绿色食品基地，以及区域性高技术产业和先进制造业基地。三是发挥各地比较优势，开展产业链分区域、分类型、分环节的发展指导。明确各地区重点发展领域、重点支撑企业和重大前导项目，推动各地差异化协同发展和共建共享，推动形成优势互补高质量发展的区域产业布局，促进区域产业链协调发展。

（七）发挥超大规模市场对产业链供应链拉动作用

顺应建立全国统一大市场的要求，加快培育完整内需体系，提高终端产品竞争力和品牌影响力。高度重视依托 14 亿多人口的国内大市场，坚持把扩大内需作为经济发展的长期战略方针和基本立足点，依靠扩大内需实现产业链供应链长期稳定和持续发展。一是完善促进消费体制机制。适应消费结构升级的要求，通过调整宏观收入分配结构，适当提高居民收入和劳动报酬占比，增强消费能力，改善大众消费预期，释放消费潜力，着力扩大居民消费。积极建设消费中心、丰富消费场景、创新消费模式、优化消费环境，全力打好扩大消费"组合拳"。完善新能源汽车充换电设施，建设家电回收处理体系，鼓励有条件的地方开展绿色智能家电下乡等活动，促进传统消费相关行业转型升级。二是扩大战略性新兴产业投资。围绕增加有效供给稳步扩大投资需求，深化投融资体制改革，优化投资结构，提高投资效率，发挥投资对优化产业链供应链的关键性作用。拓展投资空间，鼓励企业加大技术改造和设备更新力度，推动新兴产业链发展壮大。立足国内市场绘制重点产业链全景图，加大产业链项目招引和投资。实施进口替代、推动消费升级、加大政府采购力度等，推进产业链上中下游协同创新、产业内畅通循环改革，通过降成本、增效率，在整合提升中构筑产业链发展基础。三是全方位推进品牌建设。深入开展品牌创建和质量提升行动，加强质量控制、检验检测和认证能力建设，不断推出更具消费吸引力的精良优质产品品牌，全面提升品牌增值能力和国际竞争力，加快推动我国由品牌大国向品牌强国转变。实施增品种、提品质、创品牌"三品"战略。扩大信息消费、新型消费，推动汽车、电子、装备等终端产品高端化、智能化、绿色化发展，培育更多有影响力的终端品牌。四是着力发展新型消费。聚焦前沿科技、社会民生等领域，激发和培育高质量供给，促进新产品新技术不断涌现，培育发展无人驾驶新能源汽车、家用机器人、头戴式 AR/VR 眼镜或头盔、柔性显示、3D 打印设备等万亿级市场前景的重点产业，前瞻性布局一批具有全球竞争力的产业链集群。

（八）加强产业链供应链安全国际合作

适应国际环境不确定性、不稳定性加大的要求，着力建设更高水平开放型经济新体制，加快实现由商品和要素流动型开放向规则标准等制度型开放转变，构筑互利共赢的全球产业链供应链合作体系，提高应对外部冲击的能力和水平。一是加强产业全球化布局。对标国际先进规则，通过全球资源利用、业务流程再造、产业链整合等方式，积极探索国际合作新模式，加强基础设施、产业技术、能源资源等领域国际交流合作，推动企业、产品、技术、服务、标准和品牌"引进来""走出去"。围绕打造世界级产业集群，深化产业链供应链全球合作，在全球范围布局产业链供应链不同环节，推动形成产业链供应链合作新格局，不断提升我国产业的全球影响力、竞争力和治理能力。二是推进"一带一路"产业链供应链合作。推进与"一带一路"沿线国家在战略、规划、机制上的对接，以及政策、规则、标准上的联通，以亚洲基础设施投资银行（以下简称"亚投行"）多边投资项目为纽带，保持区域产业链供应链和物流通道畅通，打造以我为主的产业链供应链。三是加强多边国际合作。持续推动与欧美发达国家的经贸往来及全方位合作，重视加强与德国、日本等制造强国的合作，有针对性地扩大国内市场准入，以经济利益深度绑定促进技术合作，力争重要产品和供应渠道都有替代来源，形成必要产业备份系统，为国内关键技术突破创造条件、赢得时间。强化与印度及东南亚国家产业链供应链合作，大量采购印度和越南等国家出口商品，积极鼓励中国生产的关键设备、关键零配件和元器件、关键材料出口，促进双方技术创新交流合作，稳定和扩大区域内产业链供应链一体化体系。四是构建高标准投资贸易体系。积极构建面向全球的高标准自由贸易区网络，加快推动世界贸易组织（WTO）多边贸易体制谈判，着力推进贸易和投资自由化、便利化，做全球自由贸易体系的坚定维护者。积极研究加入全面与进步跨太平洋伙伴关系协定（CPTPP），推动《区域全面经济伙伴关系协定》（RCEP）执行和完善，并以RCEP为基础推动中日韩自贸区谈判，通过区域间协作维护产业链供应链安全稳定。五是建立健全产业链供应链国际合作机制。发挥国际组织作用，维护全球自由贸易规则，增强全球产业链供应链的应急能力和协同能力，构建更加开放的产业链供应链。建立健全产业链供应链国际合作的安全审查机制，组建专门机构对产业链供应链国际合作安全问题进行审查，加强产业链供应链国际合作安全指导，及时披露产业链供应链国际合作预警信息。采取相应措施减免关税、取消壁垒，加强国际贸易和海关合作，加强国际物流能力建设，打通跨境物流通道堵点，确保国际供应链通畅。

（九）尽快出台稳定产业链供应链应急措施

针对国际环境日趋复杂和国内需求收缩、供给冲击、预期转弱"三重压力"，按照做好"六稳""六保"工作要求，加快制定实施维护产业链供应链安全稳定的应急措施。

一是开展风险隐患排查。针对可能被一些国家"卡链""断供"的风险隐患进行全面排查，制定和动态完善有效应对及精准反制预案，构建统一协调的联合作战体系和应对机制。二是完善疫情防控措施。坚持"外防输入，内防反弹"总策略和"动态清零"总方针不动摇，进一步提高疫情防控的科学性、精准性，高效统筹疫情防控和经济社会发展，优化调整区域核酸检测策略和风险人员管控措施，全力做好货运物流保通保畅工作，切实维护人民群众正常生产生活秩序。三是强化战略性资源调配。构建战略性资源海外利益保护和风险预警防范体系，积极参与战略性矿产资源产业链供应链全球治理。充分发挥互联网平台和跨境电商交易优势，坚持线上交易和线下交易互动发展，推进大宗商品进口联合统一采购和战略性优势稀缺资源出口统一管理，提高我国重要战略物资供给保障水平。四是完善法律法规体系。建立健全维护产业链供应链安全的国家法律法规体系，动态完善并适时发布出口管制清单。五是加强国际金融合作。积极参与国际金融治理体系建设，稳步推进人民币区域化、国际化，加快营造以人民币自由使用为基础的互利合作关系，不断提升贸易、投资人民币计价和结算的比重。

（十）优化产业链供应链发展环境

一是深化重点领域改革。深化市场化改革，加快构建国内统一大市场，推动清理和废除妨碍统一市场和公平竞争的各种规定与做法，有效破除地方保护和市场分割，打通制约产业链循环的梗阻，推动生产、分配、流通、消费各环节有机衔接，消除生产要素跨区域流动和合理配置的"瓶颈"制约，为产业链供应链提供有力支撑。深化国有企业混合所有制改革，一方面，引入非国有资本促进国有企业转换机制、提高适应市场的竞争能力，发挥好国有企业在产业链中的功能和作用；另一方面，鼓励国有资本入股民营企业，提升民营企业在产业链中的能力和实力。

二是强化要素支撑。优先支持产业链供应链关键环节的重点项目投资与转型升级，提高土地节约集约利用水平和投入产出效率。推广政府和社会资本合作模式，拓宽民间投资渠道。建立产业链、资金链、创新链和人才链协同发展机制。引导金融加强对产业链供应链发展的支持，鼓励产业基金发挥更大作用。强化人才支撑，实施知识和技术更新工程，建设知识型、技能型、创新型劳动者大军。加快培育数据要素市场，推进政府数据开放共享，提升社会数据资源价值，加强数据资源整合和安全保护。深化流通体制改革，加强不同运输方式统筹调度，拓展国际物流通道网络，加快形成内外联通、安全高效的物流网络，确保能源、粮食、矿产等重要物资运输的高效畅通。

三是优化营商环境。持续推进"放管服"改革，加快转变政府职能，创新政府管理方式，降低市场运行成本，改善投资和市场环境。全面推行清单管理制度，建立健全清单动态调整公开机制。开展"证照分离""多证合一"改革，全面深化商事登记改革，简化企业投资审批。落实市场准入负面清单制度，坚决打破"卷帘门""玻璃门""旋转门"。清理和废除妨碍统一市场和公平竞争政策文件，落实执行公平竞争审查制度，营造更加公平的市场准入环境。实施最严格知识产权保护政策，加大侵犯知识产权行政处罚案件信息公开力度，将故意侵犯知识产权行为纳入企业和个人信用记录。

四是加强政策协调。适应高端回流、低端转移、技术封锁、规则排斥新形势，更好发挥政策在推动产业链供应链现代化中的重要作用，加快产业政策由差异化、选择性产业政策转向普惠化、功能性产业政策，从偏重替代市场、限制竞争的产业政策向以竞争政策为基础、更好发挥创新作用和增进有效市场的产业政策转变。制定面向产业链的创新政策，强化竞争政策的基础性地位，让市场机制在产业链供应链布局优化与水平提升上更好发挥作用，在产业发展上放宽市场准入、加强知识产权保护，在产业链供应链布局调整上加强对垄断和不正当竞争行为的查处。建立健全产业链供应链协调服务机制，利用大数据、云计算、互联网等信息技术实施监管，为重大领域产业链安全提供保障；完善利益共享机制，为产业跨地区转移畅通渠道；发挥国内外商会、咨询机构作用，为企业提供精准的专业咨询、法律援助、技术支持等。

本章参考文献

［1］习近平：《习近平谈治国理政》（第四卷），外文出版社 2020 年版。

［2］习近平：《论把握新发展阶段、贯彻新发展理念、构建新发展格局》，中央文献出版社 2021 年版。

［3］中央宣传部、国家发展改革委编著：《习近平经济思想学习纲要》，人民出版社、学习出版社联合出版 2022 年版。

［4］何立峰：《加快构建支撑高质量发展的现代产业体系》，载于《人民日报》2018 年 8 月 8 日第 1 版。

［5］刘鹤：《必须实现高质量发展》，载于《人民日报》2021 年 11 月 24 日第 1 版。

［6］本书编写组：《党的十九大报告辅导读本》，人民出版社 2017 年版。

［7］宁吉喆：《建设现代化经济体系 实现新时代高质量发展》，载于《经济日报》2017 年 11 月 30 日。

［8］苗圩：《提升产业链供应链现代化水平》，载于《经济日报》2020 年 12 月 9 日第 11 版。

［9］林兆木：《关于我国经济高质量发展的几点认识》，载于《人民日报》2018 年 1 月 17 日。

［10］费洪平：《中国企业组织战略行为》，经济管理出版社 1998 年版。

［11］费洪平：《中国经济高质量发展实证研究》，中国大百科全书出版社 2022 年版。

［12］费洪平：企业组织类型与区域经济发展，载于《经济研究》1994 年第 8 期。

［13］费洪平：促进实体经济与虚拟经济协调发展，载于《人民日报》2017 年 2 月 16 日。

中国产业发展报告：2022
——中国产业链供应链现代化研究

综 合 篇

第二章

产业链供应链现代化的理论基础和评价指标研究*

内容提要：产业链供应链现代化是通过科技创新驱动、数字化智能化转型、结构布局调整等措施，发展成为创新引领、安全可靠、敏捷柔性、节约资源和保护环境、合理布局、互利共赢的产业链供应链体系。提升产业链供应链现代化水平有着深刻的理论依据，是中国基于自身资源禀赋和发展路径而探索的、以科技自立自强为本质特征的、突破"技术—市场"依附的一种经济现代化模式，是作为发展中大国，寻求经济均衡、产业安全等多重目标，对重大生产力进行统筹安排的生产力再布局，是依靠庞大国内市场、提高全链条竞争水平、更好发挥政府作用的产业竞争力再造。根据产业链供应链现代化所受制约不同，可将驱动产业链供应链现代化水平提升的动力机制分为终端需求、要素供给、政策因素驱动三种类型，并进一步构建产业链供应链现代化评价指标体系，以评价产业链供应链现代化的水平、特征和状态，为国家和地区产业链供应链现代化战略提供决策参考。

2020年7月21日，习近平总书记在企业家座谈会上发表重要讲话，"要提升产业链供应链现代化水平，大力推动科技创新，加快关键核心技术攻关，打造未来发展新优势"（习近平，2020）。这就把"提升产业链供应链现代化水平"这个重大命题摆到了我国理论研究部门必须尽快研究与解决的问题序列中。毫无疑问，产业链供应链现代化是中美经贸摩擦背景下国家对我国产业现代化发展所作出的重大谋划和部署，提升产业链供应链现代化水平的过程是支撑我国高质量发展的必要条件，对于突破"中等收入陷阱"、实现国家现代化具有长远和重要的战略意义。

一、产业链供应链现代化的理论内涵

目前，学术界对提升产业链供应链现代化的内涵进行了较为广泛的研究，代表性的

---

* 本章执笔人：王海成。

观点大概可以粗略地划分以下四类：（1）多层次论，即产业链供应链现代化是多维概念、多维组成，如中国社会科学院工业经济研究所课题组（2021）将其内涵界定为创新力更强、附加值更高、更加数字化、更加可持续，某种程度上可以认为该界定是对"十四五"规划纲要中"更强创新力、更高附加值、更安全可靠的产业链供应链"的延伸和拓展；类似地，汪彬和阳镇（2022）界定为更具弹性、核心竞争力、高附加价值、自主安全可控稳定。（2）价值链目标论，黄群慧（2020）认为提升国家产业链供应链现代化水平是指一个国家推进其产业链供应链向高附加值延伸、强化其产业在全球价值链各环节的增值能力、实现在全球价值链的地位升级的过程。（3）产业链、供应链区分论，顾丽敏（2022）认为产业链供应链现代化包含三层内容：产业链现代化、供应链现代化、产业链与供应链高水平协同。（4）要素构成论，宋华和杨雨东（2022）认为产业链供应链现代化是要实现在网络结构、运营流程和价值要素三个维度上的优化，进而达到先进状态，而从传统状态逐步递增优化的这一历程是实现其高质量发展的重要内涵。

综上不难得出结论：学术界尚未就有关产业链供应链现代化水平提升内涵达成共识。深入梳理相关文献，也不难发现关于产业链供应链现代化水平提升内涵的讨论存在相似概念边界模糊、讨论的逻辑起点不明晰的问题：一是产业链供应链现代化，不单是产业链的现代化或者供应链的现代化，而是要整体看、全面看，既有产业的现代化也有供应链的现代化，还有产业链和供应链现代化的协同。二是产业链供应链的"现代化"不等同于高质量发展、科技自立自强、自主可控、产业链韧性，而是要在中国共产党带领中国人民努力实现经济现代化、工业现代化，从"站起来""富起来"到"强起来"的背景下去认识和理解。三是产业链供应链是动态概念，现代化是社会客观运动的变化过程，产业链供应链现代化应是开放的、发展的，而非封闭的、停滞的，在不同时间节点上跟随现实世界物质基础、历史条件、发展状态等方面的发展而发展。

借鉴既有文献，依据产业链供应链发展实际，我们倾向于将产业链供应链现代化界定为：通过科技创新驱动、数字化智能化改造、结构布局调整等措施，发展成为创新引领、安全可靠、敏捷柔性、节约资源和保护环境、合理布局、互利共赢的产业链供应链体系。

具体而言，产业链供应链现代化的内涵应包含以下六个方面：

（一）全面加大科技创新，打造创新引领的产业链供应链

实现创新引领是实现制造强国目标下提升产业链供应链现代化水平的核心特征。产品中使用的技术性质决定了全球价值链的治理结构和发展中国家在全球价值链中的获益水平（Inomata and Taglioni，2019）。习近平总书记指出，"要提升产业链供应链现代化水平，大力推动科技创新，加快关键核心技术攻关，打造未来发展新优势"，"我国关键核心技术受制于人的局面尚未根本改变，创造新产业、引领未来发展的科技储备远远不够，产业还处于全球价值链中低端"（习近平，2021）。中国企业过去处在全球价值链上的加

工装配等生产环节，是高技术产业的低端环节，未来根据战略性和紧迫性，某些战略性新兴产业发展必须依靠国家的力量逐步向上延伸产业链，专注于链上的技术知识密集环节，把技术一层一层地往上做，做大做强后往上提升，掌握链的某一部分不易被取代的重要价值环节（刘志彪，2018）。

（二）在关键时刻不能掉链子，打造安全可靠的产业链供应链

产业分工的本质是在对产品进行模块化解构的基础上，将不同产品模块的研发、制造以及最终产品的组装配置到成本最低的国家或地区。在这种分工模式下，一国只需要承担产业链生产环节的一部分，通常也只具备产品生产所需的部分能力。从产业控制力的角度来看，一国在产业链各环节具备生产制造、研发创新、配套服务等方面的能力越强，对产业链的控制能力越强，产业链安全越有保障。出现产业链安全风险的根本原因是产业链能力缺失或受到破坏，导致对产业链的控制能力下降。当前，中国产业链安全具有多类型产业链安全交织共存的复杂特征，以关键核心技术为代表的能力缺失型产业链安全问题主导，产业转移和技术路线颠覆造成的能力破坏型产业链安全风险增强，产业链安全管理体系不健全引发的能力响应型产业链安全问题愈发凸显（李伟和贺俊，2022）。习近平总书记指出，"要优化和稳定产业链、供应链，产业链、供应链在关键时刻不能掉链子"（习近平，2020），未来要从构建关键核心技术创新体系、重构产业链安全管理体系等方面强化具体政策供给。

（三）提升数字化智能化水平，打造敏捷柔性的产业链供应链

之所以叫作"链"，是因为传统模式下，企业只能一步一步按顺序操作。这种"串联"规则使得每个步骤永远都是下个步骤的先决条件和"瓶颈"。运营中的很多信息无法在对的时点被及时获取，使得企业在运作中错失有效掌控风险的良机，造成不可挽回的错误。然而，这一"链式"运行模式在数字时代已被颠覆。数字化技术的出现将企业供应链的运营从"串联"转变为"并联"，多个步骤可以同时进行，大大加强了企业内外部的互联互通，进一步提升了企业与供应商、客户之间，甚至构建了整个生态系统的协同关系，从而将链式的供应体系升级为网状的供应体系。产业链供应链更加协调顺畅的核心是柔性化：产品柔性化，可快速响应市场需求，协同供给符合市场需求的产品；采购柔性化，可协同原材料供需、价格信息，协同保证上游产品供给稳定；物流柔性化，可根据顾客需求变化协同提供相应的异质化物流服务，包括形成稳定且高效的物流体系；创新柔性化，能适应市场前沿需求，进行异质化协同创新；信息柔性化，能够有效处理、传递异质化信息。

（四）坚定不移推进绿色发展，打造节约资源和保护环境的产业链供应链

尽管我国能源、资源利用和环保水平已显著改观，但传统粗放发展模式尚未发生根本转变，未来能耗"双控"和碳减排的压力可能会对产业链供应链稳定造成冲击。当前，我国部分地区已围绕产业链供应链的某些环节形成特色产业集群，产能产量占全国较大比重，如果这些产能因能耗等因素受到影响，极易引起连锁反应。如 2021 年下半年一些地区拉闸限电，对一些领域产业链供应链稳定带来一定冲击。因此，未来我们要加快以产业生态化为标准改造产业链供应链，一方面要加快淘汰高耗能高污染产能，推进传统产业绿色化技术改造；另一方面加大绿色技术研发投入，在关键核心技术领域取得突破，为产业链供应链绿色化改造升级提供强大的技术保障。

（五）优化区域产业链布局，打造布局合理的产业链供应链

产业布局是产业结构、产业链结构在地域空间上的投影。《中华人民共和国国民经济和社会发展第十四个五年规划和 2035 年远景目标纲要》提出，优化区域产业链布局，引导产业链关键环节留在国内，强化中西部和东北地区承接产业转移能力建设。当前，我国高端产业链集中于沿海少数大城市，自新冠肺炎疫情暴发以来，不少城市都经历过严格的疫情防控，一些跨国企业开始考虑把供应链移出中国，或采取"中国＋1"战略。由于距离远物流成本高、人才要素聚集难、产业配套能力弱等因素的影响，高端产业以及集群在西部布局或向西部转移存在一定难度。但是，面对复杂严峻的地缘政治环境和外部冲击影响，只是从成本和市场的角度考虑产业布局调整是不够的。要从安全、多元、平衡的角度重新审视，充分发挥我国空间地域广、劳动力资源丰富的优势，聚焦我国区域间发展不平衡和产业布局存在差异等特点，更好挖掘产业结构梯次转移的空间潜力，健全区域经济协调发展机制，引导各地根据不同的资源禀赋和要素条件，优化生产力布局，完善国内产业链供应链，逐步形成区域之间、产业之间、企业之间产业互补、生产互补、供应互补的内在经济联系和生产分工（韩永文，2020）。

（六）推进主场开放合作，打造互利共赢的产业链供应链

产业链供应链的形成是经济全球化背景下全球分工的结果，是重要的全球公共产品，每一个国家在其中都有自己的位置。在分工合作基础上形成的产业链供应链是现代经济的本质特征，通过各种资源和生产要素的优化重组，带来了投资增长、技术进步等红利。习近平总书记强调，"维护全球产业链供应链韧性和稳定是推动世界经济发展的重要保障，符合世界各国人民共同利益。中国坚定不移维护产业链供应链的公共产品属性，保障本国产业链供应链安全稳定，以实际行动深化产业链供应链国际合作，让发展成果更

好惠及各国人民"（习近平，2022）。对外开放是我国的基本国策，全面提高对外开放水平、建设更高水平的开放型经济新体制，要求我们加快推进主场开放合作，在开放合作中提升产业链供应链水平、保持产业链供应链安全稳定，形成国际合作和竞争新优势；要持续深化商品、服务、资金、人才等要素流动型开放，稳步拓展规则、规制、管理、标准等制度型开放，深化经贸投资务实合作，维护和完善多边经济治理机制，搭建国际合作平台，构筑互利共赢的产业链供应链合作体系。

二、提升产业链供应链现代化水平的理论分析

（一）基于经济现代化理论，提升产业链供应链现代化水平是中国基于自身资源禀赋和发展路径而探索的、以科技自立自强为本质特征的、突破"技术—市场"依附的一种经济现代化模式

依附理论是流行于 20 世纪 50 年代末到 70 年代，一些学者探究不发达国家落后根源及发展战略的理论。依附表示这样一种状况，某些国家的经济受到它所依附的国家经济的发展和扩张的限制。两个或是更多国家的经济之间以及这些国家与世界贸易之间的相互依赖关系被认为呈现出依附形式，某些国家（统治国）能够维持和扩展自身的发展，而另一些国家（依附国）的维持和扩展则仅仅是对前者的扩展的反映。20 世纪 70 年代以后，随着世界经济基本形态、发达资本主义国家占统治地位的经济类型及扩张方式、发展中国家内部的经济形势等因素的变化，依附的具体形式也呈现新的特征——"技术—市场"依附，其主要特征是：跨国垄断资本在发达资本主义国家内部占据主导地位并通过大规模对外直接投资和非股权经营安排向外扩张，由此造就了以全球生产链分工为特征的新国际分工，发达国家跨国公司凭借对核心技术和市场终端的垄断优势成为生产链的主导者，并获得高附加值，而发展中国家由于高度依赖发达国家跨国公司掌握的关键技术和市场终端，不得不接受由它们判定和提出的各种规则、标准以及其他不平等的交换条件，往往处于低附加值环节。

后发国家在推进经济现代化进程中可能存在"后发劣势"，虽然利用了先进国家的经验和技术，但也会产生对先进国家在技术、贸易和资本等方面的"依附关系"，在基于全球价值链分工的今天，其全球生产分工地位往往也被锁定在价值链中低端。在先进国家确定的世界经济规则和支配的国际经济秩序中，后发国家往往处于不平等的地位。当后发国家现代化进程发展到一定程度，国际竞争力日益增强、经济规模迅速扩大和国际经济地位得到显著提升以后，后发国家与先进国家之间可能会发生全面贸易摩擦，从而制约后发国家的经济现代化进程。对于中国现代化进程而言，核心技术"依附性"如果不能有效突破，将直接制约我国新发展阶段的经济高质量发展和现代化进程推进。习

近平总书记指出，"随着我国发展壮大，突破'卡脖子'关键核心技术刻不容缓，必须坚持问题导向，发挥新型举国体制优势，踔厉奋发、奋起直追，加快实现科技自立自强"①，这意味着进入新发展阶段，我们必须打破对"技术—市场"的依附，寻求突破核心技术"依附性"的经济现代化模式，在一定程度上是对低成本出口导向型工业化发展模式的扬弃。

（二）基于生产力布局理论，提升产业链供应链现代化水平是中国作为发展中大国，寻求经济均衡、产业安全等多重目标，对重大生产力进行统筹安排的生产力再布局

"生产力布局"起源于苏联，是苏联实行计划经济的一种形式和手段。在苏联，生产力布局是对地域分工的一种安排，而地域分工指社会分工在各生产地点及其总和之间的分工在空间上的表现。决定地域分工首先需要对包括一般条件、部门条件和地方条件在内的各种条件进行深入分析，最后在全国范围内布置"综合地域（综合区）"。综合地域（综合区）就是要确定不同生产部门在地域上的结合，这种结合既要考虑到在全国范围内社会对物质资料的需要和为生产这些物质资料所必需的社会劳动，还要考虑到劳动在各个部门之间的分配和在各个区域间的配置。苏联的工业配置遵循下列基本原则：工业在全国合理有计划地配置；工业接近原材料产地、燃料动力资源地、产品消费地；民族边疆和过去落后地区的工业化；全国经济区的综合发展。尽管生产力布局常常被认为具有计划经济色彩，但是重新审视其形成的理论基础，依然对市场经济条件下重大生产力布局的优化和调整具有重要借鉴意义。

新中国成立伊始，就开始生产力布局的相关实践，总体上经历了均衡—分散—集中—协调4个重大调整阶段，对我国区域开发格局和经济格局产生了重要影响。但客观讲，重大生产力布局是我国改革开放以来相对薄弱的决策领域，新时期，要将强化重大生产力布局提升到我国制度优势的有机组成部分的高度上来，面向事关国家安全、民生保障、区域统筹的关键领域和薄弱环节提升。产业链供应链现代化水平对生产力布局理论的拓展和丰富主要体现在两个方面：一是丰富了重大生产力的内涵，以往重大生产力主要是指工业力，尤其是能源、冶金、化工、机械装备等国民经济发展的基础性经济部门，新时期保障国家战略竞争安全的高科技产业和保障国家民生安全的相关产业也可以视为重大生产力。二是产业备份成为生产力布局的重要内容，习近平总书记强调，"力争重要产品和供应渠道都至少有一个替代来源，形成必要的产业备份系统"（习近平，2020）。

---

① 《把科技的命脉牢牢掌握在自己手中 不断提升我国发展独立性自主性安全性》，载于《人民日报》2022年6月30日第1版。

（三）基于国家竞争优势理论，提升产业链供应链现代化水平是依靠庞大国内市场、提高全链条竞争水平、更好发挥政府作用的产业竞争力再造

虽然波特假说与 SCP 分析框架中把市场结构作为企业竞争优势的决定因素这一假设同出一辙，没有考虑内部因素对企业成败的影响，认为竞争优势受制于该企业所属产业的结构状况，企业的超额利润率是由外部特征决定的，但对提升产业链供应链现代化水平仍然有着重要的理论启示：一是强调国内市场需求对培育竞争优势的重要作用。波特（Porter，1990）认为，国内需求的重要性是国外需求取代不了的。[1] 公司对于国内需求的压力比对国外需求的压力具有更强烈的感觉。国内需求给当地公司及早提供需求信号或给当地公司施加压力，要求它们比国外竞争者更快地实现创新。此外，波特强调，比需求规模更加重要的是国内购买者对需求的质量要求，如果国内购买者是世界上最老练和苛求的产品和服务的购买者，那么该国的公司就能获得竞争优势。因为老练、苛求的购买者打开了满足高级顾客需求的一扇窗户，他们迫使公司达到更高的标准，刺激公司不断改进、创新和提升竞争力。习近平总书记在主持召开中央财经委员会第五次会议时指出，要充分发挥集中力量办大事的制度优势和超大规模的市场优势，打好产业基础高级化、产业链现代化的攻坚战，充分肯定了国内超规模市场优势在产业链供应链现代化中的作用。二是强调全链条的控制力，产业竞争力不仅取决于单个企业的竞争力，而且取决于产业链上的大部分或所有企业能否采取一致行动。波特（1990）强调，具有竞争优势的供给者（上游）产业可以帮助其下游产业创造竞争优势，一个有国际竞争力的优势产业群体中的企业最好全部由国内企业组成（而不是某一环节从国外采购），特别是由本地企业组成上下游配套齐全的产业发展链条，这样所形成的国际竞争优势才是稳定可靠的。三是充分发挥政府作用。波特（1990）认为，在现代全球经济中，以自由放任和干预来划分政府的角色业已过时，政府合适的角色应当是市场竞争的催化剂与挑战者，政府应当鼓励或者推动公司提高其抱负，达到较高的竞争水平。政府不可能通过其政策扶持创建出竞争性产业，但政府可以创造一个公司能够获取竞争优势的环境。例如，通过刺激对先进产品的早期需求，设立面对先进的、急需的前沿生产技术的合作项目，建立提高质量的奖励机制等，加强形成竞争优势的压力，来加速企业的创新步伐。

三、产业链供应链现代化主要影响因素分析

要有效推动产业链供应链现代化水平的提升，不仅需要厘清产业链供应链现代化

---

[1]　国内需求中有三个重要方面对竞争优势有着非常重要的影响，即"国内需求构成""国内需求的规模和增长形式"和"国内需求偏好传播到国外市场的机制"。

水平提升的内涵，而且还必须把握产业链供应链现代化运行的逻辑，要把握推动产业链供应链现代化的动力机制。根据产业链供应链现代化所受制约不同，驱动产业链供应链现代化水平提升的动力机制可分为需求因素、供给因素、政策因素驱动三种类型。三种动力机制之间虽然存在相互影响，不能截然分开，但其运行机制并不完全相同。

（一）需求因素

1. 国内市场规模

从规模经济的角度看，似乎国内市场规模越大，一国产业链供应链就越有竞争力，但庞大国内市场相对弱化了其与跨国企业进行竞争的动力，像瑞士、瑞典、韩国甚至日本都是在国内市场不够大的情况下才发展出口。因此，国内市场规模似乎不如其他市场需求因素那样可以提供确切的竞争力关系，但国内市场规模对产业链供应链的重要作用起码体现在以下三个方面：一是企业可以通过国内市场率先了解、回应客户需求。国内市场与国际市场的不同之处就在于企业可以及早发现国内市场中的客户需求，产业或产业环节的竞争优势也是从这里产生。同样地，如果国内市场的客户要求较多，本地厂商会在市场压力下努力改善和创新，形成更强的竞争优势，进而成为这个国家的产业链供应链竞争优势。二是当一个国家的内需市场和国际市场的主要需求相同、而其他国家却没有这样的条件时，这个国家的厂商就容易获得竞争优势。瑞典在远距高压电传输设备产业中领先全球，原因就是该国的钢铁、造纸等能源密集型产业与发电厂所在地、人口密集的南部地区距离甚远，地理因素放大了瑞典在这个产业环节中的需求[①]。三是如果可以将国内市场各个产业环节连接起来，联合成更大的产业部门，该国产业会产生更强的产业链竞争优势，而整合过的产业环节会指引本地厂商提升竞争优势的路径，厂商也会弄清自己在该产业中最有持续力的竞争位置。

2. 需求质量

与国内市场需求规模相比，需求质量更为重要。假如本土客户对产品、服务的要求或挑剔程度在世界上数一数二，则会激发该国企业的竞争优势，其原因在于，只要能满足这些苛刻的客户，企业就可以满足其他发达国家的客户需求。而企业与这类型客户在地理和文化上的相近，使得企业更容易察觉新的需求，并与发展创新密不可分。假如客户本身也是企业，更会创造出彼此共同开发的机会，这些都是外商公司难以追赶的地方。内行而挑剔的客户是本国厂商追求高质量、完美的产品造型和精致服务的压力来源。而制造商为了迎合消费者对质量的期望而快速改善产品，为满足消费者对机型的需求又密集推出新产品。因此挑剔型客户既有助于维持厂商的竞争优势，更是创造竞争优势的动

---

① 1954 年在瑞典，从本土到果特兰岛，建立起了世界上第一条远距离高压直流输电工程。

力。当厂商长期被刺激着不断改进、不断开发新领域时，势必会迫使它们在流程上的竞争优势升级。

（二）供给因素

1. 技术创新

技术创新中有代表性的是机器人技术，随着常规的低技能任务日益自动化，新兴市场在低技能、低劳动力成本生产方面的相对优势正在减弱。对机器人的投资减少了劳动力在价值链中的贡献，并使成本效益分析偏向于将部分业务外包到低工资地区。根据瑞士再保险（2020），2018 年，全球机器人安装量增长了 6%，达到 422 271 台，价值 165 亿美元（无软件）。汽车行业的安装率最高，占全球所有工业机器人的近 30%，其次是电气/电子（25%）。另一项技术是 3D 打印，与大规模生产的规模经济相比，3D 打印允许批量生产和更容易的产品差异化。大规模生产的减少降低了离岸外包的好处，而制造业可以更接近客户。由于 3D 打印可以在最少的劳动力数量下进行，人力资本和生产地点在企业总生产成本中不再重要。3D 打印的另一个潜在优势是，可以简化一些生产过程（如一个模块可以在一个过程中打印，而不是涉及多个组件的组装，每个组件由单独的供应链提供），大幅减少供应商数量。虽然目前 3D 打印因成本等问题尚未实现大规模应用，但全球供应链的根本性重塑可能会加速其到来。

2. 数据

由于新一代信息基础设施使得数据生成、存储和传输的成本显著下降，数据成为经济系统中的新关键要素。数据资源将逐步成为国家和企业核心的竞争资源，基于数据的技术开发和应用模式成为国家和企业的核心竞争力，数据甚至可能逐步取代传统的投入要素而成为经济系统中新的最重要的经济资源（谢伏瞻，2019）。大数据深度分析能力可以帮助企业细分消费者行为和偏好，提高市场识别和产品准确定位能力，获取对事物的独特见解，以此推动供应链有效创新；大数据应用能力可以促进供应链关键流程的改造与优化，调整供应模式，驱动原有业务模式创新以及将大数据技术融入价值创造流程，实现新的增长点（冯檬莹等，2023）。也正是基于此，数据也被越来越多企业和政府视为一项重要的战略资产。虽然目前在世界各地实现即时传输数据在技术上已没有任何阻碍，但数据共享、保护和负责任的数据使用的国际规则并没有建立起来，美国、欧盟、印度、巴西等多个国家都在争先制定全球和本国数据规则，中国也提出了《全球数据安全倡议》，然而由于在安全、隐私和适当使用数据方面的规范存在很大差别，数据国际流动被施加了更多的限制，由此产生的各种数据管理规则的拼凑，将使企业越来越难以遵守，而那些已经制定了明确数据规则、使得企业在数据使用过程中有更多确定性的国家，则可能会率先收获数据红利。

3. 劳动力

作为关系企业成本曲线高低的重要因素，劳动力是产业链供应链调整的重要驱动力。劳动力对产业链供应链现代化的影响主要体现在三个方面：一是相对于劳动力，大规模的资本流动更为便利，几十年来制造业一直在新兴市场追逐低成本劳动力，事实上，世界产业转移的历史就是追逐廉价劳动力的历史，产业转移的"雁阵模型"目前看仍未停止，近年来纺织服装等大量劳动密集型产业开始由中国转向越南、印度等国即是典型的例证。二是不同技能水平的劳动力在产业链供应链中的作用正在转变。尽管在一些劳动密集型的行业获得所需劳动力的难度增大，但自动化、增材制造和机器人技术正在以肉眼可见的速度取代这些体力劳动，而对掌握数字技能、自动化技术的劳动力需求大增，从而意味着拥有以上劳动力的国家和地区，其产业链供应链现代化水平可能会有更快的提升速度。三是部分高技能行业在基于虚拟连接的全球化生产过程中，不太可能出现本地化、区域化的生产布局，是否拥有大量的、高技能的、低成本的人才仍然是决定高技术服务业产业链供应链布局的重要因素。

4. 资本

由于国家安全关注外国对战略产业的影响，以及支持国家工业政策，因此跨境资本和投资限制也在增加。美国政府通过美国外资投资委员会（CFIUS）的审查和国外的类似程序，使政府有很大的自由裁量权（甚至追溯强制剥离），并加强对被动式投资结构的审查。政府对外资所有权的关注主要集中在基础设施、两用设备和基本服务上。最近，这一关注已经扩展到包括敏感的个人数据和先进的技术在内的领域，如人工智能、机器人技术和某些先进的生物技术。尽管最大的审查是对中国的投资，但这种审查的范围是全球性的。强调产业政策也加强了对投资的障碍。例如，波兰和墨西哥政府，增加了外国投资于能源等关键行业的障碍。2020年，随着政府努力保护因经济衰退而被削弱的关键国内产业，法国和印度等国的投资审查机制已经加快建立。更广泛地说，限制资本的新战线正在出现，比如美国最近对上市公司的种种规定。

5. 中间品进口

随着国际分工体系的深入发展和全球价值链长度的延伸，中间品贸易蓬勃发展，并成为全球货物贸易的重要组成部分。早在20世纪八九十年代，就有学者指出高质量中间投入品在推动生产率进步和长期经济增长方面的重要作用（陈家勤，1999；张小济和湖江云，1999；朱立南，1999）。贸易自由化通过影响中间品进口的品种、数量、质量及所含的国外技术等影响一国企业的创新投入和产出。越来越多的学者也开始关注并研究中间品贸易在一国贸易开放与经济发展中所起的重要作用。发达经济体出口的中间品蕴含高质量研发投入和先进技术，对发展中国家的技术创新的影响不容小觑。近年来，为了平衡进出口贸易、缓解国际贸易摩擦，中国积极采取多种贸易便利化举措主动扩大进口，从 2018 年到 2022 年，连续五届进口博览会的成功举办彰显了中国进一步开放本国市场的决心。进口中间品促使国内企业有更多机会接触和使用发达国家生产的高技术零配件和高端生产设备，极大地推动了中国制造业的快速发展，在促进中国工业化发展方面发挥着至关重要的作用，并对微观企业的经营决策产生不容忽视的作用。

（三）政策因素

1. 贸易政策

贸易政策通过关税、非关税壁垒和对外国业务征税来增加贸易成本，从而对供应链造成压力。更高的关税意味着更高的成本和较低的利润率，从而导致人们重新考虑商业模式和重新定位某些供应链。虽然可以通过自动化抵消一些成本，但全球生产网络的破坏可能导致滞胀及大量失业。纵观贸易史，贸易争端数见不鲜，但近几十年来贸易争端的解决机制通常与具有强对抗性的外交政策区别开来，而经济制裁则具有较强的针对性，并与具体的外交政策结合在一起。从 2018 年 1 月开始，美国政府已经逐渐将一场行业贸易争端变成了一场针对许多经济体，尤其是针对中国的全面"贸易战"。除了通过加征关税以减少贸易失衡外，美国政府还将企业与更广泛的外交政策和国家安全联系起来。

2. 环境政策

环境政策是一种能够影响产业链供应链布局和竞争力的重要政策。根据"污染天堂假说"（Copeland and Taylor，1994），在开放经济条件下，环境规制直接关系到企业的比较优势，环境规制强度不同将引致不同的环境成本，来自发达国家的跨国公司在开放经济条件下，将污染密集型产业链环节转移到发展中国家，从而使其成为"污染者的天堂"。一国环境规制的提升将显著增加国内污染密集型产业的成本，从而降低其竞争力，而一些产业链环节虽然属于污染密集型的生产活动，但在生产链条中不可或缺，这些环节企业的关停或者转移可能会影响一国产业链供应链的安全。"波特假说"则认为合适的环境规制能够促进企业进行创新活动，即激发"创新补偿"效应，从而不仅可以抵消企业承担环境规制的"遵循成本"，而且可以提高企业的生产能力、盈利能力和竞争能力。"波特假说"认为环境规制对企业的影响机制在于促进其采用或者开展技术创新，短期成本可能增加，但长期来看有利于增加企业竞争力。环境规制的初期阶段，"遵循成本"发挥主要作用，阻止污染企业的迁入，而在中后期阶段，"创新补偿"效应发挥主要作用，因此具有远见的企业通常会将环境规制视为一种改进自身的机会，将高污染、高成本环节的生产进行迁移或外包（Porter and Van der Linde，1995）。

3. 产业政策

就像市场机制不能解决产业发展过程中的全部问题一样，市场机制在产业链供应链治理实践中存在着不同程度的各类失灵问题，这就凸显产业政策的重要作用。具体来说，产业政策对于产业链供应链现代化水平的影响主要体现在以下三个方面：一是解决产业链供应链治理市场机制存在的"激励失灵"问题。产业链供应链协同本质上是跨产业、跨组织的多种资源和能力协同的过程，对于拥有不同资源和能力的市场主体来说，出于自身利益考虑的个体理性最优决策常常偏离产业链供应链群体理性最优决策（中国社会科学院工业经济研究所课题组，2022）。二是解决主体间因信息不对称而造成集体行动的不一致，即"协调失灵"。当产业链供应链涉及大量主体时，协调失灵尤其容易出现，例如，当一个技术标准的培育和产业化涉及大量主体的复杂商业活动时，如果缺乏能够促使产业链供应链各主体围绕自主标准开展协同研发和产业化的"可置信承诺"，则产业链供应链主体很可能做出不合作的策略选择，从而出现技术标准协调失灵。三是解决产业链供应链缺乏某些特定的创新主体或创新要素（如共性技术供给主体缺失）导致的"系统失灵"。技术创新、产业升级的系统性决定了其在发展过程中必然面临多个子系统以及各类耦合因素的影响，子系统或者某一因素的缺失都可能导致整个创新系统的失灵。

四、产业链供应链现代化评价指标体系分析

虽然产业链供应链现代化的进程是动态的、持续变化的，但是一定时期内可以依据相应标准和计量体系来评断产业链供应链现代化的水平、特征和状态，以区分不同发展阶段之间的差异，评估预测国家和地区产业链供应链现代化的发展情况和进步程度，探寻总结产业链供应链现代化进程的基本规律和发展趋势，为国家和地区产业链供应链现代化战略提供决策参考。

（一）指标体系构建

在科学界定产业链供应链概念基础上，结合中国产业实际发展情况和发展目标定位，本章通过6个一级指标刻画产业发展质量水平，每个一级指标包括不同数量的二级指标，共计26项（见表2-1）。

表 2 - 1 指标体系

一级指标	二级指标	方向
创新引领	规模以上工业企业有 R&D 活动企业所占比重（%）	正向
	R&D 经费支出占 GDP 比重（%）	正向
	国内外发明专利申请授权合计（件）	正向
	规模以上工业企业 R&D 经费支出与主营业务收入之比（%）	正向
	R&D 科技活动人员折合全时当量（万人年）	正向
	技术合同成交额（万元）	正向
	知识产权使用费支付（美元）	正向
安全可靠	国外进口供应商集中度（HHI 指数）	逆向
	国外供应商所在国家集中度（HHI 指数）	逆向
	单一产品对某一国家进口占比超过 30% 的产品种类数	逆向
	波罗的海干散货指数	逆向
敏捷柔性	信息传输软件和信息技术服务业占第三产业比重（%）	正向
	租赁和商务服务业占第三产业比重（%）	正向
	工业互联网应用比重（%）	正向
	工业企业每百人使用计算机台数（台）	正向
节约资源和保护环境	单位 GDP 能源消费量	逆向
	单位 GDP 二氧化碳排放量（千克/万元）	逆向
	单位 GDP 废水排放量（吨/万元）	逆向
	单位 GDP 化学需氧量（COD）排放量（千克/万元）	逆向
	单位 GDP 二氧化硫排放量（千克/万元）	逆向
布局合理	结构相似系数	逆向
	区域分工指数	正向
开放合作	世界品牌 500 强企业数（家）	正向
	一般贸易占贸易比重（%）	正向
	高科技出口占制成品出口的比重（%）	正向
	国家嵌入全球价值链的位置	正向

（二）数据来源与数据处理

产业高质量发展指数计算所采用的资料来自中国国家统计局、中经网统计数据库、世界银行数据库、BvD - EIU Countrydata 数据库、CEIC 数据库、EPS 数据库、Wind 数据库、联合国工业统计数据库、《中国环境统计年鉴》《中国能源统计年鉴》《中国区域经济统计年鉴》、历年《中国对外直接投资统计公报》。

由于许多指标是通过测算而来，对重要指标的测算过程说明如下：

（1）区域分工指数。区域分工指数也称克鲁格曼指数，用来衡量区域间分工程度的高低和产业结构的差异，能从反面测度区域间产业的同构性，其计算公式为：

$$KI_{ij} = \sum_{k=1}^{n} |X_{ik} - X_{jk}|$$

KI 表示 i、j 两区域的区域分工指数，且 $0 \leqslant KI_{ij} \leqslant 2$，$X_{ik}$ 表示 i 区域内 k 产业占整个产业的比重，X_{jk} 表示 j 区域内 k 产业占整个产业的比重。当 $KI_{ij}=0$ 时，说明区域 i 和 j 区域各产业的产值份额相等，即 i 区域与 j 区域的产业结构完全相同。反之，当 $KI_{ij}=2$ 时，则说明 i 区域与 j 区域的产业结构完全不同。KI 越小，说明两区域分工和产业专业化程度越低，从而区域间产业结构差异越小，即产业同构越严重。

（2）国家嵌入全球价值链的位置。参照相关学者（Antràs and Chor，2018；倪红福和王海成，2022）的方法，采用出口上游度（Output Upstreamness）指数来衡量一国特定部门嵌入全球价值链的位置。

（三）评价方法

学术界常用的定量评价方法主要分为两类：一类是基于专家经验对各项指标进行打分赋权的主观评价法，如层次分析法等，该方法的主观色彩较强；另一类是根据变量变动的特征来确定权重的客观评价法，包括因子分析法、主成分分析法等。后一类分析方法容易因为降维而损失原始变量的经济含义，并且产业链供应链现代化水平是多个指标的有机统一，因此，我们借鉴联合国人类发展指数（Human Development Index）和经济脆弱度指数（Economic Vulnerability Index），采用简单而透明的均等权重法赋值，对 6 个维度各赋予 1/6 的权重，以凸显各项指标维度的同等重要性。相应地，各项二级指标采用均等权重法。

本章参考文献

［1］习近平：《在企业家座谈会上的讲话》，人民出版社 2020 年版。

［2］习近平：《国家中长期经济社会发展战略若干重大问题》，载于《求是》2020 年第 21 期。

［3］《习近平向产业链供应链韧性与稳定国际论坛致贺信》，载于《人民日报》2022 年 9 月 20 日第 1 版。

［4］陈家勤：《适度增加进口的几点思考》，载于《国际贸易问题》1999 年第 7 期。

［5］张小济、胡江云：《在自由贸易的背后——进口贸易与国民经济发展》，载于《国际贸易》1999 年第 4 期。

［6］朱立南：《进口牵着你和我的手——重视进口对经济发展的积极作用》，载于《国际贸易》1999 年第 4 期。

［7］Porter, M E. *The Competitive Advantage of Nations*. Free Press，New York，1990.

［8］Antras P, Chor D. *On the measurement of upstreamness and downstreamness in global value chains.*

NBER Working Paper，2018，No. 24185.

［9］Copeland B R，Taylor M S. North – South trade and the environment. *The Quarterly Journal of Economics*，1994，109（3）.

［10］Inomata S，Taglioni D. Technological progress，diffusion，and opportunities for developing countries：lessons from China. *Global Value Chain Development Report 2019*，2019.

［11］Porter M E，Van der Linde C. Toward a new conception of the environment – competitiveness relationship. *Journal of Economic Perspectives*，1995，9（4）.

［12］冯檬莹、陈海波、郭晓雪：《大数据能力、供应链协同创新与制造企业运营绩效的关系研究》，载于《管理工程学报》2023 年第 3 期。

［13］韩永文：《健全和完善制造业产业链供应链》，载于《企业观察家》2020 年第 7 期。

［14］黄群慧：《以产业链供应链现代化水平提升推动经济体系优化升级》，载于《马克思主义与现实》2020 年第 6 期。

［15］李伟、贺俊：《基于能力视角的产业链安全内涵、关键维度和治理战略》，载于《云南社会科学》2022 年第 4 期。

［16］刘志彪：《在全球价值链路径上建设制造强国》，载于《学习与探索》2018 年第 11 期。

［17］倪红福、王海成：《企业在全球价值链中的位置及其结构变化》，载于《经济研究》2022 年第 2 期。

［18］宋华、杨雨东：《中国产业链供应链现代化的内涵与发展路径探析》，载于《中国人民大学学报》2022 年第 1 期。

［19］汪彬、阳镇：《双循环新发展格局下产业链供应链现代化：功能定位、风险及应对》，载于《社会科学》2022 年第 1 期。

［20］中国社会科学院工业经济研究所课题组、张其仔：《提升产业链供应链现代化水平路径研究》，载于《中国工业经济》2021 年第 2 期。

［21］中国社会科学院工业经济研究所课题组、曲永义：《产业链链长的理论内涵及其功能实现》，载于《中国工业经济》2022 年第 7 期。

［22］瑞士再保险：《降低全球供应链风险：通过再平衡增强韧性》，载于 *Sigma* 2022 年第 6 期。

第三章

全球产业链演变新趋势及我国对策研究 *

内容提要：当前，影响全球产业链演变的因素发生重大变化，全球产业链演变呈现五大新特征、新趋势：技术升级角度呈现数字化趋势；产业融合角度呈现产业边界日益模糊化趋势；生态环保角度呈现绿色化趋势；产业链体量角度呈现短链粗链化趋势；从产业布局来看，呈现阵营化趋势。为此，我国应当重视建立重点产业链安全保障机制，巩固提升我国在全球产业链的地位，建设国际产业链"反脱钩"机制。

近年来，在技术变革和创新、经济、地缘政治、气候环保，以及战争、重大突发公共卫生事件（疫情）等重大风险事件等多因素的共同作用下，全球产业链演变呈现出新趋势、新特征。我们要客观把握这种新趋势和新特征，积极出台应对政策，助力我国产业链安全稳定和现代化发展。

一、影响全球产业链发展演变的主要因素分析

随着世界各国的经济发展，国际形势的不断变化，产业链由国内走向国际，国际产业链调整的动力除了技术变革和创新、经济（经济成本和效率等）方面外，还包括了国家安全、环保、重大事件等多重因素。

（一）技术变革和创新因素

技术变革和创新是经济发展的根本动力，也是产业链演变的基础因素。英国演化经济学家卡洛塔·佩雷斯（1983）研究表明，"每一次技术革命都会形成与之相适应的技术经济范式"，历次科技革命通过科技成果的产业化、市场化，从根本上改变技术路径、产品形态、产业模式，技术革命和产业变革改造传统生产模式和服务业态，推动传统生

---

* 本章执笔人：王云平。

产方式和商业模式变革，促进产业融合发展，催生出新的行业、改造传统的产业、塑造产业格局，推动产业链演变。18 世纪以蒸汽机出现为标志的技术革命开创了以机器代替手工劳动的时代，彻底改变了传统生产方式，棉花、纺织、印染等企业得到发展，推动了棉纺织产业链的发展；以电力大规模应用为代表的第二次技术革命，推动电力、钢铁、铁路、化工、汽车等重工业发展和产业链延伸；随着新技术不断涌现，新兴产业和产业链也不断出现，如随着化学技术不断进步，科学家从煤和石油等原材料中，提炼出多种化学物质，并以此为工业原料，制成染料、塑料、药品、炸药和人造纤维等多种化学合成材料，推动了化工产业链迅猛发展；21 世纪以来，新科技革新能源、机器人、3D 打印等智能制造技术成为第三次工业革命的核心，引发生产方式、生产组织模式全方位变革，诸如新能源、信息技术、生命科学等前沿科技领域正处于大规模突破爆发的酝酿期，引发相应领域的产业变革，前沿科技之间、前沿科技与产业之间的跨界融合，催生新兴产业产业链。

（二）经济效率因素

追求经济效率是产业链演变的内在动力。产业链分工深化是产业链演变的主要表现，可以从微观和中观两个层面来分析产业（链）分工深化带来的经济效率提升：从微观层面来看，企业通过将劳动工序分解和标准化、程序化的过程，实现大规模生产和规模经济，最终获得劳动生产率的提升。从中观层面来看，一方面，企业通过国际贸易参与国际分工可以扩大其市场占有率，从而使其产能和规模扩大，收益增加，形成规模经济优势；另一方面，对一些生产工序和技术相对精密和复杂的产业（如飞机制造业）来说，通过国际采购将一部分零部件的生产分解在不同的国家和地区进行，不仅降低了生产成本，而且还因此扩大了产业规模，获得了规模经济。以当年的福特式生产方式为例，大企业在社会生产过程中具有明显优势并占据主导地位，其通过高度分工带来的效率提升以及不断提升规模经济的效应来获得产业霸权地位和超额利润。产业链分工的"网络效果"增加产业收益，分工越细越专业，产业链越长，分工的网络性就越强，由此产生的经济收益也越大。产业链分工形式较多，包括外包、特许连锁、外购中间服务或中间产品、贴牌生产等。

经济全球化背景下，世界各国按照比较优势进行产业链分工，从而获得分工收益。在经济全球化推动下，产业研发、采购、制造、营销以及相应的投资、贸易等经营活动可以在全球范围内展开；全球范围内产业链分工使资源的利用效率更为有效和合理，给各国带来相应的经济收益。比较优势是国际产业链分工的基础，经济全球化下影响分工的比较优势不仅是单一的资源优势，更是一种综合比较优势，是资源、制度、物流成本、产业配套环境以及宏观经济景气程度等多方面与其他国家相比所具有的优势。综合比较优势越强，获得的产业链分工机会越多，所处的分工位置越有利。由于资源禀赋和经济发展水平不同，不同国家和地区在某个时期的经济比较优势也存在差别。静态比较优势如资源禀赋优势会在相当长的一段时期内得以保持，如石油、煤炭、铁矿等自然资源优势，一直会持续到资源开采将尽之时。而那些动态的比较优势则会随着经济发展逐渐变化，例如资本、劳动力、技术等方面的优势，这些优势有些会随着经济发展逐渐强化，有些则会弱化。一般来说，随着经济发展水平的提高，劳动力成本优势会逐渐弱化，但同时劳动力的素质优势会提升；资本优势会随着资本的扩张和积累得到强化；技术优势如果能够不断保持创新则会强化，反之则弱化；专业化优势会随着分工的不断精细化得以继续保持；规模经济优势在一定边界范围内会强化，超出一定边界则会弱化，等等。

（三）地缘政治因素

地缘政治影响全球产业链分工和国际布局。在世界各国政治环境良好的前提下，跨国公司可以根据经济效率而决定在不同国家或地区进行产业链布局。但国际关系总是复杂多变的，20世纪中叶至苏联解体，全球产业链分工布局主要围绕美苏两大阵营进行；中国在改革开放以来和欧美关系缓解，我国逐步融入了以欧美（日）为主导的国际产业链；苏联解体后，随着中国经济实力不断增强和科技水平不断提升，欧美对中国产业链分工不断提升地位也在加强防备。

近年来，地缘政治风险上升，贸易保护主义更加严重。以美国为代表的西方国家纷纷以资源能源控制权、科技知识产权、贸易保护等多种形式"塑造"全球产业链生态，在核心技术和关键环节蓄意设置政策门槛和投资限制。生产要素流动受阻，国际经贸摩擦频繁，跨国公司面临的地缘政治风险加大，原有的全球贸易开放体系受到重创，促使许多国家和地区对全球产业链有了新的认识，如何在安全与发展之间保持平衡成为当务之急。印度、越南等新兴经济体国家趁机布局抢占全球中低端制造业的市场份额。如印度2020年启动了旨在促进本国制造业发展的"自力更生的印度"运动，鼓励本国企业减少从中国采购产品和原材料，以增强其国内生产能力。印度政府在2021年的预算案中扩大了"生产挂钩激励计划"（PLI）的范围，为数十个行业提供优惠政策以吸引外国制造商在印度设厂。

（四）气候环保因素

自20世纪60年代末开始，生态环境与经济社会发展的不协调问题日益显现，联合国于1972年在瑞典首都斯德哥尔摩"人类环境会议"上把保护生态环境的意识落实到保护生态环境的实际行动中；自20世纪80年代以来，国际科学界和世界上大多数国家政府开始高度关注和重视全球气候变化对各国经济和社会发展产生的影响，自此，气候和环保成为全世界共同关注的话题，世界各国在推进经济和产业发展的同时，需要协同推进环境治理、节能减排。

近年来，实现碳达峰、碳中和更是成为一场广泛而深刻的经济社会系统性变革。在此背景下，世界国家出台支持绿色低碳和环保政策，推动相关产业链发展。2017 年日本发表《基本氢战略》，旨在通过无碳氢技术研发来构建安全、可持续的能源供应链，在国际清洁能源市场占据领先地位。德国供应链政策的重点是在制造业领域构建以环境保护和资源节约为导向的绿色供应链，实现供应链的可持续化。2017 年在德国二十国集团（G20）峰会上，G20 决定利用德国联邦政府提供的可持续发展专项基金建立可持续的全球供应链，从而将德国构建绿色供应链、实现可持续发展理念推向国际合作层面。碳中和目标将深刻影响下一步产业链的重构、重组和新的国际标准。2020 年 7 月，在欧盟宣布碳中和计划之前，已有 30 多个国家宣布碳中和目标，包括墨西哥、马尔代夫等，此后中国、日本、韩国接连提出碳中和目标。美国当选总统拜登也在讲话中提出美国要重回《巴黎协定》，其基本要求就是美国要提出碳中和的时间表和路线图。全球重要的经济体，也就是占全球 GDP 75%、占全球碳排放量 65% 的国家开始碳中和。碳中和意味着一个以化石能源为主的发展时代开始结束，一个向非化石能源过渡的时代来临。这对全球产业链的重组、重构都有深刻影响。比如：苹果手机要实现碳中和，那么，负责组装的企业要实现碳中和，为其提供零部件和原材料的环节要实现碳中和，为其提供芯片的企业也要实现碳中和，产业链上的每一个环节都要实现碳中和。这就会对产业链形成一个新的标准。而全球在碳中和的大背景下，进行新的国际合作、国际分工，形成新的国际标准。我国是全球碳排放最大的国家，力争 2030 年前实现碳达峰、2060 年前实现碳中和，必将引发钢铁、化工、能源、建材等重化工业产业链供应链深刻调整。

（五）战争、重大突发公共卫生事件（疫情）等重大风险事件因素

当前世界经济彼此依赖，全球经济深度融合和发展，全球产业链相互影响，任何一件产品都可能是多个国家协作的产物，是全球产业链整体价值的体现。全球产业链上任何一个环节的停滞，都会给产业链上下游带来影响，尤其是对外依存度较高的产业链环节不可避免地受到较大冲击。从影响产业链演变的重大事件来看，主要是战争和重大医疗卫生事件。新冠肺炎疫情冲击下的全球产业链重构表现为结构性重构，而非简单的搬迁式重构。俄乌战争一方面导致能源危机，引发新能源产业链演变；另一方面，由于部分资源性产品供给受到影响，引发半导体等产业链关键环节供给紧张。具体影响体现在以下几个方面：

一是俄乌战争和新冠肺炎疫情蔓延对产业链的直接影响，破坏了供应链的供应和需求，引发国内外供应链的连锁反应，对世界经济和全球化的冲击超过中美贸易摩擦，是1945 年"二战"结束以来全球经济体系面临的最大整体威胁，直接表现为供给冲击，造成部分产业链"停工、停产、停运、停摆"。全球产业链供应链的中断可能会进而引发逆全球化高潮，全球经济陷入"灰犀牛"式的冲击，对长期技术进步、生产方式等产生影响。

二是在企业层面，新冠肺炎疫情给以全球产业价值链为主要布局的企业带来巨大的

利益损失，迫使企业开始尤其重视供应链风险，并将重新思考供应链布局。跨国公司对于全球布局的考虑因素将不仅仅局限于成本与市场因素，而且会加入更多对于政府管理效率与社会应急能力的考量，国家治理能力有助于维持供应端的稳定。

三是在国家层面，新冠肺炎疫情给各国经济带来重创的同时，也让各国政府看到完备产业链体系的重要性。政治极端化加剧，各国加强"自主可控"。地缘科技博弈升温，带来了不确定性因素。控制产业链核心环节的国家将考虑产业纵向整合以缩短供应链条，并在本土或周边国家配置预备产能或加大库存以备不时之需。

二、全球产业链演变的新趋势和新特征分析

（一）全球产业链演变历史回顾简述

全球产业链演变起源于国际产业分工，其时间可以追溯到第一次工业革命时期。这个时期的国际产业分工，基本上是宗主国和殖民地之间的垂直产业分工，发达国家等宗主国主导国际分工和世界市场，出口工业制成品，从发展中国家等殖民地廉价进口或掠夺原材料。严格意义上的第一次产业链分工（产业内分工）演变，是从第二次世界大战以后到 20 世纪 80 年代。随着以原子能、电子计算机、空间技术为主要标志的科技发展，使国际分工的形式和趋向发生了很大的变化。这个时期产业链演变主要表现在两个方面：

一方面，产业链不断裂变深化（这实际上也是产业纵向分工深化的另一种表现）。科学技术不断发展，促使产品的结构和功能由简单到复杂。当科学技术水平不高时，产品的结构和功能比较单一，从原材料到制成品的生产工序比较少，而随着科学技术的不断发展，产品的结构和功能越来越复杂，从原材料到制成品的生产工序越来越多。特别是计算机、人工智能技术的兴起，计算机、人工智能对传统产品的渗透越来越强，大大改变了人们身边产品的结构和功能。以移动电话为例，移动电话从诞生到现在，短短几十年时间，就由只具有单一的通话功能的时代，发展为具有短信传递、多媒体、摄影摄像、存储、软件嵌入、互联网、智能办公等多种功能的时代。当今社会，凡是与电子有关的产品，小到家用电器，大到汽车、轮船、飞机、卫星等，无不受到计算机和人工智能技术的渗入，产品逐渐由单一功能向智能化转变，促进部分行业能够形成模块化生产方式[①]。随着科技不断进步，产业分工不断深化，从产业内垂直分工向产品、工序分工延伸。传统的比较优势理论通常被视为产业间分工的理论，对于产品内分工，传统的比较优势理论依然适用。同一产品的价值链上具有劳动密集、资本密集、技术密集的各个环

---

① 模块化生产方式是指，将一个复杂的产品，分割成不同的模块，且模块与模块之间是相互兼容的，企业只专注于一个模块的生产研发，但是必须保证研发和生产出来的产品与其他模块兼容，否则，该企业生产的产品将被产业链淘汰。

节，因而各国根据自己的要素禀赋，在不同的价值链上具有比较优势。跨国公司把不同的生产工序分离到不同企业。[①]

另一方面，产业链国际布局不断调整。"二战"后至20世纪90年代初，世界政治、经济形态形成了以美苏争霸为基本格局的两大阵营，在产业链分工方面也以两大阵营为核心形成了"片式"产业链分工格局。这种产业链分工的典型特征是"敌友分明"，产业链分工因而深深打上了切块阵营化的烙印。只要是在一个阵营内，产业链分工合作就是畅通的；只要是企图跨越阵营，合作通道就是阻断的。另外，以美国、苏联为产业龙头，两个阵营内的国家基本上是封闭循环或者说是单体循环，各自形成了一套产业链分工体系，甚至延伸至技术标准体系和产品标准体系。这种产业链分工体系可以说是经济政治化的典型化石，地缘政治和意识形态博弈割裂了全球性产业链联结的可能性。在此期间，全球经济发展从属于地缘政治格局，政治博弈或者说意识形态阵营划分，严重影响了产业链分工的深度和合作广度。

20世纪90年代以来，在苏联解体后，和平与发展成为时代主题的共识广泛形成，政治格局加快向更具多极化特征的形态过渡。在此背景下，产业链分工全球性水平化布局趋势增强。经济全球化不断发展、国际市场日益一体化与生产日益分散化，美国、欧洲各国和日本等发达国家的跨国公司通过在亚洲、拉丁美洲新兴工业化国家和地区的大量加工组装业的投资，建立起"世界工厂"或"制造飞地"，而各加工组装点之间产生大量的零部件或中间品贸易。以欧美为头雁，全球产业链分工总体上形成了大三角循环体系，欧美等发达国家占据高端研发、金融服务等高价值链环节，中国等发展中国家形成工业体系完备的生产加工体系并努力向高技术、高价值端升级延伸，中东和俄罗斯等负责能源供给。

（二）全球产业链演变的新趋势、新特征

当前已经进入全球产业链演变新时代，受新冠肺炎疫情冲击，特别是大国竞争加剧影响，全球产业链演变态势将加速，演变逻辑在遵循技术演变的基础上，将更加重视产业链安全稳定，更加注重维护或争取大国优势地位，更加受到大国内部政治力量的推动和国际政治格局影响，全球产业链的发展呈现新趋势、新特征。

1. 从技术升级角度，全球产业链呈现数字化趋势

一方面，随着科技不断发展，数字化成为提升产业链发展效率的重要手段。大数据、物联网、人工智能等新一代信息技术蓬勃发展，加快催生出数字经济、智能制造、网络

[①] 产业内垂直分工特别是产品、工序分工，要求产品具有一定的可分性，产品的生产过程在技术上能否分离是产业内垂直分工的前提。一产品的可分性越强，该产品的产业内垂直分工程度就越深，否则，该产品的产业内垂直分工程度就越浅，甚至不能够进行产业内垂直分工。一般机械产品、运输产品、电子产品表现出较高的分离性，其产业内垂直分工的程度就比较高，而化工、冶金则相对较低，其产业内垂直分工的程度就比较低。产品的可分性以及产品的结构和功能成正比，产品的结构和功能越复杂，产业的可分性就越强，否则，产品的可分性就越弱。

经济等新产业新业态；与此同时，传统制造业、服务业正加快向智能化、网联化、平台化转型，推动平台型、血液型、大脑型、牵引型产业融合互嵌相互支撑，进而更好地推动产业链现代化。产业链布局方式和集群生态正由实体地域向虚拟网络转变，有界限地域空间的集聚正向无界限网络空间的集聚转变，从根本上改变部分产业链群全球化布局的格局。网络空间作为诸多新兴产业的关键载体，不仅将成为产业链群的集聚高地，也将同步输出数据、信息等新型生产要素，重要产业链群也将出现"线下＋线上"同步布局、同步集聚、同步演化的新特征。

另一方面，在新冠肺炎疫情、俄乌战争等重大事件，国际地缘政治变化等导致的国际营商环境不确定性增强的大背景下，数字化、可视化能力成为增强产业链供应链安全性的重要手段。供应链上下游之间环环相扣，任何一个环节的波动都会引发其他环节的连锁反应，且影响逐级放大，形成"长鞭效应"。在信息流从最终消费者向上游供应商传递的过程中，如果缺乏信息共享，就会产生信息传递扭曲，导致整个供应链体系的波动与低效率。需要使用数字化技术对供应链进行赋能，构建起一个可视化、透明化的供应链网络。随着数据分析和人工智能、物联网、数字机器人等技术的推广，加速全球数字化趋势。在新冠肺炎疫情严重的地区人员流动受到限制，人们采用大数据、人工智能和云计算等新技术来保证政治和经济的正常运转。数字平台成为全球产业链的新的驱动力，为传统产业链转型升级提供计算、服务、处理和分析数据的能力，指导和调节生产者的贸易行为，从需求角度作用于全球产业链重构。

许多国家的政府和跨国公司重视产业链数字化建设。在数字化的环境下，企业进一步通过大数据分析有效地简化潜在厂商甄选过程、提高风控能力；通过云计算有效管理供应商；通过自动化、物联网大大提高物流和运输的效率。为此，日本经产省发布《2020 版本日本制造业白皮书》，明确提出推进数字化转型发展战略，将其作为增强企业变革能力的一个重要方面，鼓励企业通过数字化技术和实时数据分析来增强自身的变革能力，积极利用在技术方面的优势，增强制造业企业各部门之间以及企业与客户、供应商之间的数据协作。这次疫情也让跨国企业认识到生产自动化的重要性。疫情后，机器人技术将会被更广泛运用来减轻因人员流动限制对供应链产生的负面影响。新冠肺炎疫情的暴发造成全球产业链供应链中断，为尽快恢复供应，一些企业利用和发挥自身在数据占有和使用上的经验和优势，加快供应链的数字化发展。如思爱普（SAP）通过升级版"工业 4.0 进行时"战略帮助企业捕获并分析供应链中的大量信息，通过提高整个供应链的可视性和协同性，帮助企业抵御频繁发生的全球性冲击。

2. 从产业融合角度，产业链边界日益模糊化

近年来，产业融合日益明显，推动产业链耦合，产业链边界模糊。推动产业融合的因素是多方面的。技术创新是产业融合的内在驱动力。技术创新开发出了替代性或关联性的技术、工艺和产品，然后通过渗透扩散融合到其他产业之中，从而改变了原有产业的产品或服务的技术路线，改变原有产业的生产成本函数，从而为产业融合提供了动力；同时，技术创新改变了市场的需求特征，给原有产业的产品带来了新的市场需求，从而为产业融合提供了市场空间。重大技术创新在不同产业之间的扩散导致了技术融合，技术融合使不同产业形成了共同的技术基础，并使不同产业的边界趋于模糊，最终促使产业融合现象的产生。比如，信息技术革命改变了人们获得文字、图像、声音三种基本信息的时间、空间及其成本，随着信息技术在各产业的融合以及企业局域网和宽域网的发展，致使产业间的界限趋于模糊。产业融合成为全球产业发展的浪潮，其主要原因就在于各个领域发生的技术创新，以及将各种创新技术进行整合的催化剂和粘合剂——通信与信息技术的日益成熟和完善。

技术创新和技术融合是产业融合发展的催化剂，在技术创新和技术融合基础上的产业融合是对传统产业体系的根本性改变，是新产业革命的历史性标志，成为产业发展及经济增长的新动力。跨国公司的发展成为产业融合的巨大推动力，跨国公司根据经济整体利益最大化的原则参与国际市场竞争，在国际一体化经营中使产业分工转化为产业融合。未来相当长一段时期，国际经济将发生深刻变化，在不同的产业链领域内，产业链融合以不同方式演进，并构架出融合型产业体系。产业链融合，又或产业链边界模糊可以表现为三种形式：

一是产业链渗透融合，是指发生于高科技产业链和传统产业链边界处的产业链融合。例如生物芯片、纳米电子、三网融合（即计算机、通讯和媒体的融合）；信息技术产业链以及农业高新技术化、生物和信息技术对传统工业的改造（如机械仿生、光机电一体化、机械电子）、电子商务、网络型金融机构等。又如信息和生物技术对传统工业的渗透融合，产生了诸如机械电子产业链、航空电子产业链、生物电子产业链等类型的新型产业链。还如电子网络技术向传统商业、运输业渗透而产生的电子商务与物流业等产业链；高新技术向汽车制造业渗透产生光机电一体化的新产业链等。高新技术向传统产业链不断渗透，成为提升和引领高新技术产业发展的关键性因素，高新技术及产业发展有利于提升传统产业的发展水平，加速了传统产业的高技术化。现代信息技术正在以前所未有的广度和深度渗透到制造业产业链各个环节中，使制造业产业链的各环节产品和生产过程以至管理方式发生了深刻的、革命性变化。

二是产业链间延伸融合，即通过产业链的互补和延伸，实现产业链融合，往往发生在高科技产业的产业链自然延伸部分。这类融合通过赋予原有产业新的附加功能和更强的竞争力，形成融合型的产业新体系。这种融合更多地表现为服务业向第一产业和第二产业的延伸和渗透，如第三产业中相关的服务业正加速向第二产业的生产前期研究、生产中期设计和生产后期的信息反馈过程展开全方位的渗透，金融、法律、管理、培训、研发、设计、客户服务、技术创新、贮存、运输、批发、广告等服务在第二产业中的比重和作用日趋加大，相互之间融合成不分彼此的新型产业体系，有代表性的如现代农业生产服务体系、工业中服务比例上升、工业旅游、农业旅游等。

三是产业链内部重组融合，主要发生在具有紧密联系的产业或同一产业内部不同行业之间，是指原本各自独立的产品或服务在同一集合下通过重组完全结为一体的整合过程。通过重组型融合而产生的产品或服务往往是不同于原有产品或服务的新型产品或服务。例如，第一产业内部的种植业、养殖业、畜牧业等子产业之间，可以生物技术融合为基础，通过生物链重新整合，形成生态农业等新型产业形态。在信息技术高度发展的今天，重组融合更多地表现为以信息技术为纽带的、产业链的上下游产业的重组融合，融合后生产的新产品表现出数字化、智能化和网络化的发展趋势，如模糊智能洗衣机、绿色家电的出现就是重组融合的重要成果。

3. 从生态环保角度，产业链演变呈现绿色化趋势

当前，世界上掀起一股"绿色浪潮"，环保、气候等问题已经成为世界各国关注的热点。随着人们环保意识的增强，那些不推行绿色技术和不生产绿色产品的企业，将会在市场竞争中被淘汰，产业绿色发展成为全球趋势。国际绿色产业联合会（International Green Industry U-nion）于2007年发表声明：如果产业在生产过程中，基于环保考虑，借助科技，以绿色生产机制力求在资源使用上节约以及减少污染的产业，我们即可称其为绿色产业。绿色产业链则是指在整个产业价值链中，促进各个环节的绿色发展，实现与自然、与社会各相关群体的良性互动，达到短期利益和长期发展的统一，实现产业的可持续发展，也就是说，是全产业链的绿色化，即从最初原材料生产直到最终产品到达消费者手中，加上消费环节和报废后再制造环节的全过程绿色化。世界各国也纷纷采取政策措施推动本国产业链绿色化转型，以日本为例，2020年，日本政府拿出2万亿日元，用于设立碳中和相关项目的创新型技术研发基金；设立5 000亿日元的大学基金，用于强化高校和科研机构的研发基础，培养科研人才；在税收减免方面，对进行绿色低碳转型投资的企业予以减税。引入住宅绿色积分制度，引导住宅建设向绿色化、低碳化方向转型，并为此投入1 094亿日元。针对广大中小企业实现绿色化、数字化转型所面临的资金约束，日本政府设立1.1485万亿日元的业务重组补助基金，专门用于帮助中小企业实现绿色化、数字化转型，同时向那些自主拓展新事业的中小企业提供设备投资补助，一家企业最多可获得1亿日元补助金。日本政府多元化的政策支持提升了日本企业，尤其是面临资金约束的中小企业进行绿色化、数字化转型的积极性。[①]

产业链绿色化转型发展具备以下特征表现：一是产业链转型具有开放性，即利用人类文明进步特别是科技发展的一切优秀成果，依靠科技进步、物质投入等提高产品的生产能力，并重视产品的品质和安全。二是产业链转型具有可持续性，即在合理使用上游产业链环节投入品的前提下，注重物质的循环再生利用，重视资源的合理利用和保护。三是产业链转型技术绿色先进，产业链绿色化注重合理开发资源、保护生态环境，使用技术具有一定的先进性。四是产业链各环节的产品具有标准化，即绿色产业链实行标准化全程控制，强调产业链各环节产品的标准化，通过产品的标准化来提高产品的形象和

---

① 颜泽洋：《日本经济安全保障战略新动向》，载于《现代国际关系》2022年第4期。

价格，规范市场秩序，实现"优质优价"，提高产品的国际竞争力。①

4. 从产业链体量看，部分产业呈现短链粗链化趋势

长期以来，全球产业链根据比较优势将各生产环节分散到不同国家和地区进行生产，充分发挥比较优势和规模经济优点的同时，也带来了链条环节过多、空间距离过长的弊端，无形中提高了整个产业链"断链"风险。近年来，技术进步、国际地缘政治紧张、疫情等重大事件增加了产业链"断链"风险。为了规避风险，产业链变短变粗成为趋势。

产业链缩短表现为：产业链回归本土，即美日等国推动部分产业链迁回本土，欧洲部分小国将产业链迁回至欧盟市场。疫情隔离使得各个国家闭关锁国、以邻为壑，海外市场需求断崖式下跌，促使企业尽可能在本土消费市场进行生产经营，并出于国家产业链供应安全的考虑，而在短期内放弃产业布局的传统成本与利润因素，加强在本国以及周边国家的生产布局，以提高所在供应链的自主性和可控性，增强和加快本地供应的响应能力与速度。发达国家与发展中国家都有缩短全球价值链（GVC）长度的倾向，尤其是国外长度，以降低国外供应链的中断风险。同时提升 GVC 国内长度，始终保持更加靠近国内的生产力配置。全球价值链活动在金融危机后已经呈现明显收缩趋势，国内生产活动成为经济复苏的主要动力，而新冠肺炎疫情将再次强化这种趋势。只有这样，才能降低全球供应链因产业链过长、区位分布太散而导致的产业发展不确定性，抵御未来各种外生的突发风险。

产业链变粗主要表现为：一方面，企业在收缩的过程，加强了产业区域化集聚；另一方面，则强化了企业供应链多元化。企业为保证产业链供应链上游稳定，改变单一采购来源模式，通过建立多元化的供应商网络来提高抵御供应短缺风险的能力，多元化采购战略降低了供应商和采购来源过于集中的风险，有助于保证原材料和零部件的稳定与持续供应，增强与供应商开展采购议价的能力。

5. 从全球产业布局来看，呈现阵营化趋势

增强产业链安全，成为当前全球产业链演变的新原则。② 当前世界第一、第二大经济体之间有关经济全球化的共识发生严重破裂，全球化进程呈现碎片化、多层次化或多元化发展，区域经济合作将重新抬头或走向深化。在此背景下，贸易保护主义泛起改变产业链供应链向全球拓展的环境。

随着疫情的不断发展，在地缘政治和风险规避因素驱动下，重构全球经贸秩序、格局和产业链格局迫在眉睫。当前，发达国家从大国竞争的政治利益出发，无视全球产业链分工给各国带来的互利共赢的基本事实，强行切断产业链。美欧日各方均认识到产业

---

① 近年来许多国家要求进口产品要进行绿色性认定，要有"绿色标志"。有些国家以保护本国环境为由，制定了极为苛刻的产品环境指标来限制国际产品进入市场，即设置"绿色贸易壁垒"。

② 以美国政府为例，拜登执政后吸取新冠肺炎疫情中美国供应链断裂的教训，于 2021 年 2 月 24 日发布了第 14017 号总统行政令，要求对美国供应链安全状况进行审查；6 月 4 日，题为《构建强韧供应链，复兴美国制造业并促进广泛增长》的审查报告出炉，报告强调了更安全和强韧的供应链对于美国国家安全、经济安全和技术引领的关键性作用，也体现出美国政府对于强化供应链安全保障的重视。

链空间范围过大与环节过长的风险，都考虑以"中国＋1"为特征的产业链分散化，并对企业产业链实施"双链管理"。这一过程可能会在今后5～10年逐步显现。目前，美欧等经济体都在试图改变"以中国为中心的全球供应链体系"，通过增加中国以外采购来源地或通过多国投资等方式来提高其供应链的多元性和柔性。拜登政府对供应链安全保障的关注不仅仅局限在强化美国国内的供应链，特别是近期美国大力推进"友岸外包"国际战略，通过供应链竞争获取针对中国等新兴市场国家的竞争优势，维持美国在关键技术领域的领先地位。

全球产业链遵循市场发展规律，向区域化发展，全球产业链将收缩至某个区域或某个国家。与产业链全球配置相比，产业链区域化、本土化布局不仅更贴近消费市场，更容易保证产品质量，而且可以有效减缓外部冲击带来的破坏性，保持透明度的同时，也可以提升产业链供应链整体的风险管理水平。以双核体系为特征的全球产业链分工格局将常态化，全球大概率会出现双核体系。

产业链区域化的行业变动特征如下：

对地区隔离与地缘政治敏感的企业，将出现寻求将各环节逐渐迁移至相对环境更稳定与产业链完整的地区。具有这一特点的典型行业即为半导体、电子设备等行业。此类企业的特点是具有技术敏感性，同时十分依赖全球产业链布局，即消费与生产环节显著分布在不同国家和地区。这使得这些企业在诸如疫情和国际地缘政治局势紧张等特殊情况下，其全球产业链很容易受到重大冲击。这些企业有动力将分散的产业环节逐渐迁移，目的地将是能够提供稳定的生产消费环境、具备完整的上下游产业链供给的地区。

对于高度依赖全球产业链的一般企业，将有可能在未来响应越来越突出的"生产本地化"需求，向消费者所在地进行产业环节迁移。一方面，在机器人与自动化技术不断发展的过程中，生产成本低廉对于企业的吸引力在不断下降；另一方面，经过疫情的冲击，企业的客户和所在国政府都在不断强化对于"生产本地化"的需求。对企业客户来说，生产本地化可以使其更快捷、可靠地获得产品，不会受到国际产业形势的干扰；对于各国政府来说，制定吸引生产环节迁入的产业政策将显著有利于构建本国完整产业链体系，维护本国经济稳定和满足"内循环"之需。企业通过响应这样的需求，一方面可以更及时地应对客户不断变化的需求，另一方面也可以享受当地政府提供的产业回流补贴，兼顾了生产的稳定性与经济性。

三、我国应对全球产业链演变的政策思路

（一）建立重点产业链安全保障机制

单纯依靠企业和市场力量无法有效保障产业链供应链安全，需要借助机制建设和立

法为产业链供应链发展"保驾护航"。产业链安全的支持保障,既包括内部产业链发展的规划、路线图和实施进程评价,还包括外部全球产业链安全、政策调整和国别风险等评估,提出更具战略性的经济外交对策,并结合区域贸易协定、WTO改革等争取更多话语权,防止因产业链受制于他国引发的安全问题,确保国家核心产业链供需平衡。要设立保障经济安全和产业链安全施策的专门机构,负责对产业链安全保障进行讨论并制定相应政策,加快对产业链安全保障领域立法的步伐,要对不同产业链重构区别施策,分析各类产业受到的不同影响,采取差异化应对策略,实现中国的国际产业链整体竞争力提升和价值链优化。

(二)巩固提升我国在全球产业链的地位

1. 锻造长板和补齐短板

加快建立完善科技创新研发攻关新型举国体制,集中国有企业、民营企业、高校、科研院所以及军队等科研创新力量,研发战略性产业的自主核心技术,深入推进多主体联合攻关,确保重要产业链拥有自主化能力。建立高风险领域的"卡脖子"技术清单,因"技"制宜、分类施策,采取"挂图作战"和"揭榜挂帅"等政府推动和市场化相结合的方式,强化产业链上下游之间的利益绑定与战略合作,以科研院所和领军企业为主导,联合产学研用及产业链上下游企业,加快攻克基础材料、基础零部件、关键装备、工业软件等领域的"卡脖子"技术。要锻造长板,在我国处于领跑地位、有望形成战略反制的高铁、电力装备、新能源、通信设备等新兴产业领域,进一步拉大技术差距,巩固领先优势,锻造一批具有威慑力的"杀手锏"技术谱系。补齐短板,对我国短板弱项突出的重点产业链供应链,积极推动补链强链,特别是在断供风险较大领域构建必要的备份系统和多元化供给方案,增强产业链供应链弹性韧性。以国内外协同创新驱动产业链与创新链深度融合,主动顺应全球科技创新合作的大趋势,完善支持国际协同创新,大力提升国际创新链与产业链协同水平,主动融入全球创新网络。

2. 加大人才支撑力度,构建多层次、全产业的人才供应链

强化产业链供应链协同创新的人才支持,聚焦构建产业链供应链共生发展的产业生态,通过"强基计划"等多种方式,大力培养国内高端人才。着力构建以企业家群体为核心,以企业管理团队和科技研发团队为支撑,以技术工人为基础的企业人才供应链。以用工制度等改革创新,建设高素质员工队伍。加快推进产教融合,完善校企合作育人、协同创新体制机制,推行"专业对接产业、专业链对接产业链、学校办学对接区域经济"的模式与做法,着力培养高素质技术技能人才和创新创业人才。通过完善人才政策体系,加快人才发展平台建设,加大子女入学、住房保障、薪酬奖励、出入境便利等保障服务力度,促进人才资源与实体经济、科技创新深度融合。建立人才信息库,激发各

类社会专业技术人才创新创业活力。完善社会化职业技能培训、考核、鉴定、认证体系，提高劳动者职业技能和岗位转化能力。加强职业素质培养，引导企业制定技术工人培养规划和培训制度，鼓励企业职工带薪培训。

3. 推进技术改造提升产业链，培育一批重点产业链"链主"企业

加快推进结构性调整和技术改造，提升传统产业技术能力，发展重心转向高附加值的产业领域或产业链环节。鼓励设备更新改造，尤其是以信息化、自动化、智能化、供应链管理为重点的技术改造，强化企业在核心基础零部件（元器件）、关键基础材料、先进基础工艺、产业技术基础等方面的技术水平和能力。加强融通创新，推动大中小企业和各类主体融通创新，把创新链和产业链真正转化成价值链。加强绿色低碳技术改造，推进建设绿色全产业链，建立完善的产品"生态足迹"评价制度。

加快培育产业链龙头企业，开展全产业链"链长"制试点，支持龙头企业担任"链主"。鼓励龙头企业通过增资扩股、兼并重组、股权置换、股权转让、混改等形式引进战略投资者，实现资源整合有效利用，迅速扩大企业规模。加强质量品牌建设，争创各类品牌荣誉，力争更多龙头企业入围世界企业500强。推动龙头企业创新发展，打造以龙头企业为主体的产业创新平台，构建以龙头企业为核心的产学研用体系。推动龙头企业数字化改造，鼓励龙头企业对采购、生产、销售、仓储、物流等各个环节进行数字化、智能化技术改造，打造智能制造样板工厂、样板车间，推动产业转型升级。支持龙头企业搭建产业链公共服务云平台，实现产业链供应链上下游企业的数据、信息、资源汇聚，将龙头企业打造成为引领带动行业发展的"航空母舰"。推动龙头企业延伸产业链，创新新模式、开发新业态，补齐发展短板，打通内循环，提升价值链水平，打造"一企一链""一企一园"产业生态。

培育以本土"链主"企业为主导的国家价值链，促进优势企业利用创新、标准、专利等优势开展对外直接投资和海外并购，有效整合全球资源，形成全球生产网络的治理能力，加快向具有国际竞争力的跨国公司转变。加大对专精特新中小企业培育力度，实施"关键核心技术—材料—零件—部件—整机—系统集成"全链条培育路径，建立分类分级、动态跟踪管理的企业梯队培育清单，给予企业长周期持续稳定的支持，加快培育一大批主营业务突出、竞争力强的专精特新中小微企业，打造一批专注于细分市场、技术或服务出色、市场占有率高的单项冠军企业。

（三）建设全球产业链"反脱钩"机制

提升国际创新链与产业链协同水平。主动顺应全球科技创新合作的大趋势，推动"走出去"与"引进来"并重，主动融入全球创新网络，有效利用和整合全球创新资源。锻造部分核心环节的"长板"，在少数关键技术和产品上做到全球最优，进一步强化与其他国家"你中有我、我中有你"的相互依赖关系，形成一种动态的"威慑平衡"。有

效发挥中国综合成本优势和超大规模市场优势，吸引外商直接投资，集聚更多高技术含量的外资产业链长期布局中国。

加强与区域内特定国家在供应链安全保障上的合作。考虑到美国借产业链供应链重构的时机拉开与中国经济距离的做法，建立分散型的供应来源网络，构建不过度依赖特定国家和地区（尤其是那些地缘政治风险较高的国家和地区）作为生产基地的供应来源体制。实施重要产品和供应渠道多元化战略，重视加强与德国、日本等制造强国合作，有针对性地扩大国内市场准入，以经济利益的深度绑定促进技术合作，力争重要产品和供应渠道都有替代来源，形成必要产业备份系统，为国内关键技术突破创造条件、赢得时间。推动 RCEP 执行和完善，以 RCEP 为基础，推动中日韩自由贸易区谈判进程，从而更大程度上实现区域整合，通过区域间的协作维护产业链供应链的安全稳定，改善我国对外贸易高度依赖欧美的局面。高质量推进"一带一路"建设，充分利用我国自贸区网络和"一带一路"建设，发挥我国市场和技术优势，以周边区域和"一带一路"沿线为重点，加强区域合作，保持区域产业链供应链和物流通道的畅通，共建"一带一路"产学研机构的联合实验室及技术共享平台，与"一带一路"沿线国家深度开展芯片技术反向外包贸易合作。在二十国集团、亚太经济合作组织、金砖国家和上海合作组织等多边机制框架内加强政策协调，共同维护全球产业链稳定、安全和畅通。

推进与境外产业园区的互动合作，加强境外产业园区在供应链上的储备功能。充分发挥自贸区（港）、产业园区的产业集聚优势，打造一大批吸引全球产业链生产要素流入的开放新高地。完善沿边重点开发开放试验区、边境经济合作区、跨境经济合作区功能，发挥重点口岸和边境城市内外联通作用，保障外贸产业链供应链畅通运转。发挥海外机构作用，发挥在海外投资的行业龙头企业、海外服务平台、海外商会等海外机构的作用，支持建设线上线下展示平台、国内外电子商务平台等，提供政策咨询、信息共享、企业联谊等支持服务，加大对日韩、欧洲等地的招商引资力度，吸引跨国公司在我国设立总部型企业。

进一步优化利用外资环境，增强对外资企业的吸引力。在中心城市群大力发展总部经济，吸引跨国公司总部和研发中心来华注册，推动境内外企业在产业链上深度融合。建设一批高水平开放产业园区，推进现代化的产业链集群建设。推动自贸区和产业园区改革，加快建设高水平自贸区，为中国产业链升级提供更加完善的环境保障。

本章参考文献

[1] 王玉柱、刘振坤：《依附发展，分工规锁与产业链主导权塑造——新发展格局下实现国际分工关系重构的机制》，载于《国际展望》2021 年第 6 期。

[2] 梁静：《后疫情时代产业链：发展趋势，重塑与现代化》，载于《科技创业月刊》2021 年第 8 期。

[3] 周静：《全球产业链演进新模式研究》，载于《上海行政学院学报》2016 年第 3 期。

［4］李颖婷、崔晓敏：《亚洲产业链：现状、演变与发展趋势》，载于《国际经济评论》2021 年第 2 期。

［5］杨枝煌：《中国打造自主可控的第三条全球产业链研究》，载于《科学发展》2022 年第 1 期。

［6］张杰：《中美战略格局下全球供应链演变的新趋势与新对策》，载于《探索与争鸣》2020 年第 12 期。

［7］杨丹辉：《全球产业链重构的趋势与关键影响因素》，载于《学术前沿》2022 年第 7 期。

第四章

产业链供应链调整布局的国际动态[*]

内容提要：百年变局、新冠肺炎疫情和俄乌冲突影响交织叠加，地缘政治竞争和大国博弈加剧，国际产业分工格局和竞争版图加速重构。要客观认识和科学把握国际产业链供应链调整布局的演变趋势及主要做法，重视供应链"断链"风险、产业链"外迁"风险、高技术"掉链"风险、创新链"脱钩"风险、政策端"壁垒"风险，强化动态监测预警、关键环节根植、自主自立自强、多元开放合作、产业政策转型，不断提升中国产业链供应链自主可控能力和现代化水平。

当今世界正经历百年未有之大变局，新一轮科技革命和产业变革深入发展，世界贸易和产业分工格局发生重大调整，国际力量对比呈现趋势性变迁（韩文秀，2020；王昌林，2020；于洪君，2020；樊纲，2021；李福岩和李月男，2022）。新冠肺炎疫情的暴发叠加中美贸易摩擦升级和俄乌冲突爆发，全球产业链供应链加速重构（费洪平、王云平和邱灵，2021；金碚，2021；刘志彪，2021；徐杰，2021；中国社会科学院工业经济研究所课题组，2021）。党中央、国务院高度重视产业链供应链安全稳定问题，国家主席习近平向产业链供应链韧性与稳定国际论坛致贺信指出，维护全球产业链供应链韧性和稳定是推动世界经济发展的重要保障，符合世界各国人民共同利益[①]；党的十九届五中全会报告强调"坚持自主可控、安全高效，分行业做好供应链战略设计和精准施策，推动全产业链优化升级"；2020年中央经济工作会议把"增强产业链供应链自主可控能力"作为"十四五"开局之年的八大重点任务之一，强调"产业链供应链安全稳定是构建新发展格局的基础"[②]；2021年中央经济工作会议强调"保障产业链供应链稳定"[③]；《国民经济和社会发展第十四个五年规划和2035年远景目标纲要》提出"坚持自主可控、安全高效，推进产业基础高级化、产业链现代化"。进入新发展阶段，中国发展内外环境发生深刻变化，客观认识和科学把握国际产业链供应链调整布局的演变趋势及主要做法，对中

---

[*] 本章执笔人：邱灵。
[①] 《习近平向产业链供应链韧性与稳定国际论坛致贺信》，载于《人民日报》2022年9月20日。
[②] 《中央经济工作会议在北京举行》，载于《人民日报》2020年12月19日。
[③] 《中央经济工作会议在北京举行》，载于《人民日报》2021年12月11日。

国维护产业链供应链安全稳定、提升产业链供应链现代化水平具有重要意义，对积极应对复杂多变国际经济政治格局、促进大国经济循环畅通也具有深远意义。

一、国际产业链供应链调整布局的演变趋势

全球性产业结构调整与转移推动了国际产业分工从产业间分工向产业内分工再到产品内分工的动态演化，并呈现以跨国公司为主导、以价值链细分的要素分工为主要形式、以业务和服务外包活动为主要实现方式的发展态势。当前全球分工体系仍处于发达国家占据主导、新兴市场国家紧随配套的"中心—外围"发展格局，新兴经济体在全球分工地位逐步提升，全球产业链供应链正由原来的美国等发达国家从事研发及中高端产品制造、中国等发展中国家从事中低端产品制造和组装加工、中东和俄罗斯等提供能源的大三角模式向北美、欧盟和亚洲"三足鼎立"格局转变，区域内贸易成为逆全球化思潮和贸易保护主义持续蔓延背景下经济全球化的重要补充。

（一）全球产业布局经历四次重大调整

一般认为，现代制造业发展历史就是工业化历史，制造业发展布局演变直接影响世界经济格局。工业化发端于 17～18 世纪的西欧及西欧移民国家，并支撑这些先发国家长期居于全球主导地位的经济基础和综合实力。总体来看，全球出现了四次大规模的产业结构调整与生产能力转移，大体形成美国—日本—东亚新兴工业化国家或地区—中国和东盟四国的区域梯次结构，产业转移类型也按照劳动密集型—资本密集型—技术密集型—知识密集型的梯度依次进行，由此推动不同国家和地区在国际产业分工体系中的地位变化。

1. 第一次产业转移：美国跃居全球第一制造大国

自 19 世纪 70 年代起，英国开始受到多方面挑战，原先首屈一指的国际地位逐步丧失。在 19 世纪末 20 世纪初以"电气时代"为标志的第二次科技革命中，资本主义国家相继完成工业化，美国和德国因广泛应用了第二次科技革命成果，以绝对优势取代英国占据制造业霸主地位。在 19 世纪后 30 年至 20 世纪初，主要资本主义国家在世界工业生产的相对地位呈现明显变化，特别是美国"二战"前韬光养晦大力发展基础工业，"二战"后期国防工业快速发展推动制造业空前发展，逐渐成为全球制造业第一大国。到 20 世纪 20 年代，英国与美国在制造业领域的差距已巨大（周倩，2016），如当时美国研发支出强度高达 2.5%，而同期英国只有 2%；1929 年美国前三位优势产业分别为农业设备与工程机械、车辆与航空器、钢铁和有色金属，而同期英国三大支柱产业分别为铁路船运、烟酒、纺织；1939～1945 年美国钢材和石油产量分别达到 5.1 亿吨和 14.6 亿吨，而

同期英国尚不足 1 亿吨。从制造业总产值比重来看，1890 年美国制造业总产值占世界的比重上升到 15.8%，1929～1933 年大萧条时期美国制造业产值仍维持在全球总量 1/3 的水平，20 世纪 50 年代初美国制造业增加值占全球总量的 40% 左右。

2. 第二次产业转移：战后日本崛起成为第二大经济体

20 世纪 50 年代开始，美国集中力量大力发展新兴的半导体、医药、信息通信等技术密集型产业，而将纺织、钢铁、造船、日化等资本密集型和低技术密集型产业转移到经济发展水平略低但国内产业基础较好的日本，推动日本经济空前发展并成长为世界第二大经济体。根据世界银行统计数据，1955～1973 年日本人均 GDP 由 200 美元增长到 2 000 美元，实现了平均 8.8% 的经济高速增长，迅速崛起为全球第二大经济体。日本重点发展汽车、机械、电子等高附加值出口产业，并以高效完备的国家工业协作体系承接全球制造业转移，如在 20 世纪 50～70 年代初的高速增长期，通过引入大型现代化生产设备，使钢铁、石化等基础材料型重化工业获得巨大发展，出口商品结构也从纺织、陶瓷等向钢铁、汽车、船舶等转移。20 世纪 70 年代的石油危机促使日本工业化重点从基础材料产业向汽车、机械、电子等加工组装产业转移，日本生产的汽车、家电、钢铁、机械、半导体等物美价廉产品开始风靡世界。无论是在半导体、计算机、工业机器人、超导应用、光纤通信、纳米技术、碳纤维、精密陶瓷等高技术及新材料领域，还是在船舶等传统产业，日本都占据明显优势成为新兴"世界工厂"，并以自己独特方式与美国和西欧共同成为"世界制造业中心"。

3. 第三次产业转移："亚洲四小龙"成为新增长极

20 世纪 60 年代开始，亚洲的韩国、新加坡、中国台湾和中国香港先后承接以美国、日本为主的发达国家产业转移，成功使其产业结构递次向劳动密集型、资本密集型、资本与技术密集型产业过渡，逐渐成为新的制造中心并步入或接近发达经济体行列。1970～1990 年"亚洲四小龙"经济增速显著高于世界平均水平，其经济增长速度之快、持续时间之长堪称一大经济奇迹。从经济体量、人口规模和综合实力等指标来看，韩国是"亚洲四小龙"的佼佼者，电子制造、半导体、钢铁、汽车、化工等产业处于世界领先地位；新加坡是继纽约、伦敦、中国香港之后的第四大国际金融中心，也是亚洲重要的航运中心之一；自加拿大弗雷泽研究所 1996 年发布第一份"世界自由经济度"年度报告以来，中国香港连续 20 多次被评为全球最自由经济体，金融业、旅游业繁荣发展，但工业占比低、经济抗风险能力弱；中国台湾曾是"亚洲四小龙"中多项经济指标表现最优异经济体，电子信息产业发展势头极好，但 20 世纪 90 年代开始持续下滑。

4. 第四次产业转移：中国成为世界制造业第一大国

20 世纪 70 年代中国改革开放后，凭借丰富的原材料、低廉的劳动力、相对宽松的环保限制以及税收、土地等政策优惠，加速承接全球制造业转移。经过 40 多年的改革开放，中国已形成规模庞大、配套齐全的完备产业体系，成为名副其实的"世界工厂"和世界制造业第一大国，是全球唯一拥有联合国产业分类中全部工业门类的国家，诸多领域在国际产业分工中占有举足轻重的地位。2021 年中国 GDP 突破 110 万亿元，占世界经济比重超过 18%，对世界经济增长的贡献率达到 25% 左右；人均 GDP 达到 12 551 美元，接近世界银行标准的高收入国家门槛；中国作为 30 多个国家的最大出口国和 60 多个国家的最大进口国，既是全球产业链重要产品提供者，也是全球最大市场之一；2021 年进出口规模首次突破 6 万亿美元，在世界贸易总量中的占比超过 20%。[①]

（二）全球分工体系"中心—外围"特征明显

国际产业分工呈现"产品差别型分工"和"生产工序型分工"发展特征，以产业和产品为边界的产业链分工转向以要素为边界的价值链分工，世界经济始终处于"中心—外围"发展格局，即美国依托其在新技术和新产品领域的创新优势处于国际产业分工的顶尖，主要生产高附加值产品；日本和西欧等发达国家发挥其在应用技术开发领域的优势，主要生产一般高附加值产品；其他发展中国家的技术水平较低，主要生产附加值较低的一般工业产品，还可能承担由中心国家转嫁过来的危机成本。随着世界性产业结构调整和国际产业分工深化，金融及专业服务业全球市场的蓬勃发展、国际投资大幅增长对跨国服务网络的强劲需求、政府管制国际经济活动的逐步弱化、全球市场和公司总部等其他制度安排的不断涌现都需要一个跨国城市网络，伦敦、纽约、东京、中国香港等全球城市（global city，又称 world city，译为世界城市）崛起成为管理和控制世界经济运行的重要节点（周振华，2008）。随着以金融及专业服务业为代表的高级生产性服务业在世界主要城市集中，生产性服务业的快速增长及其在世界城市网络体系或区域城镇体系中不同等级城市之间的空间集聚特征体现了世界范围内以城市为依托的生产与控制的等级体系，即反映了城市在国家乃至全球城市体系中的分工与地位，生产性服务业成为国际产业竞争的焦点和全球产业布局调整的热点。

（三）新兴经济体在全球分工地位显著提升

21 世纪以来，世界经济格局与政治格局开始发生分离，高收入国家在政治、科技、金融、安全规则等方面仍然具有较强话语权，而中等收入国家的经济地位相对上升。从经济格局看，2000～2020 年，高收入国家经济年均增长 1.5%，明显低于世界 2.7% 的平均增长水平，GDP 占世界比重从 76.3% 降至 60.9%，下降了 15.4 个百分点，而中等收入国家（包括中低收入和中高收入国家）GDP 占世界比重从 22.8% 升至 38.2%，上升了

---

① 任仲平：《十年砥砺奋进，绘写壮美画卷——写在党的二十大胜利召开之际》，载于《人民日报》2022 年 10 月 15 日。

15.4 个百分点。从国别和地区看，美国、欧盟、日本经济年均增长率分别为 1.7%、1.1%、0.5%，远低于中国（8.7%）、印度（5.9%）等新兴经济体的增长水平。美国、欧盟、日本 GDP 占世界比重分别从 2000 年的 28.5%、23.4%、8.3%，下降到 2020 年的 23.6%、17.0%、5.4%，分别下降了 4.9 个、6.4 个和 2.9 个百分点。同期中国经济年均增长率为 8.7%，GDP 占世界比重则从 5.8% 上升到 17.9%，提升了 12.1 个百分点；印度 GDP 占比从 1.7% 增加到 3.1%。也就是说，2000 年以来发达国家经济下降份额中的 78.6% 被中国替代，其中美国、欧盟、日本三大经济体 GDP 下降份额的 85% 被中国替代。随着全球经济中心逐步向亚洲地区转移，全球创新重心"东升西降"趋势更加明显，新兴经济体创新能力大幅上升（见表 4-1）。亚洲成为全球高端生产要素和创新要素转移的重要目的地，特别是东亚成为全球研发和创新密集区，2020 年全球超过一半（为 52.4%）的《专利合作协定》（Patent Cooperation Treaty，PCT）专利申请来自亚洲，PCT 专利申请数量全球前十企业有 7 家在亚洲；世界知识产权组织发布的《全球创新指数》显示，中国、印度、菲律宾和越南等亚洲经济体创新排名显著提升。其中，韩国和新加坡跻身全球创新前十名，2022 年分别位列第 6 位和第 7 位；中国排名连续十年稳步提升，2022 年位列第 11 位，位居 36 个中高收入经济体之首；印度在 2020 年进入全球前 50 名，2022 年位列第 40 名；东京—横滨地区、深圳—香港—广州地区、北京、首尔分别位居 2022 年世界 5 大科技集群前四位。

表 4-1　　　　2000～2020 年中国经济发展及世界经济格局变化

经济体	年均增速%（不变价）	绝对值（亿美元）		占比（%）		占比变动百分点（%）
		2000 年	2020 年	2000 年	2020 年	2020 年/2000 年
高收入国家	1.5	367 560	498 380	76.3	60.9	-15.4
中等收入国家	5.4	109 900	312 270	22.8	38.2	15.4
低收入国家	3.6	2 347	4 796	0.5	0.6	0.1
美国	1.7	137 380	192 940	28.5	23.6	-4.9
欧盟	1.1	112 600	138 900	23.4	17.0	-6.4
日本	0.5	39 900	43 800	8.3	5.4	-2.9
中国	8.7	27 700	146 320	5.8	17.9	12.1
印度	5.9	8 005	250 00	1.7	3.1	1.4
巴西	2.0	11 860	17 490	2.5	2.1	-0.4
俄罗斯	3.0	7 804	14 160	1.6	1.7	0.1
南非	2.1	2 217	3 356	0.5	0.4	-0.1
世界	2.7	481 470	818 250	100	100	0

资料来源：原始数据来自世界银行网站 World Bank Open Data，国内生产总值绝对值为 2015 年不变价美元。

（四）区域内贸易成为经济全球化重要补充

近年来，受大国博弈、新冠肺炎疫情、逆全球化等因素影响，以价值链衡量的全球供应链收缩趋势明显。例如，《全球价值链发展报告2021》数据显示，1995~2008年全球价值链快速扩张，基于贸易测算的全球价值链参与率从35.2%上升到46.1%，基于生产测算的全球价值链参与率从9.6%上升到14.2%；2008年金融危机后两者大幅下滑，2010~2020年一直保持疲软增长态势，2020年开始下降，2020年基于贸易测算的全球价值链参与率降为44.4%、基于生产测算的全球价值链参与率降为12.1%。贸易保护主义盛行加速全球价值链收缩变短趋势，如《新兴经济体报告》显示，2009~2017年二十国集团的11个新兴经济体实施贸易保护主义措施总计3 893项，平均每个经济体为353.9项；二十国集团的8个发达国家实施贸易保护主义措施总计3 946项，平均每个经济体为493.3项，比前者多出139.4项。根据联合国贸易和发展会议与世界银行联合发布的数据，2019年以来，绿色壁垒、技术性贸易壁垒、反倾销、知识产权保护等非关税壁垒措施成为贸易保护主义的突出形式，其中技术性贸易壁垒（TBT）使用最多，2020年占所有非关税措施的46.8%，技术性贸易壁垒影响超过30%的产品线和近70%的世界贸易。区域内贸易往来有所增多，成为逆全球化思潮和贸易保护主义持续蔓延背景下经济全球化的重要补充。据麦肯锡公司测算，2013年以来，区域内贸易占全球贸易比例提高了2.7个百分点，北美自由贸易区内部贸易增速达到全球平均增速的1.5倍，欧盟27国和亚太地区超过半数的商品贸易在区域内进行。在各种区域经贸协定推动下，北美、欧洲、亚洲等区域内循环和联系不断增强，原有全球大三角分工格局加速向北美、欧盟和亚洲"三足鼎立"格局转变。由于美国与加拿大、墨西哥的产业互补性较强，北美供应链区域化将会愈发明显，而东盟、中日韩等供应链次区域化也将成为新趋势。

二、发达经济体产业链供应链调整布局的主要做法

2008年国际金融危机后，特别是中美经贸摩擦、新冠肺炎疫情和乌克兰危机导致风险挑战增多，主要发达经济体高度重视保障产业链供应链安全稳定，推动国际产业链供应链调整动力由追求成本和效益的经济因素主导转向经济、安全、环保等多元因素共同发力。

（一）提高供应弹性，保障关键产品和物料供应

供应链政策从微观层面企业管理上升到宏观层面国家战略（何明珂和王文举，2018；李子文，2019；魏继刚和刘伟华，2020），发达经济体重视保障关键产品和物料供应，提

高重点领域供应链弹性。美国方面,奥巴马时期、特朗普时期乃至拜登时期,多次制定实施供应链安全国家战略及矿产品、药品、国防工业、信息通信技术等供应链安全风险评估政策。例如,奥巴马时期《全球供应链安全国家战略》(2012 年)、特朗普时期《保护战略矿产品安全和可靠供应的联邦战略》(2017 年)、拜登时期《第 14017 号行政命令》(2021 年),以及美国国防部《供应政策和程序手册》(2005 年)和《评估和加强制造与国防工业基础及供应链弹性》(2018 年)、美国国土安全部《加强国际供应链安全战略》(2007 年)、美国农业部《基于网络的供应链管理系统》(2008 年)、美国食品药品监管局《药品供应链安全法案》(2013 年)、美国联邦通讯委员会《美国信息和通信技术产业供应链风险评估》(2018 年)、美中经济安全生产委员会《美国联邦信息通信技术中来自中国供应链的脆弱性分析》(2018 年)等。拜登总统《第 14017 号行政命令》(2021 年)百日审查报告《建立弹性供应链、振兴美国制造及促进广泛增长》强调,构建更安全且更富有弹性的供应链,对保障美国国家安全、经济安全及保持技术领先地位至关重要。英国方面,先后发布供应链安全政府和产业行动计划、实施细则等,以此提升先进制造业供应链竞争力。例如,《加强英国供应链:来自产业和政府部门的良好实践》(2014 年)、《加强英国制造业供应链政府和产业行动计划》(2015 年)均强调供应链协作和弹性供应链,《供应链安全指南》(2018 年)提出持续改进和维护供应链安全性的实施细则。欧盟方面,《工业 5.0——迈向可持续、以人为本和韧性的欧洲工业》(2021 年)提出,发展韧性是工业 5.0 三个标志性特征之一,工业 5.0 战略要增强灵活应对英国脱欧等政治突变、大流行病等紧急情况的能力。

(二) 推进多边合作,形成多元化国际供应体系

全球供应链逐渐成为多边主义全球治理的战略工具(苏庆义,2021;朱晓乐和黄汉权,2021),发达经济体重视构建以盟友为中心的多元化国际供应体系,努力减少对单一国家的供应链依赖。新冠肺炎疫情引发的供应链"停摆"问题,让不少国家警惕"把鸡蛋放在同一个篮子"的断供风险,纷纷对多数产品供给来源进行"备份",全球产业链布局呈现分散化、多中心化新趋势。美国、加拿大、欧洲、日本等相继签订高标准自贸协定,例如 CPTPP、《美墨加协定》(USMCA)、《日欧经济伙伴关系协定》(EPA)的签署生效,将强化北美、欧洲和亚洲三大板块的区域化属性。美国方面,国土安全部和欧盟委员会的《供应链安全联合声明》(2011 年)提出,美国和欧盟建立供应链安全双边合作机制,推动美国、欧盟与国际海关组织、国际民航组织、国际海事组织等合作。美国和日本正构建新体制以实现分散式供应网络,让关键电子零组件生产不依赖某些特定地区,如政治风险较高的中国台湾或是和美国冲突加剧的中国大陆。美国还频繁与日本、韩国及中国台湾开展合作,意欲打造关键产业链供应链"小圈子",对中国大陆龙头企业进行围堵和打压。《第 14017 号行政命令》(2021 年)提出 100 天供应链审查、部门供应链评估等,与分享美国价值观的盟友和伙伴加强弹性供应链合作。2022 年 5 月举行的

美国—欧盟贸易和技术委员会（TTC）第二次会议决定，美欧将在太阳能电池、稀土和芯片等领域与中国"脱钩"，并将其关键产业供应链转移到印度以扩大来源地。日本方面，为应对资源缺乏和自然灾害频发的供应链中断风险，重视加强美日、日欧等全球供应链协作。例如，《美日全球供应链联合声明》（2012 年）提出在现有海关、运输和海上安全问题合作基础上加强供应链协作，构建更加强韧的全球供应链。《日欧经济伙伴关系协定》（2018 年）提出发展供应链风险管理技术，加强全球供应链安全。

（三）加强安全审查，严控技术出口和投资并购

全球产业链供应链基于效率和效益原则构建，但越来越多国家重视从安全角度布局（陈若鸿，2021；符正平和叶泽樱，2021）。发达经济体加强供应链安全审查，完善关键产业研发和保护的法律制度，强化技术出口管制和外国投资监管，以此保持新兴技术和高技术产业的领先地位。美国方面，泛化国家安全概念，滥用出口管制措施，以此保持其在新兴与基础技术领域的国际领先地位，如《出口管制改革法案》（2018 年）严格限制供应链关键环节技术外流。通过出口管制和长臂管辖，频繁利用实体清单工具，推动与中国高科技领域"脱钩"。根据美国商务部数据进行初步统计，截至 2021 年底，超过 300 家中国企业（含港澳台）因不符合美国国家安全利益或外交政策被列入实体清单，占实体清单实体总数的比重超过 20%，数量仅次于俄罗斯。《无尽前沿法案》（2021 年）在制造业和知识产权等方面直接针对中国设置排他性条款。美国政府还计划修改长臂管辖原则，将对华技术出口管控范围从美国技术占比 25% 降到 10%，即美国技术占比达到 10% 将进行对华出口管控；要求《瓦森纳协议》追加对可转为军用的半导体基板制造技术和军事级网络软件的出口管制限制，阻止中国获得半导体发展所需设备和技术。同时，强化外国投资审查机制，严控关键领域外资并购。例如，《外国投资风险评估现代化法案》（2018 年）加大外国投资项目审查力度；外国投资委员会大幅扩权并启动试点项目，将飞机制造等 27 个行业纳入重点关注行列。欧盟方面，欧洲议会和欧洲理事会通过《冲突矿产规则》（2017 年），对欧盟进口商进行供应链尽职调查。2020 年 10 月开始执行的《欧盟外商投资审查框架法案》（2019 年），提出限制获得政府补贴的国外企业并购欧盟企业或参与欧盟公开招标。德国马歇尔基金会发布《欧盟、出口管制以及关注国家安全的认知差异》（2021 年），力主美欧合作实施"新兴及基础性"两用技术出口管制和投资筛选。日本方面，2021 年 9 月，经济产业省修订出口管制"最终用户名单"，新增 54 个实体中 1/3 来自中国。

（四）出台激励措施，提升重点领域本土自主权

出于应对自然灾害和抵御地缘政治风险、强化关键战略产业供应安全等考虑，发达经济体加快产业"回流"战略部署。美国方面，通过税收杠杆等迫使跨国公司将海外利

润生产环节回迁本国，出于公共安全考虑寻求医疗产业链回归。奥巴马政府发布《制造业促进法案》（2010 年），提出通过大范围减税吸引海外制造业企业回迁本土。《全球供应链安全国家战略》（2012 年）首次提出供应链弹性概念，将供应链安全视为国家经济和安全的核心利益之一。特朗普政府试图通过"贸易战"倒逼美国企业将产业链迁回本土，多次以国家安全为由，采用出口管制实体清单、强制退市等手段打压中国高科技企业，实现"美国制造"本土化目标。拜登政府推行供应链安全和韧性审查，采取推动战略产业向美国集中、构建以美国为中心的"美洲内循环体系"、提高软件供应链安全等级、构筑"小院高墙"等政策重组全球产业链。《建立弹性供应链、振兴美国制造及促进广泛增长》（2021 年）提出跟中国"脱钩"的四大关键领域：半导体、大容量电池、关键矿产与材料、医药。2022 年 8 月，美国通过《芯片与科学法案》，提出 5 年内为本土发展芯片制造及研发提供 527 亿美元补贴，并针对芯片制造投资提供约 240 亿美元税收抵免，以此削弱和限制中国半导体产业发展，增强美国芯片供应链安全和本土半导体产业竞争力。美国参议院通过《降低通胀法案》，提出税收激励措施扶持从上游原材料到下游车企的本土化供应链，鼓励各类新能源企业到美国建厂。欧洲方面，欧盟委员会全面评估贸易产品供应链对外依赖情况，多措并举降低供应链单一依赖，增加敏感产品的本地生产。《欧盟新工业战略》（2020 年）提出保持高度的工业竞争力和战略自主性，核心是减少关键原材料、关键技术、食品药品、基础设施、安全等战略领域的对外依赖。《欧盟战略依赖分析报告》（2021 年）确定欧盟高度依赖外国来源的 137 种产品名单，提出在原材料、电池、活性药物成分、氢、半导体、云和边缘技术六个领域减少对外国供应商的依赖。2021 年，欧盟通过《供应链法》和《面向 21 世纪欧洲工业政策宣言》草案，试图以"保护性措施"推动欧盟经济竞争力回归，并"在必要时进行储备和自主行动"。日本方面，在以新冠肺炎疫情对经济影响为议题的"未来投资会议"（2020 年）上，时任首相安倍晋三提出依存度和附加值高的产品生产基地要回归国内，附加值不高的应向东盟等多元化转移。经济产业省推出 108 万亿日元抗疫经济救助计划，通过"供应链改革"降低对单一国家依存度，支持企业将生产基地回迁和实现多元化。

此外，在半导体、新能源和新能源汽车、数字经济等高新技术产业领域，发达经济体加大本土投资扶持力度，提升本国产业链自主水平和供应链保障能力（王展祥，2019；郝彦辉，2021）。美国方面，主导重新签署《美墨加协定》（2020 年），提出 5 年过渡期内汽车零部件北美原产地占比从 62.5% 提高到 75%，要求汽车制造商至少 70% 的钢铁和铝原料来自美国—墨西哥—加拿大。《美国清洁能源法案》（2021 年）提出加大投资和消费刺激，加快构建新能源汽车产业链。《国家锂电蓝图 2021—2030》提出开发关键原材料替代品，实现供应多样化，特别是减少钴镍等稀缺材料进口依赖。《2022 年美国竞争法案》提出向芯片行业投资 520 亿美元。欧盟方面，面对"缺芯"危机以及美日韩强化半导体制造能力态势，下决心改变芯片生产长期投资不足局面，以巨额补贴吸引芯片巨头在欧洲设厂。例如，欧洲 17 国签署《欧洲处理器和半导体科技计划联合声明》（2020 年），欧盟《芯片法案》（2022 年）计划动用超过 430 亿欧元提升芯片产业和技术自主权。《2030 数字罗盘：欧洲数字十年之路》（2021 年）提出摆脱对美国和中国的数字依赖，到 2030 年实现数字主权愿景。欧盟及成员国还计划提供数十亿欧元的扶持资金，提高电动汽车产业链自主化水平。韩国方面，出台"强芯"计划，政府以巨额税收减免方式与半导体企业合作共建世界最大芯片制造基地，以三星电子、SK 海力士为首的半导体企业计划投资 510 万亿韩元。

（五）把握发展趋势，抢占数字化、低碳化制高点

全球产业链供应链数字化转型方面，数字技术加速创新改变了国际经济形势、全球化参与者构成以及相关国际贸易规则体系，成为推动全球产业链供应链变革的新动力。以美国和德国为代表、处于全球价值链高端地位的发达经济体，纷纷布局新一代人工智能、区块链、工业机器人等数字产业，作为抢占信息网络与智能技术等颠覆性技术创新话语权的重点领域。2022 年 5 月 4 日，美国商务部成立国家人工智能咨询委员会（NAIAC），致力于为美国发展负责任且兼具包容性的人工智能技术开辟道路。5 月 16 日，欧盟理事会批准通过《数据治理法案》，与《欧洲数据战略》《通用数据保护条例》《非个人数据自由流动条例》《开放数据指令》《数字内容指令》《数字市场法案》《数字服务法案》《数据法案》等"一揽子"法律共同构成欧洲单一数据市场建设的顶层设计，勾勒了未来数据要素生态图景的欧洲方案。全球产业链供应链低碳化转型方面，面对全球气候变化、环境污染、资源匮乏等人类面临的共同挑战，在各国应对气候变化和实现碳中和目标的政策推动下，世界将迎来一场绿色低碳技术革命和产业变革。全球 130 多个国家和地区陆续宣布了碳中和目标，主要企业也纷纷提出碳达峰、碳中和时间表。2020 年 3 月，欧盟公布《欧洲气候法》，提出到 2050 年实现碳中和；10 月，韩国和日本也相继宣布 2050年实现碳中和目标。美国政府重回《巴黎协定》并开展一系列清洁能源革命，力求在2050 年实现碳中和。2022 年 8 月，美国参议院通过《降低通胀法案》，提出约 3 700 亿美元的能源和气候投资及税收抵免。在应对气候变化的长期目标方面，世界主要工业大国达成共识，"低碳化"已成为全球产业链供应链的重要演进方向，未来国际经贸谈判将推动形成低碳减排标准和绿色贸易投资壁垒。

三、新兴经济体产业链供应链调整布局的主要做法

新兴市场经济体通常指较发达市场而言具有进步、发展和活力特征的经济体。近年来，随着中国要素成本持续上升、低成本比较优势趋于弱化，叠加地缘政治竞争和大国博弈加剧等影响因素，印度、越南、柬埔寨、缅甸、孟加拉国、斯里兰卡等东南亚、南亚新兴发展中国家后发优势逐步显现、追赶步伐加快，一批新的世界加工制造基地正在悄然兴起。特别是越南、印度利用后发优势叠加优惠政策加快当地制造业发展，对中国

产业链供应链形成一定的竞争效应和替代效应，引发取代中国成为下一个"世界工厂"的舆论。例如，越南1990~2018年以年均6.5%的经济增速快速增长，成为全球最重要的新兴工业化国家之一，与印度尼西亚、南非、土耳其、阿根廷并称为"展望五国"（VISTA）。越南作为中国出口目的地国的排名持续上升，2007年在中国所有出口经济体中排名第22位，在东盟国家中位列新加坡、马来西亚、印度尼西亚和泰国之后；2008年全球金融危机爆发后，越南排名迅速上升，2013年首次进入前十、排名第9，并在所有东盟国家中位居首位；2017年正式超越德国，成为仅次于美国、日本和韩国的中国第四大出口目的地国；2020年首次超过韩国成为中国第三大出口目的地国，并成为首个位列中国前三大出口目的地国的发展中经济体，此前未有发展中经济体处于这一地位（徐奇渊和东艳，2022）。又如，印度在世界经济排行榜中的排名迅速上升，2010年经济总量在世界排名第9位，随后连续超过巴西、意大利、法国，并在2021年底历史性超过前宗主国英国，成为仅次于美国、中国、日本和德国的世界第五大经济体；2021年印度出口额达到6 689亿美元、同比增长34%；作为十亿级别的人口大国，印度在未来十年内可能会超过日本成为世界第三大经济体。

（一）　推动经济自由化改革吸引外国投资

印度多次提出让印度成为"全球制造中心"，莫迪政府2014年上台以来奉行"印度制造倡议"（Make in India Initiative），主要通过提高贸易便利度、放宽外国直接投资准入等对外开放举措，使长期停滞的制造业获得局部突破性发展。莫迪政府在第二任期加码制造业促进政策时恰逢中美经贸摩擦加剧，国内外环境为印度生物医药、电子信息等制造业吸引外国直接投资创造了黄金机遇。印度已经与澳大利亚、阿联酋签署自贸协议，与英国、欧盟、加拿大的自贸协议也在积极推动。美国和日本在2018年和2019年对印度投资金额大幅增长，位居外国投资国家第4及第5位，2020年美国再次升为印度第三大投资国；《2021年全球制造业风险指数报告》显示，印度成为2021年全球第二大最具吸引力的制造业投资地；2021~2022年印度制造业外国直接投资增长了76%。越南1986年实行革新开放，积极营造适合外商投资的商业环境。2007年加入世界贸易组织以来，越南与多个国家签署了自贸协定，包括签署CPTPP、《越南与欧盟自由贸易协定》（EVFTA）、RCEP等重大自贸协议，是全球签署自贸协定最多的国家之一。2020年越南国会通过新《投资法》，进一步提高外商投资市场准入透明度，减少行政审批环节和手续。越南不断降低及取消关税或者互享关税优惠，对外资的开放与友好推动了"越南制造"的加速崛起。

（二）　依托市场和成本优势加强本土生产

印度政府先后提出"数字印度倡议""分阶段制造计划""生产关联奖励计划"

（PLI）、"电子元件和半导体制造业促进计划"（SPECS）和"改进型电子制造业集群计划"（EMC2.0）等一系列激励投资措施，通过财政激励手段鼓励印度企业和外国资本在严重依赖"中国制造"的产业领域加强印度自主生产能力建设，同时大力推动第三国产品进口替代中国产品进口以及西方资本取代中国资本，长期目标是在印度本土制造零部件或提高印度在全球价值链的地位。最明显的是手机行业和医药行业，2017年苹果公司iPhone产品首次在印度组装及本土销售，2021年其产量增长近三倍，目前苹果排名前200的供应商有9家在印度；印度大约70%的原料药或者药物活性成分从中国进口，目前正积极推动印度企业替代中国市场。越南依托劳动力成本低、工业原料低廉和给予外国投资者优惠税收政策等优势，吸引纺织服装、电子信息等外国企业在越南投资建厂，越南已成为中国在东盟的第二大贸易伙伴，是中国纺织企业进入国际舞台的"跳板"，包括越南在内的东南亚地区成为全球半导体产业链的重要一环。

（三）通过关税或投资管制保护国内企业

印度政府通过大规模提高关税对国内企业实施保护措施，同时对外资采取比较严厉的管制手段，特别是对中资企业采取了非常不友好的做法，以此吸引那些能给印度带来高精尖技术的美国等西方资本。例如，印度政府在零售业领域出台种种政策以限制外国资本扩张，规定外国零售商出售的商品中必须有至少30%来自本地中小企业。2016年起印度政府连续五年针对不同手机零部件上调关税，最高税率达20%，以此迫使相关企业赴印生产更复杂精密的零配件。印度政府在2012年通过《1961年所得税法》修正案，允许政府对1962年以后发生的任何涉及间接转移印度资产的跨国企业间交易追溯征税，税务部门对小米、沃达丰、凯恩能源、诺基亚、IBM、沃尔玛等多家外资企业进行税务调查并开出高额罚单。2020年印度政府以安全问题为由，禁止了300多个中国厂商的App，并加强对中国投资管控；2022年，印度电子和信息技术部又以"安全威胁"为由对54款App下达禁令，其中多数是中国企业的产品。但印度这种相当于"瓮中捉鳖"的做法，也引发外国资本对印度营商环境的担忧，越来越多企业对去印度投资转为观望状态，一批小微企业正在撤离印度。

（四）以全球配置战略支撑产业要素保障

科技人才保障方面，印度能够建立起具有世界水平的软件产业链，班加罗尔被称为"亚洲的硅谷"，最根本原因在于良好匹配的全球性人才链体系（沈维涛，2004）。印度软件产业人才链形成与1947年独立以来历届政府战略性政策因素密切相关，特别是印度拔尖科技人才与多样化软件技术培训体系构筑了软件产业结构完整的人才链系统。例如，印度奉行"中间道路"及"不结盟"外交政策，继续与英联邦国家维持"历史性的友好关系"，与美国、欧洲、日本、以色列等发展"准盟友"战略伙伴关系，也与俄罗斯维持"传统的特殊关系",使得印度科技人才可以方便自由地进出东西方国家,从各种信息资源中吸收和积累最新的技术与知识。化石能源保障方面,印度矿产资源消耗量大但矿产资源种类并不齐全,属于石油、天然气资源极度匮乏国家,化石能源供需矛盾突出,通过实施化石能源全球配置战略,即采取印度政府搭台、专门部门具体实施能源外交、石油及天然气企业积极进军海外的"三位一体"海外化石能源战略布局,构建全球化石能源合作网络,实现了化石能源供应源多元化,保障了国内产业发展对化石能源的需求(陈喜峰、叶锦华和蔡纲等,2015)。

(五) 以工业区为载体推动产业集聚发展

越南1986年效仿中国走"革新开放"之路,越南政府采取以工业区为主要载体的工业化道路,高度重视工业区建设和发展,鼓励和扶持外资企业入驻和外来工业区共建(胡雪峰、王兴平和赵四东,2019)。越南工业区呈现大集聚小分散布局模式,南部湄公河三角洲地区是以轻工业为主导的工业区发展主核心,北部红河三角洲是以加工型重工业为主导的工业区发展次核心,中部是以采掘型、原料加工型重工业为主导的工业区发展节点,工业区空间分布与铁路、港口等区域交通设施存在明显的空间耦合,越南政府通过确立政策制度、出台中长期规划、提供产业政策支持等自上而下宏观调控手段,促进产业向工业区集聚发展。例如,越南政府1997年提出打造工业区、出口加工区与高新技术开发区,《2001-2010年越南纺织服装业加速发展战略》提出对工业区纺织服装国内企业,其50%的投资资金由政府提供年利率3%、贷款期限12年的优惠贷款,2009年以中央财政预算支持工业区基础设施建设,2010年提出在兴安与隆安、岘港、平阳建设纺织原料中心(吕亚军,2013)。印度对工业高度集中在沿海大城市的不合理空间布局进行调整,形成五个重要工业区,加尔各答工业区是麻纺织、机械制造等工业中心,孟买—浦那工业区是以棉纺、机械、化工等为主的综合性工业基地,阿默达巴德工业区是以棉纺、油料、水泥、化工等为主的传统工业基地,马德拉斯—班加罗尔工业区是以飞机、造船、电子、电力、化工等为主的新兴工业基地,那格浦尔工业区是以煤铁复合体为主的资源型工业基地。

四、国际产业链供应链调整布局对中国的启示和建议

梳理发达经济体产业链供应链调整布局的做法可以发现,发达经济体已将供应链政策上升到国家战略和全球治理的重要地位,以此保障关键产品和物料供应,提高重点领域供应链弹性和产业安全;全球供应链成为推进多边合作的战略工具,发达经济体重视减少对单一国家的供应链依赖,加快建立以盟友为中心的多元化国际供应体系;发达经济体重视从安全角度加强供应链安全审查,强化技术出口管制和外国投资监管,以此保

持新兴技术和高技术产业领先地位；出于应对自然灾害和抵御地缘政治风险、强化关键战略产业供应安全等考虑，发达经济体加快产业"回流"战略部署，加大本土投资扶持力度，提升本国产业链自主水平和供应链保障能力；顺应全球产业链供应链数字化、低碳化转型趋势，发达经济体通过前沿技术研发及产业化、国际经贸规则体系构建等抢占未来产业发展制高点。梳理新兴经济体产业链供应链调整布局的做法可以发现，新兴经济体以经济自由化改革吸引外国投资，依托市场和成本优势加强本土生产或国产替代，通过关税或投资管制保护国内企业，同时以全球配置战略强化科技人才、化石能源等产业要素保障，以工业区为主要载体推动产业集约集聚发展。国际产业链供应链调整布局将对中国产业链供应链安全稳定带来多重影响，新形势下中国要客观看待相关国家产业链供应链调整布局的经验与教训，未雨绸缪补短板谋发展，加快形成自主可控、安全高效的产业链供应链。

（一）重视供应链"断链"风险，强化动态监测预警

美国、日本等国家供应链政策主要关注关键产品和物料供应，提高重点领域供应链弹性和产业安全，可谓"供应保障战略"。在全球竞争激烈、保护主义抬头、贸易关系紧张、地缘政治复杂等背景下，中国重点领域核心零部件、关键原材料、关键技术"断链"风险上升，影响产业安全和国家安全的风险因素增多。为此，要聚焦增强产业链供应链自主可控能力，建立健全产业链供应链安全动态监测预警机制。一是以半导体、新能源、生物医药为重点，搭建细分行业产业链供应链智能决策支持平台，探索产业竞争力调查评价、技术经济安全评估等产业链供应链精准治理新路径。二是建立重要资源和产品全球供应链风险预警系统，建设区域性应急物资生产保障基地。三是健全产业损害预警体系，帮扶国内产业应对外部风险挑战，丰富贸易调整援助、贸易救济等政策工具，构建海外利益保护和风险预警防范体系。

（二）重视产业链"外迁"风险，强化关键环节根植

中国产业链供应链仍然存在基础不牢、水平不高等问题，特别是部分跨国企业为分散大国博弈和疫情扩散导致的双重风险，将重点领域产业链核心环节转出中国、回流本国，或者降低核心环节在华生产比重，这将弱化中国产业链稳定性。为此，要坚持扩大对外开放与加强区域合作并举，增强产业链根植性和竞争力。一方面，完善外商投资法制环境，缩减外商投资负面清单，巩固与欧美、日韩产业链供应链协作，引导外资企业留住高端制造和研发设计等关键环节。抓紧做好《区域全面经济伙伴关系协定》落地实施国内相关工作，构建中国—东盟产业链共同体，加速东亚经济一体化进程。另一方面，培育先进制造业集群与实施区域重大战略相结合，优化国内产业布局，激发产业内生发展新动能，增强国内产业体系的协调性、坚韧性并扩大回旋空间。重点依托长三角、京

津冀和粤港澳大湾区打造若干世界级先进制造业集群，集中资源在中西部和东北地区培育一批承接产业转移的核心增长极。

（三）重视高技术"掉链"风险，强化自主自立自强

出于强化关键战略产业供应安全、抢占高技术新兴领域发展制高点等考虑，发达经济体出台激励措施加大半导体、电动汽车电池、生物医药、新能源等新兴领域本土投资扶持力度，着力提升产业链自主水平和供应链保障能力，国际高技术产业链调整的主导权竞争更加白热化。核心技术之争是国际产业链调整主导权之争的关键，要以科技自立自强为导向，更多依靠自主发展突破"技术关"。一是强化国家战略科技力量，聚焦芯片、轴承、传感器、发动机、电子元器件、高性能材料、工业软件等"卡脖子"环节，鼓励创新技术路径和工艺模式，谋划布局未来技术应用场景，尽快在市场需求迫切、供给风险突出的行业领域缩小与发达国家的技术差距。二是构建产业链供应链共生发展生态，培育壮大一批产业链供应链"链主"企业，打造具有全球竞争力的世界一流企业。推进大中小企业融通发展，提升产品和技术的国产化程度及核心竞争力，更大力度支持"卡脖子"产品示范应用，维持及扩大中国产业和企业竞争优势。

（四）重视创新链"脱钩"风险，强化多元开放合作

大国战略博弈全面加剧背景下，部分发达经济体"筑高墙"严防技术外溢，特别是美国以国家安全为由越来越多地限制中国高科技公司接触美国软硬件技术或中国高科技产品进入美国市场，持续施压推动中美科技"脱钩"，积极构建产业链创新链"美国阵营"，相对宽松稳定的国际科技经济合作模式难以延续。这将极大削弱中美以及中国与全球合作共赢的产业链创新链牢固性，中国开放式迭代创新可能受到更大限制，战略性新兴产业领域与国际产业链创新链"脱钩"风险加大。为此，要主动应对全球产业链创新链重塑态势，坚持开放发展、竞争发展、安全发展的科技创新理念，以高水平、多层级开放深度融入全球科技创新网络。一方面，强化反制措施体系，完善并适时发布出口管制清单，增强对美国等部分国家的反制和平衡能力。另一方面，打好"感情牌"，维护拓展科技经贸合作"朋友圈"，加强与一切友好国家的产业链创新链合作。推进"一带一路"建设同欧亚经济联盟对接合作，深化中国—俄罗斯、中国—乌兹别克斯坦、中国—白俄罗斯等科技合作，推动沿线国家战略、规划、机制对接及产业链供应链创新链互补性合作。主动向欧盟、日韩抛出"橄榄枝"，深化半导体、动力电池、生物医药等领域中日韩产业链创新链合作，创造先进制造、绿色技术、数字技术等领域中欧科技贸易合作新增长点。

（五）重视政策端"壁垒"风险，强化产业政策转型

适应高端回流、低端转移、技术封锁、规则排斥的新形势，以数字化、智能化、网络化、绿色化为特征的新技术、新模式加速渗透新趋势，从跟踪模仿向加速追赶和引领创新转变的新要求，要更好发挥政策在维护产业链供应链安全稳定、推进产业基础高级化和产业链现代化中的重要作用。一是推动产业政策转型，由差异化、选择性产业政策加快转向普惠化、功能性产业政策，从偏重替代市场、限制竞争的产业政策加快转向以竞争政策为基础、更好发挥创新作用和增进有效市场的产业政策（费洪平、洪群联和邱灵等，2021）。二是提高产业政策精准性和有效性，充分吸纳政策相关利益攸关方，形成"制定→实施→督察→评估→反馈→修订→退出"的全流程政策治理机制。完善政策实施机制和配套措施，推动有效市场和有为政府更好结合，把准政策作用方式，营造公平市场竞争环境，为产业政策实施提供制度保障。

本章参考文献

［1］陈若鸿：《从效率优先到安全优先：美国关键产品全球供应链政策的转变》，载于《国际论坛》2021年第5期。

［2］陈喜峰、叶锦华、蔡纲、向运川、陈秀法、陈正：《印度海外化石能源战略布局及其启示》，载于《资源与产业》2015年第4期。

［3］樊纲：《双循环：构建"十四五"新发展格局》，中信出版集团2021年版。

［4］费洪平、洪群联、邱灵等：《新时代我国产业政策转型研究》，载于《北京交通大学学报》（社会科学版）2021年第4期。

［5］费洪平、王云平、邱灵：《夯实构建新发展格局的产业链基础》，载于《经济日报》2021年12月28日。

［6］符正平、叶泽樱：《大国博弈下全球供应链的中断风险与"备胎"管理》，载于《中国社会科学文摘》2021年12期。

［7］韩文秀：《加快构建新发展格局》，载于《人民日报》2020年12月10日。

［8］何明珂、王文举：《现代供应链发展的国际镜鉴与中国策略》，载于《改革》2018年第1期。

［9］胡雪峰、王兴平、赵四东：《越南工业区空间格局及产业发展特征》，载于《热带地理》2019年第6期。

［10］金碚：《以自主可控能力保持产业链供应链安全稳定》，载于《中国经济评论》2021年第2期。

［11］李福岩、李月男：《构建新发展格局：生成逻辑、核心内容与战略意义》，载于《经济学家》2022年第4期。

［12］李子文：《国际视野下的供应链政策及启示》，载于《经济日报》2019年5月22日。

［13］刘志彪：《增强产业链供应链自主可控能力》，载于《经济参考报》2021年1月5日。

［14］吕亚军：《越南产业集聚发展战略探析》，载于《东南亚纵横》2013年第2期。

［15］沈维涛：《从人才链到产业链——印度软件产业发展过程中的人才链因素》，载于《管理世

界》2004 年第 1 期。

　　［16］苏庆义：《全球供应链安全与效率关系分析》，载于《国际政治科学》2021 年第 2 期。

　　［17］王昌林：《新发展格局：国内大循环为主体国内国际双循环相互促进》，中信出版集团 2020 年版。

　　［18］王展祥：《美国再工业化问题前沿研究评述》，载于《学习与探索》2019 年第 11 期。

　　［19］魏继刚、刘伟华：《发达经济体供应链战略动向及启示》，载于《中国经济时报》2020 年 4 月 20 日。

　　［20］徐杰：《增强供应链自主可控能力的思路与策略》，载于《经济日报》2021 年 2 月 28 日。

　　［21］徐奇渊、东艳：《全球产业链重塑：中国的选择》，中国人民大学出版社 2022 年版。

　　［22］于洪君：《理解"百年未有之大变局"》，人民出版社 2020 年版。

　　［23］郧彦辉：《国际金融危机以来美国先进制造业产业政策研究》，载于《经济论坛》2021 年第 1 期。

　　［24］中国社会科学院工业经济研究所课题组：《提升产业链供应链现代化水平路径研究》，载于《中国工业经济》2021 年第 2 期。

　　［25］周倩：《全球制造业大迁移的真正动力》，载于《中国工业评论》2010 年第 10 期。

　　［26］周振华：《崛起中的全球城市——理论框架及中国模式研究》，上海人民出版社 2008 年版。

　　［27］朱晓乐、黄汉权：《全球供应链的演变及其对中国产业发展的影响》，载于《改革》2021 年第 4 期。

第五章

我国产业链供应链现代化面临的
挑战与机遇*

内容提要： 当前我国产业链供应链现代化面临的不稳定性、不确定性明显增加。一方面，全球发达国家加快推动高端产业链"外迁"和"回流"，美西方国家泛化"国家安全"，全球新冠肺炎疫情以及地缘冲突加剧，经济中长期下行压力加大，产业发展不平衡不充分等几大因素，为我国产业链供应链发展带来较大挑战。另一方面，全球产业链供应链正经历趋势性调整，新一轮科技革命和产业变革向纵深推进，全球碳中和步伐加快推进，我国加快构建"双循环"新发展格局，伴随着居民消费结构升级，将带来重要发展机遇。综合来看，挑战较为严峻，但机遇也不容忽视。为此，我们须厚植优势、规避劣势，方能化"危"为"机"，更好提升产业链供应链现代化水平。

当今世界百年未有之大变局加速演进，国际环境错综复杂，逆全球化、单边主义、保护主义思潮暗流涌动，全球产业链供应链面临重塑。综合来看，我国产业链供应链发展的不稳定性不确定性明显增加，面临的挑战与机遇并存。

一、我国产业链供应链现代化面临的五大挑战

（一）全球发达国家加快推动高端产业链"外迁"和"回流"

1. 全球发达国家推进制造业"再工业化"，推动高端产业链向本国回流

2008 年国际金融危机爆发后，欧美等发达国家开始认识到产业空心化的危害，开始向实体经济回归。面对全球经贸规则和分工格局的调整，美日欧等国家纷纷出台措施吸

---

* 本章执笔人：于潇宇、姜江。

引海外生产回流本国，加快实施"再工业化"战略，以图重振制造业，确保领先优势。在北美地区，劳动密集型产业和以美国为主要出口市场的产业回流诉求增加。国内部分企业为贴近需求市场、降低贸易成本，也将对美贸易生产线转移至美国工厂，如福耀玻璃、大疆无人机、三角轮胎、唯美陶瓷等。同时，美国联合欧洲、日本等发达国家推动阻止中国享受发展中国家地位的 WTO 改革，试图重新构建新的全球贸易规则，强化其在全球供应链中的主导地位。

2. 美国等国家推行供应链产业链"去中国化"，迫使部分链条外迁到"友好"国家

近年来，美国、欧盟、日本等国家和地区纷纷出台措施，加快实施产业链供应链"去中国化"，要求部分产业链供应链转移到对美国"友好"国家，以降低对中国生产依赖。同时，一些大中型经济体把确保供应链安全上升为重大系统性风险，加快实施"产业备胎战略"。在中美贸易摩擦之后，一些品牌商和客户要求中国供应商将生产基地转移至东南亚国家，特别是新冠肺炎疫情发生之后，我国经济显示出来的韧性进一步加剧了西方国家的紧张感，不断在全球范围内宣扬"去中国化""去全球化"，贸易保护主义愈发抬头。例如，继 2020 年 4 月 7 日日本提出"帮助"企业退出我国之后，4 月 16 日，韩国化工巨头、第三大跨国企业 SK 集团也提出撤资，我国承受供应链外移带来的巨大压力。我国既有产业链供应链的形成和发展有赖于积极、稳定的外部环境，部分西方国家"去中国化"的举措将削弱我国制造业的发展动力甚至破坏国内既有产业链供应链发展生态。

（二）美西方国家泛化"国家安全"，破坏我国产业链供应链稳定

1. 全球保护主义、单边主义抬头，发达国家对我国高科技打压日趋激烈

近年来，全球贸易环境持续恶化，发达国家特别是美国频繁发起针对我国的经贸摩擦，加大对中国高科技的打压力度，以图遏制我国制造业升级和技术进步。改革开放以来，我国逐步发展成为制造业大国，综合国力不断增强；进入 21 世纪以来，我国创新能力不断提升，特别是在 5G、人工智能等领域的发展引起了部分西方国家的恐慌。尤其是美国，不仅鼓励在中国的生产回流本国，更是通过发布多项政策措施、发动中美"贸易战"等手段持续打压我国高科技产业及相关企业（蓝庆新等，2021）。美国以规则霸权工具为基础，以"国家干预主义"取代"新自由主义"，以"权力逻辑"取代"市场逻辑"，以"长臂管辖"取代"全球规则"，打击中国的先进技术发展和产业国际竞争力。美国采取的全方位极限施压政策，也使得我国短期内在部分关键行业和领域陷入被动（于潇宇，2022）。从中长期来看，如果美国对中国发动进一步的科技围堵和封锁，中美贸易摩擦有加剧风险，使得我国产业链在国际市场上持续承压。

2. 美国等国家以"国家安全"为由，强化关键技术和产品的出口限制

美国等国家以泛化的"国家安全"为由，加大对核心零部件、核心装备和核心软

件的出口限制，限制美国技术对中国的溢出（于潇宇和姜江，2021）。近年来，美国不断将部分中国科技企业和科研教育机构列入所谓的"实体清单"，限制本国甚至其他国家对中国出口关键技术和产品；同时，这一"实体清单"中的企业数量还在不断增加，从高科技产业的华为技术有限公司，到传统制造业的阿克苏华浮纺织有限公司，再到传统服务行业的快急送物流（中国）有限公司等许多企业都被涉及，高校和科研机构甚至个人也无法幸免。这表明，中国企业要想从发达国家引进核心技术的路径已极为困难。此外，美国进一步强化产业链供应链安全和韧性审查，提出了重建生产能力、扩大需求、加强与盟友之间的合作等举措。美国的相关做法，人为放大了中美供应链的安全风险，使中美部分领域产业链供应链"断链"风险加大。当前，我国诸多领域产业转型升级所依赖的技术、材料、设备和软件仍然主要来自进口，一旦上游国家对中国高技术产业进口的中间品或设备实施禁售，可能造成企业产业链中断或者生产停摆。

3. 全球产业链中长期存在重构风险，威胁我国创新体系的外生动力

全球产业链供应链的形成和发展，是市场规律和企业选择共同作用的结果，通过人为推动产业链供应链按照政治意图进行调整，既不现实，也不明智。当前，受市场、技术、成本和政策等因素影响，全球产业链供应链重构趋势加速。虽然美国等西方国家短期内很难打造出完整而独立的产业链供应链，但中长期内其重组重构的风险不容忽视。美国等西方国家产业链重构的目的一旦实现，不仅将带动美国科技产业"回流"，且对我国国家创新体系外生动力也将构成严重威胁。中国是全球化生产网络的重要组成部分，产业升级也得益于主动融入国际创新网络，以及全球范围内技术、产品等要素的自由流动。在当前阶段，技术引进仍是我国技术进步的重要途径，随着某些发达国家对我国的技术封锁力度加大和贸易环境的恶化，将严重损害我国企业全球供应链体系，下一阶段技术引进的难度将明显增大，同时利用全球创新资源和科技成果推进产业链升级也将更加困难（梁泳梅，2021）。

（三）全球新冠肺炎疫情、地缘政治等不确定因素，加速全球产业链供应链收缩

1. 从供给和需求侧冲击全球产业链

全球新冠肺炎疫情、地缘政治等因素极大冲击了全球经济和产业链扩张速度，从供给和需求两侧挤压全球产业链，造成局部断裂（李雪和刘传江，2020）。从需求层面看，疫情导致的经济下行会推迟耐用品的消费，而下游市场需求萎缩将加大上游供应商的生产、销售和库存管理的风险，引起价值链贸易严重的波动与混乱。从供给层面看，疫情造成的人员隔离、跨地区流动受限等会导致企业劳动力短缺、开工不足甚至关停。同时，全球疫情、地缘政治等导致的各国采取的关闭边境、停航停运等措施导致国际物流迟滞、货物贸易成本增加，降低产业链运行效率。受此影响，2021 年以来全球范围

整体呈现出能源紧张、物资紧张、部分生活必需品紧张，国际运力不足，国际运价大幅上涨的局面。

2. 驱动发达国家产业链供应链多元化布局

新冠肺炎疫情叠加俄乌冲突等地缘政治危机，短期内使部分国家的产业链供应链不确定性加剧，进一步凸显产业链分工方式和收益分配的内在风险，跨境供应链生产越集中或关键部件供应越依赖某一国，风险将越大。受此影响，过去跨国公司以效率为标准、在全球范围内按照各国比较优势和规模经济布局生产环节的做法已不再适用，转而在产业链布局上更多地实施多元化战略，以尽量减少对单个或少数国外供应商的依赖。部分在华跨国企业也可能采取"中国+1"或"中国+N"方式调整供应链布局，把部分工厂或生产线迁出中国。以日本汽车行业为例，其零部件对华依赖度很高，疫情导致中国工厂停工和物流中断，日本国内企业因零部件短缺也被迫停工停产。2020年9月3日，日本宣布扩大补贴计划，将印度、孟加拉国等地列为承接中国产业转移的目标国。2020年8月，麦肯锡全球研究院发布的《全球价值链的风险、韧性和再平衡》报告指出，受疫情和地缘政治因素影响，16%~26%的全球贸易中期内会发生跨境转移，其形式主要包括国内生产、近岸外包和生产基地的调整。

3. 加速发达国家关键领域跨境生产回流

疫情和地缘政治等外部因素强化已有的全球产业链变化趋势，跨境生产回流发达国家的速度加快、范围扩大。各经济体为保证经济、产业链安全和产能自主，将更多考虑效率和安全的平衡以及供应链的自主性和可控性。由于区域化和集聚化可以降低运输成本，提高物流调度效率，最大限度地避免各种自然灾害、疫情灾难的冲击，同时市场规模巨大的产业链集群，还可以增强经济体在全球产业生态中的话语权，因此，当前诸多发达经济体为提高国家战略性新兴制造业或国家支柱产业等重点产业的抗风险能力，倾向于建设从研发、设计到物流、金融等产业配套的全产业链集群。例如，在疫情影响下，美国要求医疗设备等行业供应链从中国迁出，并采用多种方式吸引其他美国企业从中国回撤。

（四）经济中长期下行压力加大，抑制产业链供应链市场需求

1. 全球经济虽稳步复苏，但对我国出口提振作用有限

2021年是全球经济经历第二次世界大战后最大幅度衰退以来进入快速复苏的一年。随着疫苗研发与接种人数增长以及各国不同防疫政策的实施，新冠肺炎疫情第二波冲击对世界经济的损害明显减弱，主要经济体为应对疫情而推出的财政与货币政策也在不同程度上助推了经济复苏；同时欧美等主要发达国家的封锁政策陆续放松，发达经济体的生产秩序、供给能力也将得到恢复（中国社会科学院世界经济与政治研究所，2021）。但

欧美国家的需求恢复将以服务业恢复为主，而不是对应于制造业的可贸易品，因而对中国的出口提振作用反而可能比较有限。以美国为例，在 2020 年的强力救助政策背景下，美国个人消费支出结构当中，服务类消费支出同比下降 5.4%，耐用品、非耐用品的个人消费支出则分别同比上升 5.5%、2.1%（中国社会科学院世界经济与政治研究所，2021）。其中，服务类消费支出出现了 20 世纪 30 年代大萧条以来最大幅度的萎缩。在此背景下，未来个人消费支出的恢复将以服务类消费支出为主，总体对我国制造业出口刺激作用较弱。

2. 外部不确定因素增加，国内企业经营扩张意愿降低

自 2021 年以来，国际大宗商品涨价叠加国内疫情反复导致的物流及供应链紧张，使得中下游企业的经营成本显著上升，对未来经营预期的不确定性进一步增加。疫情发生后，国内许多企业有序复工复产，但各行业恢复情况不一，企业面临的"供需"压力巨大，对未来的信心和积极性不足，增资扩产意愿不强，导致产业链条恢复不畅。从出口订单看，一方面，在国际大宗商品持续涨价背景下，全球运费不断上行，同时叠加原材料等成本上升压力，企业生产与销售面临较大不确定性。尽管东南亚等国的订单回流中国，外部需求旺盛，但企业不敢大规模接单，扩大产能意愿不足，一些企业宁可暂缓接单。另一方面，随着国际产业链供应链或逐渐修复，小企业面临订单转移的压力较大。未来我国在抗疫中率先复苏所吸引的全球订单面临被分流趋势，因而外贸企业积极性受影响，经营扩张意愿降低。

3. 国内经济面临"三重压力"，需求不足影响产业链供应链提升

2021 年中国 GDP 增速继续在全球范围内处于领先水平，实现了"十四五"的良好开局。但不容忽视的是，中国经济面临的风险与挑战增多，经济存在一定的下行压力。2021 年末召开的中央经济工作会议首次提出我国经济发展面临"需求收缩、供给冲击、预期转弱"三重压力。"三重压力"的产生主要与全球疫情持续蔓延、国际形势复杂多变、国际大宗商品价格大幅上涨等因素密切相关。正是由于需求收缩和供给冲击导致经济下行压力较大，再加上全球疫情的反复，使得市场和民众对于未来前景的预期和信心有所减弱。综合来看，国内需求不足对供应链产业链影响较大，且幅度超预期。从需求端看，制造业投资尚具备一定韧性，但当前房地产、基建投资增速下滑较大，同时居民与企业对未来收入增速与利润增速的预期下降，并且消费出现负增长。从生产端看，物流受阻、库存消耗等因素都使得工业所受冲击较大，特别是疫情以来上海、昆山等地的高技术制造业受到较大影响，冲击了产业链供应链发展生态。

（五）我国经济产业发展不平衡、不充分，制约产业链供应链区域布局优化

1. 南北经济发展分化，城乡区域发展不平衡

近年来，我国不仅东西部地区发展存在差距，且南北发展差距出现加大趋势。随着东部优先、中部崛起、西部大开发、东北再振兴等一系列区域发展战略的实施，我国四大经济板块的相对发展差距有所减缓，但是绝对差距依旧突出。自2012年以来，我国南方地区经济增长速度快于北方地区，且差距逐年拉大，全国经济重心进一步南移。依据《中国统计年鉴》数据，2018年北方地区经济总量占全国的比重为38.5%，比2012年下降4.3个百分点。2020年的经济数据显示，北方省市GDP平均增速为0.79%，而南方几乎是北方的2倍；同时，在2020年全国城市经济TOP10方阵中，北方城市"全面失守"，仅余北京这一座城市。从教育发展水平的角度来看，其他地区同东部地区相比，教育投入力度远远不足，不仅导致国内专业人才严重匮乏，也使我国中西部以及东北地区难以拥有较为完善的人才结构。另外，乡村发展严重滞后，城乡区域发展不平衡。当前，我国农业发展质量效益和竞争力不高，农民增收后劲不足，农村自我发展的能力较弱。中国历史上形成的城乡分割的二元体制还没有得到根本消除，城乡发展差距仍然较大。

2. 产业结构发展不平衡，区域产业同质化

我国各产业间发展不平衡，虚拟经济与实体经济之间发展失衡。目前，国内部分产业领域已处世界领先地位，而有的领域仍较为落后，从工业1.0到工业4.0发展状态并存。同时，近年来，工业增加值占GDP的比重持续下降，金融业增加值占GDP的比重逐年上升，房地产规模快速扩大，导致经济增长过度依赖虚拟经济，套利动机抑制创新动力。另外，当前国内部分地区未能立足自身资源禀赋，建立龙头企业带动产业链、深耕优势产业发展的模式，也未能形成与其他地区优势互补、合理分工、错位发展的格局，而是抢风口、追热点，片面地追求产业发展的新、大、全，动辄提出发展十多个重点产业，造成了主导产业过于宽泛，区域产业结构趋同，例如很多地区在产业转型升级中，普遍选择新材料、新一代信息技术、新能源、人工智能、高端装备、生物医药等产业作为新动能进行培育，国内产业集群出现高度重叠现象。最后，国内产业集群创新生态体系建设不完善（徐杰，2021）。当前各地普遍存在集群内企业形聚神散，企业间缺乏技术合作，缺乏内在的创新力和竞争力等问题，使产业集群的经济效应未能充分体现。

3. 创新要素分布不平衡，制约产业链供应链转型升级

创新链的现代化是产业链供应链现代化的关键支撑。当前，我国在城市群、都市圈尺度上，高端创新要素分布严重不均，过度向城市群和大城市集聚的现象较为严重。例如，长三角、大湾区、京津冀作为经济发达的地区，成为全国高端要素集聚的高地。在京津冀地区，北京在发明专利授权量、高新技术企业数量等各项指标上的领先优势在

"十三五"时期大幅扩大，天津、河北部分指标则较"十二五"时期出现下滑。创新要素在空间布局上的不平衡虽有其合理的一面，但创新要素过度向部分城市、地区倾斜，会造成创新链难以实现区域间产业链供应链协同发力和现代化提升（张其仔，2022）。例如，在新一轮以创新驱动和转型发展为特征的区域竞争中，北上广深等特大城市发展优势更加凸显，杭州、南京、武汉、成都、西安等科教资源丰富的城市发展势头较好，成为引领区域创新发展的增长极。但相比之下，中西部部分省份和东北地区发展面临较大困难，人口和人才双流失严重，产业发展活力和后劲不足，难以支撑产业链供应链现代化提升的任务。

二、我国产业链供应链现代化面临的五大机遇

（一）全球产业链供应链的趋势性调整带来集聚资源机遇

1. "超级全球化"面临退潮，新全球化形态孕育演化

近年来，发达国家主导的，以生产要素在全球范围内高速流动、优化配置为特征的"超级全球化"面临退潮（张燕生，2021）。同时，数字经济和人工智能的发展、新兴经济体参与全球治理能力和意愿的增强、发展中国家工业化进程及融入全球经济分工的客观需求等因素，将继续支撑全球化的发展。依据中国社会科学院世界经济与政治研究所发布的《2021年世界经济形势分析与预测》，未来的全球化是多方力量相互博弈和权衡的全球化，将沿着以下几类方向加速孕育演化。一是有限全球化，即各国收回更多经济主权，回归到20世纪80年代之前以商品和资本流动为特征的"有限全球化"。二是再全球化，即随着以中国为代表的新兴经济体由于全球治理意愿和治理能力的增加、国内市场的不断扩大，全球化演变为发达国家、新兴国家和外围国家组成的"三元格局"。三是慢全球化，即随着商品、生产要素全球流动摩擦加剧、全球投资增速放缓以及跨国公司与母国利益冲突增强，全球化趋势放缓，区域内经济一体化程度进一步加深。四是数字全球化，即数字经济和人工智能将替代商品贸易和金融活动，成为全球化的主要驱动力。

2. 全球产业链供应链调整呈短链化、区域化和数字化趋势

当前，市场、技术、成本和政策因素正推动全球产业链供应链加速转向短链化、区域化和数字化。其一，产业链条趋于短链化。2020年全球新冠肺炎疫情暴发后，西方国家开始反思过度依赖其他国家出口的危害性，采取限制措施加强对国内战略产业的保护，以及对外国投资在战略产业和关键基础设施领域的限制。同时，以补贴、税收优惠或立法的形式大力鼓励关键产业及相关企业回归本国，使得全球产业链的国内长度加长，跨

境长度缩短，总长度变短。其二，产业链条趋于区域化。近年来，区域贸易协定的签署、数字技术的快速发展等促使全球价值链密集型产业和服务在地理上更加集中，也使区域产业链合作以及治理模式从多边向区域经济一体化和双边合作进行转变。未来，劳动密集型、资本技术密集型制造行业以及资源密集型产品产业链的区域属性将进一步增强。其三，产业链条趋于数字化。人工智能、3D打印等新兴技术正在替代中低技能劳动力，改变工业生产方式。同时，主要发达经济体普遍推行的低利率政策使得资本相对劳动力的价格下降，并促使产业链的数字化和资本化。未来，那些拥有较多高技能劳动力、较强的创新研发能力以及良好的知识产权保护的国家将在新的全球产业链格局中扮演越来越重要的角色。

3. 中国技术储备和配套体系在全球产业链中的作用将得到加强

近年来，全球经济呈"东快西慢、南升北降"的格局，多个发展中心在世界各地区逐渐形成。2018年，习近平总书记在金砖国家工商论坛上的讲话中指出，新兴市场国家和发展中国家对世界经济增长的贡献率达到80%，经济总量占世界的比重接近40%[①]。当前，以东亚、东南亚、南亚为引领的亚洲板块，成为推动世界经济增长的主引擎。根据麦肯锡研究报告——《表现优异者：高增长的新兴经济体和推动它们的企业》，国际金融危机后，发展中经体在全球消费中的比重快速攀升。2017年，全球38%的消费来自发展中经济体，较2007年提高了12个百分点。其中，中国、除中国外亚洲发展中地区和美洲发展中地区分别贡献6个、2个和2个百分点。同时，西方国家主导的全球治理体系出现变革迹象，区域一体化组织如雨后春笋般涌现，成为制定国际经贸规则的新平台。

我国工业技术水平先进，同时具备产业体系齐全、产业链条完整、人力资源丰富、基础设施完善等综合优势，仍然是跨国公司布局全球产业链供应链的首选之地。我国已形成世界上最为完备的产业链，也是全世界唯一拥有联合国产业分类中所列全部工业门类的国家，有220多种工业产品产量占据全球第一。[②] 同时，我国制造业在全球价值链上不断攀升，竞争力日益提高。近年来，我国在高铁、动力电池、通信、大数据、人工智能等新兴产业和新一代信息技术领域已逐步拥有全球领先的技术。

（二）新一轮科技革命和产业变革持续深化创造产业升级机会窗口

1. 新一轮科技革命为我国布局产业新赛道提供重要机遇

以人工智能、新能源、生命科学、航空航天等为代表的新一轮科技革命方兴未艾，一系列重大颠覆性技术创新以及由此带来的新产业、新模式破茧而出、蓬勃发展，正成为一个国家和地区提升竞争力的重要赛道。从世界科技革命和产业革命发展趋势看，人

---

① 习近平：《顺应时代潮流 实现共同发展——在金砖国家工商论坛上的讲话》，中华人民共和国中央人民政府网站，2018年7月25日，http：//www.gov.cn/gongbao/content/2018/content_5312195.htm。
② 《我国制造业增加值连续12年世界第一》，载于《人民日报》2022年3月10日第01版。

工智能、生物技术、量子通信等新技术正在积聚力量，以大数据、云计算、物联网等新一代信息技术为代表的新一轮科技革命正在全球范围蓬勃兴起。同时，新技术的快速发展和广泛应用对传统产业形成了巨大冲击，产业发展方式正在发生颠覆性、革命性的转变，对以往的市场领导者地位也将产生颠覆性的影响。当前，我国与主要发达国家的竞争格局正在从后发追赶转化为局部同台竞技，一些重大创新处在世界攻坚突破前沿，特别是在部分新兴产业领域，我国与发达国家基本处于相同起跑线，如我国的高铁、5G、量子通信、北斗导航等已处于世界先进水平，已经从跟跑、并跑开始向领跑发展。我国拥有独特的人才优势、数据优势、市场优势、产业优势和制度优势，如果我们能够抓住新一轮科技革命的机遇，在新兴领域抢先取得创新突破，就有可能实现变道超车，将会实现经济社会运行方式提效、经济高质量发展、国际竞争力持续提升。

2. 新技术加速应用为产业链供应链现代化提供技术支撑

新一代信息技术呈现出数字化、智能化、超融合的趋势，数字经济和智能技术助推产业快速发展，信息技术与生物技术交叉融合成为全球科技竞争新的焦点领域，能源与环境技术对人类的生存发展愈发重要，清洁能源受关注度持续提升，诸多革命性的创新技术爆发式应用，为产业链供应链现代化提供更多的创新要素支撑。在新一代信息技术领域，随着5G、大数据、云计算、物联网、工业互联网、人工智能等技术的快速突破和广泛应用，柔性生产、共享工厂等新的制造模式以及服务外包、电子商务、移动支付等新的商业模式快速发展；同时，5G、特高压、大数据、人工智能、工业互联网等"新基建"投资力度加大，有利于加快培育新动能，推动我国新兴产业发展和传统产业数字化、智能化改造。在生物领域，基因组学、再生医学和合成生物学技术正快速发展，向农业生产、工业制造、医疗健康等领域不断渗透。在新能源和环保领域，新能源和节能环保技术经济性不断提高，太阳能电池转化效率大幅提高，成本大幅下降。在智能制造领域，先进制造技术取得重大突破，特别是作为新一代信息技术与制造业深度融合产物的工业互联网，日益成为新一轮产业变革的关键支撑，驱动制造业由机械化、网络化向数字化、智能化拓展。

3. 新一轮产业变革为我国提升价值链地位提供重要契机

全球产业数字化、智能化、平台化趋势更加明显，推动全球产业价值链加快重构。新一代信息网络技术的广泛应用推动供应链服务的快速定制、全程可视化，以及基于大数据分析的灵活响应，深化了跨区域大范围的协作。标准化、模块化和数字化使得复杂技术的"可扩散"程度大大提高，有效降低信息传递和跨境交易成本，增加中间品、服务和技术的可获得性等，为发展中经济体融入全球价值链提供机遇。这种技术进步正在革命性地改变产品的供应链和生产流程，对产品价值链的构成和成本结构造成巨大冲击。例如，人工智能以及生产智能化降低了对简单劳动力的需求，提高了服务、数据作为投入的重要性，这将影响各国要素的比较优势结构；3D打印技术和制造大大缩短了生产流程，使得产品供应链缩短，降低了寻求低成本跨国生产的必要性。可以说，单纯拥有简单劳动力的比较优势减弱，拥有熟练劳动力、商业服务和数据的国家在全球产业链中的比较优势增强（陶涛，2021）。我国数字经济发展势头强劲，走在世界前列，如果能够用好这个机遇推动数字经济与实体经济融合发展，加快产业结构转型升级，就有机会在本轮国际分工重构中提升我国价值链的水平和地位。

（三）全球碳中和步伐加快推进带来产业绿色转型新机遇

1. 有助于加速全球产业变革

当前，全球正处于发展方式转型的十字路口，通过绿色低碳发展推动经济复苏已成为国际社会的普遍共识。欧盟及日本、韩国、加拿大等国家已相继提出碳中和目标，美国总统拜登上任首日即签署重返《巴黎协定》的行政令。2020 年 9 月 22 日，习近平总书记向全世界宣布中国二氧化碳排放力争于 2030 年前达到峰值，努力争取 2060 年前实现碳中和（"双碳"目标），全球为之振奋。截至 2021 年 9 月，全球已有 121 个国家提出到 21 世纪中叶实现碳中和，114 个国家提出将更新 2030 年自主贡献目标。[①]各国的"绿色新政"正推动一场经济增长与碳排放脱钩的产业变革，从化石能源转向可再生能源的能源革命即将拉动全球新一轮经济增长。目前，全球主要经济体已经开始对碳排放定价，欧盟即将出台碳边境调节机制，对进口产品征收碳差价税，美国、英国也正在酝酿类似机制。作为"世界工厂"的中国，工业体系建立在高强度的碳排放之上，即将面临碳关税壁垒。但"危中有机"，我国若积极应对、主动作为，相关绿色产业转型将产生巨大发展空间。

2. 有利于挖掘产业发展新机遇

绿色低碳发展战略不仅有利于我国环境保护、提高能源资源利用效率和推动产业升级，而且为我国培育和发展一系列绿色产业增长点和市场需求创造了机会。在"双碳"目标约束下，能源结构、产业结构、交通结构等将面临深刻的低碳转型，也将给节能环保产业、清洁生产产业、清洁能源产业、生态环境产业、基础设施绿色升级、绿色服务等绿色产业带来广阔的市场前景和全新的发展机遇。此外，由于新能源技术、绿色生产技术、绿色建筑、智能电网、智慧交通等一系列战略型新兴产业等尚处于发展起步阶段，这为我国赶上新一轮全球产业调整发展步伐、缩小与发达国家的差距提供了良好契机。曾在集成电路领域上演的"摩尔定律"正在新能源产业重现，我国在这一朝阳产业中已迸发出强有力的国际竞争力，太阳能、风电、储能所需组件因"中国制造"，其成本呈现指数级下降趋势，新兴市场蓄势待发。

---

① 《碳中和的政策、机遇、挑战、应对》，腾讯网，https://new.qq.com/rain/a/20220420AOCMLLOO。

3. 有利于拓展科技创新新空间

《关于完整准确全面贯彻新发展理念做好碳达峰碳中和工作的意见》和《2030 年前碳达峰行动方案》等纲领性文件颁布后，我国"双碳"工作将进入关键的实施阶段，在能源保供和稳增长的前提下，破解机制体制壁垒和制约因素，激发技术创新和投资活力。根据清华大学发布的《中国中长期低碳发展战略与转型路径研究》，中国要在 2060 年实现碳中和目标，2020～2050 年能源系统需要新增投资约 138 万亿元，这为零碳产业进一步发展提供巨大的市场空间和潜能。在能源和工业等高能耗领域，政府将进一步加大力度淘汰落后产能、落实节能减排，并进一步加快电价、用能权和碳交易等市场改革，为技术创新、市场竞争和投资提供明确的价格信号。依据《2021 年中国碳价调查报告》，受访者预计全国碳市场的碳价将会稳步上涨，2025 年碳价预期 87 元。此举将倒逼钢铁、水泥、石化、有色等高碳排放行业改造装备、提升技术水平，推动电池、风电、光电、氢能、电网传输、智能电网、储能等能源技术的开发与应用，推进新技术、新业务、新模式快速应用，提升产业链供应链的现代化水平。

（四）我国加快构建"双循环"新发展格局提供战略机遇

1. 有利于培育优化新型产业链集群

在"双循环"中，国内大循环是主体，意味着要着力打通国内生产、分配、流通、消费的各个环节，不断满足消费升级需求。推进"双循环"新发展格局，有助于实现国内国外市场的充分对接，开发培育一批空间集聚、上下游紧密协同、产业链集约高效、规模庞大的战略性新兴产业链及高端制造产业链集群。例如，我国数字产业区域发展不平衡问题突出，发展较好的地区仍聚集在几大城市群。"双循环"新发展战略格局的形成有利于我国以三大城市群为支点大力促进数字经济的发展，建立集研发、设计、生产、销售、服务于一体的数字化运营体系。同时，从微观层面看，有利于从系统集成、管理变革和流程创新三个方面，整合资源、运输、储存、生产和销售的全过程，为企业决策和业务流程优化提供商业智能解决方案，实现企业数字化转型升级。

2. 有助于提升我国自主创新能力

在"双循环"新发展战略下，我国自主创新能力将加快提升，有助于做强产业链供应链的技术支撑。现代产业体系由"创新链—技术链—产业链—价值链—供应链—服务链"等串联而成，创新链是产业链和供应链的基础。经过改革开放 40 多年的发展，我国技术创新沿着技术引进和消化吸收起步、技术引进和消化吸收加速、自主创新和创新驱动发展之路不断向前迈进，技术引进、消化吸收向自主创新、创新驱动的转变，加速推动制造业技术发展和水平提高。加快科技自立自强是畅通国内大循环、塑造我国在国际大循环中主动地位的关键。未来随着"双循环"新发展格局深入推进，我国必然将迎来一批关键核心技术的加速突破，基础创新和应用创新能力加速提升，创新链加速推动产业链供应链提升。同时，这也为我国首台套设备、材料和自主品牌产品带来重要市场机遇，国内企业通过强化产业链供应链竞争力，有机会以高质量的产品占领国际市场，进而提升我国自主可控的现代产业体系竞争力。

3. 为我国产业发展提供良好的营商环境

"双循环"格局，中国通过加强制度型开放，为市场主体产业链供应链的培育发展营造了更加稳定、公平、透明、可预期的良好营商环境，加速产业链供应链对接全球资源（夏诗园，2022）。党的十八大以来，我国更加注重规则等制度型开放，高标准建设自贸试验区，同时积极探索建设海南自由贸易区（港），推动国家级经济技术开发区创新提升，推动形成全面开放新格局。中国优化营商环境的进展，得到了国际社会的充分认可。世界银行最新发布的《全球营商环境报告2020》显示，中国营商环境全球排名相比前一年大幅跃升15位至第31位，连续两年被评选为全球营商环境改善幅度最大的10个经济体之一。未来随着"双循环"新发展格局的加快推进，有利于优化对外贸易市场环境，促进国内外市场规则和标准的有机兼容，一方面有助于为国内企业发挥制造等优势，加强国际产业链供应链合作，开拓多元化国际市场，延伸资本、技术、产业链；另一方面，有利于巩固和加强外商投资激励机制，进一步提高"引进来"的质量，吸纳更多高素质人才和先进管理经验等并提高技术创新能力，共同推动我国产业链供应链在全球化条件下"强起来"。

（五）我国消费结构升级为产业链供应链发展提供重要牵引

1. 我国消费结构升级是未来发展的大趋势

近年来，中国三大需求结构出现积极变化，消费、投资、出口这"三驾马车"中消费对经济增长的贡献明显提升。据《中国统计年鉴》，2021年，最终消费支出对经济增长贡献率为65.4%，拉动GDP增长5.3个百分点，成为经济增长第一驱动力。消费升级步伐加快，消费层次、消费品质、消费形态、消费方式和消费行为等方面均呈现出明显的升级趋势，新消费方兴未艾。未来5～10年，我国以研发为重点的生产性服务业、以满足人民对美好生活向往的生活性服务业仍处于较快发展态势中，市场潜力巨大。例如，在信息消费上，依据中国信息通信研究院测算数据，5G商用将直接带动信息消费8.2万亿元，其中智能手机、可穿戴设备等终端产品的升级换代将释放4.3万亿元消费空间。[①]

---

① 《5G商用将带动信息消费8.2万亿元》，人民网，2019年3月6日，http://finance.people.com.cn/n1/2019/0306/c1004-30960205.html。

同时,预计服务型消费水平未来将保持增长态势。初步估计到2030年,我国城乡居民人均服务型消费水平将超过1.8万元。

2. 消费结构升级有助于提升产业链供应链的现代化水平

居民消费升级会引导相关资源在产业和企业间合理流动、优化配置,引领企业创新和产业合作,提升投资有效性,促进投资与消费之间的结构更加合理,有利于吸引商品、服务、人才、资金和技术等要素资源聚集,提升产业链供应链的现代化水平。同时,消费结构升级将形成巨大的服务型消费市场,成为服务型制造的重要推动力,促进制造业企业转型升级。最后,消费结构升级将促进科技变革。超过14亿人的消费大市场为科技发展提供了巨大的应用市场。以机器人发展为例,据工业和信息化部公布的数据显示,2020年,我国工业机器人的产量达到23.7万台套,全国规模以上工业机器人制造企业营业收入531.7亿元,其中服务消费机器人制造企业营业收入为103.1亿元。[①]

3. 消费结构升级将推动国内国际市场的相互促进

从市场看,国内市场不断壮大,将继续吸引跨国公司形成新的区域集聚模式。依据《中国统计年鉴》,我国中等收入群体有4亿人,是全球最大、最优的潜力内需市场。2019年,人均国内生产总值突破1万美元大关,已经超过世界上中等收入国家平均水平。随着我国向高收入国家迈进,规模巨大的国内市场的重要性将进一步凸显。迟福林(2022)研究指出,2019年,我国服务贸易在对外贸易中的占比为14.6%,比全球平均水平低9.2个百分点。如果中欧服务贸易占比达到23.8%的全球平均水平,中欧服务贸易规模将达到1 678亿美元;如果达到30%,规模将达到2 115亿美元。根据麦肯锡全球研究院2021年发布的《未来十年塑造中国消费增长的五大趋势》研究报告,中国正在成为全球最大的消费经济体,未来10年全球约有1/4的消费增长或将发生在中国,这势必将吸引更多的跨国公司围绕终端需求,加速资金、技术、人才和产业等要素集聚,进而形成新的区域集聚中心。

三、本章小结

当今世界百年未有之大变局加速演进,新冠肺炎疫情、地缘冲突等不确定性因素影响广泛深远,世界经济陷入低迷期,全球产业链供应链面临重塑。综合来看,我国产业链供应链发展面临的不稳定性、不确定性明显增加。

一方面,我国产业链供应链现代化面临的挑战较为严峻。一是全球发达国家加快推

---

① 《2020年工业机器人产量增长19.1%》,中华人民共和国中央人民政府网站,2021年2月3日,http: // www. gov. cn/xinwen/2021 – 02/03/content_5584509. htm。

动高端产业链"外迁"或"回流";二是美西方国家泛化"国家安全",破坏我国产业链供应链稳定;三是全球新冠肺炎疫情、地缘政治等不确定因素,加速全球产业链供应链收缩;四是经济中长期下行压力加大,抑制产业链供应链市场需求;五是我国经济产业发展不平衡不充分,制约产业链供应链区域布局优化。

另一方面,我国产业链供应链现代化也面临诸多有利机遇。一是全球产业链的趋势性调整带来集聚资源机遇;二是新一轮科技革命和产业变革持续深化创造产业升级机会窗口;三是全球碳中和步伐加快推进带来产业绿色转型新机遇;四是我国加快构建"双循环"新发展格局为产业链供应链发展提供战略机遇;五是我国消费结构升级为产业链供应链发展提供重要牵引。

总结来看,我国产业链供应链现代化面临的挑战较为严峻,但机遇也不容忽视,可谓是"危"中有"机"。面对全球产业链供应链重塑的复杂环境,我们必须保持强烈的忧患意识,做好充分的思想准备和工作准备。为更好抓住机遇及应对挑战,我们须厚植优势、规避劣势,方能化"危"为"机",提升产业链供应链现代化水平。

本章参考文献

[1] 迟福林:《促进我国消费潜力释放与结构升级》,载于《经济参考报》2022年7月19日。

[2] 付保宗:《"十四五"时期我国产业发展呈现五大趋势》,载于《经济纵横》2020年第5期。

[3] 蓝庆新、汪春雨、郑学党:《双循环格局下我国产业链供应链稳定性和竞争力的现实与对策研究》,载于《云南师范大学学报》2021年第1期。

[4] 李雪、刘传江:《新冠疫情下中国产业链的风险、重构及现代化》,载于《经济评论》2020年第4期。

[5] 梁泳梅:《传统制造业优化升级:"十三五"回顾与"十四五"展望》,载于《当代经济管理》2021年第1期。

[6] 马盈盈、崔晓敏:《全球产业链的发展与重构:大趋势与新变化》,载于《全球化》2021年第2期。

[7] 陶涛:《全球产业链变革下的中国新机遇》,载于《人民论坛》2021年第2期。

[8] 盛朝迅:《"十四五"时期推进新旧动能转换的思路与策略》,载于《改革》2020年第2期。

[9] 陶涛:《全球产业链变革下的中国新机遇》,载于《人民论坛》2021年第2期。

[10] 习近平:《习近平谈治国理政》(第四卷),外文出版社2022年版。

[11] 夏诗园:《"双循环"新发展格局下产业链升级机遇,挑战和路径选择》,载于《当代经济管理》2022年第5期。

[12] 徐杰:《提升产业链供应链现代化水平的关键举措》,载于《开放导报》2021年第2期。

[13] 于潇宇:《新形势下美国对华科技竞争战略的特点,走向与应对——基于美国重点智库报告的分析》,载于《创新科技》2022年第2期。

[14] 于潇宇、姜江:《我国科技企业国际创新合作风险分析与应对》,载于《中国经贸导刊》2021年第12期。

[15] 张其仔:《产业链供应链现代化新进展,新挑战,新路径》,载于《山东大学学报:哲学社会科学版》2022年第1期。

［16］张燕生：《构建国内国际双循环新发展格局的思考》，载于《河北经贸大学学报》2021 年第 1 期。

［17］张宇燕：《恢复性增长与不确定性风险交织——2021 年世界经济形势回顾与展望》，载于《当代世界》2022 年第 1 期。

［18］赵剑波、史丹、邓洲：《高质量发展的内涵研究》，载于《经济与管理研究》2019 年第 11 期。

［19］郑东华：《积极应对全球产业链供应链重塑挑战》，载于《红旗文稿》2020 年第 14 期。

［20］中国社会科学院世界经济与政治研究所：《世界经济黄皮书：2022 年世界经济形势分析与预测》，中国社会科学文献出版社 2021 年版。

第六章

我国产业链供应链发展特点
和关键难点研究*

内容提要：我国是世界第一制造大国和第二服务大国，产业体系完备性、协调性优势明显，拥有一批兼具规模效应和配套能力的产业链供应链和竞争力、创新力较强的企业群体，全方位多领域深度融入全球产业链供应链，超大规模市场优势不断凸显，产业数字化、绿色化进程不断提速，产能规模效应明显、产业配套齐全、创新动力充足等因素持续累积，为进一步提升产业链供应链现代化水平奠定坚实基础。同时也要看到，产业链供应链面临多方面的梗阻、制约、短板因素，如要素成本比较优势趋弱、部分产品和环节附加值偏低、关键产品技术对外依存度过高、统筹绿色转型与产业发展难度加大、技术创新和应用转化能力不足、质量基础设施支撑能力有待提升等。

改革开放 40 余年，我国产业链供应链发展取得举世瞩目的巨大成就，从一个初级制造业提供者逐步升级为先进制造业和服务业提供国[①]，构建形成世界上最完备、最庞大的产业体系，产业链供应链的链条长度、部门完整度和协作水平均显著提升，在全球产业链供应链中的生产组织核心和国际贸易枢纽地位持续巩固。发挥好产业链供应链的综合优势、持续补齐产业链供应链的短板环节，对于进一步提升产业链供应链现代化水平至关重要。

一、我国产业链供应链的发展特点

（一）从产业规模看，工业、服务业和农业规模居全球前列

工业规模稳居世界第一。改革开放前，我国工业基础薄弱，工业产品供给不足、门

---

* 本章执笔人：李子文。

① 黄群慧、倪红福：《基于价值链理论的产业基础能力与产业链水平提升研究》，载于《经济体制改革》2020年第 5 期，第 11～21 页。

类不全，呈现出典型的"短缺经济"现象，1978 年工业增加值仅为 1 621.4 亿元。改革开放以来，我国工业规模实现跨越式增长，1992 年工业增加值突破 1 万亿元大关，2007年突破 10 万亿元大关，2012 年突破 20 万亿元大关；2021 年，工业增加值达到 37.26 万亿元，按不变价格计算，1978～2021 年年均实际增长 10.26%，高于同期 GDP 增速 1.1个百分点。[1] 我国制造业占全球份额持续扩大，1990 年占比为 2.7%，进入全球前十；2010 年占比提高到 19.8%，跃居世界第一；2021 年制造业增加值占全球比重近 1/3[2]。主要工业产品生产能力从无到有到优，2021 年原煤、原油、发电量等能源产品产量达到1978 年的 6.7 倍、1.9 倍和 33.3 倍；水泥、粗钢、钢材等原材料产品产量分别为 1978 年的 36.5 倍、32.6 倍、60.5 倍；汽车产量已达 2 600 多万辆，连续多年蝉联世界第一，比排名第 2～5 位的美国、日本、印度、韩国总和还多（见表 6-1）。

表 6-1　　　　　　　　1978 年和 2021 年部分重要工业产品产量对比

指标	2021 年	1978 年
原煤产量（亿吨）	41.26	6.18
原油产量（万吨）	19 888.10	10 405.00
成品糖产量（万吨）	1 482.30	227.00
布产量（亿米）	502.00	110.30
水泥产量（万吨）	237 810.80	6 524.00
粗钢产量（万吨）	103 524.30	3 178.00
钢材产量（万吨）	133 666.80	2 208.00
汽车产量（万辆）	2 652.80	14.90
轿车产量（万辆）	976.50	0.50
家用电冰箱产量（万台）	8 992.10	2.80
房间空气调节器产量（万台）	21 835.70	0.02
彩色电视机产量（万台）	18 496.50	0.40
发电量（亿千瓦小时）	85 342.48	2 566.00

资料来源：《中国统计年鉴》（1978）、《中华人民共和国 2021 年国民经济和社会发展统计公报》。

服务业撑起国民经济半壁江山。改革开放以前，服务业在国民经济中长期处于辅助和从属地位，支撑经济增长和满足人民消费需求的能力较弱。1952～1978 年，我国服务业增加值从 195 亿元增长到 905 亿元，年均增长 5.4%，比 GDP 年均增速低 0.8 个百分

---

[1] 数据来自历年《中国统计年鉴》。

[2] 工业和信息化部：《中宣部举行党的十八大以来工业和信息化发展成就发布会》，载于《工业信息安全》2022 年第 5 期。

点，比第二产业低 5.6 个百分点；1978 年服务业增加值占国内生产总值比重只有 24.6%，居三次产业最末位。① 改革开放以后，服务业各领域改革深入推进，市场准入门槛不断降低，金融、电信、交通、房地产等行业市场化改革取得显著成效，医疗、教育、文化旅游、休闲娱乐等服务消费领域繁荣发展，服务业逐渐成为国民经济增长的主动力和吸纳就业的主阵地。服务业增加值 1993 年达到万亿元，2007 年超过 10 万亿元，2015 年占 GDP 比重首次达到 50%。2021 年，服务业增加值首次突破 60 万亿元，按不变价格计算，1978~2021 年年均增长 10.1%。服务业对产业链供应链运行的支撑功能持续提升，现代化交通基础设施塑造全球领先的交通运输邮政能力，推动物流、人流通达四方；全方位多层次的信息网络和迅猛发展的移动通信服务显著降低经济活动的信息成本，大幅提升产业链供应链运行效率；银行、证券、保险等金融体系日益健全，服务实体经济能力不断增强；数字经济、共享经济、商务服务、研发设计、生态环保服务等新兴服务业蓬勃兴起、快速壮大；旅游、文化、体育、健康、养老、教育培训等幸福产业提档升级、创新发展。

主要农产品产量全球领先。农业是国民经济的基础性产业，粮食安全是战略问题。改革开放初期，我国粮食、经济作物、畜禽、水产品等供给严重不足，农业生产力水平偏低。改革开放以来，尤其是党的十八大以来，以习近平同志为核心的党中央从党和国家事业全局出发，坚持把解决好农业、农村、农民（"三农"）问题作为全党工作重中之重，打赢脱贫攻坚战，实施乡村振兴战略，农业现代化取得历史性成就。全国农业增加值从 1978 年仅 1 000 多亿元增长至 2021 年的 8.3 万亿元，年均增长 4.47%。我国粮食、棉花、蔬菜、茶叶以及大部分油料作物产量均为世界第一。其中，2021 年粮食产量创历史新高、达到 13 657 亿斤，产量连续 7 年稳定在 1.3 万亿斤以上；人均粮食占有量达到 483 公斤，高于世界平均水平，也高于国际公认的 400 公斤粮食安全线，做到了"谷物基本自给、口粮绝对安全"②；棉花、油料、糖料、茶叶、水产品、肉类、牛奶等供给充裕（见表 6-2）；农产品质量安全例行监测合格率稳定在 97% 以上，品质持续优化升级。③ 实施藏粮于地、藏粮于技战略取得重大进展，截至 2022 年，累计建成 9 亿亩高标准农田，农田有效灌溉面积占比超过 54%，农田灌溉水有效利用系数达到 0.568。创新驱动发展水平显著提升，农业科技进步贡献率达到 61%，取得了节水抗旱小麦、超级稻、矮败小麦、杂交玉米、白羽肉鸡等一批重大标志性成果，农作物种源自给率超过 95%；农作物耕种收综合机械化率超过 72%，小麦的综合机械化率超过 97%，玉米、水稻耕种收综合机械化率分别超过 90%、85%。④

---

① 国家统计局官方网站统计数据，https：//data. stats. gov. cn/。

② 王明华：《国家统计局农村司副司长王明华解读粮食生产情况》，2021 年 12 月 6 日，http：//www. stats. gov. cn/tjsj/sjjd/202112/t20211206_1825059. html。

③ 牛震：《这十年，看中国三农答卷——中宣部就新时代乡村振兴有关情况举行发布会》，载于《农村工作通讯》2022 年第 14 期。

④ 农业农村部：《中国粮食系统可持续发展路径报告》，2021 年。

表 6-2　　　　　　　1978 年和 2021 年部分重要农产品产量对比　　　　　单位：万吨

指标	2021 年	1978 年
粮食产量	68 284.75	30 476.50
棉花产量	573.09	216.70
油料产量	3 613.17	521.79
糖料产量	11 454.45	2 381.87
茶叶产量	316.40	26.80
水产品总产量	6 463.67	465.35
肉类产量	8 989.99	1 062.40
牛奶产量	3 682.70	88.30

资料来源：《中国统计年鉴》（1978）、《中华人民共和国 2021 年国民经济和社会发展统计公报》。

（二）从产业体系看，产业体系完备协调优势明显

近几十年来，随着国际产业分工不断深化，分工的模式从产业间分工到产业内分工再到产品内分工，使得产品生产工序流程更加复杂化、跨域化，产业链供应链长度不断延伸，各国间的经济技术联系相互纠缠，单个国家抵御外部风险的能力在逐渐下降。与其他国家相比，我国在工业化和现代化进程中，依托要素资源丰富、区域经济板块众多、内需市场庞大等大国优势，相继实施了优先发展轻纺工业、重点加强基础产业、大力振兴支柱产业、积极发展高技术产业和战略性新兴产业等政策，形成了门类相对齐全、具有较强完备性和协调性的现代产业体系，产业链供应链的独立性、稳定性、弹性韧性具有显著独特优势。

一是产业产品门类齐全，产业链供应链配套能力强。在 500 种主要工业产品中，我国有四成以上产品的产量位居世界第一；拥有 41 个工业大类、207 个工业中类、666 个工业小类，是全球唯一拥有联合国产业分类中全部工业门类的国家。轻重工业之间，原材料、中间产品、装备制造、最终消费品等产业之间协调均衡，产业链上下游组织协作和综合配套能力全球领先。一些战略性产业领域的国产化率不断提升，如三代核电综合国产化率提高至 85% 以上、大飞机 C919 国产化率约为 60%、嫦娥五号任务中的国产化率达 95%、锂电设备国产率超过 90%[①]，在诸多产业领域实现了从依赖进口到独立自主供应再到具备"走出去"实力的历史性转变。

二是产业区域间分工不断深化、细化、优化，产业布局协调有序。从产业布局的静态概况来看，不同经济板块基于要素禀赋、区位条件和产业发展基础，形成了具有区域特色和竞争优势的主导产业，在产业链供应链上占据了具有比较优势的节点环节，推动

---

① EVTank：《中国锂离子电池设备行业发展白皮书》（2022 年），2022 年。

全国产业布局更加多元化、网络化、协调化，产业链供应链的区域分工协作水平和循环运转效率不断提升，如新一代信息技术、新能源汽车、高端装备制造、新材料、生物医药等战略性新兴产业集群集中在长三角地区、粤港澳大湾区等发达地区，纺织服装产业主要分布在东部沿海省份和河北、河南、重庆、宁夏等中西部省份，机械制造、冶金制造主要分布在东北、中南、西南等重工业基础雄厚的地区，金融、信息、商务、文创等知识密集型现代服务业主要集中在一二线城市、省会城市以及各城市群、都市圈的区域中心城市。从产业布局的动态演变来看，我国产业转移先后经历三个历史阶段，即新中国成立初期以安全发展为导向，依托"156项工程"①"三线建设工程"②向东北和内陆地区集聚；改革开放以后以东部地区率先发展为导向，向东部沿海地区集聚；20世纪末开始以区域协调发展为导向，通过实施西部大开发、东北振兴、中部崛起等战略向中西部和东北地区转移。③当前东部发达地区和中西部地区、东北地区之间的产业转移总体上顺应因地制宜、梯度有序的规律，对打破要素配置区域壁垒、优化产业空间布局、增强产业链供应链抗风险能力、推动构建新发展格局起到了重要作用，如成渝城市群、长江中游城市群、关中平原城市群、武汉都市圈、长株潭都市圈等中西部地区通过承接产业转移，已经形成一批具有较强竞争力的产业集群和区域经济新增长点。

（三）从市场主体看，拥有一批竞争力和创新力较强的市场主体

市场主体是产业链供应链运行的基本单元，其竞争力、创新力直接决定了产业链供应链的现代化水平。产业链供应链体系中通常有三类市场主体：一类是龙头企业，位于产业链供应链体系的核心节点，承担着"链长"角色，能够通过跨组织资源调配和决策协调、推动协同创新和技术溢出扩散、提供各类公共品（如开放式技术创新平台、产业联盟、供应链信息交互系统）等路径，有效降低市场交易成本，促进产业链协作、供应链协同；另一类是量大面广的中小企业，主要在细分领域为龙头企业提供原材料、零部件、中间产品等配套，是保持产业链供应链韧性的重要力量；还有一类是产业链供应链服务型企业，主要分布在金融、物流、信息等服务业领域，其主要功能是保障产业链供应链的物流、资金流、信息流等有序正常运转，服务实体经济发展。

当前，我国已经拥有了一批具有较强竞争力和创新力的龙头企业群体、中小企业群体和服务型企业群体。一是龙头企业核心竞争力、主导力不断增强，成为产业链供应链稳定运行的"基本盘"。以中央企业为代表的大型国有企业在支撑经济高质量发展和重大战略落实、推进高水平科技自立自强、维护产业链供应链安全稳定等方面发挥了支柱

---

① "156项重点工程"是指我国第一个五年计划时期从苏联与东欧国家引进的156项重点工矿业基本建设项目。
② "三线建设工程"是指1964年起，以我国西南和西北地区为重点区域，以基础工业、国防科技工业和交通设施为重点内容的大规模经济建设活动。
③ 胡安俊：《中国的产业布局：演变逻辑、成就经验与未来方向》，载于《中国软科学》2020年第12期，第45～55页。

作用①，攻克了集成电路、5G 通信、高速铁路、大飞机、发动机、工业母机、能源电力等领域的一批关键核心技术"卡脖子"问题，取得以载人航天、探月工程、深海探测、北斗导航、5G 应用、国产航母等为代表的一批具有世界先进水平的重大成果。一批民营企业加快成长为具有全球竞争力和影响力的行业领军企业、"链主"型企业，在数字经济、生物医药、消费电子产品、家用电器、智能网联汽车等领域塑造了诸多享誉国际的知名品牌和产品，产业链供应链的组织协调和资源整合能力不断提升。2022 年，我国民营企业 500 强中，19 家企业营业收入超 3 000 亿元，88 家企业资产总额超过千亿元，28 家企业入围世界 500 强。②

二是专精特新中小企业快速涌现，成为细分领域"单打冠军"和产业链"配套专家"。我国中小企业分布广泛、基数庞大，是国民经济运行的基底，是产业链供应链不可或缺的重要组成部分。截至 2021 年末，全国中小微企业数量达 4 800 万户，每千人企业数量为 34.28 户，2021 年日均新设企业 2.48 万户。近年来，我国着力构建优质中小企业梯度培育体系，已培育省级专精特新企业 4 万多户，国家级专精特新"小巨人"企业 4 762 户，制造业单项冠军企业 848 户。③ 一批创新性强、专业化程度高、配套能力强的中小企业深耕产业链供应链细分环节和领域，成为强链、补链、固链的生力军。据工业和信息化部统计，专精特新"小巨人"企业中，超六成属于工业的基础领域，超七成深耕行业 10 年以上，超八成进入了战略性新兴产业链，超九成是国内外知名的大企业的配套专家；"小巨人"企业的平均研发强度达到 10.3%，高于上市企业 1.8 个百分点。④

三是服务型企业快速发展，为畅通产业链供应链运行提供坚实支撑。在现代物流领域，建成世界一流的物流基础设施网络、全球最大物流市场和规模最大的物流企业群体。截至 2021 年，全社会物流总额达 335.2 万亿元，物流业总收入近 12 万亿元，物流市场主体超过 600 万、从业人员超过 5 000 万人、A 级物流企业接近 8 000 家、规模以上物流园区超过 2 000 个，社会物流总费用与 GDP 的比率下降到 2021 年的 14.6%，近十年累计下降 3.4 个百分点；工业品物流总额占社会物流总额的九成左右⑤，支撑我国连续 12 年位居世界第一制造业大国；快递业务量超过 1 000 亿件，连续 8 年位居世界第一。在金融领域，建成覆盖银行、证券、保险、基金、期货等领域，种类齐全、竞争充分的金融机构体系。⑥ 2021 年，全国金融业机构总资产超过 380 万亿元。金融市场的登记、托管、清算、结算、征信、评级体系基本健全，资本市场、保险市场、

① 中国社会科学院工业经济研究所课题组：《产业链链长的理论内涵及其功能实现》，载于《中国工业经济》2022 年第 7 期。
② 中华全国工商业联合会：《2022 中国民营企业 500 强调研分析报告》，2022 年。
③ 徐恒：《支持中小企业创新发展 培育更多专精特新企业》，载于《中国电子报》2022 年 9 月 2 日第 2 版。
④ 工业和信息化部：《中宣部举行党的十八大以来工业和信息化发展成就发布会》，载于《工业信息安全》2022 年第 5 期。
⑤ 何黎明：《党的十八大以来我国现代物流发展成就》，载于《中国物流与采购》2022 年第 18 期。
⑥ 张杰、盛科荣、王传阳：《中国城市间金融网络的空间演化及其影响因素》，载于《热带地理》2022 年第 6 期。

货币市场、外汇市场等不断创新发展，民营和中小微企业融资呈现"量增、面扩、价降"的良好态势，金融与实体经济良性循环逐步形成，配置资源和服务实体经济的能力显著增强。在信息服务领域，依托5G、工业互联网、大数据、云计算、人工智能等现代信息技术，智能装备设备产业和数字服务产业高速发展，不断拓展信息化数字化技术在工业、服务业、农业等各行各业的深度广泛应用。2012～2021年，我国电子信息制造业产业规模从10.7万亿元增长至14.1万亿元，软件产业规模从2.5万亿元增长至9.5万亿元，工业App数量突破60万个，经营管理类的工业软件市场占有率达到70%，产品稳定性、可靠性持续提升。① 在供应链综合服务领域，一批专业化的供应链管理服务企业，在供应链采购、生产、流通、销售以及国际贸易报关通关等环节，基于现代信息技术对供应链物流、商流、信息流、资金流进行系统设计、控制和优化，大幅降低了产业链供应链运行成本，提高供应链上下游供需匹配的精准度。在中国企业联合会、中国企业家协会发布的"2021中国服务业企业500强榜单"中，有7家供应链管理服务企业入围。

（四）从对外开放看，融入全球供应链的开放发展水平持续提升

在经济全球化进程中，我国坚定不移扩大对外开放，依托产业门类最齐全、产业体系最完整的制造业和14亿多人口的超大规模市场，深度融入全球产业链供应链，成为全球产业链供应链稳定的"中流砥柱"。

一是全球货物贸易第一大国的地位不断巩固。作为30多个国家的最大出口国和60多个国家的最大进口国，我国既是全球产业链供应链中的重要产品提供者，也是全球最大的市场。2021年，我国进出口规模首次突破6万亿美元，连续五年保持世界货物贸易第一大国的地位，其中出口的国际市场份额达到了15.1%。联合国商品贸易数据库数据显示，2019年全球货物贸易涉及产品1 222种（HS四位编码），我国出口1 209种产品，其中446种产品出口额居全球第一，出口额占全球比重超过30%的有236种、超过60%的有40种。在发达经济体进口贸易中，我国产品有重要地位，2019年美国进口产品1 221种，其中从我国进口最多的产品有338种，从我国进口占比超过30%的有267种、超过60%的有102种；欧盟进口产品1 222种，其中从我国进口最多的产品有461种，从我国进口占比超过30%的有431种、超过60%的有148种。发达国家部分工业品高度依赖从我国进口，美国进口91%的丝纱线、84%的集装箱、78%的建筑用玻璃制品，欧盟进口93%的人造毛皮、61%的铜制管等均来自我国。在高技术含量、高附加值的产品领域，我国成为全球产业链供应链的关键环节。我国技术密集型的机电产品、高新技术产品出口额分别由2012年的7.4万亿元、3.8万亿元增长到2021年的12.8万亿元、6.3

① 徐恒：《大力发展新一代信息技术产业》，载于《中国电子报》2022年9月23日第2版。

万亿元，合计占出口贸易的比重达 88%；制造业中间品贸易在全球的占比达到 20% 左右。[1] 在向全球产业链供应链提供优质"中国制造"产品的同时，我国作为世界第二大出口国，不断扩大先进技术装备、关键零部件和优质消费品等的进口[2]，让全球产业链供应链不同环节、不同区域分享了我国经济增长、消费繁荣带来的红利。2021 年，我国进口 17.37 万亿元，与 2012 年相比增长了 51.2%，占世界进口比重达到了 11.9%，对全球进口增长的贡献率达到了 13.4%。[3]

二是利用外资和对外投资规模稳居世界前列。利用外资方面，2017～2021 年我国连续五年缩减外资准入负面清单，多次修订《鼓励外商投资产业目录》，全国和自贸试验区限制措施条目截至 2022 年分别减至 31 条、27 条，在汽车、金融等领域推出系列重大开放措施。2012～2021 年，我国引资规模一直稳居全球前三位，2021 年实际使用外资达到 1.15 万亿元人民币，位居世界第二。对外投资方面，我国支持各类市场主体高水平开展投资合作，完善企业境外投资管理和服务，境外投资便利化水平明显提高，推动构建互利共赢的全球、区域产业链供应链。境外中资企业从 2012 年末近 2.2 万家增长到超过 4.5 万家，境外投资存量从 2012 年末 0.5 万亿美元增长到超过 2.7 万亿美元。2013～2020 年，中国对沿线国家直接投资累计达 1 360 亿美元，沿线国家在华新设企业累计达 2.7 万家，实际投资累计约 600 亿美元。[4]

（五）从消费市场看，超大规模市场优势更加显著

消费是商品实现商业价值的终点，是产业链供应链运行的最终环节。我国是仅次于美国的全球第二大商品消费市场，拥有显著的超大规模市场优势，消费市场发展空间广、潜力大、韧性足，不仅改善了居民生活，也为全球产业链供应链和各国企业提供了更多发展机遇。我国最终消费支出由 2012 年的 27.5 万亿元提升到 2020 年的 56.1 万亿元，最终消费支出占 GDP 的比重由 51.1% 提升到 54.7%；其中，居民消费支出在最终消费支出的占比稳定在 70% 左右。2016 年、2019 年社会消费品零售总额先后突破 30 万亿元和 40 万亿元，2021 年达到 44 万亿元，再创历史新高，是 2012 年的 2.1 倍。2021 年，我国消费品进口额达到了 1.7 万亿元，比 2012 年增长了 1 倍以上，占进口总额的约 10%。[5] 从主要消费品来看，2021 年，我国汽车消费占全球汽车消费总量比重达 31.78%，其中新能源汽车销量达到 352 万辆，保有量达到 784 万辆，占全球一半左右[6]；消费电子销量规模居世界第一，5G 手机出货量占全球手机出货总量的 76%；限额以上服装鞋帽品类零售

① 相关数据由笔者根据联合国商品贸易数据库数据测算。
②③ 罗珊珊：《打通内外贸 构建双循环》，载于《人民日报》2022 年 5 月 21 日第 4 版。
④ 宋伟、贾惠涵：《高质量共建"一带一路"的成就、挑战与对策建议》，载于《河南社会科学》2022 年第 1 期。
⑤ 数据来自历年《中国统计年鉴》。
⑥ OICA. Registrations or Sales of New Vehicles. 2022 - 1 - 10. https：//www.oica.net/wp - content/uploads/total_sales_ 2021. pdf，2022 - 11 - 18.

总额达 13 842 亿元, 是全球最大的服装消费国①。从消费模式来看, 网络零售、跨境电商、移动支付等新业态、新模式、新场景不断涌现, 线上线下消费加快融合, 2021 年实物商品网上零售额 10.8 万亿元, 占社会消费品零售总额的比重达到了 24.5%, 规模居世界第一。②

(六) 从发展模式看, 产业数字化绿色化转型进程加快

一是产业数字化转型全面提速。近年来, 我国深入推进数字化转型行动, 大力实施智能制造工程, 新一代信息技术与制造业深度融合, 产业链供应链数字化水平显著提升。截至 2021 年底, 全国工业企业关键工序数控化率、数字化研发设计工具普及率分别达到 51.3% 和 74.7%, 比 2012 年分别提高了 30.7 个和 25.9 个百分点; 发布智能制造国际标准 42 项、国家标准 300 多项, 建成 700 多个数字化车间、智能工厂, 智能制造试点示范项目生产效率平均提高 48%, 产品研制周期平均缩短了 38%, 产品不良品率平均降低 35%; 培育智能制造系统解决方案供应商超过 6 000 家, 炼化、印染、家电等领域智能制造的水平都处于世界领先水平。③ 工业互联网应用覆盖 45 个国民经济大类, 工业互联网高质量外网覆盖全国 300 多个城市, 标识解析体系已经完成夯基架梁, 培育较大型的工业互联网平台超过 150 家, 连接工业设备超过 7 800 万台 (套)。④ 数字基础设施实现跨越提升, 建成全球规模最大、技术领先的光纤宽带和移动通信网络, 4G 基站规模占全球总量的一半以上、5G 基站数达到 161.5 万个⑤, 保障产业链供应链信息 "大动脉" 畅通。

二是产业绿色化发展水平不断提高。我国向国际作出力争 2030 年前实现碳达峰、2060 年前实现碳中和的庄严承诺, 构建完成碳达峰、碳中和 "1 + N" 政策体系, 坚决遏制高能耗、高排放、低水平项目盲目发展, 大力推动产业绿色转型和能源结构调整。2012 ~ 2022 年, 我国单位国内生产总值能耗累计下降约 26.2%。在工业和能源领域, 2012 ~ 2022 年淘汰落后和化解过剩产能钢铁达到了 3 亿吨、水泥 4 亿吨、平板玻璃 1.5 亿吨重量箱; 10.3 亿千瓦煤电机组完成了超低排放改造, 6.3 亿吨粗钢产能目前正在或者已经完成了超低排放改造; 截至 2022 年 3 月, 培育绿色工厂 2 783 家, 绿色产品设计 3 159 种, 绿色园区 224 家, 绿色供应链管理示范企业 296 家。⑥ 在交通运输领域, 大力发展绿色交通体系, 淘汰老旧和高排放机动车辆超过 3 000 万辆, 油品质量、机动车污染物排放强度均达到国际先进水平。⑦ 在农业领域, 农业可持续发展能力大幅提高, 化

①② 罗珊珊:《打通内外贸 构建双循环》, 载于《人民日报》2022 年 5 月 21 日第 4 版。
③④ 工业和信息化部:《中宣部举行党的十八大以来工业和信息化发展成就发布会》, 载于《工业信息安全》2022 年第 5 期。
⑤ 徐恒:《打通经济社会信息大动脉》, 载于《中国电子报》2022 年 8 月 23 日第 2 版。
⑥ 李金华:《中国绿色制造、智能制造发展现状与未来路径》, 载于《经济与管理研究》2022 年第 6 期。
⑦ 黄润秋:《贯彻新发展理念, 建设人与自然和谐共生的美丽中国——生态环境部部长黄润秋答记者问》, 载于《环境教育》2022 年第 9 期。

肥、农药利用率均超过 40%，使用量连续多年负增长；全国畜禽粪污综合利用率达到 76%，比 2015 年提高 16 个百分点；秸秆农膜利用水平稳步提升，综合利用率达到 87% 以上、回收利用率超过 80%。①

二、提升产业链供应链现代化水平面临的关键难点

（一）要素成本比较优势趋弱，部分产业链供应链外迁压力加大

改革开放以来，我国抓住发达国家和港澳台地区产业转移的机遇，由东部沿海地区承接大量劳动密集型的加工制造产业，实现经济赶超式、跨越式发展。经过多年发展，东部地区的土地空间、生态环境容量和资源承载能力明显下降，特别是劳动力成本快速攀升，促使加工制造、物流仓储等产业向中西部和东北地区转移。然而，随着承接产业转移进程持续推进、产业转移规模不断扩大，部分中西部和东北地区也开始面临劳动力、土地和环境容量的显著约束。

近年来，越南、菲律宾、柬埔寨、印度尼西亚、马来西亚等东南亚国家持续推进外向型经济发展，依托要素特别是劳动力的比较成本优势（详见本章附录），积极吸引国外投资和项目落地，大力承接电子信息制造、纺织服装、鞋业、家具等产业链供应链国际转移。② 2020 年，我国东北、中部、西部地区月平均工资水平分别为 530.7 美元、590.3 美元、610.3 美元，相当于越南的 1.6~2 倍，菲律宾、印度尼西亚和老挝的 3~4 倍，缅甸的 4~5 倍，仅略低于马来西亚（见图 6-1）。土地方面，我国中西部、东北地区土地出让价格明显高于东南亚国家，特别是远高于越南；水价、电价等也高于多数东南亚国家（见图 6-2）。此外，东南亚国家的税收政策对国外企业、人才等也具有较强吸引力，大部分东南亚国家的企业所得税率、个人所得税起征点等均低于我国。一些国家针对重点产业领域和欠发达地区制定实施税收优惠政策，吸引海外资本流入，如文莱实施"先锋产业"计划，对国内亟须发展的行业免除企业所得税和设备进口关税，免税期最长为 11 年，并可根据后续投资情况延长免税期至 20 年；缅甸对其欠发达地区的投资项目实行最多连续 7 年的企业所得税豁免待遇；越南对符合相关条件的外资企业提供企业所得税"四免九减半"政策，对投资规模大、科技含量高的项目提供最长 30 年的企业所得税减半征收政策。

---

① 农业工程技术编辑部：《农业农村取得历史性成就 发生历史性变革——农业农村部副部长邓小刚在中宣部"中国这十年"新闻发布会上答记者问》，载于《农业工程技术》2022 年第 18 期。
② 盛朝迅：《新发展格局下推动产业链供应链安全稳定发展的思路与策略》，载于《改革》2021 年第 2 期。

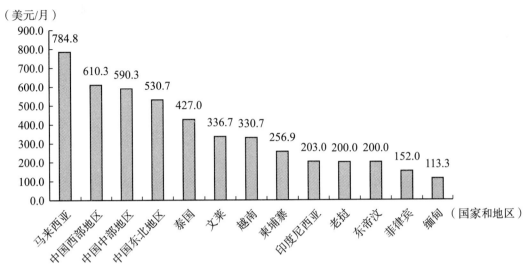

图 6 - 1　我国中西部、东北地区和部分东南亚国家月工资对比

注：其中，我国中西部和东北地区、越南数据为 2020 年数据；柬埔寨数据为 2017 年数据；缅甸、印度尼西亚数据为 2019 年数据；马来西亚数据为 2021 年第一季度制造业月平均工资数据；其他国家数据为 2021 年数据。

资料来源：国家统计局：《2021 年规模以上企业就业人员年平均工资情况》，2022 年 5 月 20 日，http：//www. stats. gov. cn/xxgk/sjfb/zxfb2020/202205/t20220520_1857637. html，2022 年 11 月 18 日。中国商务部"走出去"公共服务平台：《国别（地区）指南》，http：//fec. mofcom. gov. cn/article/gb-dqzn/，2022 年 11 月 18 日。International Labour Organization. Global Wage Report 2020 - 2021. 2020 - 11 - 02，https：//www. ilo. org/wcmsp5/groups/public/ - - - dgreports/ - - - dcomm/ - - - publ/documents/publication/wcms_762534. pdf，2022 - 11 - 18.

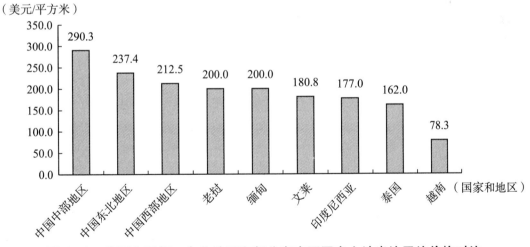

图 6 - 2　我国中西部、东北地区和部分东南亚国家土地出让平均价格对比

注：其中，我国中西部和东北地区土地出让平均价格为 2021 年数据；各国土地出让平均价格为 2020 年平均数据。

资料来源：《全国地价水平情况一览表》，国家信息中心房地产信息网，http：//www. crei. cn/tudi/，2022 年 11 月 18 日。中国商务部"走出去"公共服务平台：《国别（地区）指南》，http：//fec. mofcom. gov. cn/article/gbdqzn/，2022 年 11 月 18 日。

劳动密集型的轻工纺织产业和电子信息产品加工组装生产环节等国际产业转移是产业发展的普遍性规律，也是欧美、日韩等发达国家产业发展过程中经历的历史现实。然而，在产业转移中，发达国家的跨国企业并没有"一转了之"，而是将资源集中于技术研发、产品设计、品牌培育、市场营销等环节，依然控制着产品品牌、质量标准、价格制定等关键环节，是产业链供应链的主导者、引领者。当前，随着要素比较优势持续减弱，叠加国际经贸格局复杂变化，我国部分产业链供应链或劳动密集型环节、工序等外迁压力仍将不断加大。如果我国产业转型、技术升级和品牌培育步伐缓慢，同时产业过快大规模外迁，在产业链高端环节发展不充分的情况下形成制造业"未强先降"的现象，将加剧产业"空心化"、失业等风险，削弱我国制造业乃至经济增长动能。

（二）部分产品和环节的附加值偏低，产业链供应链控制力不足

一国在全球价值链中的分工地位决定了对产业链供应链的控制力。在传统的贸易统计中，我国是出口贸易大国；但从全球价值链分工来看，量的优势难以掩盖质的短板，我国在部分产业领域依然处于附加值偏低的分工位置，在全球价值链的"垂直分工"地位与发达国家相比仍有显著差距。根据亚洲开发银行编制的投入产出表计算，2019年美国制造业出口的国内增加值率为51.32%，中国为45.35%；在高技术行业差距更为显著，如电气和光学设备行业，美国出口国内增加值率为71.45%，中国为29.02%。[①] 另据经济合作与发展组织（OECD）估算，2016年我国出口总值国内增加值为67.8%，而同时期的日本、美国等成熟的制造业发达国家分别达到了85.3%、85%，以色列、印度也达到了74.7%、75.9%的高位。[②] 一些学者研究发现，我国长期是美国最大的贸易逆差来源国，但从产品增加值的视角来看，美国对我国的贸易逆差大大缩水，美国从双边贸易和产业链供应链分工合作中获利能力更强，我国在全球价值链中的位置远不及美国。[③]

从细分行业来看，在高技术含量、产品价值较高的信息通信技术产业领域，我国已成为全球第一大笔记本电脑、数码相机和手机出口国，但并非价值创造的主要来源。以苹果公司的手机为例，iPhone产品的研发、设计在美国完成，处理器与存储芯片来自韩国，触控面板、显示器来自日本。此外，欧洲的德国、荷兰等公司也提供了其他主要的零部件，最终，在中国组装之后再出口至苹果公司。一些学者对iPhone的生产成本和增值环节进行分解，发现2008年中国厂商在生产iPhone 3G手机过程中，贡献的增加值仅占iPhone总价值的3.6%；2018年中国厂商在生产iPhone X手机过程中，贡献的增加值

① 杨丹辉：《全球产业链重构的趋势与关键影响因素》，载于《人民论坛·学术前沿》2022年第7期。
② 李小平、余远：《中国制造业出口国内增加值率的再测算——基于双循环新发展格局视角》，载于《山西财经大学学报》2022年第1期。
③ 董虹蔚、孔庆峰：《对中美双边贸易利益结构的测算与分析——基于WWZ方法的测算与实证研究》，载于《商业经济与管理》2019年第6期。

占 iPhone 总价值比重上升到 25.4%，较 2008 年大幅提升，但核心部件仍然由美国、日本和韩国的厂商提供。[①] 即便在劳动密集型、产品价值相对较低的服装鞋类产业领域，我国作为出口贸易大国，对全球产业链供应链的掌控力仍然偏低，品牌影响力和话语权不高。在英国品牌评估机构品牌金融咨询（Brand Finance）发布的 2022 年"全球服装时尚品牌价值 50 强"中，9 个法国品牌价值占比 27.0%，13 个美国品牌价值占比 25.9%，7 个意大利品牌价值占比 12.4%；我国 5 个品牌上榜，品牌价值总计 153 亿美元，占比仅 5.0%。[②]

（三）关键产品技术对外依存度高，产业链供应链运行基础不牢

当前，我国一些关键核心技术、基础零部件、基础材料、基础工艺等普遍存在不同程度对外依赖，有些核心技术与发达国家存在相当大的差距，产业链"卡脖子"短板问题严峻，在国际政治经济环境不确定性加大的情况下，产业链供应链断链风险进一步加剧。2019 年，中国工程院对 26 类有代表性的制造业产业进行国际比较分析，结果显示，我国 6 类行业自主可控，占比 23%；10 类行业安全可控，占比 38.5%；2 类产业对外依赖度高，占比 0.77%；8 类产业对外依赖度极高，占比 30.8%。2018 年，工业和信息化部对全国 30 多家大型企业的 130 多种关键基础材料开展调研，结果显示，我国关键零部件、元器件和关键材料自给率只有 1/3，32% 的关键材料在中国仍为空白，52% 依赖进口。[③]

从支撑产业链供应链运行的视角看，当前对外依存度过高、存在"卡脖子"风险的领域主要集中在基础装备、基础零部件、基础工业软件、关键基础材料等方面。基础装备方面，我国在高档数控机床、机器人、集成电路及专用设备、飞机和航空发动机、高性能医疗器械等 15 类产业与世界先进水平差距大或巨大。如在高端数控机床领域，85% 的国内市场被日本的发那科、牧野和马扎克，德国的 DMG 和哈默，美国的哈斯等跨国企业控制，95% 的数控系统依赖西门子等跨国企业，国产五轴联动数控机床连续无故障时间仅为国外的 2/3；在全球高端光刻机市场，荷兰阿斯麦（ASML）一家独大，日本的尼康和佳能公司也有一席之地，我国则严重依赖进口。[④] 基础零部件方面，高铁、大飞机、高端医疗器械、航空发动机等大型机械装备的关键零部件、元器件依赖进口，如高铁装备中所需的制动装备、轮对及高强度螺栓等 80% 以上依赖进口。芯片工业与发达国家差距较大，高端芯片制造工艺落后国际先进水平 2 代以上[⑤]，芯片进口额在 2021 年首次超

① 邢予青：《中国出口之谜——解码"全球价值链"》，生活·读书·新知三联书店 2022 年版。

② Brand Finance. BRAND FINANCE APPAREL 50 2022，2022 – 04 – 01，https://brandirectory.com/rankings/apparel/，2011 – 11 – 18。

③ 倪红福：《构建中国产业链竞争新优势》，载于《中国经济评论》2021 年第 Z1 期。

④ 盛朝迅、徐建伟、任继球：《实施产业基础再造工程的总体思路与主要任务研究》，载于《宏观质量研究》2021 年第 4 期。

⑤ 王国法、庞义辉、任怀伟、张建中、赵国瑞、张玉军、孟令宇：《矿山智能化建设的挑战与思考》，载于《智能矿山》2022 年第 10 期。

过了 4 326 亿美元，为原油进口额的 1.7 倍①，绝大多数计算机和服务器通用处理器 95%的高端专用芯片、70% 以上智能终端处理器以及绝大多数存储芯片依赖进口②。基础工业软件方面，国内工业软件市场被国外企业垄断，国产工业软件发展严重滞后。在被称为"芯片之母"的 EDA 工具的供应商中，美国的新思科技（Synopsys）、楷登电子（Cadence）和西门子的明导（Mentor Graphics）"三巨头"处于垄断地位。在飞机、汽车等行业，设计和仿真软件仍需进口。关键基础材料方面，重大装备制造、重大工程建设、战略性新兴产业及国防军工等领域所需的部分材料严重依赖进口，如硅片、光刻胶、电子特种气体、光掩膜等生产半导体的关键基础材料对外依存度较高、进口来源国单一，一旦"断供"将对我国电子信息制造产业链安全造成严重冲击。

（四）统筹绿色转型与产业发展难度加大，产业链供应链可持续发展面临压力

作为制造大国，我国制造业产业体系完备，但生产方式仍然未完全摆脱传统的生产模式，生产投入大、资源消耗多、废弃物排放多。与发达国家相比，我国制造业的投入产出比、资源能源消耗比仍然有着较大差距③，能源结构不优，产业链供应链绿色转型任重道远。在能源资源利用方面，我国单位 GDP 能耗仍然较高，为世界平均水平的 1.5 倍、发达国家的 2～3 倍；"富煤贫油少气"的资源禀赋使得煤炭消费长期占据首位，2020 年能源消费中煤炭占比高达 64%④；每万元 GDP 消耗的铜、铝、铅、锌是世界平均水平的数倍，废钢铁、废塑料、废玻璃等大量可利用的资源作为废弃物还没有得到充分利用，资源化水平较低。在碳排放方面，中国碳核算数据库数据显示，我国碳排放总量约为 100 亿吨，全球排名第一，约为全球总排放量的 1/4⑤；2018 年我国人均碳排放量 7.6 吨，而全球人均碳排放量为 4.5 吨⑥。在产业绿色低碳发展方面，低碳、零碳、负碳技术发展尚不成熟，各类应用技术系统集成难、环节构成复杂、技术种类多，钢铁、水泥、化工等不同行业的经济技术特性和减排降碳空间具有极大差异，绿色低碳技术的通用性、适用性均面临较大制约。

绿色转型和产业发展从根本上、长期来看是有机统一、相辅相成的；但从短期来看，存在多元目标协调的困难。近年来，百年变局叠加新冠肺炎疫情，我国经济发展面临需求收缩、供给冲击、预期转弱的压力，统筹兼顾绿色转型与产业发展，平衡实现"双碳"目标和稳增长目标的难度进一步加大。一方面，经济下行导致企业利润持

---

① 海关总署：《2021 年 12 月进口主要商品量值表》，2022 年 1 月 18 日，http：//www. customs. gov. cn//customs/302249/zfxxgk/2799825/302274/302277/302273/4127373/index. html。

② 吕越、马明会：《切实保障产业链供应链安全稳定》，载于《中国社会科学报》2022 年 8 月 24 日第 3 版。

③ 李金华：《中国绿色制造、智能制造发展现状与未来路径》，载于《经济与管理研究》2022 年第 6 期，第 3～12 页。

④ 金观平：《抓好重点领域资源节约高效利用》，载于《经济日报》2022 年 9 月 12 日第 1 版。

⑤ Guan Y, Shan Y, Huang Q, Chen H, Wang D, Hubacek K. Assessment to China's recent emission pattern shifts. *Earth's Future*，2021，9（11）：1 – 13.

⑥ Oak Ridge National Laboratory. CO$_2$ emissions（metric tons per capita），2021 – 11 – 18，https：//data. worldbank. org/indicator/EN. ATM. CO2E. PC.

续受到压缩，研发应用绿色低碳工艺和技术面临成本压力。企业研发、引进减碳工艺技术和购买、改造节能脱碳等装备装置需要投入大量资金，但由于技术交易和示范推广机制不健全，技术研发成本常常需要企业自主负担；在钢铁、水泥、焦化等传统行业，一些新上项目虽然应用了绿色低碳技术，但项目审批难度大、建设周期长，技术创新得不到合理的商业回报，导致企业持续投资研发的动力不足。另一方面，个别地方落实中央"双碳"政策和工作精神不精准、不到位，导致层层加码等纵向的政策合成谬误。"双碳"顶层设计出台以来，中央通过一系列会议和文件进一步明确了"十四五"节能减排的政策机制，包括强化能耗强度降低约束性指标管理、有效增强能源消费总量管理弹性、能耗"双控"向碳排放总量和强度"双控"转变、各地区原料用能不再纳入全国及地方能耗双控考核等。但部分地区没有及时到位地调整政策做法，在如何更加精准、精细地执行落实中央的能耗"双控"政策，包括如何把目标分解到年、如何区分对待高耗能高排放（"两高"）项目实现有保有压等方面，存在政策调整优化不及时的问题，甚至存在"一律关停""先停再说"等"一刀切"行为，人为地导致产业链供应链关键环节运行不畅、供给中断，对产业链供应链的可持续发展造成不利影响。

（五）技术创新和应用转化能力不足，产业链创新链融合程度不深

2021 年 5 月 28 日，在中国科学院第二十次院士大会、中国工程院第十五次院士大会和中国科学技术协会第十次全国代表大会上，习近平总书记指出："我国原始创新能力还不强，创新体系整体效能还不高，科技创新资源整合还不够，科技创新力量布局有待优化，科技投入产出效益较低，科技人才队伍结构有待优化，科技评价体系还不适应科技发展要求，科技生态需要进一步完善。"从现实情况来看，新一轮科技革命和产业变革正在重构全球创新版图、重塑全球经济结构，主要国家都把科技创新作为战略博弈的核心，围绕原始创新、关键和共性技术创新的竞争愈发激烈。从研发投入来看，2021 年我国研究与试验发展（R&D）经费投入总量为 2.8 万亿元，稳居世界第二[1]；R&D 经费投入与GDP 之比为 2.44%，还未达到 OECD 国家平均水平（见图 6 - 3）。[2]

当前，我国面临基础研究和应用研究投入不多、新技术产业化及规模化应用不畅、科技体制机制不活等难题。一是基础研究、应用研究支出比重远远低于创新国家。我国R&D 经费资源配置明显呈"重试验开发，轻基础与应用研究"倾向，2020 年，我国基础研究、应用研究与试验发展经费的支出占比分别为 6%、11.3% 和 82.7%，与 1998 年相比，基础研究经费占比微增 0.8 个百分点，应用研究经费占比大幅下降 11.3 个百分点，

---

[1]　国家统计局：《R&D 经费投入保持较快增长，基础研究占比明显提升》，2022 年 8 月 31 日，http：//www. stats. gov. cn/tjsj/sjjd/202208/t20220831_1887755. html。

[2]　经济合作与发展组织（OECD）国家 2020 年 R&D 经费投入与 GDP 之比平均值为 2.674%。数据来自 OECD 网站数据库，https：//data. oecd. org。

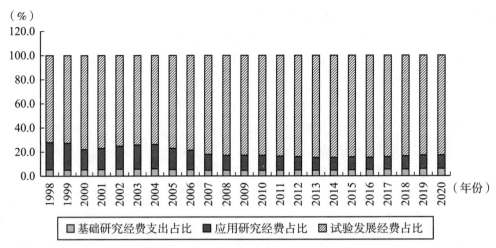

图 6 - 3 1998 ~ 2020 年我国基础研究、应用研究、试验发展经费占比变化趋势

资料来源：历年《中国统计年鉴》。

试验发展经费增长 10.5 个百分点[1]；而美国、日本、欧洲等创新国家的基础研究经费占比多为 10% ~ 20%，应用研究经费占比为 20% ~ 40%，试验发展经费占比为 40% ~ 65%[2]。二是新技术转移转化渠道不畅。研究表明，2018 年我国科研成果转化收入占科研投入比重、科技成果转化率（专利实施率）分别为 3%、6%，同期美国为 4.1%、50%[3]。

与企业相比，高校和科研机构科技成果转化率更低，高校专利的总体转化率仅为10% 左右，如我国干细胞领域年均申请超过 1 000 件专利，仅次于美国，但专利申请人以高校和科研机构为主，转化率平均仅 5%[4]。我国的科技成果和专利转化基本以独家转让或者一次性售卖为主，专利发明从发明者手中转让出去后，往往再次被垄断或者闲置，无法得到产业化、规模化应用。国家重点投入资金、人力的大学和科研机构的科研成果，转让时也采取独家转让方式，或者权益不清楚导致转让困难重重，许多优秀的技术成果不能及时转移进行产业化，特别是不能及时转移到民营企业或者急需技术的中小企业，造成国家大量科研经费和成果的浪费。三是科技体制机制改革滞后。科技评价中唯论文、唯职称、唯学历、唯奖项的"四唯"现象仍较为突出，以 SCI 论文等发表为主要指标评价科技人员的导向未发生明显实质性变化；重短期评价而轻长期评价，对科技人员、科研项目、科研机构的评价周期都比较短，变相地鼓励"短平快"式的研究；科技人员激励机制不够完善，经费使用自主权不够充分，薪酬水平与国外及国内其他行业相比缺乏竞争力，高端人才市场化薪酬体系尚未完全建立；青年科研人员成长受限问题比较严重，

---

① 数据来自历年《中国统计年鉴》。
② 各国 R&D 经费数据来自 OECD 网站数据库，https：//data. oecd. org。
③ 沈健、王国强、钟卫：《科技成果转化的指标测度和跨国比较研究》，载于《自然辩证法研究》2021 年第7 期。
④ 冯丽妃：《扫除"拦路虎"，让科技成果转化畅通无阻》，载于《中国科学报》2022 年 3 月 11 日。

部分青年科研人员无所适从，难以公平争取发展机会；申报项目、评估考核等行政类、事务类、社会类活动较多，挤占用于科研的时间。四是新型举国体制的科技创新模式亟待建立。以政治和行政动员为中心的科技攻关举国体制形成于计划经济时期，长期以来在国家重大科技创新及应用方面曾发挥巨大制度优势，但科技攻关任务不直接面向市场需求，也不参与市场竞争，有"官、学、研"而无"产"，导致面向产业发展需求的科技攻关能力薄弱，科技系统与市场体系脱节的结构性矛盾长期存在。[①] 2022 年 9 月，中央全面深化改革委员会第二十七次会议提出"健全关键核心技术攻关新型举国体制，要把政府、市场、社会有机结合起来，科学统筹、集中力量、优化机制、协同攻关"。但如何充分发挥政府战略性引导作用和市场主体的作用，形成官、产、学、研等要素有机融合、协调联动的机制，如何避免支持政策碎片化、组织协调无序化等问题，还需要进一步破题和探索。

（六）质量基础设施支撑能力欠缺，产业链供应链发展面临"质量短板"

计量、标准化、合格评定、认可、市场监管等质量基础设施是产业链供应链运行的重要基石，有利于提高供给质量和生产效率，推动质量变革和效率变革，实现产业链供应链可持续发展。美国、德国、英国等发达国家秉持"标准先行"理念，在现行的世界贸易组织规则框架下，长期把标准、技术法规、合格评定程序等技术性贸易措施作为非关税贸易手段的重要手段，构筑全球产业链供应链运行的"质量围墙"和"技术壁垒"；我国由于质量基础设施支撑能力相对不足，一些企业在进入海外市场时常常面临巨大的国际贸易风险，被排除在全球产业链供应链体系之外。

当前，我国质量基础设施面临的突出问题主要体现在五个方面。一是质量基础设施的技术能力不足，核心技术和标准受制于人。例如，在测量计量领域，先进测量技术和计量手段发展不足，国家计量体系的量值传递能力较弱，超精密级测量能力尚未全面形成，高端测量控制技术和仪器仪表的研究制造与国际先进水平存在很大差距；标准国际化的增量大而存量小，提交国际标准化组织（ISO）、国际电工委员会（IEC）并正式发布的国际标准总计占比不足 2%，对国际标准的累计贡献度远不及英国、德国、美国等标准强国。二是质量基础设施存在"重工业、轻服务业"的结构性失衡。据统计，截至 2019 年，我国国家标准中工业标准占比达 73.5%，而服务业和社会事业的占比仅为 15.1%；我国认证机构共计 427 家，累计颁发有效认证证书 175.3 万张，但从事服务认证工作的认证机构只有 93 家，累计颁发有效证书 7 893 张，分别仅占总数的 21.8% 和 0.45%。[②] 服务业发展质量长期受制于标准化建设滞后。三是中小企业质量管理水平较

---

① 刘戎骄、方莹莹、王文娜：《科技创新新型举国体制：实践逻辑与关键要义》，载于《北京工业大学学报》（社会科学版）2021 年第 5 期。

② 李子文：《推进国家质量基础设施建设的战略意义、现实基础和政策建议》，载于《中国经贸导刊》2022 年第 5 期。

低。大量中小企业经营者质量管理意识淡薄，不愿意在构建质量管理和控制体系、购置和更替检验检测设备、研究推行产品质量标准等方面投入成本，由此导致产品质量不过关，难以在产业链供应链关键环节占据一席之地。四是第三方质量服务供给薄弱。计量测试、标准化服务、检验检测、认证服务等第三方质量服务机构尚不能充分满足中小企业的需求，服务机构"小散弱"问题突出，具有较强技术水平、创新能力和品牌价值的知名机构较少。五是质量基础设施与产业链供应链发展需求存在脱节。在一些产业数字化等新兴领域，我国产品、服务、技术标准还不够完善，或者标准的应用普及相对滞后。例如在大数据、人工智能应用领域，面向不同场景的人工智能计算硬件指令集、微架构设计缺乏统一的标准规范，不同的智能设备间协议标准不统一，无法实现互联互通，设备和标准兼容性差导致出现"数据孤岛"。

三、结　语

长期以来，成本相对低廉的劳动力、土地等要素，规模庞大、层次丰富的消费市场，资源禀赋差异化、多元化的区域板块，渐进式的、以市场化为导向的经济体制改革[①]，共同构成了我国产业链供应链持续发展、壮大、完善的驱动力。当前，我国产业链供应链正处在产业结构升级、发展模式转型、由规模优势向质量优势和技术优势转变的关键时期。在百年变局叠加新冠肺炎疫情、外部环境不确定性加大的同时，产业链供应链的发展基础和环境呈现出"变"和"不变"两个方面。一方面，产业链供应链发展的优势条件和约束条件发生变化，劳动力等要素成本比较优势迅速缩小，生态环境对产业链供应链发展的承载力逐渐面临"天花板"，国际经贸格局剧烈动荡变化使得关键环节"卡脖子"、原始创新能力欠缺、质量基础设施国际话语权不足等短板更加凸显。另一方面，我国作为世界第一制造大国、全球主要消费市场和全球贸易主引擎的优势地位仍在持续巩固强化，社会主义市场经济体制不断向更加系统完备、更加成熟定型的方向迈进；疫情发生以来，我国统筹疫情防控和经济社会发展取得积极成效，全力保障产业链供应链安全稳定、畅通运行，在全球产业链供应链中持续发挥"稳定器""压舱石"作用。展望未来，在提升产业链供应链现代化的新征程中，要立足于百年未有之大变局的复杂变化和构建新发展格局的内在要求，围绕"补链稳链强链"，不断放大长板优势、补齐短板不足，深入实施产业基础再造工程，大力推进科技创新、技术攻关和成果转化，推动产业链供应链数字化、绿色化转型，不断提升知识、技术密集型产业和环节在产业链供应链体系中的比重，锻造具有强大韧性和自主可控的产业链供应链，在全球竞争中塑造新优势。

---

① 李天健、赵学军：《新中国保障产业链供应链安全的探索》，载于《管理世界》2022年第9期。

本章参考文献

［1］Brand Finance. Brand Finance Apparel 50 2022，2022 – 04 – 01，https：//brandirectory. com/rankings/apparel/，2022 – 11 – 18.

［2］EVTank：《中国锂离子电池设备行业发展白皮书》（2022 年），2022 年。

［3］Guan Y, Shan Y, Huang Q, Chen H, Wang D, Hubacek K. Assessment to China's recent emission pattern shifts. *Earth's Future*，2021，9（11）：1 – 13.

［4］International Labour Organization. *Global Wage Report 2020 – 2021*，2020 – 11 – 02，https：//www. ilo. org/wcmsp5/groups/public/－－－dgreports/－－－dcomm/－－－publ/documents/publication/wcms_762534. pdf，2022 – 11 – 18.

［5］Oak Ridge National Laboratory. CO_2 emissions（metric tons per capita），2021 – 11 – 18，https：//data. worldbank. org/indicator/EN. ATM. CO2E. PC.

［6］OICA . Registrations or Sales of New Vehicles，2022 – 01 – 10，https：//www. oica. net/wp – content/uploads/total_sales_2021. pdf，2022 – 11 – 18.

［7］董虹蔚、孔庆峰：《对中美双边贸易利益结构的测算与分析——基于 WWZ 方法的测算与实证研究》，载于《商业经济与管理》2019 年第 6 期。

［8］冯丽妃：《扫除"拦路虎"，让科技成果转化畅通无阻》，载于《中国科学报》2022 年 3 月 11 日。

［9］工业和信息化部：《中宣部举行党的十八大以来工业和信息化发展成就发布会》，载于《工业信息安全》2022 年第 5 期。

［10］国家统计局：《2021 年规模以上企业就业人员年平均工资情况》，2022 年 5 月 20 日，http：//www. stats. gov. cn/xxgk/sjfb/zxfb2020/202205/t20220520_1857637. html。

［11］国家统计局：《R&D 经费投入保持较快增长，基础研究占比明显提升》，2022 年 8 月 31 日，http：//www. stats. gov. cn/tjsj/sjjd/202208/t20220831_1887755. html。

［12］《全国地价水平情况一览表》，国家信息中心房地产信息网，2022 年 11 月 18 日，http：//www. crei. cn/tudi/。

［13］海关总署：《2021 年 12 月进口主要商品量值表》，2022 年 1 月 18 日，http：//www. customs. gov. cn//customs/302249/zfxxgk/2799825/302274/302277/302276/4127373/index. html。

［14］何黎明：《党的十八大以来我国现代物流发展成就》，载于《中国物流与采购》2022 年第 18 期。

［15］胡安俊：《中国的产业布局：演变逻辑、成就经验与未来方向》，载于《中国软科学》2020 年第 12 期。

［16］黄群慧、倪红福：《基于价值链理论的产业基础能力与产业链水平提升研究》，载于《经济体制改革》2020 年第 5 期。

［17］黄润秋：《贯彻新发展理念，建设人与自然和谐共生的美丽中国——生态环境部部长黄润秋答记者问》，载于《环境教育》2022 年第 9 期。

［18］金观平：《抓好重点领域资源节约高效利用》，载于《经济日报》2022 年 9 月 12 日第 1 版。

［19］李金华：《中国绿色制造、智能制造发展现状与未来路径》，载于《经济与管理研究》2022 年第 6 期。

［20］李天健、赵学军：《新中国保障产业链供应链安全的探索》，载于《管理世界》2022 年第 9 期。

［21］李小平、余远：《中国制造业出口国内增加值率的再测算——基于双循环新发展格局视角》，载于《山西财经大学学报》2022 年第 1 期。

［22］李子文：《推进国家质量基础设施建设的战略意义、现实基础和政策建议》，载于《中国经贸导刊》2022 年第 5 期。

［23］刘戒骄、方莹莹、王文娜：《科技创新新型举国体制：实践逻辑与关键要义》，载于《北京工业大学学报》（社会科学版）2021 年第 5 期。

［24］罗珊珊：《打通内外贸 构建双循环》，载于《人民日报》2022 年 5 月 21 日第 4 版。

［25］吕越、马明会：《切实保障产业链供应链安全稳定》，载于《中国社会科学报》2022 年 8 月 24 日第 3 版。

［26］倪红福：《构建中国产业链竞争新优势》，载于《中国经济评论》2021 年第 Z1 期。

［27］牛震：《这十年，看中国三农答卷——中宣部就新时代乡村振兴有关情况举行发布会》，载于《农村工作通讯》2022 年第 14 期。

［28］农业工程技术编辑部：《农业农村取得历史性成就 发生历史性变革——农业农村部副部长邓小刚在中宣部"中国这十年"新闻发布会上答记者问》，载于《农业工程技术》2022 年第 18 期。

［29］农业农村部：《中国粮食系统可持续发展路径报告》，2021 年。

［30］全国工商联：《2022 中国民营企业 500 强调研分析报告》，2022 年。

［31］沈健、王国强、钟卫：《科技成果转化的指标测度和跨国比较研究》，载于《自然辩证法研究》2021 年第 7 期。

［32］盛朝迅、徐建伟、任继球：《实施产业基础再造工程的总体思路与主要任务研究》，载于《宏观质量研究》2021 年第 4 期。

［33］盛朝迅：《新发展格局下推动产业链供应链安全稳定发展的思路与策略》，载于《改革》2021 年第 2 期。

［34］宋伟、贾惠涵：《高质量共建"一带一路"的成就、挑战与对策建议》，载于《河南社会科学》2022 年第 1 期。

［35］王国法、庞义辉、任怀伟、张建中、赵国瑞、张玉军、孟令宇：《矿山智能化建设的挑战与思考》，载于《智能矿山》2022 年第 10 期。

［36］邢予青：《中国出口之谜——解码"全球价值链"》，生活·读书·新知三联书店 2022 年版。

［37］徐恒：《打通经济社会信息大动脉》，载于《中国电子报》2022 年 8 月 23 日第 2 版。

［38］徐恒：《大力发展新一代信息技术产业》，载于《中国电子报》2022 年 9 月 23 日第 2 版。

［39］徐恒：《支持中小企业创新发展 培育更多专精特新企业》，载于《中国电子报》2022 年 9 月 2 日第 2 版。

［40］杨丹辉：《全球产业链重构的趋势与关键影响因素》载于《人民论坛·学术前沿》2022 年第 7 期。

［41］张杰、盛科荣、王传阳：《中国城市间金融网络的空间演化及其影响因素》，载于《热带地理》2022 年第 6 期。

［42］中国商务部"走出去"公共服务平台：《国别（地区）指南》，http：//fec. mofcom. gov. cn/article/gbdqzn/，2022 年 11 月 18 日。

［43］中国社会科学院工业经济研究所课题组：《产业链链长的理论内涵及其功能实现》，载于《中国工业经济》2022 年第 7 期。

本章附录：我国中西部地区、东北地区和东南亚国家（除新加坡以外）要素价格和税率对比

	月平均工资	土地出让价	水价	电价	企业所得税	增值税	营业税	个人所得税
中国东北地区	530.7 美元	237.36 美元/平方米	0.8185 美元/立方米（辽宁沈阳）~1.0601 美元/立方米（吉林长春）	2022 年 4 月电网代理购电平段电价，0.1082 美元/度（辽宁）~0.1205 美元/度（吉林）	25%；小型微利企业适用 20%税率；高新技术产业企业、西部地区鼓励类产业等使用 15%税率；国家鼓励的重点集成电路设计企业和软件企业、非居民企业等适用 10%税率	6%~13%。小规模纳税人 3%，部分行业、领域最低可减至 3%、2%、1.5%或 0	已取消	3%~45%。不超过 5 612 美元的 3%；超过 5 612 美元至 22 450 美元的部分 10%；超过 22 450 美元至 46 770 美元的部分 20%；超过 46 770 美元至 65 478 美元的部分 25%；超过 65 478 美元至 102 894 美元的部分 30%；超过 102 894 美元至 149 664 美元的部分 35%；超过 149 664 美元的部分 45%
中国中部地区	590.3 美元	290.26 美元/平方米	0.5254 美元/立方米（江西南昌）~0.7483 美元/立方米（山西太原）	2022 年 4 月电网代理购电平段电价，0.0823 美元/度（山西）~0.1142 美元/度（湖北）				
中国西部地区	610.3 美元	212.46 美元/平方米	0.4194 美元/立方米（甘肃兰州）~0.9042 美元/立方米（陕西西安）	2022 年 4 月电网代理购电平段电价，0.0655 美元/度（青海）~0.1159 美元/度（四川）				
越南	330.7 美元（2020 年）	北方 78.3 美元/平方米，中部 33.4 美元/平方米，南部 74.2 美元/平方米（2020 年）	特别市和 1 级市为 0.15~0.79 美元/立方米；2 级、3 级、4 级、5 级市中心为 0.13~0.66 美元/立方米；农村地区为 0.08~0.48 美元/立方米	110 千伏及以上工业用电普通时段价格为 0.067 美元/度，低峰期为 0.043 美元/度，高峰期为 0.120 美元/度	一般为 20%。在石油、天然气及贵重有资源的寻找、勘探、开发所得适用 32%~50%的所得税率。符合相关条件的外资企业可享有 10%~17%的所得税优惠，并享受"四免九减半"（即企业自盈利起 4 年免征企业所得税，其后 9 年减半征收）或"六免十三减半"的优惠政策。对于投资规模大、科技含量高的项目，经政府总理批准最高可享受 30 年的所得税减半征收优惠政策	增值税率有 0、5%和 10%三档，出口加工企业出口产品免征增值税		个人所得税免征起点为月收入 473 美元，如家庭成员无收入，每增加一名成员，月免征起点上浮 189 美元。月收入超过免征额度的家庭需缴纳个人所得税，个人所得税率实行累进税率，从 5%~35%不等

续表

	月平均工资	土地出让价	水价	电价	企业所得税	增值税	营业税	个人所得税
菲律宾	152~190美元		1.42~1.53美元/立方米（工业用水）	0.160美元/度	25%	12%		按0~35%的超额累进税率征收个人所得税
老挝	200美元	100~300美元/平方米（省会城市）	10立方米以下0.16美元；11~30立方米0.23美元；31~50立方米0.3美元；51立方米以上0.36美元	0.07美元/度	燃油、酒（含酒精）类、软饮料、香烟、化妆品、烟花和扑克牌、车辆、机动船只、电器、游戏机（台）、娱乐场所服务、电信服务、彩票和博彩业项目等15类商品和服务必须缴纳消费税，具体税率从10%~110%不等			以25.2美元为起征点，25.2~125.9美元为5%、125.9~335.7美元为10%、335.7~671.4美元为15%、671.4~1 259.0美元为20%、1 259.0美元以上为25%
柬埔寨	256.91美元（数据来自国际劳工组织《全球工资报告（2020-2021）》）		0.19美元/立方米	0.124美元/度	9%	10%	2%	
缅甸	113.29美元（数据来自国际劳工组织《全球工资报告（2020-2021）》）	工业区地皮的年租金为3~5美元/平方米，按工业用地50年使用期计算，出让价为150~250美元/平方米	0.0004美元/立方米	工业用电每月每500度以内为0.0675美元/度，501~5 000度为0.072 9美元/度，5 001~10 000度为0.0783美元/度，10 001~20 000度为0.0837美元/度，20 001~50 000度为0.0891美元/度，50 001~100 000度为0.0945美元/度，100 001度及以上为0.0972美元/度	25%。欠发达地区为"一类区域"，位于一类区域的投资至多连续7年的企业所得税豁免，一般发达地区指定为"二类区域"，位于二类区域的投资至多连续5年的企业所得税豁免待遇；发达地区指定为"三类区域"，位于三类区域的投资至多连续3年的企业所得税豁免待遇			年收入2 593美元以下免缴个人所得税；2 593~2 701美元部分5%；2 701~5 402美元部分10%；5 402~10 804美元部分15%；10 804~16 206美元部分20%；16 206美元以上部分25%

续表

国家	月平均工资	土地出让价	水价	电价	企业所得税	增值税	营业税	个人所得税
泰国	427~498 美元	春武里约为162美元/平方米，罗勇约为91.2美元/平方米	0.5912~0.7094 美元/立方米	平均为0.1182美元/度，高峰0.1212美元/度，各底0.0680美元/度	小规模纳税人15%~20%；上市公司20%	7%；年收入超过5.3万美元的外国数字服务公司也要缴纳增值税	银行、金融、房地产等行业征收2.5%~3%的特别营业税	年收入4434美元以下免缴个人所得税；4434~8868美元部分5%；8868~14780美元部分10%；14780~22170美元部分15%；22170~29560美元部分20%；29560~59120美元部分25%；59120~147800美元部分30%；147800美元以上部分35%
马来西亚	784.82美元（2021年一季度制造业）	槟城45.2~163.4美元/平方米；雪兰莪21.4~175.9美元/平方米；柔佛20.1~95.5美元/平方米；登嘉楼5.0~150.8美元/平方米	0.4829~0.5319 美元/立方米	西马0.0427~0.1029美元/度；东马0.0420~0.0877美元/度	中小型居民企业（实收资本不高于58.4万美元）取得的14万美元以内所得适用17%税率；一般为24%			1%~30%，年收入1167.6美元以下不缴税；46.7万美元以上部分30%；外国公民30%
文莱	非熟练技工292.74美元；半熟练技工336.65美元；熟练技工585.48美元	180.84美元/平方米	0.00048美元/立方米	27千伏安×10单位（270单位）以内，0.1464美元/单位；接下来的27千伏安×100单位（2700单位），0.0512美元/单位；再下来的27千伏安×100单位（2700单位），0.0439美元/单位；再超出部分，0.0366美元/单位	18.5%。实施"先锋产业"计划，对国内急须发展的行业免除企业所得税和设备进口关税，免税期最长为11年，并可根据后续投资情况延长免税期达20年	免征	免征	免征

续表

	月平均工资	土地出让价	水价	电价	企业所得税	增值税	营业税	个人所得税
印度尼西亚	203.013 美元（数据来自国际劳动组织《全球工资报告（2020–2021）》）	大雅加达地区平均为177美元/平方米，其中雅加达市400美元/平方米，唐格朗181美元/平方米，勿加泗173美元/平方米，茂物139美元/平方米	大雅加达地区10立方米以下为0.3416美元/立方米；11~20立方米为0.4183美元/立方米；20立方米以上为0.5194美元/立方米	450W以内为0.0275美元/度，451~900W为0.0824美元/度，901W以上为0.03207美元/度	一般为20%。年营业收入348.5万美元以下的企业所得税有50%左右的减免。对用电超过1300W的用户或企业增收15%的税收。工程行业依据不同类型的执照征收2%/3%/4%/6%，海运1.2%/空运2.5%/陆运1.8%，房地产交易2.5%，租赁10%	一般为10%。印度尼西亚还对8家国际公司的数字产品征收10%的增值税		年收入3485美元以下，5%；3485~17425美元，15%；17425~34850美元，税率25%；34850美元以上，税率30%；个人取得的股息分红总额的最终税率为10%

第七章

我国产业链供应链现代化的思路与路径[*]

内容提要： 随着国内外发展条件深刻变化，面对经济高质量发展的新要求，我国产业链供应链体系存在的内外在矛盾日益凸显，突出表现为产业创新能力与自主可控、传统发展模式与高质量发展、产业供给质量与需求结构、企业竞争实力与内生增长、要素供给短板与协同发展之间的五个矛盾，未来，顺应国际国内产业发展新趋势，着眼于破解产业链供应链面临的突出矛盾，需要政企协作、系统发力，以产业供给安全化为基本，以产业结构高端化为导向，以产业模式新型化为重点，以企业成长内生化为动力，以产业生态优质化为保障，积极推动产业链供应链现代化。

经过多年发展，我国已形成多元化、国际化的产业链供应链，诸多领域在国际产业分工中占有举足轻重的地位，众多企业已成为世界产业链供应链体系的重要构成，但产业链供应链短板和弱项依然较多，结构性矛盾不断显现。未来，我国仍处于重要战略机遇期，产业发展潜力依然很大。近年来内外部环境的复杂性和不确定性明显上升，随着国际产业竞争形势深刻变化，新发展格局加快构建，经济高质量发展驱使产业链供应链变革在即，亟待创新思路、开辟新路，积极推动产业链供应链现代化。

顺应国际国内产业发展新趋势，立足破解产业链供应链突出矛盾，要政企协作、系统发力，以产业供给安全化为基本，以产业结构高端化为导向，以产业模式新型化为重点，以企业成长内生化为动力，以产业生态优质化为保障，积极推动产业链供应链现代化（见图 7-1）。

---

* 本章执笔人：付保宗。

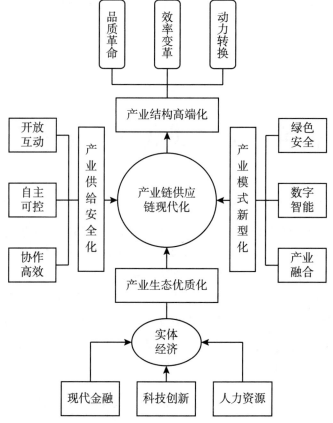

图 7 - 1　我国产业链供应链现代化的思路与路径

一、提效升级，促进产业供给安全化

（一）产业创新能力与自主可控的矛盾显现

1. 我国产业发展面临前堵后追的双重挤压

长期以来，依托低成本劳动力和土地等要素资源优势，我国众多内资企业快速融入全球产业分工体系，在纺织服装、电子信息产品制造、装备制造等诸多行业逐步积累了规模数量优势，构成了多层次、开放式的产业链供应链。我国在不同领域、不同环节积累了众多优势企业，互动互通、协作协同，成为国际产业链供应链体系的重要构成，也是产业竞争优势和回旋韧性的显著体现。但总体而言，目前我国多数企业分布在国际产业链供应链的中低端位置，主要承担制造业的加工组装环节和一般产品的配套供应，关键核心技术和复杂零部件生产更多依赖中国大陆以外的企业。特别是在跨国公司主导的一些产业链供应链体系中，我国主要提供了低成本劳动力、土地等附加值较低的生产要

素，而附加值较高的资本、企业家和技术等要素则主要由外方提供，由此导致本土产业价值增值能力较弱，产业自控能力和根植性不强。

近年来，跨国公司主导下的全球价值链扩张有所放缓，经过多年国际扩散之后，全球产业分工体系正在接近"天花板"。未来，国际产业竞争版图面临战略性调整，我国坚持高水平开放的大势不可逆转，外部竞争形势更趋严峻，保持产业链自主可控的难度加大。

一方面，发达国家对我国产业链供应链升级的压制效应日趋增大。发达经济体纷纷实行再工业化战略，欧美再工业化重心领域与我国未来制造业升级方向高度吻合。美国多管齐下采取极限施压政策，凭借技术优势在高端产业领域设置门槛、加强封锁，收缩对外投资活动，针对中资企业的出口管制呈愈演愈烈之势，关键技术、高端装备和核心部件的"断供"风险加大。此外，美国不断筑高外国直接投资的堤坝，尤其对中资企业对美直接投资审查趋于严格，"走出去"兼并收购技术型企业的阻力明显加大，我国企业利用外部技术带动产业升级渠道不断收窄，向产业链中高端突围的阻力和难度增加。

另一方面，新兴经济体对我国追赶步伐逐步加快。近年来我国制造业成本持续上升，低成本比较优势正在弱化。目前，我国能源、物流等成本已大大高于欧美发达国家，企业综合税费率超过60%，高于亚太国家34%、OECD国家40%的平均水平。[1] 而东南亚、南亚等地区的新兴发展中国家快速崛起，印度、越南、柬埔寨、缅甸、孟加拉国、斯里兰卡等国家发展优势逐步显现，其中一些国家成本优势与出口优惠政策叠加作用，开始驱动当地制造业快速发展，一批新的世界加工制造基地正在悄然兴起。为保护本国相关产业发展，一些后起国家针对我国传统优势出口产品的贸易保护举措也越来越多。新兴经济体凭借更低廉的劳动力和要素资源成本，开始吸引跨国公司和我国外向型企业产业转移。我国有500万~600万锭纺织产能已外迁至东南亚国家，2017~2020年，我国纱产量由4050万吨下降至2662万吨，手机产量从19.2亿台下降到14.7亿台。[2] 产业外迁将伴随着关联市场需求外移，可能带动我国本土配套企业随之外迁，从而给我国相对健全的产业链供应链体系构成冲击。

2. 我国产业链供应链关键环节自控能力仍待增强

近年来，我国在市场化导向下，以制造企业为主体的应用型创新突飞猛进，并带动国家科技实力和创新能力不断提升。尽管进步很快，但总体创新水平与我国世界第二经济大国和第一制造大国的地位仍不相称。2021年，我国研发投入强度达到2.44%左右，而2018年，美国、德国、日本、韩国的研发强度分别达到2.83%、3.13%、3.28%、4.53%。[3] 根据世界知识产权组织发布的"全球创新指数"，2021年我国排名第12位，

---

① 数据来源：世界银行数据库。
② 根据国家统计局相关资料整理。
③ 数据来源：世界银行数据库。

与我国世界第二经济大国和第一制造大国的地位仍不相称。

以中国和韩国比较为例，中国制造业整体技术创新水平与韩国还存在一定落差。2020 年，中国制造业 R&D 投入强度为 1.54%，而 2018 年韩国制造业 R&D 投入强度已经达到 3.35%。特别是在一些高技术密集度行业领域差距更加明显，如计算机、通信和其他电子设备制造业，医药制造业，汽车制造业，化学原料和化学制品制造业等。2020 年，中国计算机、通信和其他电子设备制造业 R&D 投入强度为 2.35%，而韩国为 10.27%（2018 年）；中国医药制造业 R&D 投入强度 3.13%，而韩国为 7.04%（2018 年）；中国汽车制造业 R&D 投入强度为 1.67%，而韩国为 4.28%（2018 年）；中国化学原料和化学制品制造业 R&D 投入强度为 1.25%，而韩国为 2.07%（2018 年）（见表 7 - 1）。

表 7 - 1　　　　　　中国和韩国制造业行业研发投入强度比较

中韩对比	中国（2020 年）		韩国（2018 年）	
	行业（国家行业标准）	R&D 投入强度（%）	行业（国际行业标准）	R&D 投入强度（%）
	制造业	1.54	制造业	3.35
韩国相对优势	计算机、通信和其他电子设备制造业	2.35	计算机、电子和光学产品制造业	10.27
	医药制造业	3.13	原料药和医药制造业	7.04
	汽车制造业	1.67	机动车、轨道和半轨道车辆制造业	4.28
	化学原料和化学制品制造业	1.25	化学原料和化学制品制造业	2.07
中国相对优势	铁路、船舶、航空航天和其他运输设备制造业	3.13	其他交通设备制造业	1.70
	橡胶和塑料制品业	1.74	橡胶和塑料制品业	1.19
	金属制品业	1.44	金属制品业	0.70
	黑色金属冶炼和压延加工业	1.09	基本金属	0.49
	有色金属冶炼和压延加工业	0.77		
	非金属矿物制品业	0.88	非金属矿物制品业	0.59
	纺织业	0.99	纺织业	0.63
	纺织服装、服饰业	0.76	纺织服装、服饰业	0.63
	皮革、毛皮、羽毛及其制品和制鞋业	0.89	皮革、毛皮、羽毛及其制品和制鞋业	0.59
优势相当	通用设备制造业	2.38	机械和设备制造业	2.48
	专用设备制造业	2.85		
	电气机械和器材制造业	2.26	电气机械和器材制造业	2.11
	石油、煤炭及其他燃料加工业	0.45	炼焦和炼油制品业	0.45

资料来源：中国数据源于中国国家统计局：《中国统计年鉴》（2021）；韩国数据源于 OECD 数据库。

诸多技术短板对我国产业链供应链形成"箍桶效应"。我国多数企业重引进轻消化、重主机轻配套，长期处于技术追随和产业依附地位，高端和关键核心环节普遍存在不同程度的对外依赖，一批短板技术将成为绕不开的必经关口。特别是在集成电路及专用设备、操作系统及工业软件、航空发动机及机载设备、关键材料等重点领域，由于技术门槛高、产业化难度大，短时期内难以取得突破，"卡脖子"风险日益显现。同时，我国产业基础研究积累薄弱、缺乏原创性成果，一些产品研发成果与现场应用脱节，前沿技术产业化能力不足，产品开发成功率低。在极端和复杂形势下，如果高端原材料产品和技术装备进口受阻，可能影响重大工程和重点项目实施，给上下游产业和经济安全造成连锁反应。当前国际技术封锁趋于加严，我国传统技术引进消化吸收再创新的模式遭遇空前阻击，在新一轮科技革命和产业变革的档口，创新突围成不二选择。

未来，在追赶与被追赶的洪流与夹缝中，我国产业发展面临不进则退的重要关口，多数企业将面临更高层级的市场竞争，面对更严苛的客户选择，继续在高水平开放中求生存、谋发展的难度陡增，增强产业链控制力、保障产业安全利益面临挑战。促进产业链供应链高端化成为必由之路。

（二）促进产业供给安全化的思路与路径

1. 自主可控

分兵突围，多向发力，强化产业链供应链控制力和影响力。筑牢产业技术和工艺基础底板，强化核心和关键产品供给能力，提高关键产品自给率、关键领域自控力，汇聚合力突破一批"卡脖子"产品、技术和工艺，实现重点产业发展水平迈向中高端。针对重大"卡脖子"领域，总结借鉴高铁等成功模式，支持探索以下游重点需求用户为主导，建立上下游、产学研多方参与的市场化技术攻关联盟组织，汇聚主力开展"歼灭战"。针对多数竞争性产业短板，广泛动员开展"游击战"，改进创新支持政策和创业环境，以百舸争流、千帆竞发格局抢滩推进。

2. 优化协同

推动研发、生产、流通、消费环节衔接互动，提高产业链供应链协同效率和整体竞争水平。鼓励新型研发机构探索新型组织模式，支持构建多种形式产学研用共同体，协同突破一批关键基础技术，提高重点产业全链技术整体解决方案供给能力，健全面向中小企业的技术咨询服务体系。构建保链稳链长效机制，使极端和特殊情形下重点产业物流保通保畅，确保产业链供应链重点企业运转正常。加强大宗商品保供稳价，提升关键和重要基础产品供给能力，持久维护产业链供应链安全稳定。

3. 开放互动

高层次、多元化扩大产业开放，提升传统优势产品出口竞争力，开拓先进技术设备、关键零部件国际合作渠道，推动货物贸易和服务贸易融合发展。全面实行准入前国民待遇加负面清单管理制度，大幅度放宽外资市场准入，扩大服务业和一般制造业开放，提高外资、技术、人才引进水平和利用效能。以"一带一路"倡议为重点，多向开拓新兴出口市场，广泛加强国际技术和产能合作，支持企业国际化投资经营，更广范围优化资源配置，更高层次参与国际产业分工。

二、提速转型，促进产业模式新型化

（一）传统发展模式与高质量发展的矛盾显现

1. 数字经济潮涌正在重塑产业链供应链

近年来，新科技革命和产业变革风起云涌，世界各国纷纷抢滩布局数字经济，数字智能技术不断突破，并加速向各产业领域渗透拓展。为抢占竞争先机和未来竞争制高点，各主要工业强国纷纷推出相关发展战略。2011年，美国开始实施先进制造伙伴（AMP）计划。2012年，美国GE公司首次提出"工业互联网"概念，提议建立工业互联网联盟（IIC），力图探索工业企业和IT企业跨界融合新路径。2013年，德国正式提出工业4.0战略，强调在制造领域广泛应用先进信息通信技术，实现信息集成整合、互联互通与智能化生产。2016年，日本借鉴德国、美国产业智能化经验，提出了适合日本国情的"工业价值链"战略。此轮技术进步比以往任何创新时期都更具多重性和重叠性，表现为协同增效作用和成果加速实现。数字化革命有助于大大提高传统企业生产效率、扩大生产规模；通过智能化精准控制，为提升产品品质和解决质量问题提供了新的技术手段。

数据作为新兴要素对产业发展的驱动作用日益凸显，数字革命必将推动产业效率加速变革，不断催生新模式、新业态、新产业，并成为未来产业竞争的焦点。近年来，传统产业和新一代信息技术呈现双向融合趋势。一方面，诸多传统企业主动实践基于工业互联网的新型生产方式，智能制造装备和先进工艺在重点行业不断普及，离散型行业制造装备的数字化、网络化、智能化步伐加快，流程型行业过程控制和制造执行系统全面普及，关键工艺流程数控化率大大提高。另一方面，一些互联网企业逐步向传统产品研发、生产、物流、服务等领域拓展，部分基础电信企业、软件服务企业则加大了为工业企业提供综合解决方案的力度。根据世界知识产权组织报告，2000～2020年世界数字化创新成果翻了两番，年均增长13%。2020年数字化领域的专利申请占世界专利申请总量的12%，我国数字经济核心产业增加值占GDP的比重达到 7.8%。[①] 但总体来看，目前我国产业智能化转型仍处于初级阶段，机械化、电气化、自动化、数字化多种模式并存，不同地区、行业、企业发展水平参差不齐，多数企业发展理念、模式仍然较为传统，亟待加速转型、积极拥抱数字化大潮。

2. 资源环境约束倒逼产业链供应链绿色化转型

当前，全球气候风险正在明显加剧。20 世纪 70 年代初期以来，人类对自然资源的消耗量已经超出了地球的再生能力。以大规模开发自然资源为基础的生产和消费之路已不可持续。近年来，世界上的极端天气事件日益增多，气候变化已然成为人类健康和生计以及全球经济活动的主要威胁。推动绿色增长、实施绿色新政成为各国面临的不二选择。针对日益严峻的环境形势，党的十八大以来，国家将生态文明建设提升到空前高度，"绿水青山就是金山银山"理念深入人心，社会各界严格环保标准、加强生态保护的呼声越来越高，坚持走绿色安全发展之路、加快实现人与自然和谐成为必然选择和迫切任务。随着环保要求的提高，国内各类矿产资源开发正在受到日益严格的限制，地方各级政府对矿产资源采矿权管理日趋谨慎，相关企业获取上游资源的难度不断加大，一些产业的矿产资源供给保障受到较大挑战。

我国能源资源消耗和污染排放总量已相当可观，未来继续增长将遭遇日益明显的顶板约束。根据国际能源署的数据，2021 年全球能源燃烧和工业过程产生的二氧化碳（CO_2）排放量达到 363 亿吨，创造年度最高水平。其中，中国二氧化碳排放量就超过 119 亿吨，占全球总量的 33%。尽管在政策和市场共同作用下，我国产业能源资源利用和环保水平正不断改观，绿色产品和服务有效供给不断增加，但长期形成的传统粗放产业发展模式仍广泛存在，资源能源利用效率、主要污染物排放强度与国际先进水平仍然存在明显差距。2021 年，中国单位 GDP 排放强度下降至 0.45 吨 CO_2/千美元，但全球经济产出的 CO_2 平均排放强度保持在 0.26 吨 CO_2/千美元。中国人均 CO_2 排放量为 8.4 吨，高于发达经济体人均 CO_2 排放量 8.2 吨的水平，也显著高于欧盟 6 吨的水平。此外，化工等行业安全事故频发，给人民生活和生态环境造成的潜在威胁不容小觑，加快产业链供应链绿色化转型成为大势所趋。

经过努力，我国能源生产和消费结构不断优化，能源利用效率显著提高，可再生能源开发利用规模快速扩大，水电、风电、光伏发电累计装机容量均居世界首位。立足破解资源环境约束突出问题、实现中华民族永续发展，党中央做出了力争 2030 年前实现碳达峰、2060 年前实现碳中和的重大战略决策和庄严承诺。实现碳达峰、碳中和是高质量发展的内在要求，将引发广泛而深刻的经济社会变革，也必将加速产业链供应链绿色化转型。

---

① 数据来自国务院印发的《"十四五"数字经济发展规划》，2022 年 1 月 12 日。

（二）促进产业模式新型化的思路与路径

1. 数字智能拓展

顺应数字化浪潮，积极引导传统企业数字化改造升级，探索数字技术标准化与新模式应用，支持建设智能车间和智能工厂，推动新一代信息技术在企业研发设计、生产制造、运营管理、售后服务中的深度应用，推动以数字技术为支撑的全新制造和服务模式创新。加快数字化技术创新。瞄准数字化、网络化、智能化基础和应用技术，支持先进数字装备、关键配套设备、核心系统的研发攻关和推广应用，推动不同行业、不同企业、不同主体协同创新，加快创新技术的工程化、产业化。打造新兴数字产业新优势。深化新一代信息技术集成创新和融合应用，加快平台化、定制化、轻量化服务模式创新，协同推进信息技术软硬件产品产业化、规模化应用，培育壮大平台企业、共享经济、智能经济等新增长点，引导多样化社交、短视频、知识分享等新型就业创业平台发展。

2. 绿色安全转型

以实现碳达峰、碳中和目标为导向，践行生态文明理念，探索更加绿色低碳的新型工业化发展之路。构建绿色低碳产业体系。推进工业绿色低碳改造，研发推广绿色工艺技术装备，加强绿色低碳产品研发应用，推广轻量化、低功耗、易回收等技术工艺，全面实施绿色制造。推行循环经济模式，促进企业、园区、行业间链接共生、原料互供、资源共享，打造绿色低碳产业链供应链。加快推进重大环保技术创新和成果转化，鼓励企业强化绿色低碳技术的应用和创新，支持企业积极研发和推广再制造技术，推行再制造模式。加速能源供需革命。推进化石能源清洁高效利用，优先发展可再生能源，安全有序发展核电，加快提升非化石能源在能源供应中的比重。坚持节能优先方针，完善能源消费总量管理，强化能耗强度控制，把节能贯穿于经济社会发展全过程和各领域，培育节约能源和使用绿色能源的生产生活方式，加快形成能源节约型社会。营造绿色低碳发展新生态。加强绿色低碳标准体系建设，完善绿色低碳产品评价体系，健全基于市场的第三方评价机制和配套评价标准。完善绿色采购制度，综合运用税收减免、绿色信贷等手段，多环节发力，积极营造绿色消费氛围，不断拓宽绿色低碳产品市场空间。

3. 产业间深度融合

引导产业间协同共进，鼓励制造企业向生产服务延伸，鼓励探索产品、服务协同盈利新模式，支持领军制造企业"裂变"专业优势，培育壮大一批制造系统解决方案供应商。强化服务业对制造业的渗透支撑，推动以服务为主导的反向制造，鼓励服务企业开展批量定制服务，实现服务和生产深度融合。

三、提质变革，引导产业结构高端化

（一）产业供给质量与需求结构的矛盾显现

1. 数量规模型需求增长空间趋于缩小

未来，全球经济发展动力可能减弱，由于单边主义抬头，多边决策渠道受阻，贸易摩擦趋于加剧，加上新冠肺炎疫情、俄乌冲突等一系列非预期性事件叠加冲击，导致国际商品和资本流动障碍增多，世界经济发展环境复杂性大幅提高，外需市场不确定性显著增加，我国依托低成本要素扩张出口的传统模式难以为继。

2021 年我国人均 GDP 达到 80 976 元，按年平均汇率折算达 12 551 美元，超过世界人均 GDP 水平，接近高收入国家门槛。[①] 未来，我国工业化将进入后期阶段，城镇化将进入"下半场"，下一步城镇化动力更多来自农业转移人口市民化，重心转向追求高品质健康城镇生活，大规模造城扩量的空间缩小，基础设施建设将由"铺摊子"向"强筋骨"转变。随着诸多大宗普通商品市场普及率继续提高，一些产品需求数量接近峰值拐点，高速扩量潜能正在缩小。在居民消费和产业升级带动下，多样化、个性化、品质化产品需求有望提速。尤其经历一场席卷全球的新冠肺炎疫情之后，人们将更为倾向健康安全类产品和服务，远程智能等新兴消费模式将受到更多追捧。

2. 供需结构性矛盾不断凸显

伴随需求升级，一方面，部分产业尤其是传统行业产能过剩问题仍未根本解决，大量低端无效供给仍未出清。另一方面，诸多领域受制于人短板犹存，大量高端装备、核心零部件和关键技术难以自给，优质、安全消费品供给不足，很多产品质量可靠性、稳定性、一致性不能满足需求。未来，只有产业结构向精优高方向升级，才能在更高水平上实现产业供需再平衡，产业健康发展才能得以持续。我国经济转向高质量发展新阶段，以需求为牵引的创新步伐不断加快。2012～2021 年，我国研发经费投入从 1.03 万亿元增长到 2.79 万亿元，居世界第二。[②] 根据世界知识产权组织发布的"全球创新指数"，我国排名从 2012 年的第 34 位快速上升到 2021 年的第 12 位。

3. 增强产业链供应链韧性日益受到重视

在遭受突发冲击时产业链供应链满足需求的能力日益受到重视。近年来，突如其来

---

① 数据来源：世界银行数据库。
② 数据来源：国家统计局：《国民经济和社会统计公报》（2012、2021）。

的新冠肺炎疫情和国际格局变化给世界各国敲响了警钟，凸显了产业链供应链安全的重要性和紧迫性，增强制造业发展韧性成为欧美等国家的战略共识。2021 年 1 月，欧盟委员会发布《工业 5.0——迈向可持续、以人为本和韧性的欧洲工业》报告，2021 年 6 月，美国发布拜登总统上任百日审查报告——《建立富有韧性的供应链，重振美国制造业，促进广泛增长》，均强调了产业韧性的重要性。新冠肺炎疫情和各类极端天气带来的公共危机对产业链供应链安全持续提出新要求。未来，面对更趋复杂严峻的国际国内形势，要审时度势、顺势而为，依托我国既有的产业规模优势、配套体系优势和超大市场优势，着力破解关键堵点和断点，不断强化产业链供应链发展韧性，逐步增强产业链供应链自主可控能力。

（二）引导产业结构高端化的思路与路径

1. 品质革命

满足人民日益增长的美好生活需要，面向产业提档升级新需求，瞄准国际市场变化新趋势，强化质量基础设施能力，大力培育先进生产能力，扩大精优产品和服务供给，培育更多高信誉度的优秀品牌，显著增强供给质量优势。支持更多龙头企业对接和参与国际标准制定、修订，鼓励制定更严、更高的企业、行业标准，促进内外销产品"同线同标同质"（简称"三同"）。适应制造业高质量发展要求，组织建设一批高水平计量测试中心、产品质量控制和技术评价实验室，建立全面接轨国际的产品质量监督检验、认证认可管理体系。强化质量监督和信用管理，构建奖罚分明、公开透明约束机制。

2. 效率转变

抢抓新科技和产业革命新机遇，顺应国际产业竞争新趋势，加快传统产业改造升级，加速新技术、新业态、新模式成长壮大，整体提升产业附加值和价值链分工水平，系统优化资源要素配置效率，全面提高全要素生产率。

3. 动力转换

着力破解"低端过剩、高端不足"的结构性矛盾，完善市场化、法治化产能调节机制，强化传统企业优胜劣汰效应，改造升级传统产业，再造嫁接新兴链条，加速高端、前沿新兴产业创新成长，促进技术、管理、商业模式创新融合，抢占未来产业发展先机，把握未来产业发展主动权。改善劳动力、资本、土地等传统要素供给水平，提高知识、技术、管理和数据等新兴要素贡献度，驱动产业结构向技术知识密集型优化升级，产业动能由规模带动向价值领航、由要素驱动向创新驱动转换。

四、提级强企，促进企业成长内生化

（一）企业竞争实力与内生增长的矛盾显现

未来，我国经济水平将迈上新台阶，产业发展将进入新平台，多数企业将面临更高层级的市场竞争、面对更严苛的客户选择，部分龙头企业将踏入市场未知领域，驶入技术迷航区域，步入全新竞争阵地，只有百舸争流、千帆竞发方能奋楫者先、突围破局，由此需要激发更多主体创新创业活力，切实增强各类企业内生动力。

当前，我国企业内生动能仍显不足。部分国有企业领域宽、战线长、主业不突出，市场拼打能力偏弱，经营和管理效率较低，一些"僵尸企业"长期不能出清。很多民营企业缺乏核心竞争力，长期处于产业分工低位，创新力、开拓力和辐射力受到很大束缚。近年来，我国入围世界前列的龙头企业多是垄断和国有企业，民营企业、制造业和高科技企业相对较少。

量大面广的中小企业是产业链供应链不可或缺的重要主体，构成经济肌体的细胞单元，是参与市场竞争、保障供给、吸纳就业的必要力量。但多数中小企业由于规模较小、实力较弱，也是易受市场冲击的脆弱群体。当前，部分民营企业、中小企业的制度性交易成本依然较高，营商环境仍有改善空间，显性和隐性歧视仍然存在，融资难、融资贵顽疾未根本破解，企业税费及其他成本负担仍然较重。特别是在面对大宗商品价格高企、成本飙升、需求收缩等多重挑战的时候，中小企业往往出现缺资金、缺订单、流通难、回款难等诸多困境，一些企业甚至徘徊于存亡边缘，岌岌可危，对产业链供应链安全构成威胁。

（二）促进企业成长内生化的思路与路径

1. 放活国有企业

推动国有企业"去行政化"改革，破除"官本位"意识，紧抓国有企业改革"牛鼻子"环节，真正实现国有企业在市场经济海洋中"自主沉浮"。优化调整国有资本和企业的产业布局，淘汰低效和落后产能，有序处置"僵尸企业"，推动国有资本从不具市场竞争力的劣势行业退出，向重点产业、重大设施、公共服务及关键环节集中。深化国企体制改革。加快企业办社会业务分离移交，助力国有企业轻装上阵。推进混合所有制改革，探索混合所有制改革试点、员工持股试点等工作，及时总结和推广经验。探索国有企业用人制度创新，形成管理人员能上能下、员工能进能出、收入能增能减的灵活机制。

2. 激发民营企业动力

厘清政府与市场的关系，进一步降低企业软硬成本，强化产业公共服务，切实加强企业产权、知识产权保护。深化市场准入负面清单管理制度改革，按照非禁即入、公平待遇原则，不断扩大民营企业投资领域，清理和消除不合理障碍，切实降低创业门槛，探索国有企业、民营企业互相参股双向混改新机制，建设一批世界先进产业集群。特别是针对近年来受疫情等各类负面冲击影响较大的中小企业，积极开展驰援行动，强化纾困帮扶力度，破解突出难点、堵点、断点，千方百计守住更多企业生命线。持续破除不合理的政策藩篱，切实解决拖欠中小企业账款难题，大幅降低各类成本，广泛拓展需求空间，全面激发创新创业活力，培育一批有实力的专精特新企业和单项冠军。

3. 稳住外资企业

坚持扩大高水平对外开放，积极回应外资企业来华营商便利等诉求。一方面，要拓展开放空间。积极贯彻落实外商投资法，深入实施外资准入负面清单，扩大鼓励外商投资范围。修改缩减新版负面清单，进一步落实汽车、船舶、飞机等行业开放要求，推动更多制造业行业向外资企业公平开放。搭建更多开放平台、加大投资促进力度，持续打造市场化、法治化、国际化的一流营商环境，不断优化外资外贸企业政策支持与服务体系。另一方面，要稳定投资预期。瞄准日韩、欧美等重点地区，有针对性地引进一批投资额大、产业链长、科技含量高的优质外资项目。加快补短板领域招引步伐，探索建设国际联合研究中心、国际技术转移中心等创新载体。推进外资企业本土化进程，协助外资企业在国内建立备份供应链，推动主要零部件供应商本地化生产。深化外商投资体制机制改革，破除外商投资落地的隐形障碍。

五、提势厚基，推动产业生态优质化

（一）要素供给短板与协同发展的矛盾显现

未来，产业链供应链现代化需要实体经济、科技创新、现代金融、人力资源更加高效的协同发展，而要素供给质量、供给结构和配置效率短板也更加凸显。

1. 科技创新活力效率有待提高

科技创新水平仍不适应未来产业链供应链升级需求。与先行工业化国家相比，我国科技创新投入强度仍存在差距。2020年，我国每百万人拥有R&D研究人员1 585人，远低于主要发达国家（见表7-2）。由于科技创新能力较低，我国多数企业集中分布在产业链的生产制造环节,上下游共生发展生态不完善,很多产业还没有形成从设计开发到生产制造再到产品销售的全闭合生态链。很多企业仍然属于代工厂性质,生产的产品既无法面向终端市场,又无法锁定上游客户。一旦前端的技术发生升级或者市场需求发生变化,这些企业在技术能力上难以实现快速转型,容易形成产业链供应链缺口。比较之下,我国大型企业、国有企业、整机企业创新资源占有量高且研发投入多,中小企业、民营企业、零部件企业创新资源占有量低,研发投入少,导致在技术链条上,大型整机企业对最终产品制造方面的技术掌握相对较好,但在相关零部件和基础材料等技术分支上存在大量空白,一旦国外技术断供,国内企业便难以通过快速技术创新实现技术层面的国产化替代。

表 7 - 2 　　　　2020 年中国与部分国家研发经费支出和研究人员投入比较

	我国研发经费投入占 GDP 的比例（%）	每百万人拥有 R&D 研究人员（人）
中国	2.40	1 585
美国	3.45	4 821（2019）
德国	3.14	5 393
日本	3.26	5 455
韩国	4.81	8 714
世界	2.63	

资料来源：世界银行数据库。

2. 现代金融与实体经济融合不足

尚未形成有助于实体企业融资的现代金融体系。我国以银行机构为主导的金融体系和以间接融资渠道为主导的金融结构并未得到有效改变和扭转,主要表现为在金融产业结构上以传统商业银行、大型国有保险公司为主体,创业投资、天使投资、证券、信托、基金等新型金融机构培育不足;在融资结构上以间接融资为主,直接融资比例偏低;在金融开放上管制措施过多,民间资本和国际资本进入金融业领域限制重重,造成金融业竞争不充分,国际国内金融要素未能实现有序流动和高效配置。现有以间接融资为主导的金融体系"风险厌恶"倾向显著,对民营企业和科技型中小企业有很多歧视性规定,无法有效支撑科技创新和实体经济发展。同时,我国资本市场尚不完善,直接融资对实体经济支撑作用不足,尚未形成有助于企业融资的充满活力的现代金融体系。大量需要金融支持的实体企业得不到有效的金融支持。另外,我国创业投资有限合伙人(LP)主流出资人是国有企业、各级政府的引导基金、民营企业和相对富裕的个人,大多追求短期收益,不愿投入早中期项目,过多扎堆中后期项目,导致"创业投资"变成"保险投资",失去了应有的天使投资功能。各种政府引导基金对投资行业和地域还有限制性要求,导致我国创投基金规模不断壮大,但实际投资金额和项目却屈指可数。当前我国金融体系既与以制造业为主的实体经济部门转型升级不匹配，也无法适应技术创新和高技术产业发展的需要。

3. 人才供需结构性矛盾突出

当前，我国人口结构正在发生趋势性变化，人口老龄化步伐加快，劳动人口总量和比重均呈现减少倾向。2012～2021 年，我国 60 周岁及以上人口占总人口的比重由 14.3% 提高到 18.9%，而 15～59 岁（含不满 60 周岁）劳动年龄人口占总人口的比重由 69.2% 下降至 62.5%。[①] 相应地，劳动力成本呈现刚性上升趋势，一些行业长期赖以增长的低成本比较优势趋于减弱。同时，我国人力资源供给结构与产业结构不协同的矛盾也逐步凸显。一方面，"就业难"屡屡出现。每年大学毕业生以及农民工、转岗职工等各类重点群体面临较大就业压力。另一方面，"招工难"不断加剧。企业遭遇"用工荒""民工荒"困扰现象频出，由于老一代农民工技能换代滞后，而新生代农民工就业观念快速改变，适应产业新要求的中高端和技能型人才更为稀缺。人力资源供给与需求结构矛盾，日益成为制约很多企业向产业链中高端迈进的掣肘。

因此，推动产业链供应链现代化，要补齐要素供给短板、提高要素供给水平，在更高层次上实现实体经济、科技创新、现代金融、人力资源协同发展。

（二）推动产业生态优质化的思路与路径

1. 强化科技创新引擎机制

建立以科研成果绩效为导向的新型管理模式，加强关键核心技术攻关。更加聚焦提高创新质量和效率，着力增强原始创新能力和转化效率，按照"分清轻重缓急、聚焦重大、紧迫先行"的原则，加快研究提出"国家关键核心技术清单"。创新实施机制和组织模式，加强产学研合作和军民协同，组织实施一批关键核心技术攻坚工程，突破一批"卡脖子"的关键核心技术。强化产业共性技术供给机制，打破科技成果转移转化"瓶颈"障碍，探索科技成果转移转化新模式，推动建立领先用户主导的科技创新模式，大幅提高科技创新活力和转移转化效率。加强基础研究和应用基础研究。将基础研究占全社会研发投入比例大幅提高，鼓励自由探索，加强学科体系建设，完善基础研究体制机制，组织实施国际大科学计划和大科学工程，努力夯实基础研究基底。

2. 顺畅现代金融服务机制

实现实体经济与现代金融共生共荣，丰富多层次金融服务体系，使各类企业真正享受平等金融服务。一是加速金融结构性改革，构建多层次金融服务体系。放宽对外资和民营资本的进入管制，积极发展科技银行、民营银行和外资金融机构，不断拓宽银行信

---

① 国家统计局：《国民经济和社会统计公报》（2012、2021）。

贷、资本市场、风险投资、金融创新等各类金融服务渠道。二是畅通中小微企业融资渠道。促进私募股权和创投基金发展，进一步推进企业资产证券化。适度降低投资者进入新三板市场交易的资本门槛。助推小额贷款与担保公司等非银行金融机构发展，打破金融资本在地区间的流动壁垒。三是改革金融监管考核和激励约束机制。建立尽职免责、纠错容错机制，打破民营企业在融资过程中遇到的各种隐形壁垒，保障民营企业和国有企业真正享受同等的金融服务。

3. 健全人力资源资本化机制

推动科研院所和高等院校改革，建立科学合理的科研人员薪酬激励制度，使科研人员能够坐得下"冷板凳"，"十年磨一剑"，潜心研究、锐意创新。完善人力资源资本化激励机制，探索建立科研成果所有权分配机制。建立高校和职业技术学校专业设置动态调整机制，实现产业结构与人才培养协同共进，打破人力资源流动在体制内外、区域之间的流动障碍，加速农民工市民化进程，提升人力资源配置效率。

第八章

我国产业链供应链政策体系研究*

内容提要： 提升产业链供应链现代化水平是推动经济高质量发展的重要支撑，也是未来实现社会主义现代化的重点任务，适应国内外形势变化和我国产业发展的阶段性特征，要构建以企业为主体的创新政策体系，促进产业链供应链高端化；完善产品质量标准和品牌推进体系，推动产业链供应链质量效率高级化；构筑产业基础支撑体系，实现产业链供应链安全化；构筑能源资源稳价保供体系，促进上游供给协同化；建立产业链供应链内外衔接体系，促进国内国际循环畅通化。

当前，我国众多企业已成为世界产业链供应链的重要构成主体，分享了国际产业分工协作的红利，随着国内外形势变化和我国产业分工位势的不断上升，产业链供应链体系面临深刻变革，新形势下加快产业链供应链现代化亟待建立健全相关政策体系。

一、构建以企业为主体的创新政策体系，促进产业链供应链高端化

（一）创新体系不适应产业结构高端化需求

1. 基础研究环节薄弱难以支撑创新链

要想在技术能力上获得"杀手锏"和反制能力，需要在技术体系上具有引领能力。我国一些产业最早由外资企业从海外移植而来，在技术体系上也是沿用发达国家原有技术，即使一些企业开展大规模研发活动，基本上也是分布在"爱迪生象限"的跟跑性应用研究多，而分布在"波尔象限"和"巴斯德象限"的开创新基础研究和应用型基础研究少。长期的基础性研究积累不足难以支持产业界形成颠覆性的技术体系，产业技术发展受制约的态势难以改变。

---

* 本章执笔人：付保宗。

2. 产业共性技术存在"软肋"

共性技术是创新链与产业链供应链衔接的关键桥梁。自 21 世纪初科研院所转制后，我国共性技术研发主体出现缺位局面，共性技术成为科技转化的"死亡之谷"。我国科研管理长期存在"严管程序、紧盯资金而放松成效"的弊端，导致多数科研项目"程序合理、资金合规而效果平平"，不仅浪费了大量宝贵资源也抑制了创新活力。虽然我国已经建成若干各级技术转移机构，但这些机构是围绕高等院校和国有科研院所产生的科技成果进行转化而布局的，为企业服务的意识、动力以及在市场上通过服务竞争生存的能力弱，在科技研发、成果转化、市场导入、产业化等各阶段的衔接处存在断点，导致企业创新成本高。而政府支持的共性技术研究项目分散在各类科技计划之中，没有形成对共性技术研发供给和扩散的统一规划，产业共性技术研究的重点不突出，产业间共性技术供给短缺。共性技术研发的组织形式不合理，产学研间的共性技术联合攻关机制未形成，向企业特别是向中小企业扩散的效率不高。同时，企业针对新产品的试验和检测短缺且条件落后，专业的第三方检测机构数量少、布局不合理，无法满足整机及关键零部件的研发试验要求，特别是在可靠性、环境适应性等方面的检测能力严重不足。

3. 企业的创新主体地位有待加强

企业研发主体地位尚未真正确立，科技创新激励机制不完善，科技成果转化受阻，转化渠道不畅通，知识链、技术链和产业链供应链脱节，"科技成果走不出实验室"现象普遍。我国科技创新多采取的是政府主导的集中型国家管理体制，政府以科研活动组织者、科研项目和经费管理者、科技资源配置者的身份，在科技创新活动中起主导作用。国家大量科研经费配置到高校和科研院所而非企业，企业在重大应用技术攻关中仍属于从属地位而非主导地位，造成科研成果市场转化率低，制约科技创新与实体经济发展之间的良性互动。目前政策多注重对创新投入的激励，忽视对自主创新技术和产品的市场培育，加上政策之间互不配套，导致政府、企业和消费者都不愿意采购和使用这些自主创新技术和产品，降低企业对创新收益的预期，成为推进自主创新的重要障碍。特别是，政府在科技资金投入管理体制和运行机制上仍有一些行政色彩，科技创新治理涉及多个部门，创新资源难以有效配置，部门间协同性差。一些企业在引进技术消化吸收和创新上的投入相对不足，产业技术的系统结合和集成创新不足。在部分技术追赶领域还存在"技术创新悖论"，企业加大技术研发却无利可图，模仿抄袭却仍有生存空间，导致技术创新中"劣币驱逐良币"的现象。产业创新发展的动力和潜能受到严重削弱。

（二）优化以企业为主体的创新政策体系

1. 构建科技创新要素培育和引进政策体系

建议成立类似中国科学院、中国工程院的国家产业创新中心实体，聚焦产学研合作短板，重点承担产业共性技术研发、产业创新网络构建等工作。按照企业主导、多方参与、军民融合、成果分享的模式，集合全行业国家实验室、工程技术中心、企业技术中心等优势科研力量和行业领军企业开展关键共性技术攻关，力争在制约经济社会转型发展亟须攻克的重大技术、事关产业国际竞争力提升的关键核心技术或"卡脖子"技术、抢占新一轮科技革命和产业变革制高点的原创性前沿重大技术等重大技术领域取得突破。继续加大开放创新，在国家产业创新中心下设国际协同创新和技术合作组，及时收集企业的技术需求，对接跨国公司现有技术清单，开展合作研究和技术转让等。开放引技引智，鼓励国内企业融入全球创新网络，进行全球研发布局与创新资源配置，探索国际创新合作新模式。积极构建国际开放实验室、世界产业创新联盟、全球创新网络等，加强与国际一流大学、顶尖企业和研究机构之间的技术创新战略合作，吸引跨国公司在国内设立研发中心。进一步简化外籍人士居留审批程序，支持有条件的地区开展技术移民试点，鼓励企业聘用高科技外籍人才，加大对全球优秀人才的引进力度。

2. 强化产业共性技术供给制度建设

遵循产业导向、企业普惠、合作共赢的原则，以政府资金引导社会资金，组织产学研之间及企业间的联合研发，建立健全四个运行机制：技术需求普查机制。定期进行全国性的企业技术需求普查，定期进行一次先进技术预见或前瞻研究，引导行业和企业的技术发展方向，为科技计划项目设计提供依据。联合研发机制。细化落实联合研发中的资金投入、知识产权归属、技术转让收入分配、税收优惠等政策，规范和激励研发主体的合作。成果扩散机制。完善支持涉及技术成果公布、技术成果筛选、价值评估、技术交易等科技中介机构的培育和发展政策，疏通技术成果转移扩散渠道。管理监督和奖惩机制。对科技计划等共性技术研发进行管理和监督，加强对共性技术供给和扩散的管理与监督，完善奖惩制度，加大对侵权行为的惩罚力度，并依此建立科研院所、大学和企业的信用档案。

3. 强化科技创新转化应用机制

建立利于成果转移转化的体制机制。推动链条式开放式创新。推进全产业链协同创新能力建设，建立上中下游互融共生、分工合作、利益共享的一体化创新模式。加快科研机构分类改革，促进应用型科研机构市场化改革，建立自主创新、自负盈亏的企业化应用型科研机构，彻底打通应用型科研机构和企业之间的衔接障碍；政府聚焦基础性科研机构，赋予其更大的自主研究权限，下放科研经费使用权限。彻底改变现有以经费管理为主导的管理方式，全面建立以科研成果绩效为导向的新型管理模式。要探索科技成果转移转化新模式。推动建立领先用户主导的科技创新模式，鼓励各领域行业龙头企业和重大技术应用方建立以企业为主导的科研机构，通过联合设计、合作开发等方式推动建立产业技术联盟，发挥领先用户在研发和成果转化中的作用，从根本上打破科技成果转移转化的体制机制障碍。健全和完善政府采购、首台套、首次使用示范等制度和政策，加快制定自主创新产品的认证和评价体系，探索实行政府首购和订购制度，引导全社会使用国产创新产品。建立自主创新产品使用情况反馈制度，促进自主创新产品的改进和再创新。通过制定强制性标准、征收环保费等方式淘汰落后产品，推进自主创新产品的市场销售。开展自主创新技术和产品市场培育政策试点，为解决自主创新产品市场启动问题积累经验。

4. 完善鼓励知识产权运营的政策

完善知识产权制度，整合修订专利法等知识产权相关法规，引导企业建立和完善知识产权管理制度，建立和完善知识产权服务制度，将知识产权创造、保护和利用三位一体的理念贯彻到每个企业、每家科研机构和每个科研人员及企业员工，通过加强自主知识产权的创造、保护和利用的全面规划、组织和管理，激励、推动、保障和规制自主创新活动，促进自主知识产权的创造和运用，提高自主创新能力，加快制造业转型升级进程。

二、完善产品质量标准和品牌推进体系，推动产业链供应链质量效率高级化

（一）产品质量品牌基础依然薄弱

尽管我国诸多产品已经销遍全球，但质次价低形象一直是中国制造的隐痛。中低端行业产能过剩和高端、优质产品供给不足长期并存，导致内资企业市场形象和分工地位在中低端徘徊难进。根据中国海关数据测算，我国自动数据处理设备及其部件、汽车及汽车底盘一般贸易单位商品出口价格仅为进口价格的 $1/5 \sim 1/4$，价值含量差距明显。同时，我国制造企业仍以传统方式为主导，发展水平参差不齐，工业 2.0 至工业 4.0 多层共存，迈向中高端既要"预习"也要"补习"。目前，我国工业劳动生产率仅为日本的 30% 左右、美国的 20% 左右。

我国诸多产品质量品质参差不齐，尤其是可靠性、一致性、稳定性与国际先进水平仍有较大差距。一些产品质量不稳定导致下游企业对产品性能判断不准，致使加工工艺出现偏差，产品质量问题多发，在重大工程和高端领域应用推广不力。国产合成材料由于产品牌号少，性能和质量稳定性不能完全满足下游需求。根据调研分析，国内通用合成橡胶自给率仅在 77% 左右。我国燃气管专用塑料进口占比超过 70%，大口径管道涂层专用料进口占比超过 60%，汽车油箱用 PE 滚塑料进口占比接近 80%。我国虽是第一钢铁大国，但通用钢材产品质量和性能波动仍然较大，部分高性能钢铁品种质量仍难以满足高端用途。一些工业机器人减速器针齿壳铸件材料存在不耐磨、有石墨析出、使用后润滑脂发黑等问题，影响产品使用寿命。在轻工、家电、纺织服装等领域，尽管中国制

造已经遍布全球各国市场，但高附加值、高品质的产品比例仍然不高，品牌信誉度相对较低，一些产品国际流通渠道仍然被具有品牌和研发设计优势的跨国公司把控。

实践表明，制造强国无一不是质量效率强国，夯实质量基础设施，加快推进品质革命和效率变革，是提升产业链供应链现代化水平的必由之路。

（二）完善产品质量标准和品牌推进体系

1. 健全国家质量基础共性技术的研究应用体系

"国家质量基础设施"（NQI）是支持和提升产品、工程、服务质量的政策法规、技术依据、监管体系的总称，主要包括标准、计量、认证认可、检验检测、市场监管等要素，是提升质量竞争能力的基石。针对我国国际互认校准测量能力不强、部分领域检测核心技术依赖国外、质量评价准确性和可靠性差、认证认可定量评价技术落后、新兴领域的 NQI 技术供给存在空白、NQI 整体技术解决能力不足等制约国家质量基础设施发展的关键共性问题，整合政府、企业、行业协会、科研院所等多方资源，组织全链条设计和一体化实施，加快形成一批"计量—标准—检验检测—认证认可"全链条整体技术解决方案，推动我国国家质量基础技术能力升级换代，夯实质量强国战略技术基础。

2. 构建先进质量管理技术方法的推广应用体系

重视先进质量理念的推广应用，并结合不同行业、不同企业和不同发展阶段的实际，推广普及简单适用的先进生产管理模式和方法。对于管理基础较好、市场竞争充分的行业，推广卓越绩效模式，建立健全经营管理框架，以质量求效益、促发展；对于产品链较长、质量成本压力较大的行业，推广精益管理，通过强化现场管理和现场改善保质量、降成本；对于高科技、高风险行业，推广六西格玛管理、可靠性管理，依靠科学的步骤和严谨的数据分析，不断提高产品质量和安全性。鼓励中小企业加强质量管理，支持企业增强质量在线监测、在线控制和产品全生命周期质量追溯能力。组织开展重点行业工艺优化行动，提升关键工艺过程控制水平。充分发挥质量协会和专业机构的作用，有针对性地开展先进质量管理方法的教育培训，并将方法培训与实际应用结合起来，着力培养企业员工解决实际问题的能力。

3. 完善质量基础设施支撑体系

不断完善现代测量体系、先进标准体系、高质量认证检测服务体系，不断提升质量基础设施水平和效能。围绕当前全球供应链存在的不确定性问题和区域产业体系发展需求，特别是针对关键基础材料、核心基础零部件（元器件）、先进基础工艺、产业技术基础，加快建设国家质检中心、产业计量中心、标准创新中心等质量基础设施。加强高端检测仪器和计量装置研发制造，深入开展标准计量和质量比对。建设国家级质量标准实验室，推进国家消费品安全重点实验室建设，加大前瞻性、基础性研究投入。建设综合性质量基础设施服务平台，把标准、计量、认证认可、检验检测和知识产权结合起来，打造一批公共服务平台，发展"互联网＋公共技术"服务，助力中小企业发展。

4. 健全品牌建设支持体系

建立健全品牌建设激励机制，强化品牌建设要素和理论支撑，营造品牌建设良好政策环境。持续优化市场化、法治化、国际化营商环境，加快与品牌建设相关的产权制度、市场体系、市场准入和公用事业等改革，健全品牌发展法律法规，支持自由贸易试验区在推进品牌建设方面深化改革创新，发挥示范引领作用。推进商标注册便利化改革，实现商标专利注册申请和质押登记"一窗通办"。加强对品牌消费环境建设的支持，持续开展国际消费中心城市、区域性消费中心城市培育建设，推动城市商圈、重点商业街区、社区生活网点、步行街等错位发展、优化布局。不断完善品牌建设支持政策，鼓励地方设立品牌建设专项工作资金，引导社会组织发起设立品牌建设基金，激励龙头企业加大对产业集群品牌、区域公用品牌的投入，支持金融机构向企业提供以品牌为基础的商标权、专利权等质押融资。推进品牌指导服务站建设，严格规范品牌评估、评定、评价、发布等活动，严肃处理误导消费者、扰乱市场秩序等行为。实施企业品牌人才提升计划，鼓励企业完善品牌人才引进和培训机制，建立与品牌文化相适应的高素质员工队伍，提高品牌建设和运营能力。发挥知名品牌的导向和示范作用，引导区域、行业、企业、产品对标先进提升自主品牌培育能力，适时总结推广全国质量品牌提升示范区建设的典型经验和做法。深化品牌价值评价研究，鼓励开展品牌应用理论研究，积极拓展品牌延伸理论研究，提升品牌研究服务品牌建设和高质量发展的能力。

三、构筑产业基础支撑体系，实现产业链供应链安全化

（一）产业基础环节短板弱项犹存

目前，我国在高端材料、关键零部件、核心元器件、工业软件等基础领域仍然存在诸多短板，严重阻碍了我国产业链供应链升级进程。尤其是重大装备制造、重大工程建设、战略性新兴产业及国防军工等领域所需的关键产品仍较多依赖外部供给。

高端材料"卡脖子"短板仍然较多，我国合成树脂、合成橡胶、合成纤维等领域高端专用料牌号和部分关键单体依然依赖进口，高规格电子化学品等高端专用化学品进口依存度依然偏高。我国仍有钢铁短板材料若干项，主要集中在航空航天、先进轨道交通、海洋工程及高技术船舶、电力装备、汽车、能源石化、高档机床、信息技术8个用钢领域，高端轴承钢、高性能模具钢、超高强度不锈钢、航空发动机及燃气轮机用高温合金

等一批关键材料依赖进口（见表 8 - 1）。航空用铝合金板带和型材、航空用钛合金型材、航空紧固件用钛合金丝材、高纯难熔金属单晶材料、数控硬质合金和金属陶瓷刀具等有色金属产品存在明显短板，精深加工能力尤其不足。

表 8 - 1   我国原材料工业部分短板技术和产品

行业	短板技术和产品
石化化工	有机原料：己二腈、α-烯烃等。合成橡胶：丙烯酸酯橡胶、POE 弹性体等高端产品。合成树脂：特种工程塑料、茂金属聚烯烃、高碳 α 烯烃共聚聚乙烯、COC/COP 环烯烃共聚物、EVOH 树脂等。电子化学品：集成电路配套的超净高纯试剂、5N 级以上级别的电子气体、DUV 和 EUV 级光刻胶等
钢铁	大飞机起落架用钢、机械装备制造用高端轴承钢、高速铁路用车轴及轴承钢、高铁钢轨养护整形设备用铣刀刀盘和刀片用钢、高标准模具钢、特种耐腐蚀油井管等
有色金属	航空用铝合金板带和型材、集成电路用大直径单晶硅、航空用钛合金型材、航空紧固件用钛合金丝材、航海用钛合金型材、高纯难熔金属单晶材料、数控硬质合金和金属陶瓷刀具等
建材	先进无机非金属材料行业重大关键基础技术突破性提升速度尚不能满足市场需求，部分关键材料仍然处于追赶阶段，特种陶瓷、人工晶体等领域与国际先进水平相比仍存在较大差距

资料来源：笔者根据公开资料整理。

装备制造"缺芯少魂"之痛长期存在。芯片尤其是高端芯片受制于人，工业系统自主化率相对较低。近年来"芯片荒"对汽车生产带来重大冲击，2021 年 8 月，博世马来西亚工厂因疫情停工导致芯片停供，我国众多车厂因此停工减产。机器人伺服系统用多圈绝对值编码器依赖进口，制约我国机器人伺服系统向高端发展；智能机器人发展所需的视觉、力觉、激光、声呐等传感器目前主要依赖进口；机器人产品设计中的动力学仿真、有限元建模、电子设计自动化（EDA）等工业设计软件国内尚处于空白，在集成应用环节中的机器人虚拟仿真和调试软件基本由德国西门子和法国达索所垄断；服务机器人的底层开发软件依赖开源系统，潜在风险犹存。

电子信息产业自主配套能力偏低。以苹果智能手机产业链为例，尽管多个配套产品制造和成品组装环节在我国境内完成，但多数核心关键环节和配套产品由境外企业主导供应。也就是说，我国主要提供了低成本劳动力、土地等附加值较低的生产要素，而附加值较高的技术、管理等要素则主要依靠外方，本土企业增值能力不强、产业链分工地位不高。未来，面对经济高质量发展新要求，特别是在新一轮科技革命和产业变革的档口，唯有破解技术"瓶颈"、强化创新引领，方能获得产业控制权和发展主动权。

（二）构筑产业基础支撑体系

1. 实施产业基础再造工程

聚焦市场需求多、质量性能差距大、对外依赖程度高的核心基础零部件、核心电子元器件、工业基础软件、关键基础材料、先进基础工艺等，引导和鼓励企业创新发展，加强研发攻关和应用推广，发挥市场对技术研发方向、路线选择及各类创新要素配置的决定性作用。强化国家战略引领，引导创新要素更多投向核心技术攻关。一方面，建立健全基础研究支撑体系。把提升原始创新能力摆在更加突出的位置，进一步加强基础研究的前瞻部署，推动不同领域创新要素有效对接，创新政府管理方式，引导技术能力突出的创新型领军企业加强基础研究。加大中央财政对基础研究的稳定支持力度，健全技术创新基金运行机制。另一方面，建立健全产业创新生态体系。支持龙头企业联合高校和科研院所组建产学研用联合体，构建一批覆盖上下游产业链供应链的数据资源库，加快培育提供科研基础设施和条件、实施科技成果转移转化、服务创新创业企业的科技创新功能性平台，打造协同研发、测试验证、数据利用、交流合作、咨询评估、创业孵化等公共创新服务载体。面向一些关键核心技术领域，建设集快速审查、快速确权、快速维权为一体的知识产权保护制度，切实加大知识产权侵权惩罚力度。

2. 构建重点领域关键核心技术攻关体系

围绕产业链供应链关键环节，以关键共性技术、前沿引领技术、现代工程技术、颠覆性技术的创新等为突破口，以新一代信息技术、轨道交通装备、高端船舶和海洋工程装备、智能机器人、智能汽车、现代农业机械、高端医疗器械和药品、重要矿产资源、新材料等领域为重点，深入系统梳理我国制造业"卡脖子"关键短板技术和产品，推进关键核心技术攻关，实施重大产业化项目，力争突破一批关键技术、推出一批高端产品、形成一批中国标准，不断增强产业核心竞争力。更好发挥国家战略基金导向作用，创新运用投贷联动、股债联合等方式，引导更多中长期社会资金和民间资本投入制造业关键技术产业化领域。

3. 完善推进首台（套）示范应用体系

落实首台（套）支持政策，健全部门协同推进机制，加快完善首台（套）研发创新、检测评定、示范应用体系。通过多种方式，加大支持力度，在事关国计民生、经济社会安全的重点产业、重点领域，推动首台（套）重大技术装备示范应用。发挥下游用户在重大技术装备研制、应用中的重要作用，推动建立领先用户主导的装备制造创新模式，加强设备使用方与装备制造企业的技术交流，通过联合设计、合作开发等方式，发挥设备使用方在产品研发、试制、应用中的主动性和积极性，消除使用方顾虑，有效解决装备制造业创新产品首台（套）应用难问题，降低制造商创新的风险。鼓励行业协会、产业联盟或行业龙头企业发挥组织协调作用，引导上下游企业交流合作，鼓励产业链各环节主体联合创新。

四、构筑能源资源稳价保供体系，促进上游供给协同化

（一）能源资源供给形势趋于复杂

能源资源供给和生态环境顶板效应日趋显现。尽管我国能源资源利用和环保水平显著改观，但传统粗放发展模式尚未根本转变，未来能耗"双控"① 和碳达峰、碳减排的压力将显著增大。2019 年，我国一次能源消费和二氧化碳排放占世界比重分别为 24.3% 和 28.8%，均高于同期我国 GDP 占世界的比重。2017 年，我国自然资源租金总额占 GDP 的比重约为 1.50%，远高于欧美和日韩等主要发达经济体（见表 8 - 2）。2021 年下半年以来全国多地出现拉闸限电现象，导致一些领域产业链供应链出现"断链"风险。部分地区已围绕产业链供应链的某些环节形成特色产业集群，产能产量占全国较大比重，一旦这些产能受到"拉闸限电"影响，极易造成某种产品短缺，牵一发而动全身，引起连锁反应。

表 8 - 2　　　我国能源消费、二氧化碳排放和自然资源租金占比国际比较　　　单位：%

国家（地区）		一次能源消费占世界比重（2019 年）	二氧化碳排放占世界比重（2019 年）	自然资源租金总额占 GDP 比重（2017 年）
发达国家	美国	16.2	14.5	0.47
	德国	2.3	2.0	0.07
	日本	3.2	3.3	0.03
	韩国	2.1	1.9	0.03
金砖国家	巴西	2.1	1.3	3.53
	印度	5.8	7.3	2.14
	俄罗斯	5.1	4.5	10.70
	南非	0.9	1.4	5.14
	中国	24.3	28.8	1.50
世界		100.0	100.0	2.15

资料来源：《BP 世界能源统计年鉴》（2020），世界银行数据库。

————————

① 能耗"双控"指能源消费强度和总量双控。

我国利用海外矿产资源挑战增多。我国是矿产资源消费大国，也是进口大国，进口来源主要集中在澳大利亚、巴西、南非等国家。我国铁矿石进口量逐年增加，根据中国海关数据测算，突破10亿吨，对外依存度保持在80%以上；锰矿对外依存度超过80%，铬矿几乎全部依赖进口，镍矿对外依存度当前已超过80%。钢铁原料对外依存度高，供应渠道过于集中，而需求端较分散，市场话语权不足。长期以来，欧洲、美国、日本等发达国家和地区已完成全球资源战略布局，其大型矿业公司掌握了世界上多数优质资源。而我国企业全球资源战略布局起步较晚，海外供应基地建设进展缓慢，掌控的海外矿产资源多数复杂难处理或处于特殊环境条件之下。目前，我国海外权益铁矿年产量仅占全年进口量的约6%。

近年来，全球矿业领域出现资源民族主义倾向，主要矿产资源国家越来越重视战略资源，纷纷推出战略和关键矿产目录，并通过税费等多种手段加强战略资源管控和安全供应。例如，巴西大力改革矿业管理体制，撤销矿产开发管理司，成立负责矿业监管的国家矿产局；提高矿业权利金，将税基从净销售额改为销售总收入，并按照价格变化实行浮动税率；建立战略矿产目录。一些矿产资源丰富的非洲国家均不同程度上调了矿产的权利金税率。可以预见，未来各国对矿产资源尤其是战略资源的争夺将更加激烈，我国利用国际资源将面临更大挑战。

（二）构筑能源资源供给保障体系

1. 协同优化产业布局与能源结构

引导重大产业项目规划"以能定产""以碳定产"，合理布局新能源发电、新能源汽车等产业链中的高耗电工序。研究深化绿色电力交易试点，依托"西电东送"既有通道和合作机制，以重大产业项目绿电交易为重点，充分考虑新形势下绿电的溢价效应，调动西部地区绿电外送积极性，鼓励西部地区探索"风光水火储一体化"发展模式。

2. 推动境外资源供给渠道多元化

围绕国内短缺资源，推动与"一带一路"倡议沿线及资源富集国家持续开展地质调查和资源开发合作，鼓励国内企业通过并购国外矿业公司、股权投资、合作投资等方式深化与国外矿业公司合作，扩大权益矿比重。引导境外矿产投资模式从单一境外矿业开发向上下游产业集群发展转变，从控股独资向国际矿业公司及当地政府参股、租赁经营等多方协同转变。

3. 强化国内找矿开矿政策支持

开展重要矿产资源现状调查和矿产资源潜力评价，摸清资源家底。以紧缺资源为重点，加大重点勘查区、重要矿集区、资源集中区和重要找矿远景区找矿力度。在划定生态保护红线等控制线时，与重要矿产资源区域充分衔接。积极开展现有矿山深部及外围找矿，延长矿山服务年限。规范资源开发，加强对重要矿产资源勘查、开发的统一规划，优化开发和保护格局。鼓励矿山企业跨地区、跨所有制兼并重组，组建具有全球竞争力的大型企业集团。加快清理、整合矿业权，大力淘汰落后产能，整顿、关停不符合相关规定的企业。

4. 建立传统产业绿色化改造体系

研究设立产业绿色低碳改造专项，按照国家推进碳达峰、碳中和工作的总体战略部署，根据阶段性节能降碳目标和实现路径，率先在高载能、高载电行业启动实施绿色低碳改造项目，通过国家专项引导各级地方、金融机构和企业投资，加快设备更新、工艺优化、产品升级改造。推广高效、低耗、低污染、新型冶炼技术应用。推动环保首台（套）技术装备示范应用，培育一批绿色制造系统解决方案供应商，推动绿色技术创新，提升资源开发绿色化改造水平。推动智能化改造升级，鼓励矿山企业发展智能化设计控制系统，实现勘查开采全流程自动控制和动态全局优化。分类推进石化、化工、钢铁、有色、建材等行业的智能工厂、数字车间、数字矿山和智慧园区建设，鼓励企业加强供应链管理，推动商业模式创新和业态创新。提升重要矿产资源产品分析检测、应用服役评价等平台服务能力。

五、建立产业链供应链内外衔接体系，促进国内国际循环畅通化

（一）产业链供应链循环断点堵点增多

近年来，出口导向和劳动密集型行业的外资企业出现明显的对外转移趋势。2015～2019年，纺织业、服装业和皮革及相关制品业等行业外资企业数量减少了约3 000家，直接用工人数减少156万人；计算机、通信和其他电子设备制造业外资企业数量减少约750家，直接用工人数减少147万人。全国制造业外资企业每家就业人数从450人左右降低至407人左右。外资制造企业直接就业总人数由2 317万人减少到1 712万人，占规模以上制造业总就业人数的比重由26.6%下降至24.1%。① 如果考虑到关联带动形成的间接就业人数，外资制造企业转移引致的就业消失量会更多。

外资企业是产业链供应链国内国际双循环的重要连接节点。随着一些外资制造企业的转移，中国制造与国际市场的关联开始出现断点和裂缝，国内外产品和要素流通渠道出现变窄甚至阻塞风险，尤其对外向型企业及关联产业链供应链形成直接冲击。2010～2020年，外商投资企业进出口额占我国进出口总额的比重由53.8%下降至38.7%。与之

---

① 数据来源：国家统计局：《中国统计年鉴》（2016、2021）。

相伴，"十三五"时期我国进出口额年均增速由"十二五"时期的 5.9% 降至 3.3%。[①]
近年我国部分纺织产能已外迁至东南亚国家。

（二）开创国内国际循环新体系

1. 实施"反脱钩"策略

加强产业链供应链安全评估、监测和预警，引导外资企业尽量留住高端制造和研发设计等关键环节，巩固与日本、韩国和欧盟的产业链互动协作，依托"一带一路"构建"中国＋N"产业链。完善外商投资法制环境。按照一致性、透明性和公平性原则，加快清理原外资管理相关规定和规范性文件，确保外商投资法及其实施条例全面落实到位。进一步缩减外商投资负面清单，积极扩大数字经济、生命健康、节能环保等新兴和未来产业的市场开放。

2. 加快国际规则标准"软联通"

推动"一带一路"政策规则标准衔接互通，主动寻求与 CPTPP 标准对接，支持更多国内企业参与国际行业标准制定、修订，建立全面接轨国际的产品质量监督检验、认证认可管理体系。塑造知识产权内外同保环境，加大对侵权假冒行为惩戒力度，严格规范证据标准，完善跨境电子商务等新业态新领域保护制度。健全国际沟通机制，畅通与国内外权利人沟通渠道，强化海外维权援助服务。

3. 健全产业链供应链重点企业支持政策

摸清和梳理主要制造业产业链关键环节重点企业，动态跟踪企业经营情况，及时掌握企业政策诉求，完善响应机制，落实落细财税、金融、用工、用能、物流等支持政策措施，缓解企业因外部环境变化而出现的经营风险。指导企业大力开拓多元化市场，积极对冲外需萎缩影响，努力保障在全球产业链中有重要影响的企业和关键产品生产出口。支持外贸企业出口转内销，积极协调解决标准资质、营销渠道、资金周转等方面的问题，深入推进内外销产品"同线同标同质"。支持行业龙头企业积极参与全球供应链治理，推动供应链稳定国际合作，共建区域性、全球性弹性供应链，形成多渠道、多层次供应链稳定保障体系，协同应对供应链中断风险。加强分类指导、精准帮扶，对内外资企业一视同仁，支持在我国境内深耕发展、在全球产业链供应链中有重要影响的龙头企业在国内稳产扩产。

[①] 数据来源：国家统计局：《中国统计年鉴》（2016、2021）。

专　题　篇

第九章

保障产业链供应链安全稳定研究[*]

内容提要： 当前我国产业链供应链安全稳定面临多重风险，本章分别从供给侧和需求侧分析诱发风险的主要因素，借鉴主要发达国家经验，提出要从根本上保障产业链供应链安全稳定，必须兼顾国内高质量发展和国际竞争需要，发挥新型举国体制优势，与深化供给侧结构性改革、实施扩大内需战略、扩大高水平开放等有机结合，全面布局、分期部署、分类施策，以制度改革为保障，充分利用国内超大规模市场特别是高端产品市场优势，在巩固强化既有国际竞争优势基础上打造新竞争优势，培育出高质量、更大规模、自主可控的产业链供应链体系。

自 2008 年国际金融危机以来，全球产业链进入重构调整期；此后地缘政治、贸易摩擦、外交冲突、自然灾害、公共卫生危机等问题频出，世界主要国家越来越关注和担忧产业链供应链安全；特别是近年来，新冠肺炎疫情、俄乌战争等更是加剧了局势的多变和各国的担忧。当前，我国产业转型升级处于爬坡过坎的关键时期，在全球产业链重构、大国博弈、百年未有之大变局背景下，既有千载难逢的重大机遇，也面临前所未有的严峻挑战，产业链供应链安全稳定是提升产业链供应链现代化水平、构建"双循环"新发展格局、实现经济高质量发展的基础和关键，要不断强化机遇意识、战略意识、风险意识、全局意识，清醒认识和有效应对影响我国产业链供应链安全稳定的"内忧"和"外患"，提升产业链供应链治理效能，提升全球产业链供应链的主导能力，提升国际竞争位势，改变大国竞争格局，推进实现中华民族伟大复兴。

一、我国产业链供应链安全稳定面临的风险解析

当前我国经济发展面临的国际环境和国内条件发生了深刻复杂的变化，应对日趋激烈的国际竞争，叠加国内"需求收缩、供给冲击和预期下行"三重压力，我国产业链供

---

* 本章执笔人：王君。

应链不稳、不强、不安全的隐忧日益显现，产业链供应链安全稳定运行面临来自国外和国内两个层面的诸多风险挑战，只有以全面开放的视野深刻剖析诱发风险的主要因素，才能有效应对各类风险，进而紧抓机遇实现突破发展，保障我国在国际竞争和国内发展两个层面的产业链供应链安全稳定。

（一）产业链供应链安全稳定面临国内外两个层面风险

改革开放以来，我国是经济全球化的最大受益者，虽然当前贸易保护主义抬头、逆全球化浪潮汹涌，但从长远发展看，全球化仍是大势所趋，应以开放的视野认清国内外两个层面的产业链供应链安全稳定风险，这是保障产业链供应链安全稳定运行的逻辑起点。

1. 国际竞争层面风险

从全球看，2008 年金融危机后，发达国家开始实施制造业回归战略，加之新一代技术突破正在引发产业革命，全球产业链进入调整期。同时，叠加国家安全、公共卫生安全、贸易摩擦、国家竞争等因素，全球既有产业链供应链体系的收缩和重构态势不可逆转，国际竞争态势严峻。以美国为首的西方发达国家为维护全球产业链供应链体系的主导权和分工利益分配机制，不断加强对我国的封锁和遏制，我国产业链供应链安全稳定运行面临的风险和挑战首先体现在国际竞争层面。自 2010 年我国经济体量超过日本成为世界第二大经济体，美国发起的新一轮"中国威胁论"更是甚嚣尘上，不仅涵盖经济、政治、军事等常规领域，而且蔓延到社会生活、国际交往的方方面面，美国联合其他西方发达国家酝酿制定实施蚕食、局部脱钩、同盟封略和区域排挤四大新策略，对我国产业链供应链安全稳定形成较大的负面冲击。一是中低端锁定风险，以美国为首的发达国家正在谋求与我国在科技领域实现脱钩，从技术上设"卡"，阻碍我国科技自主创新能力提升，加之新一轮产业和科技变革加速产业链和创新链的相互融合升级，有可能将我国产业链供应链锁定至"中低端陷阱"，进而遏制中国做强；二是既有竞争优势弱化风险，我国作为世界第一制造业大国，是全球产业链供应链体系的重要参与者和维护者，依靠庞大的生产制造能力和低成本优势，为全世界提供质优价廉且丰富多样的商品，随着我国制造的人力、环境、资源等成本上升和印度、越南等新兴国家崛起，我国参与全球产业链分工的既有竞争优势将不断被弱化，丧失重要参与者地位的风险增加，从而影响我国进一步做大；三是区域性产业链供应链主导被削弱风险，近年来 WTO 作用弱化，但区域内经贸合作加强①，新冠肺炎疫情更是加速了全球经贸的区域化②进程，以美国为

---

① 据麦肯锡公司测算，自 2013 年以来区域内贸易占全球贸易的比例提高了 2.7 个百分点。欧盟 28 国和亚太地区超过半数的商品贸易在区域内进行，各种区域间经贸合作如火如荼。如美国主导重新签署了美国—墨西哥—加拿大贸易协定，日本推动构建了全面与进步跨太平洋伙伴关系协定（CPTPP）。

② 目前全球经济呈现"三足鼎立"的区域格局，即美国、墨西哥和加拿大引领的北美地区，中国、日本、韩国引领的东亚地区，包括欧盟和英国在内的欧洲区域。2021 年全球经济总量已经突破 90 万亿美元，超过 70% 的经济产出主要集中在这三个区域。数据来源：《世界三大经济板块：北美守成、欧盟沉沦，东亚强势崛起》，2022 年 5 月 25 日，https：//baijiahao. baidu. com/s?id =1733793371801170823&wfr = spider&for = pc。

首的发达国家针对我国新策略造成的负面效应，削弱了我国在全球产业链体系中的现有地位，同时有可能在区域性往来中产生示范效应，从而影响我国正在推动和实施的一系列区域性经济一体化协议，进而削弱我国在区域性经济、外交往来中的主导力，挤压我国实现局部崛起的外部拓展空间。

2. 国内发展层面风险

经过改革开放四十多年的发展，我国经济发展进入升级转型期，经济发展模式要从规模驱动转变为效率驱动和创新驱动，进入高质量发展阶段。但整体看，我国经济发展质量提升有限，自主创新能力不强，要素结构性短缺，资源人工成本上升，产业链循环不畅、卡点堵点众多。在当前国内外发展新境遇下，从国内发展层面看，产业链供应链安全稳定也面临重重风险。一是局部断链风险。2008 年国际金融危机爆发后，欧美等发达国家和地区开始认识到产业空心化的危害性和实体经济对于经济社会稳定的重要性，纷纷实施"再工业化"战略、制造业再振兴战略以及供应链安全战略，重新布局产业链和供应链，不仅牢牢控制高技术产业和先进制造业，同时也积极推动钢铁、有色、机械、化工、电子等传统制造业中高端环节回流。随着中美贸易摩擦不断升级，跨国公司为规避中美贸易摩擦风险，纷纷实施"中国＋1"战略，即在中国之外再建一个生产基地，把部分产能和订单向外转移，加快了我国部分制造业产业链外迁步伐。与此同时，东盟、印度等发展中国家和地区加快推进工业化进程，利用中国劳动力成本快速上升和第四轮国际产业大转移的机遇，积极参与全球产业链再分工，大力承接中国劳动密集型产业及资本转移，拓展国际市场空间。中高端制造业向发达国家回流和中低端制造业向发展中国家转移，使我国产业发展面临"前有堵截、后有追兵"的双重挤压，造成产业链"碎片化""老龄化"风险。二是受制于人风险。科技自主创新能力的提高不是一朝一夕能达到的，技术创新更是要经历漫长的研发过程，目前我国在基础研究、应用研究、产业技术研发等领域与发达国家相差甚远，在关键设备、关键零配件和元器件、关键材料、关键工艺和工业设计软件系统等领域还存在"卡脖子"现象，低成本制造优势被削弱，新的竞争优势尚未形成，受到发达国家断供、科技脱钩的威胁，产业链供应链在技术上存在很大安全隐患。三是制造业"空心化"风险。我国市场经济体制基本完善，随着制造成本不断上升，利润被进一步侵蚀，国内资本遵循市场经济逻辑流入房地产、金融等高利润领域，加之产业链两端环节外迁影响，可能导致我国制造业竞争力下降，进而引发我国过早"去工业化"。四是企业发展挤压风险。改革开放以后我国引入的外资企业，尤其是全球 500 强跨国企业或外资高科技企业，抢先布局我国国内产业链供应链的关键环节，获得诸多政策优惠，同时依靠母公司的强大科技创新领先优势，对我国企业形成非对称和不公平的市场竞争优势。2010 年以来，我国出口主体由外资企业和大中规模企业主导向民营企业和中小微企业主导转变，我国产业链供应链循环体系受到较大的负面冲击，对中小微企业发展带来较大风险。企业自主发展能力受挤压，进一步加大了我国产业链供应链安全稳定风险。

（二）诱发产业链供应链安全稳定风险的主要因素分析

唯物辩证法认为外因是变化的条件，内因是变化的根据，外因通过内因而起作用。而且国家之间战略竞争的决定性因素从根本上看是国家综合发展能力的竞争，所以决定我国产业链供应链安全稳定、重塑并维持竞争优势的动力源于内部。因此，直面产业链供应链安全稳定风险，从供给侧和需求侧分析造成风险的内在诱因，才能化风险为挑战，化挑战为机遇，化机遇为动力，积极有效应对风险。

1. 供给侧因素分析

改革开放以来我国建立起了门类比较齐备的产业体系，形成庞大的供给制造能力，作为"世界工厂"处于全球价值链低端，而美国凭借其经济规模体量和科技创新能力主导和控制了全球产业链供应链体系及全球贸易规则，致使我国产业链供应链安全稳定的根基较弱，关键因素在于我国供给体系质量不高，尚未建立起创新链产业链融合发展、上下协同的生态体系，很难形成不易被替代的竞争优势。首先，缺乏自主可控能力。我国缺乏科技创新及产业化的自主能力，科技自主创新能力弱，企业自主创新能力不足，依靠引进技术建立起制造能力，但关键核心技术与发达国家有相当大的差距，而且从政策到企业层面尚存在与自主创新不相兼容的体制机制障碍，致使我国既缺乏从"0"到"1"的基础研究和应用基础研究的自主能力，又缺乏从"1"到"N"的应用开发研究、中间试验研究、工程化产业化研究的自主能力，难以从根本上保障我国产业链供应链安全。其次，缺乏协同合作机制。产业链供应链上下游之间协作不足，信用体系建设滞后，信用度不高，无法实现整个产业链供应链体系对市场需求的敏捷反应和链间成员的快速协同集成。区域经济发展不平衡，导致中西部地区与东部地区产业链供应链竞争力存在巨大差异，进一步导致低端产业向东南亚地区的转移。政策协同互动不够，产业链供应链管理服务业的政策保障相对滞后，尚未形成以产业链供应链安全稳定为逻辑核心的政策体系，不利于推进国际产业链供应链合作和应对国家间的冲突博弈。最后，缺乏有效金融保障支撑。金融系统对科技创新及生产制造服务不足，在房地产和金融等领域的投资泡沫刺激下资金过多追求短期利润，缺乏维持制造业创新发展的长期发展资本和创新发展资本，金融服务产业链供应链的着力点和业务模式亟须创新，资金链与创新链产业链有待进一步协同融合。

2. 需求侧因素分析

无论是科技创新还是产业发展都要符合市场经济逻辑，只有供给与需求实现均衡，才能形成良性循环，才能有力推进科技创新和产业发展。当前应对产业链供应链安全稳定风险，我国的需求侧管理尚显不足，特别体现在对国内高端市场的保护意识和策略方面。从新中国成立开始，我国有一段时期处于供给短缺时代，政策制度大多围绕扩大供给数量制定和设计；改革开放后供给短缺问题逐步得到解决，需求侧问题凸显，一方面人民向往美好生活的需求有待满足，另一方面当前需求收缩却成为我国经济发展面临的重大压力之一。同时，日韩等国成功崛起，关键在于充分抓住和利用发展中国家持续进入全球价值链体系而释放的发展中国家高端市场机会，培育了本国的自主创新能力体系，创造出大量高收入就业岗位。①　目前从全球来看，经济发展逆全球化、全球产业链供应链重构、贸易摩擦、国家竞争等因素对我国以机电产品和劳动密集型产品为主的出口市场产生挤压效应，导致外需萎缩；美国等发达国家同时通过竞争压制博弈等手段要求我国开放国内高端市场。党的十九届五中全会对"十四五"时期经济社会发展作出重要部署，提出"坚持创新在我国现代化建设全局中的核心地位，把科技自立自强作为国家发展的战略支撑"，同时强调"形成强大国内市场"，要求"坚持扩大内需这个战略基点，加快培育完整内需体系"。②　但是由于体制和政策惯性，扩大内需战略还需要在政策设计执行落实等方面加大力度，把实施扩大内需战略同深化供给侧结构性改革有机结合起来，注重加强需求侧管理，培育国有高端品牌，促进构建基于国内市场需求的产业链供应链体系，提升自主创新制造能力，培育起我国自主创新生产体系。

二、发达国家保障供应链安全的经验与启示

当前全球贸易和产业链供应链格局基于各国资源禀赋和比较优势，是市场自由选择的结果，发达国家稳稳地占据了主导地位和价值链顶端；主要发达国家已经将供应链管理上升到国家战略高度，从保障国家安全和利益角度实施供应链安全战略，意图在新一轮全球产业链供应链重构中保持优先位势。我们应认真对待并学习借鉴发达国家经验，注重掌握研究其动态趋向，以谋求在新一轮全球产业链供应链重构和国家博弈中胜出。

（一）美国努力维持全球产业链供应链主导地位

美国是最先提出并系统实施供应链国家战略的发达国家，于 2007 年相继推出《加强国际供应链安全战略》《全球供应链安全国家战略》等一系列政策措施及战略部署，同时通过《区域全面经济伙伴关系协定》《全面与进步跨太平洋伙伴关系协定》等贸易协定，力图在全球产业链供应链体系中强化美国自身的主导优势，提升应对产业链供应链供给安全风险威胁的能力。美国供应链政策声称以维护国家安全为目标，保障关键产品物料供应，聚焦于重点领域（如国防安全、民生安全、国际贸易）关键产品和物料的供

---

① 张杰：《中美战略格局下全球供应链演变的新趋势与新对策》，载于《探索与争鸣》2020 年第 12 期，第 37～52 页。

② 《中国共产党第十九届中央委员会第五次全体会议公报》，新华社，2020 年 10 月 29 日，https：//baijiahao. baidu. com/s?id = 1681878111046302524&wfr = spider&for = pc。

应，较少涉及微观市场主体之间供应链协同问题。主要措施包括：（1）加强供应链安全风险评估和预警。美国政府各级部门通过供应链风险管理技术方法识别关键领域的物资、基础设施，并据此大幅加强对不同领域供应链脆弱性的评估和预警。（2）提高重点领域供应链弹性。美国政府通过保留适当的物资储备来应对外部供应链中断风险，并出台一系列提高制造业、国防工业和高技术领域供应链弹性的举措办法。（3）针对供应链安全问题进行必要的立法。美国已建立起比较完善的供应链安全法律制度，包括海关—商界反恐合作计划（C‑TPAT）、舱单预申报规定（24 小时规则）、集装箱安全倡议（CSI）、集装箱 100% 扫描规定、自由安全贸易协定（FAST）、大港计划等。（4）推进多边合作。美国积极与其他国家、地区达成供应链合作框架和协议，如美国国土安全部和欧盟委员会于 2011 年签署《供应链安全联合声明》，提出在美国和欧盟之间建立供应链安全双边合作机制，推动美国、欧盟与国际海关组织、国际民航组织、国际海事组织等合作；美国和日本于 2012 年共同发布《美日全球供应链联合声明》，提出加强供应链安全领域协作，更好地应对地震、恐怖袭击等不确定因素对经济繁荣和全球供应链安全造成的不利影响。

（二）英国、德国提升保持制造业竞争力

英国和德国也是当前全球价值链分工格局中的优势国家。英国 2015 年发布了《加强英国制造业供应链政府和产业行动计划》，致力于提升和保持本国先进制造业竞争力，维护国家经济安全；德国自 20 世纪 90 年代开始陆续推出了一系列法律法规，如 2013 年发布了《保障德国制造业的未来：德国工业 4.0 战略实施建议》。

英国政府将供应链视为本国制造业发展不可缺少的关键要素和产业政策重点关注的内容，大力推动“英国先进制造业战略”，供应链政策成为英国政府推进先进制造业发展的重要抓手。[①] 该政策主要包括：（1）推进供应链协同研发创新。英国政府制订了“灵活制造”计划，帮助英国制造业研发并应用新的供应链生产线，推进供应链上下游企业协同研发。近年推出“先进制造业供应链计划”，支持制造咨询服务企业和制造企业密切合作，共同创新供应链流程和模式。英国政府持续推进数字化、智能化技术在供应链不同环节的应用，通过物联网、互联网等现代信息技术实现上下游企业和供应链设施设备的信息共享，促进供应链技术创新。（2）加强供应链相关人才招聘和培训。英国政府鼓励供应链核心制造企业通过其品牌力量帮助上游的中小供应商招聘人才，并协助中小供应商进行定期的员工培训，共享供应链培训计划和项目，以便供应商更好地满足核心企业的需求，提升供应链整体协同水平。英国政府推出的“制造业咨询服务”（MAS）项目向英格兰区域企业的供应链部门提供专项人力资源培训基金。（3）改善供

---

① 2013 年 10 月，英国科学办公室和商务、创新和技术部联合发布报告——《制造业的未来：英国面临的机遇与挑战》，报告指出：“全球供应链的波动和脆弱会对英国先进制造业的发展未来产生深远影响，英国制造商需直面全球供应链带来的风险和挑战。”

应链企业融资渠道。英国政府为供应链中的中小企业提供多种融资渠道，将英国商业银行打造为"经济发展银行"，要求商业银行专门面向中小企业提供供应链金融服务，积极向符合条件的中小企业发放贷款。持续与大型制造企业合作发展供应链金融，构建了"商业银行—中小供应商—核心制造企业"三方协作的供应链金融体系，帮助中小企业迅速、低成本地获取信贷。此外，为解决供应链账期拖欠、流动资金不足的问题，英国政府相继推行了一系列法案。[1]（4）着力提升供应链内中小企业的竞争力。英国政府启动了"商务发展服务"计划，通过推进政府部门、原始设备制造商和供应链核心企业的合作，共同为供应链内的中小企业提供发展机会、制定供应链绩效改进方案。英国政府还大力支持能源、航空、汽车、铁路等重要工业领域的行业协会构建行业标准，向中小企业普及推行最佳的企业供应链实践方案。（5）推进供应链上下游协作。英国政府鼓励各行业领域的行业协会为供应链上下游企业的合作谈判和信息交流搭建平台。英国政府的"商务发展服务计划"为大型供应商、原始设备制造商以及供应链内其他中小企业搭建了交互网络，向买家和供应商提供非正式咨询服务，推进了供应链上下游企业采购和生产环节的高效匹配。英国政府还大力推动跨行业领域间供应链管理经验和最佳企业案例的交流、分享。

德国不断应用高新技术推进制造业供应链可持续化、信息化，维护德国制造的高端品牌效应，维持并提升制造业竞争力。德国政府素来重视经济发展的可持续性，其早期供应链政策的重点是在工业领域构建以环境保护和资源节约为导向的绿色供应链，以实现供应链的可持续化。[2] 德国供应链政策的重点是在制造业领域构建以环境保护和资源节约为导向的绿色供应链，主要包括：（1）强化供应链全生命周期监管。德国《循环经济与废弃物管理法》明确了生产者延伸责任制，要求生产者对产品生产、消费、回收直到最终的无害化处置等供应链环节实现全面负责，加强对供应链全生命周期污染排放的管控。（2）加强环境标志认证。德国推出了世界上第一个环境标志认证系统"蓝色天使"、第一个废弃物回收利用系统"绿点"标识，并在纺织品、汽车、机械等多个领域推出生态标签，敦促企业树立可持续发展理念，构建绿色供应链。（3）建立信息公开制度。德国"可持续发展改革委员会"推出"德国可持续发展准则"，要求企业参照该准则，向公众披露供应链能源消耗、资源利用、温室气体及其他有毒气体排放等相关指标。（4）设立政府奖励。德国联邦环境部从 2012 年开始设立"生态设计国家奖"，表彰及支持企业走可持续发展道路，推动环保型产品进入市场，涉及领域包括汽车制造业、建筑行业、纺织业等。（5）大力推进信息化、智能化技术的应用。随着人工智能、大数据、云计算等

---

[1]　如要求逾期付款的企业支付利息，并公开这些企业的失信行为；要求大型上市企业公开其付款方式，避免大企业拖欠中小企业的应收账款；在所有行业领域推行 30 天付款条例；支持第三方供应链服务企业开展供应链金融业务；等等。

[2]　1994 年，德国政府制定实施《循环经济与废弃物管理法》，明确了生产者延伸责任制，要求生产者对产品的生产、消费、回收直到最终的无害化处置等供应链环节实现全周期负责，强调以闭合的方式进行废弃物管理。2017年 11 月，在德国 G20 峰会上，G20 决定利用德国联邦政府提供的可持续发展专项基金建立可持续的全球供应链，从而将德国构建绿色供应链、实现可持续发展的理念推向国际合作的层面。

现代信息技术的广泛应用，德国政府开始积极推动其供应链的智能化和信息化，构建基于"信息物理系统"（Cyber – Physical System，CPS）的供应链，推进供应链持续调整，通过智能化技术和物联网构建柔性、敏捷、信息化的工业供应链成为德国工业4.0战略的重要内容。[①]

（三）日本努力保障供应链不断供

日本企业的供应链管理实践起步较早，供应链管理的模式和技术相对比较成熟和完备，许多经典的供应链管理思想和方法如长期伙伴关系、精益生产、准时制生产方式（JIT）等都来自日本企业的实践。日本政府的供应链战略和政策主要关注供应链中断风险，针对本国企业和产业供应链制定的政策相对较少。从全球供应链来看，许多工业制造的关键中间产品，如半导体硅片、液晶显示器等，均大量由日本企业供应，日本政府注重提升供应链弹性，保障全球供给能力，主要包括：（1）重视全球供应链构建与区域经济合作。2012年4月30日，日本和美国共同发布《美日全球供应链联合声明》[②]，在现有的海关、运输和海上安全问题合作的基础上，进一步加强供应链协作，构建更加强韧、富有弹性的全球供应链。为应对资源缺乏问题，日本积极利用全球资源促进国内供应链发展，其主导推动的《全面与进步跨太平洋伙伴关系协定》（CPTPP）于2018年正式生效。（2）建设可持续供应链。日本于2017年发布《基本氢战略》，旨在通过无碳氢技术的研发来构建安全、可持续的能源供应链，在国际清洁能源领域占据领先地位。此外，日本发布了《清洁木材法》《绿色采购法》等，建设原材料供应网从产地、运输、加工、进口到出口的全流程在线管理系统，以构建可持续的原材料供应链，降低跨区域供应链风险。（3）完善物流供应链体系。2017年，日本发布了《综合物流施政推进计划（2017年度~2020年度）》，主要内容包括：供应链协同，提高物流效率，如外包方与物流企业的合作、物流企业间协同运作；构建智能物流供应链、无缝连接与高附加值的供应链，通过采取标准技术、射频识别技术（RFID）、电子通关处理技术提升效率；与相关各方紧密合作，构建多运输方式协作的高效、一体、可持续物流供应链。

（四）启示与动向

1. 启示教训

综上所述，主要发达国家清醒认知本国在全球产业链供应链价值链分工格局中的竞

---

① 2013年，德国联邦教育与研究部推出《保障德国制造业的未来：德国工业4.0战略实施建议》，该文件指出："与物联网和服务深度融合的制造业正在迎来第四次工业革命，未来企业将以CPS的形式建立全球网络，整合其机器、仓储系统和生产设施……在制造业领域，这些CPS包括能自主交换信息的智能机器、存储系统和生产设施，它们能独立运行和相互控制。这有利于从根本上改善工业过程，包括制造、工程、材料使用、供应链和生命周期管理……工业4.0将通过CPS使企业业务流程实现动态配置，推进供应链持续调整，工程流程和制造流程更加灵活、可塑。"

② 日本政府网站，https：//japan. kantei. go. jp/noda/diplomatic/201204/30usa2_e. html。

争优势，结合本国综合国力发展，在此基础上努力维持巩固并提升本国竞争优势，进一步提升国家竞争力。通过分析可获得以下启示：一是明确和贯彻国家战略意图，掌握关键核心技术。美国将供应链作为一种战略思维或工具，用供应链思维解决国家经济发展和全球治理过程中存在的重大问题，除了保障本国经济安全、民生安全、国防安全乃至国家安全的表象目的外，更是将其国内发展矛盾外化，意图通过主导全球产业链供应链价值链重构让其他国家为其国内发展矛盾买单，借以维持美国在全球发展中的领先优势。以英国、德国和日本为代表的发达国家，跟从美国分享全球价值端分工的高收益，立足本国在全球分工中形成的竞争优势，不断应用新技术、扩大全球协作等手段构建高效、弹性、可持续的制造业供应链，巩固维护并提升本国竞争优势。英国和德国注重保持本国制造业竞争力和品牌影响力；日本则是注重保持全球供给的保障能力，以维护其在众多专业领域的隐性垄断优势。二是注重供应链管理，完善物流体系。不断应用最新信息化、智能化技术促进提升供应链水平，提高供应链应急能力，加强供应链安全国际合作，并通过一系列措施提升供应链企业绩效和企业间供应链协作能力，重视完善国内外物流通道和体系建设，是主要发达国家供应链战略的共同点，为我国保障产业链供应链安全稳定提供了很好的借鉴。同时，我国也要从发达国家产业链供应链战略中吸取教训，重点是防止"去工业化""去制造化""制造空心化"，此轮全球产业链重构是由发达国家实施制造业回流、再工业化战略引起，从而引发后续一系列问题。党的十九届五中全会明确提出"坚持把发展经济着力点放在实体经济上"[1]，我们要全面贯彻落实和系统部署，时刻警惕和防止经济发展虚拟化。

2. 动向应对

在全球供应链和价值链双重重构背景下，受中美竞争加剧、俄乌战争爆发、新冠肺炎疫情持续等因素影响，以美国为首的发达国家供应链战略出现新的动向，一方面进一步加速制造业回流，发达国家率先以在全球新冠肺炎疫情冲击下保护国家产业链安全为借口，采取政府补贴等方式鼓励位于其他国家的制造业部门向本国或利益密切相关的同盟国家加速回流和迁移，特别是开始把防疫物资、医疗器械、生物制药等相关产业链转移回本土进行生产制造，进一步推动了全球产业链供应链的现代化、本土化、区域化、集团化进程。另一方面开始采取预防性行动，对来自其他国家针对本国核心产业链的企业收购、兼并和投资行为普遍采取严格的审查和监管制度严加限制，以此来保护本国的重点产业链和战略新兴产业的国际竞争优势，进而保障本国产业链供应链安全。如近年来美国政府阻止了多起我国企业在美国的投资收购案；据德意志新闻社报道，德国联邦内阁于2021年4月8日决定修改《对外贸易和支付法》，旨在阻止遭受目前局势打击的德国企业等被外资趁机收购。

① 《中国共产党第十九届中央委员会第五次全体会议公报》，新华社，2020年10月29日，https://baijiahao.baidu.com/s?id=1681878111046302524&wfr=spider&for=pc。

最近美国对华策略不断强化升级，一是不断强化对我国的技术封锁和打压，特别是半导体等重点领域，实施局部完全脱钩策略。如 2022 年 8 月，美国正式签署《芯片和科学法案》，对美本土芯片产业提供巨额补贴，并要求任何接受美方补贴的公司必须在美国本土制造芯片；10 月，美国商务部发布《关于先进计算和半导体实施新出口管制制造细则》，限制美籍人员在没有许可证情况下支持中国半导体制造设施开发或生产集成电路，针对我国半导体行业进行釜底抽薪的打压，特别是增加了新的许可证要求，规定美籍人员到中国半导体公司工作或在中国创立半导体公司必须获得美国政府的许可。二是持续深化同盟封锁策略。据美国国务院官网 2022 年 7 月 20 日消息，美国与欧盟、英国、法国、德国、日本和韩国等 18 个经济体①于日前召开"2022 年供应链部长级论坛"，会后发表《关于全球供应链合作的联合声明》，提出基于国际伙伴关系建设集体的、具有长期复原力的供应链，试图扩大同盟范围，强化对我国的封锁排挤。

三、保障产业链供应链安全稳定的思路与对策

产业链供应链体系是构成产业经济运行的基本脉络，各类生产要素、资源、商品等沿着产业链供应链循环流转，产业链供应链是构建"双循环"新发展格局的核心抓手，是产业链供应链现代化的核心和基础，应从战略全局视角来加强保障产业链供应链安全稳定，并以其为构建产业生态系统和政策体系的核心逻辑。从国际发展格局看，中美竞争、大国博弈是一场持久战，提升自主创新能力和国家综合发展能力也要做好长期准备，因此保障产业链供应链安全稳定要全面布局、分期部署、分类施策。

（一）总体思路

严格遵循党中央部署，以习近平新时代中国特色社会主义思想为指导，直面全球产业链加速重构和大国竞争背景，秉持新发展理念，深入贯彻落实总体国家安全观，全面贯彻落实党中央国务院关于保障产业链供应链安全稳定的部署要求，增强底线思维、提高忧患意识，时刻保持战略定力，以全球视野、战略思维、全局谋划保障产业链供应链安全稳定运行，以产业链供应链为核心逻辑，立足既有国际竞争优势，以供给侧结构性改革为主线，注重需求侧管理，贯通生产、分配、流通、消费各环节，中长期战略和中短期策略兼顾，面上取胜和点上攻坚相结合，形成需求牵引供给、供给创造需求的更高水平动态平衡。尊重和利用市场经济逻辑，发挥新型举国体制优势，培育新型政府市场关系，重视制度改革和政策体系设计，建立中央地方及各部门协调沟通机制，构筑保障

---

① 18 个经济体包括：澳大利亚、巴西、加拿大、刚果民主共和国、欧盟、法国、德国、印度、印度尼西亚、意大利、日本、墨西哥、荷兰、大韩民国、新加坡、西班牙、英国和美国。

产业链供应链安全稳定的宏观管理体系和科技产业生态环境；中长期战略围绕以自主可控能力保持产业链供应链安全稳定展开，在"固本强基"上下功夫，从基础能力和核心能力两方面夯实、提升科技自主创新能力，构建我国拥有主动的科技和产业生态体系；中短期策略围绕加强需求侧管理展开，守住国内高端市场，在更高水平上加强对外开放和国际合作，积极开拓国际市场，坚持创新驱动和内需驱动，培育自主创新能力和高质量产业供给体系，塑造国际竞争新优势，有效保障产业链供应链安全稳定，提升产业链供应链现代化水平，推进构建"双循环"新发展格局，真正实现经济高质量、高效率、可持续发展，提高新国际格局中的话语权，加快中华民族伟大复兴进程。

（二）推进路径

目前以美国为首的发达国家拥有对全球产业链供应链体系的破坏和重构能力，以"零和博弈"思维为主导，遏制我国经济规模持续扩大和科技高水平自立自强，进而阻碍我国整体经济效能提升，维持发达国家的全球发展利益控制者和分配者地位，因此要有效保障产业链供应链安全稳定，必须兼顾国内高质量发展和国际竞争需要，巩固既有国际竞争优势，坚持在做大基础上做强的基本路径，与深化供给侧结构性改革、实施扩大内需战略、扩大高水平开放等有机结合起来，以制度改革为保障，充分利用国内超大规模市场优势，冲破发达国家的封锁和遏制，培育出高质量、更大规模、自主可控的产业链供应链体系。

1. 面上取胜，扩大和提升产业发展规模与质量

我国是当前全球产业链供应链体系的重要参与者，成为"世界低端工厂"的核心制造平台，我国既有国际竞争优势源于全球独一无二的综合优势，具体表现在相对齐全的国内生产制造体系、全球领先的劳动力综合优势、全球相对领先的基础设施建设和持续扩张的市场消费需求，我国经济和市场也在全球新冠肺炎疫情冲击下率先进入经济复苏阶段，这些综合竞争优势是我国参与全球产业链供应链重构竞争的立足点，我们要在巩固这一综合竞争优势的基础上打造新竞争优势，力争保持产业链供应链完整性，对外迁的产业低端环节要维持主导和控制，在持续做大产业规模基础上培育和提高自主创新能力和产业发展质量，才能经得起美国针对我国发起的全面战略竞争、技术封锁和科技创新遏制等较长时期的"零和博弈"。

2. 点上攻坚，提升自主可控能力

从当前国际竞争看，产业链供应链安全稳定，不仅是技术能力问题，在很大程度上也是国际竞争规则问题。要从根本上确保产业链供应链安全稳定，必须软硬兼备，增强产业链供应链自主可控能力，包括新技术驾驭能力和新规则驾驭能力。夯实技术基础，加快构建"全球前沿的国家战略科技力量＋重点产业链的关键核心技术创新突破能力＋

全球领先的本土高科技跨国企业技术"三位一体科技创新体系[①]，打造我国国际竞争新综合优势，同时全面提升参与规则制定力和规则适应力，增强风险管控能力，包括应对风险的抗冲击能力和多元替代的应变能力，培育提升国内企业竞争力和自主发展能力，有效维护产业链供应链安全稳定。

3. 制度改革为重，构建新型政府市场关系

长期以来，我国在关键核心技术创新领域缺乏自主创新能力，产业链供应链自主可控能力不足，最为突出的制约因素是体制机制性障碍，创新投入效率难以提高，创新生态环境难以构建。要推进制度改革，早日突破传统举国体制的局限性，充分发挥新型举国体制的政治、协同和战略优势，有效激发政府和市场的双重激励作用，构建中国特色的"政府＋市场"协同融合机制，科学统筹、集中力量、优化机制、协同攻关，构筑从"0"到"1"再到"N"的创新链产业链资金链协同融合的制度环境，实现关键核心技术创新的全面突破和产业化应用，从根本上保障我国产业链供应链安全稳定。

4. 市场需求为要，全面推进高水平开放合作

市场需求空间是当前国际竞争中的稀缺资源，是吸引众多国家企业投资的重要因素。我国有着超大规模的国内市场，而且如果在未来 15 年（自 2022 年起）人均 GDP 实现再翻一番的发展目标，我国消费市场规模也会再扩大一倍，同时我国人民日益增长的对美好生活的向往也会使高端市场规模持续扩大，借鉴日本、韩国发展经验，要守护好国内市场，利用市场规模经济来实现巨额创新研发投入和市场回报之间的互动，特别是利用高端市场空间培育提高国内企业自主创新能力，凭借巨大的国内市场打造国际竞争新优势。同时，在更高水平上全面推进对内对外的开放合作，优化国内区域产业布局和东西部地区协作，承接产业转移，减少产业外迁；大力开拓国外市场，构筑互利共赢的产业链供应链合作体系，共同维护全球产业链供应链稳定畅通。

（三）对策建议

自全球产业链进入重构调整开始，我国便高度重视产业链供应链安全，党中央、国务院围绕产业链供应链作出全面系统部署，"十四五"规划更是从技术、效率、安全等各个维度对产业链供应链发展进行了全面规划，不仅要求全产业链提升，而且要求各个行业都做好供应链战略设计和精准施策，包括宏观层面的国际供应链合作、中观层面的供应链区域和产业协同以及微观层面的供应链能力建设。各部委、各地方以及行业组织按照规划部署，积极施策落实，有效地推动和维护了产业链供应链的安全稳定运行。但

---

① 张杰、陈容：《中国产业链供应链安全的风险研判与维护策略》，载于《改革》2022 年第 4 期，第 12～20 页。

在当前国内外发展新态势下，我们认为不仅需要从国家战略层面强化协同，更需要在施政层面对技术攻关、需求驱动、开放合作等方面予以进一步明确和强化。

1. 制定实施国家产业链（供应链）安全战略

切实落实中央文件、"十四五"规划相关产业链供应链的要求和部署，从国家层面制定实施产业链（供应链）安全战略，秉持从战略规划部署到政策措施落实均以产业链供应链安全稳定为核心逻辑的思路，从国家战略高度统一思想和行动。建立产业链供应链稳定性评估评价体系，特别是要建立战略性、关键性重点产业的产业链供应链安全评估制度，构建深层次安全管理体系和机制，支持国内优势企业增强产业链主导力和供应链管控力，达到供应链全球化与产业链安全的平衡，保证我国长期稳定地深度嵌入全球供应链体系。完善健全产业链供应链风险预警与应急机制[①]，特别是要加快建立基于突发事件的产业链供应链预警体系，建立储备充足、反应迅速、抗冲击能力强的应急体系，及时把握突发事件影响，提前开展风险预警和干预。强化包括区域和产业两个层面的产业链供应链协同机制，增强地区间和企业间的产业链供应链协作意识和协同效能。扩大供应链创新与应用试点，加强供应链行业组织建设，加强供应链信用和监管服务体系建设等。

2. 聚力加速实现技术自主能力突破

从美国对我国竞争策略不断升级趋势看，加快技术自主能力突破、实现创新驱动显得非常紧迫，要转变对美国的斗争思维和理念，树立自信、敢于斗争，从"技不如人""器不如人"的"跟跑竞争"思维向"并跑斗争""领跑抢争"思维转变，强化国家战略引领，制定实施"固本强基"中长期战略，从基础能力和核心能力两方面夯实、提升和强化我国科技斗争力量。在重点领域组织实施"大科学项目"寻求原创性突破，积极探索适应大科学、大数据、互联网时代新要求的科研活动协同合作新方式，提高原始创新能力。以关键核心技术、共性技术、前沿引领技术、现代工程技术、颠覆性技术的创新等为突破口，构建关键核心技术和共性技术研发攻关机制，提高关键核心技术自主创新能力。重点关注人工智能、海洋、太空、网络空间、核聚变、现代生物、新能源等未来中美竞争在所难免的新兴领域，超前部署技术创新、应用开发与产业化，抢占未来竞争制高点。制定鼓励科研人员专注研发、潜心研究的评价办法，探索构建科技创新分类评价体系，释放科研创新潜力和活力，以创新收益分享、人才培育、知识产权保护等构筑科技创新及产业化的动力激励、人才保障和权益保护，促进和保障科技创新及产业化的顺畅动作，构建与美国相对独立的科技生态体系，提高创新体系整体效能，最终形成我国主导的供应链体系，才能从根本上保障我国产业链安全。

[①] 目前国家发展和改革委员会已经指导各地建立产业链供应链风险监测处置体系，做好重点地区、重点行业的复工复产情况监测分析，及时掌握产业链供应链运行情况和苗头性风险。

3. 充分利用和保护国内需求市场

借鉴日本、韩国发展经验，加强需求侧管理，立足国内市场特别是高端产品市场，培育提升自主可控能力，牵引供给体系水平和质量的提高，增强产业链供应链的稳定性和安全性。顺应消费升级趋势，全面促进消费，加快物联网、5G 基站、新能源汽车充电桩等以数字化和信息化为特征的新型基础设施建设，培育新型消费市场；加快收入分配改革、养老制度改革，为消费奠定更坚实的基础；加大政府采购支持自主创新的力度，大力开展首台（套）重大技术装备、首批次新材料、首版次高端软件产品研发及推广应用，培育和拓展自主创新产品的市场空间；加强市场监管和消费者权益保护，降低维权成本，提高消费者对国货的信心，不断完善"优质优价"的消费环境，从而有效扩大内需，特别是高端产品市场需求，进而优化供给体系。

4. 加快构建区域性产业链供应链体系

在全球供应链体系已经融合众多发达国家和发展中国家根本利益的情形下，全球产业链供应链重构，极有可能会暂时被分解为"区域产业链供应链体系"，以区域一体化模式来继续全球一体化。顺应未来一段时期全球化模式变化，务实推动产业链供应链国际合作，高质量共建"一带一路"，推动《区域全面经济伙伴关系协定》（RCEP）的高质量实施，发挥二十国集团、亚太经济合作组织等多边机制作用，构建安全高效、循环畅通、互利共赢的区域性国际化产业链供应链体系。积极参与甚至主导推进各种形式的区域经济一体化发展和升级，以"去美国化"应对美国的"去中国化"，同时通过因地制宜深化制度、管理和服务创新，为企业拓展海外市场搭建新贸易通道，力争在区域性开放合作层面获得保障产业链供应链安全稳定的自主能力和战略空间，实现局部领域突破和崛起，积蓄力量，在未来新一轮全球化大潮中赢得竞争。

5. 着力提高企业自主发展能力

在推进产业链供应链协同创新方面，通过强化企业创新主体地位，健全和规范政府对企业的管理体制，减少政府部门对微观经济活动的直接干预，通过对创新型企业、国家技术创新示范企业、高新技术企业等的认定和扶持，以及激励企业建立研发中心、申请自主知识产权等一系列措施，引导企业健全自主创新的激励机制，有效激活、释放企业人员的创新动力，进一步理顺产学研的功能定位，明确企业对科研成果的所有权和使用权，提高协同创新效率。充分发挥优质企业在保障产业链供应链安全稳定中的重要作用，聚焦重点行业、重点领域，培育一批具有全产业链引领力和国际影响力的龙头企业；完善支持中小企业发展的基础性制度、公共服务体系等，大力培育专精特新"小巨人"企业和制造业单项冠军企业；强化国有企业战略支撑和责任担当，突出引领带动，发挥国有企业保链、稳链、延链、强链的重要作用。鼓励企业的数字化、网络化和智能化发展，鼓励企业参与国家供应链创新与应用试点，支持有条件的企业建设工业互联网平台和数字供应链体系，推动大中小企业融通发展，打造大中小企业创新协同、产能共享、供应链互通的新型产业创新生态，提高企业的自主发展能力和资源整合能力，进而提升产业链供应链运行效率和全球竞争力。

本章参考文献

[1] 何黎明：《产业链供应链安全稳定与现代化》，载于《供应链管理》2021 年第 1 期。

[2] 沈竹林、赵志丹、袁军、黄德森、赵亮：《全力保持产业链供应链安全稳定》，载于《习近平经济思想研究》2022 年第 1 期。

[3] 王静：《新发展格局下中国产业链供应链安全稳定战略的逻辑转换》，载于《经济学家》2021 年第 11 期。

[4] 金碚：《以自主可控能力保持产业链供应链安全稳定》，载于《中国经济评论》2021 年第 2 期。

[5] 张杰、陈容：《中国产业链供应链安全的风险研判与维护策略》，载于《改革》2022 年第 4 期。

[6] 王宏利、刘新敏、陈文文：《维护我国产业链供应链安全稳定若干思考》，载于《开放导报》2021 年第 2 期。

[7] 魏际刚：《聚焦产业链供应链稳定》，载于《中国经济时报》2022 年 6 月 27 日。

[8] 张连起：《产业链供应链安全稳定之思》，载于《人民政协报》2021 年 3 月 8 日。

[9] 蒋建军：《新发展格局下推动产业链供应链安全稳定发展的思路与策略》，载于《商业文化》2022 年第 5 期。

[10] 王茜：《逆全球化趋势下维护我国制造业产业链供应链安全稳定的政策建议》，载于《智慧中国》2022 年第 8 期。

[11] 许召元：《坚持自主可控 确保安全稳定》，载于《经济日报》2021 年 2 月 18 日。

[12] 苟建华、孙卓：《新发展格局下数字经济赋能产业链供应链安全稳定发展路径研究》，载于《全国流通经济》2022 年第 22 期。

[13] 梅冠群：《统筹谋划海外仓建设，维护产业链供应链安全稳定》，载于《中国发展观察》2022 年第 1 期。

[14] 刘志彪、凌永辉：《论新发展格局下重塑新的产业链》，载于《经济纵横》2021 年第 5 期。

[15] 张杰：《中美战略格局下全球供应链演变的新趋势与新对策》，载于《探索与争鸣》2020 年第 12 期。

第十章

产业链供应链自主可控问题研究 *

内容提要： 在当前形势下，产业链供应链自主可控对一国经济平稳运行和持续发展至关重要。受国际经贸格局变化、新冠肺炎疫情冲击等多方面因素影响，在外部国际产业循环不畅的情况下，上游断供、技术打压、市场封锁、国际脱钩导致我国产业链供应链不稳不强的问题日益凸显。导致这一问题的主要原因是我国嵌入式分工合作路径长期沿袭、追赶型经济固有的发展水平差距、国内市场竞争无序、产业发展生态不优，其中既有工业化进程的规律性因素，也有基于我国实际的特殊性因素。针对此，需要把握好内外平衡关系、新旧接续关系、整零畅通关系、要素支撑关系，在前端补链、后端延链、能级提升、动能再造、国内循环、开放合作六个方面积极发力、寻求突破，不断增强产业链供应链自主可控能力、提高国民经济运行的弹性和韧性。

改革开放以来，我国制造业通过融入国际分工体系、嵌入全球产业链获得快速发展，融入全球化带来的增长效应显著促进了制造业发展和产业体系建设。当前，全球产业链供应链格局变化导致我国产业发展的薄弱点、风险点日益凸显，带来成本上升、链条断裂、升级受阻等一系列问题。增强产业链供应链自主可控能力已经成为经济行稳致远和制造业高质量发展的紧迫任务，亟待找准路径、加大支持，尽快扭转关键环节和领域频频"卡脖子"的严峻形势。

一、关于产业链供应链自主可控的基本认识

从全球化发展演进来看，在市场经济条件下，国际分工是促进资源优化配置、提高发展效率和质量的有效途径。亚当·斯密的绝对优势理论、大卫·李嘉图的比较优势理论、马歇尔的规模经济理论以及由此衍生出的诸多经济理论和模型，都强调国际分工对一国经济增长和财富积累的重要性。分工之所以重要，其核心还是强调在供给端的要素

---

* 本章执笔人：徐建伟。

流动对提高生产效率的重要作用，以及在需求端的市场联通对扩大生产规模的重要性。得益于国际分工的大规模和深入开展，发达国家的科技创新资源和市场潜力得到充分挖掘，发展中国家的劳动力、土地等要素优势得到充分释放，国家间的开放合作水平不断深化和提高。但是，近年来，经济全球化遭遇逆流，单边主义、保护主义、孤立主义上升，欧美等主要国家和地区对于全球创新合作、国际产业分工、产品贸易往来的干预不断增多，各国发展的自主性不断增强，一些国家甚至把产业链供应链政治化、武器化，既往有利于国际分工合作的条件正在发生重大调整，由此给各国经济发展带来深刻影响和变化，如何处理安全与发展、自主与效率的关系成为摆在各国面前的重要抉择。

从我国发展实际来看，坚持统筹发展和安全是贯彻总体国家安全观的重要方面，实现高质量发展和高水平安全的良性互动、动态平衡成为各项工作的重中之重。习近平总书记强调，产业链供应链在关键时期不能掉链子，这是大国经济必须具备的重要特征。[①]当前，面临外部经济环境变化、外部势力打压、新冠肺炎疫情冲击等挑战，市场和资源"两头在外"的国际大循环动能明显减弱，我国产业发展运行的不确定性和波动性不断加大。同时，我国产业链供应链也存在着风险隐患，产业基础投入严重不足，产业链整体上处于中低端，大而不强、宽而不深。为此，需要在进一步巩固、扩大、优化国际经贸合作的同时，聚焦"卡脖子"领域和薄弱环节发力，提升产业链供应链稳定性和产业综合竞争力，在关系国计民生和国家经济命脉的重点产业领域形成完整而有韧性的产业链供应链，为经济增长筑牢更加安全、更加可靠的基础。

二、我国产业链供应链自主可控面临的主要挑战

（一）技术打压导致创新升级难度增加

经过多年持续发力，我国全社会研发投入从 2012 年的 1.03 万亿元增长到 2021 年的 2.79 万亿元，研发投入强度从 1.91% 增长到 2.44%，创新能力综合排名由 2017 年的世界第 22 位上升至 2021 年的第 12 位。[②]但总体上来看，我国在科技创新方面的实质性突破仍然局限在部分行业和领域，大量的基础共性技术、关键核心技术和未来前沿技术仍然积累不足，与发达国家差距明显，在底层基础技术、基础工艺能力以及工业母机、高端芯片、基础软硬件、开发平台、基本算法、基础元器件、基础材料等方面"瓶颈"突出。例如，国产传感器可靠性指标比国外同类产品低 1~2 个数量级；国内高端数控系统

---

① 中共中央宣传部、国家发展和改革委员会：《习近平经济思想学习纲要》，人民出版社、学习出版社 2022 年版，第 6 页。

② 《我国成功进入创新型国家行列》，光明网，2022 年 6 月 6 日，https：//m.gmw.cn/baijia/2022－06/07/35792254.html。

在功能上与国外先进水平差距不大，但在技术成熟度上差距明显；我国 T1000 超高强度碳纤维的抗拉强度和弹性模量指标相比日本产品还有约 10 个百分点的差距。[1] 近年来，欧美国家对华技术封锁变本加厉，不断扩大对华科技限制领域，通过限制科研交流往来、调查华人科学家、阻挠企业科技合作等，试图在全球构筑对华科技封锁网，阻碍中国高新技术产业发展步伐。[2] 在发达国家戒备之心与日俱增的情况下，其对华技术输出、创新合作、科技交流等领域严格限制之势短期难以缓解，将导致我国企业创新合作难度增大、技术开发成本增加、发展不确定性加大。

（二）上游断供导致生产运行震荡加大

我国在重大技术装备、关键材料、核心零部件、高端软件等中间投入品上依赖进口，一些高度国际化的支柱产业，如电子信息、汽车、高端装备等，断供风险大、"卡脖子"隐患凸显。从重要产品和技术来看，2020 年我国生物技术、航空航天技术、计算机集成制造技术、电子技术进口额与出口额之比分别达到 362.13%、298.10%、285.78%、216.54%，纺织原料、集成电路、医药材及药品进口额与出口额之比分别达到 323.81%、300.48%、161.84%，其中，汽车芯片进口占比超过 95%。在国际竞争最激烈的半导体领域，我国半导体需求占全球比重为 23%，半导体芯片设计、封装测试环节分别占全球的 10% 和 20%，但光刻机等关键设备、EDA 软件、核心 IP、集成器件制造等占全球的比重不到 3%，存在突出的"卡脖子"问题。[3] 在关键材料方面，我国是基础化学品出口大国，然而合成树脂、合成橡胶、合成纤维等领域高端专用料牌号和部分关键单体依赖进口，高规格电子化学品等高端专用化学品进口依存度较高；我国钢铁产量全球占比超过一半，但高端轴承钢、高性能模具钢、超高强度不锈钢、航空发动机及燃气轮机用高温合金等短板材料依赖进口；航空用铝合金板带及型材、钛合金型材、航空紧固件用钛合金丝材、高纯难熔金属单晶材料、数控硬质合金等存在明显短板。目前，由于上游进口受限已经导致国内企业出现采购周期延长、成本升高、产品开发受阻、生产经营停滞等问题，给产业链稳定运行造成巨大冲击。例如，受芯片短缺等因素影响，一些国产手机品牌出货量出现下降，部分汽车企业生产线则面临停产风险甚至一度停产（见表 10-1）。

表 10-1　　　　　2020 年我国部分产品及技术进出口情况

	出口额（亿元）	进口额（亿元）	进口/出口（%）
汽车（包括底盘）	1 089.5	3 241.8	297.55
生物技术	82.7	299.4	362.13

---

① 《智能传感器破局中国物联网》，载于《产业通信报》2021 年 3 月 13 日。

② 《美对华技术封锁害人伤己》，新华社，2020 年 7 月 9 日，https://baijiahao.baidu.com/s?id=16717236121878678989&wfr=spider&for=pc。

③ 荣晨：《构建新发展格局的基本理论：内涵和逻辑体系》，载于《宏观经济管理》2022 年第 1 期。

续表

	出口额（亿元）	进口额（亿元）	进口/出口（%）
纺织原料	155.8	504.5	323.81
集成电路	8 056.3	24 207.3	300.48
航空航天技术	447.3	1 333.5	298.10
计算机集成制造技术	1 371.9	3 920.6	285.78
电子技术	12 708.6	27 519.5	216.54
电子元件	14 363.6	28 084.4	195.53
医药材及药品	1 593.9	2 579.5	161.84
计量检测分析自控仪器及器具	1 744.2	2 795.4	160.27
存储部件	1 200.2	1 775.6	147.95
光电技术	1 857.8	2 292.5	123.40
钟表及其零件	251.2	308.1	122.66
基本有机化学品	2 720.7	2 983.3	109.65
纸浆、纸及其制品	1 456.0	1 592.1	109.34
生命科学技术	2 845.9	2 944.6	103.47
机床	442.5	457.7	103.44
车用发动机	119.9	123.7	103.17

资料来源：根据海关总署海关进出口数据统计整理计算。

（三）市场封锁导致能级提升阻碍增多

我国制造业面向广阔的出口市场形成了强大的生产制造能力和显著的规模经济效益。当前，部分国家祭起贸易保护大旗对我国出口产品进行打压，如美国前总统特朗普先后对价值近 3 700 亿美元的中国商品加征了四轮关税，其中，电气设备、机械设备、电子产品等机电产品加征关税较多，家具、塑料制品等劳动密集型产品也受到显著影响。加征关税倒逼一些国际品牌商和代理商减少中国订单、强化订单转移，导致国内优势产能难以释放、需求订单频繁波动。由于我国企业长期沿袭出口加工业务，在出口关税提高、国外订单严重脱节等影响下，企业产品外销受阻、内销市场开拓滞缓，在市场和销售端的短板充分暴露出来，给企业生产经营和转型调整带来很大压力。2020 年，美国出口额占我国商品出口总额的 17.4%，在家电等领域超过 20%，笔记本电脑、手机等单项产品的出口额都超过 300 亿美元，双边市场震荡的影响不容忽视。2020 年，我国传统优势产品服装及衣着附件、鞋靴、帽类、箱包及类似容器等出口额同比下降 6.0%、20.9%、13.1%、23.9%（见表 10 - 2）。以美国鞋类市场为例，根据美国商务部数据，我国出口占比持续下降，越南占比则持续提高，2022 年 1 ~ 5 月已经达到 22.6%。国外高端市场封锁还会导致创新型企业先占优势丧失、获益空间减少。例如，一些中国企业和机构被一些国家以国家安全为由列入实体制裁清单，对企业推广新技术、新产品和扩大市场形成制约。

表 10 - 2　　　　　　　　2020 年我国主要商品出口额及同比增速变化

	出口额（亿元）	同比增速（%）
纺织原料	156	-28.0
铁合金	58	-26.8
皮革、毛皮及其制品	511	-24.5
箱包及类似容器	1 429	-23.9
合成有机染料	84	-23.3
鞋靴	2 454	-20.9
烟花、爆竹	45	-18.5
伞	141	-17.2
笔及其零件	154	-15.6
钢材	3151	-14.8
未锻轧铝及铝材	907	-13.6
帽类	271	-13.1
美容化妆品及洗护用品	295	-10.6
未锻轧铜及铜材	376	-9.7
橡胶轮胎	965	-9.3
肥料	467	-7.5
服装及衣着附件	9 520	-6.0
纸浆、纸及其制品	1 456	-4.0

资料来源：根据海关总署海关进出口数据统计整理计算。

（四）生态脱钩导致自主发展形势趋紧

一些国家对我国的打压和封锁没有停留在产品供需上的"硬割裂"，还谋求在产业发展生态上闭合循环，对我国实施"脱钩断链""软出局"。德国总理朔尔茨认为，德国企业不能过于依赖中国供应链和市场，而应该更多地着眼于"多元化"。欧盟制定的工业行动计划旨在减少六个战略领域对中国和其他外国供应商的依赖，包括原材料、原料药、半导体、电池、氢能以及云计算等领先技术。2022 年 9 月 12 日，美国总统拜登签署一项行政命令，支持国内生物制造业发展并且减少对中国在新药品、化学品和其他产品的依赖。发达国家还利用其在国际组织中的话语权和影响力，改变全球贸易和技术规则中的法规、标准等，限制中国企业参与国际合作或是将中国排除在相关组织和联盟之外。一些国家积极组建针对中国的地缘政治与安全、科技、经济和意识形态等联盟模块，如"芯片联盟"等，妄想通过构建排他性、对抗性的逆全球化"小圈子"达到孤立、割裂与中国的产业、技术和市场联系的战略企图。此外，随着欧盟工业5.0等理念的提出，发达国家可能会在绿色低碳、劳工保护、知识产权、国有企业、市场采购等方面构筑更多壁垒，从而抬高我国企业参与全球合作的成本甚至剥夺企业国际化发展的机会。基于此种情况，要实现国内自主发展与国际合作发展的有效衔接和高效转换难度不小、挑战很大，需要我们保持战略定力、做好统筹部署、打开开放合作新局面。

三、产业链供应链自主可控能力不足的主要原因

（一）国际分工深化导致产业协作外部化

由于深度融入全球分工体系，国际化的产业协作很大程度上替代了本土产业协作，部分国内企业与国外零部件供应商、品牌运营商、终端零售商等合作紧密，内生自主的产业关联被打破。在内循环为主的经济体系中，材料与装备、机械与电子、硬件与软件、制造与服务之间是相互衔接、互为支撑的。长期嵌入国际分工体系导致国内产业发展"多线"断裂，"有产业无关联""有企业无协作"的现象比较突出。从供给端来看，大量企业在重大生产装备、核心零部件、关键材料等方面依赖进口，"卡脖子"问题突出。2021年，我国进口机电产品7.37万亿元，占进口总值的42.4%，其中集成电路进口数量达到6355亿个，金额达27934.8亿元。[①] 在半导体关键装备——光刻机上，美国不断扩大对我国光刻机的进口限制范围，一些企业被要求禁止对华提供的芯片制造设备从10nm工艺制程扩大到14nm工艺制程。由于国内企业在长期对外合作中，形成了"重生产轻技术""重主机轻部件""重引进轻自主"的发展惯性，主机和成套设备、电子整机产品等陷入"空壳化""缺芯化"发展困境，产业自主性和控制力长期偏低，结构性失衡问题突出。从需求端来看，一些企业在产品开发、市场订单、售后服务等方面处于被动地位，习惯于"前店后厂""外店内厂"的接单代工式生产。随着全球经贸摩擦加剧，来自外部的零部件断供、技术合作破裂、出口市场打压等震荡风险加大，给国内企业维护产业链供应链畅通、保障生产稳定运行带来巨大挑战。

（二）发展水平差距导致升级路径跟随化

国际比较来看，我国科技创新"瓶颈"依然明显，仍处在从点的突破迈向系统能力

---

① 《首破3万亿美元！2021机电产品进出口额创新高》，中国商务新闻网，2022年1月21日，https：//baijia-hao. baidu. com/s?id=1722530569989285812&wfr=spider&for=pc。

提升的转折时期，还不能有效满足高质量发展的要求，技术创新成果中具有原创性、颠覆性和高价值含量的专利数量偏少，核心技术受制于人，"卡脖子"问题突出，要在短时间内构建创新生态、实现技术赶超并非易事。由于发展起步晚、技术积淀不足，重大技术装备仍是我国制造业发展的薄弱环节，产品性能、使用寿命、质量可靠性等相比世界先进水平还有较大差距，部分领域甚至存在技术和供给空白。目前，我国在高档数控机床、机器人、集成电路及专用设备、飞机和航空发动机、高性能医疗器械等领域与主要制造强国差距巨大。[1] 在高端数控机床领域，大部分国内市场被日本的发那科、牧野和马扎克、德国的 DMG 和哈默、美国的哈斯等跨国企业控制。目前，我国三方专利数量仅有日本的 1/4 ~ 1/3，在技术方向覆盖面、领域均衡性上相比日本、美国、德国仍有较大差距。其中，日本和美国三方专利覆盖了接近 95% 的技术焦点，德国在 70% 左右，我国只有 50%。[2] 同时，由于我国产业发展依赖进口国外技术、关键装备和重要零部件，虽然实现了生产能力和市场竞争力的快速提升，但是基础不牢、底子不稳，"卡脖子"问题突出，多数领域都处于"跟随者"和"追赶者"状态（见表 10 – 3）。以浙江省某市电气行业为例，在 11 900 家生产企业中，规上企业仅 1 000 多家，大量中小企业研发创新能力不足，中低端产品占比超过 70%，同质化竞争激烈，缺少具有自主知识产权的创新型产品。

表 10 – 3 部分国家科技创新水平比较

	研发经费支出占 GDP 比例（%）	每百万人研发人员数量（个）	三方专利技术焦点覆盖度（%）
中国	2.40	1 307	约 50
美国	2.83	4 412	约 95
德国	3.13	5 212	约 70
日本	3.28	5 331	约 95
韩国	4.53	7 980	约 50

注：中国研发经费占比为 2020 年数据，美国每百万人研发人员数量为 2017 年数据。
资料来源：根据世界银行数据库、国家统计局数据整理。

从企业主体来看，链主型企业、基底型企业和生态主导型企业是构建产业链的关键中枢。由于跨国企业成为我国产业链的重要构建者和治理者，国内缺少能够主导产业链构建的链主型企业，导致产业链话语权缺失。根据清华大学全球产业研究院的相关研究，中国全球产业领军企业的数量、质量与 GDP 在全球的相对地位尚不匹配，在冠军企业国

---

[1] 中国工程院：《坚定不移建设制造强国推动制造业高质量发展——制造强国战略研究（三期）综合报告》，2019 年。
[2] 中国科学院科技战略咨询研究院：《2021 技术聚焦》，2021 年。

别分布方面，美国冠军企业和获奖企业（行业前四名份额集中度）分别占全球比重的49.4%和44%，中国分别占全球比重的14%和16%，且主要集中于房地产、家用电器等传统行业。[1] 由于将发展优势锁定在加工组装环节，大量的企业技术水平相近、市场定位趋同、产品同质竞争，在研发设计、质量管理、客户服务等方面相比发达国家差距明显，在技术创新、标准制定、组织协调上缺乏行业引领力和带动力。由于部分产业发展路径"短平快"，是在引进国外技术和进口零部件的基础上发展起来的，企业集中在显示度高的下游组装和终端领域，支撑产业发展的重大装备、关键材料、共性技术等积淀薄弱，基底型企业不稳不强的问题非常突出。这在苹果手机零部件产业链表现得较为突出，国内企业在中等和低价值零部件分布较为集中，日本、美国企业则集中在高价值和中等价值零部件领域（见表10-4）。近年来，国内一些平台型企业快速成长，在构建产业新生态上起到了积极作用，但在资源整合、业态模式等方面还处在探索之中，存在互相模仿、重复建设的问题。

表10-4 苹果手机零部件供应商价值链分级（供应商个数）

	高价值零部件	中等价值零部件	低价值零部件	总数
中国	5	24	6	35
中国台湾	8	19	18	45
韩国	5	3	1	9
日本	17	18	6	41
美国	14	9	6	29
主要产品	内存芯片、动态存储芯片、显示屏、操作系统、分立器件、触控模板等	电池、功率放大器、充电器、磁性元器件、电池、电阻、精密马达等	金属机壳、机构件、辅料、铰链和枢轴、包装印刷品、代工厂等	—

资料来源：康江江、张凡、宁越敏：《苹果手机零部件全球价值链的价值分配与中国角色变化》，载于《地理科学进展》2019年第3期。

（三）市场竞争无序导致企业协作割裂化

国际化的产业协作很大程度上替代了本土产业协作，导致国内不同产业和环节间互不衔接、支撑断裂，"有产业无关联""有企业无协作"的现象比较突出。[2] 一是产业链上下游合作断裂，国内企业对国外零部件和材料供应商高度依赖，本土零部件和材料企

① 清华大学全球产业研究院：《全球产业研究图谱（2022）》，2022年。
② 徐建伟：《优化国内产业协作关系是产业链现代化的当务之急》，载于《中国经贸导刊》2021年第11期，第61~63页。

业想要替代国外供应商、嵌入本土产业链难度很大。二是产业间支撑协作被打破，企业在技术装备、软件系统、关联服务等方面倾向于选择高端优质的国外供给，自主创新产品推广应用的市场机会稀缺。由于产业协作断裂、"孤岛"效应突出，导致本土企业在产品供需互动、技术合作开发、新品推广应用等方面存在明显不足，推进国内自主建链的任务重、成本高、难度大。三是受各地做大经济体量、抢抓发展新动能等影响，一些地区在发展中思路不清、定位不明，未能根据当地发展基础和条件找准产业发展方向、集中发力，反而呈现诸多产业无序发展乱象。有的地方在发展中主导产业不清晰、"胡子眉毛一把抓"，甚至秉承"捡到篮子都是菜"的思想，引进了大量缺乏关联度、集聚度的产业项目，既不成链、也不成群，导致资源配置效率不高、耦合协同效应偏低。

（四）发展生态不优导致自建链群封闭化

出于做大经济总量、做强产业链条等考虑，一些地方和企业链群封闭化发展倾向增加。一是部分地区不顾自身发展条件，竞相提出自建世界级先进制造业集群，全周期布局研发创新、加工制造、增值服务等产业链上下游环节，甚至打造从科技创新到转移转化再到推广应用的全过程。例如，各地重复布局高端芯片项目以及全链条布局电动汽车、氢能源、数字经济等新兴领域的现象非常普遍。一些地方把产业发展的必要条件当作充分条件，不论是有氢气资源，还是有整车企业，或是有相关科研机构，都在不遗余力地推进氢能源全产业链布局发展。二是越来越多的企业推进建设自我主导的产业生态圈，如众多家电龙头企业提出建设全场景智能家居解决方案，这些方案很大程度上是可以共享或兼容的。链群封闭发展可能导致产业重复建设、资源过度竞争、市场碎片化等问题，最终不利于链群协作体系和良好竞争生态的构建。三是自主创新产品推广应用生态不优。自主创新技术和产品需要在市场应用中不断调整优化，其过程是循环递进的，不可能一步到位。由于我国创新技术和产品的商用生态尚不完善，科技成果工程化开发和产业化应用的复杂性高、难度大，不少研发止步于实验室与样机阶段。而且，国外优质产品在国内市场占有率高、竞争力强，也导致自主创新技术和产品没有足够的市场空间来推广应用，产品性能提升和迭代升级的机会严重缺失。更有甚者，出于对国外产品的"过度"信赖，即使国内一些产品在质量性能和产品寿命上达到使用要求，采购和招标过程中仍然存在"国民歧视"现象，产品推广应用存在障碍和制约。

四、提高产业链供应链自主可控水平的总体思路

从国际上来看，世界制造强国都具有较强的自主可控能力。作为世界第一制造强国，美国具有创新引领型控制力，核心是依托强大的技术和产品创新能力，形成较强的全球

价值链治理能力，最终实现高水平的价值创造能力。美国凭借强大的创新资源、一流的跨国企业、关键的产业环节和高端的市场需求，在构建、影响、引领制造业生态体系的主要方面都能够做到以国内为主，对国外资源要素和产业依赖较高的主要是一般领域和低端环节，并不会对国内制造业发展构成核心制约。日本、德国等是高水平的制造强国，属于产业链控制型生态，核心是拥有强大的生产制造能力，占据产业链的高精尖环节，包括与之配套的应用型技术开发、高技能人才培养、关键装备及材料生产、产业配套能力建设等。虽然日本、德国等国家在原创创新上对美国有较深依赖，但其强大的创新转化与应用型技术开发能力，与美国的原始创新能力相互依存，地位近乎对等。这些国家制造体系相对完备，既拥有链条主导型企业，也拥有关键核心配套企业，并且在一些区域进行对外投资，实现产业链国际化拓展延伸（见表 10 - 5）。

表 10 - 5　　　　　　　　　部分国家制造业控制力比较

	创新引领型	产业控制型	分工嵌入型
核心控制环节	内源创新＋全球治理＋价值创造	创新转化＋高端站位＋链条协同	多头在外＋分工嵌入＋生产制造
关键构成要素	强大的创新资源、一流的跨国企业、关键的产业环节、高端的市场需求	高水平的应用型技术开发、高技能人才培养、关键装备及材料生产、产业配套能力建设	劳动等一般要素的成本和效率优势
核心优势	强大的技术和产品创新能力	强大的高精尖制造能力	低成本、高效率的加工组装能力
分工地位	全球制造业生态的主导引领者	全球制造链条联动发展的关键中枢	全球制造业分工的嵌入跟随者
代表国家	美国等	日本、德国等	中国、越南等

资料来源：笔者根据相关资料整理。

对比来看，我国作为快速崛起的制造业大国，在长期的追赶发展历程中，积极承接国际资本和技术转移，大量进口关键核心零部件，在资本、技术、关键零部件、市场等方面高度依赖国外企业，在面临技术摩擦、资本封锁、市场打压的情况下，国内制造业转型升级会面临自身支撑不足的"瓶颈"和产业循环不畅的挑战。面临新的发展形势、进入新的发展阶段，我国在产业结构体系上与德国、日本相似，具备增强产业链核心控制力的良好基础，又因面临国外技术封锁和打压，有着提高自主创新能力、形成创新引领型控制力的现实需要。基于时代背景和国情条件，我国需要以实施更大范围、更宽领域、更深层次对外开放为前提，对外拉紧国际产业链对我国的依存关系，通过国际合作阻止打击全球产业链供应链的恶劣行为，维护产业链供应链的全球公共产品属性；对内在关系国家安全的领域和节点构建自主可控、安全可靠的国内生产供应体系，力争重要产品和供应渠道都至少有一个替代来源，形成必要的产业备份系统，在关键时刻可以做到自我循环，确保极端情况下经济正常运转。在这一过程中，需要把握好内外平衡、新旧接续、整零畅通、要素支撑四个重要关系。

（一）把握分工合作中的内外平衡关系

产业是全球高度分工的，当前发展形势又催使各国增强自主发展倾向。出于经济安全和稳定发展的考虑，要坚持"内向发力"，稳步推进"卡脖子"隐患突出的重大技术装备、关键材料、核心零部件等领域攻坚突破，不断增强产业链供应链自主可控的能力和底气。出于国际合作和扩大市场的考虑，要坚持"外向拓展"，着力推进产业链供应链国际合作稳固化、多元化、弹性化，尤其要加强与欧盟、日韩、东盟国家的全面合作，织密织牢国际分工协作网络。

（二）调和体系优化中的新旧接续关系

领域齐备、门类齐全的产业体系是稳定产业链供应链的强大依靠。一方面要稳定基石，高度重视传统优势产业、基础产业对产业体系稳定高效运行的支撑作用。通过稳定传统和基础产业发展优势，把深耕制造、做强实业的资源要素和文化精神传承下来。另一方面要做大增量，加强对战略新兴和未来前沿产业的系统性谋划和链条式布局，防止在新的领域再走传统发展路径，形成又一轮的发展短板和"瓶颈"，争取做到与世界先进水平同步甚至领先。

（三）优化链条建设中的整零畅通关系

整零关系是产业链供应链运行的核心。强大的产业链供应链首先要有"整"的纲领，只有培育形成一批强大的产业链链主型企业和终端集成型产品，才能把产业链条的架构搭建起来，构建起现代产业体系的"梁柱"。同时，还要有"零"的支撑，只有形成一批专精特新的配套型企业和零部件原材料产品，才能把产业链条贯通起来，使得现代产业体系"血肉鲜活"。

（四）强实协同联动中的要素支撑关系

产业是竞争的外在，要素是竞争的内核。强大的产业链供应链必须以强大的要素支撑体系为保障。加快构建与制造业高质量发展相适应的科技创新体系、金融服务体系、人力资本体系是现代产业体系建设的一项重要任务，否则产业链供应链稳定和高效运行就成为"无本之木""无源之水"。在各支撑要素均衡发展的同时，要进一步增强相互间的联动与协同，密切产业、科技、资本、人力等要素的联系，形成互相促进、互为支撑的良性循环格局。

五、增强产业链供应链自主可控能力的政策措施

（一）聚焦前端补链，更多依靠自主发展突破"卡脖子"环节

一是突破"技术关"，聚焦关系国家重大战略实施和国防经济安全的重大技术装备、核心零部件、关键材料和高端工业软件，综合考虑国内外技术差距、产品重要性、外部风险高低，按照轻重缓急、可能性大小，筛选重点"卡脖子"领域和环节进行攻坚突破。近期，优先选择进口数量多、基础条件好、断链风险大的智能装备、电子制造装备、重大成套加工装备、关键基础零部件及材料，协同发挥政府部门和市场的力量作用，组织实施重大产业基础短板攻坚工程，争取尽快接近或达到国际先进水平，增强产业链供应链的弹性与韧性。鼓励创新技术路径和工艺模式，尽快在市场需求迫切、供给风险大的领域缩小与发达国家的技术差距。二是突破"品质关"，推广应用先进质量管理方法和技术，加快质量安全标准与国际标准接轨，不断提高产品的一致性、稳定性、安全性和耐久性，在解决"有和无"的基础上更好地解决"好和差"的问题。三是突破"市场关"，进一步加强供需对接，突出应用牵引，加快工程化迭代，为重大装备、零部件和材料创新产品提供早期市场和应用场景。更大力度支持"卡脖子"产品示范应用，充分发挥国家重大工程、重大项目和国有企业的示范引领作用，通过应用加快技术完善和产品成熟，积极创造产品市场化推广应用的良好条件和健康生态。开展供需对接"一条龙"应用示范，发挥行业协会、龙头企业的引领作用以及工程公司、设备成套商的集成作用，组建由用户、工程设计、设备成套、研发、制造、检测等组成的重大基础产品示范应用联盟。

（二）聚焦后端延链，更多面向内需市场提高响应服务能力

一是做强市场需求端，适应市场多元化需求，推进国际消费中心城市建设，大力培育大型零售商、代理商和知名品牌商，积极发展电子商务等新型商贸主体，提高市场地位和品牌效应，提升服务市场、联动生产的能力和供需衔接水平。聚力推进工业品牌建设，优化品牌设计和售后服务，畅通品牌建设用户参与渠道，在轨道交通装备、电力装备、船舶及海洋工程装备、工程机械、特种设备等领域培育一批系统集成方案领军品牌和智能制造、服务型制造标杆品牌，在化妆品、纺织服装、家用电器、汽车、食品等领域培育一批设计精良、生产精细、服务精心的高端品牌，加快集成电路、系统软件等自主品牌成长，打造

技术和产品比肩跨国企业的世界知名品牌。二是积极发展面向需求的服务业，发展提升产品设计、用户体验、个性定制等服务业，通过客户体验中心、在线设计中心和大数据挖掘等方式，增强定制设计和柔性制造能力，提高生产制造与市场需求的协同水平。三是推动内外需求贯通衔接，加快部分产品内外需"同线同标同质"转型，引导和指导扩大"三同"适用范围至一般消费品、工业品领域，从源头上提升内销产品质量，帮助外贸企业解决内销标准衔接问题，打通国内国际两个市场。建立信息服务平台，支持外贸企业做好知识产权授权、专利申请、商标注册和著作权登记等工作。引导外贸企业研发适销对路产品，创建自有品牌，充分利用新业态、新模式，促进线上线下融合发展。

（三）聚焦能级提升，更多培育链主企业提升产业分工位势

一是培育龙头链主企业。推动建链基础条件好的制造龙头企业，进一步增强创新优势和发展能级，深度整合产业要素资源，推进关键前沿技术开发和重大科技成果产业化应用，开展兼并重组、境外并购和投资合作，提高行业集中度和话语权，培育一批自主创新能力强、掌握核心关键技术、市场品牌优势明显的世界级标杆企业。引领龙头链主企业带动本土企业贯通产业链供应链，把国内企业互相协作、支撑融合的发展架构搭建起来。二是培育关键基础企业。更大力度支持共性技术平台、基础科学和前沿科学机构创新发展，引导基础部件、基础材料、基础装备、基础软件企业向专精特新方向发展，夯实产业链基础根基，缓解"卡脖子"等"瓶颈"约束。支持企业不断深耕细作、提升专业化优势、提高市场占有率，加快培育一批专精特新"小巨人"企业，形成一批主业突出、特色鲜明、竞争力强的"行业隐形冠军"。三是推动各类企业融合发展。鼓励龙头企业搭建大中小企业创新协同、产能共享、供应链互通的新型产业生态，支持重点行业领域的代表性企业探索两业融合发展的新模式、新路径。培育平台支撑企业，发挥平台企业的要素聚合、资源交换和优化配置作用，提高产业链上下游、前后侧、内外围的耦合发展水平。

（四）立足动能再造，更好畅通创新链条增强转型发展内力

一是厚植基础科学优势。加强基础科研机构和科学基础设施建设，创新基础研究组织模式和实施机制，培育引进高端、战略和创新人才，不断提升原始创新和源头供给能力，重点推进北京、上海、粤港澳大湾区等世界级科技创新中心建设。二是突破关键共性技术。加强各级各类研发创新平台的统筹协调与整合优化，充分发挥科研机构、企业、新型研发机构等主体作用，有重点、有次序、多路径地突破一批关键共性技术。三是推进应用技术开发。充分发挥市场对研发方向、技术路线等各类创新要素的导向作用，推进应用型技术研发机构市场化、企业化改革，加强面向中小微企业和产业集群的技术创新服务，培养壮大全球最优的新型技能人才队伍。四是完善创新载体平台。开展企业共性技术需求普查，支持建设一批多方参与的产业共性和关键技术研发机构，探索建立分

布式、网络化的新型科研机构，加快构建政产学研资介"六位一体"的科技创新服务体系。搭建全产业链协同创新平台，建立上中下游互融共生、分工合作、利益共享的一体化创新模式。

（五）立足国内循环，更好推进产业链优化布局与梯度转移

一是提升东部沿海地区制造业发展能级和竞争位势。发挥东部地区的区位交通、产业基础、科技创新、人力资源等优势，强化政策支持和土地、能耗等要素保障，加快建设与发达国家齐肩的世界级制造业集中带。推进北京、上海、粤港澳大湾区国际科技创新中心建设，育成一批关键核心和未来前沿技术创新策源地，抢占新一轮科技革命和产业创新发展制高点。增强制造业企业竞争能级，在电子信息、机械装备、汽车、原材料、轻纺等领域培育一批产业链领军企业和关键零部件企业，提高国内产业链协作水平和全球价值链治理能力。二是集中资源和力量在中西部地区和东北地区重点培育一批承接产业转移的核心增长极。目前，中西部省份部分基础原材料产品在全国占比较高，如表 10 - 6 所示。下一步，围绕保障国家经济安全和产业平稳运行，在矿产资源丰富、能源支撑充足的华北及西北（鄂尔多斯、陕北、宁东、准东、晋东南等）、长江中游（湘南、赣南及赣东北、鄂中及鄂东、两淮及沿江等）、西南（北部湾、川西及川南、滇南及滇西北）等地区建立一批以基础化工、现代煤化工、有色金属、高品质钢材、新型建材、新材料为主导的能源和原材料产业基地，提高关键核心材料生产供给能力，推进研发、生产和使用全过程绿色转型。同时，一些中西部省份在电子、汽车、机床等高精尖领域也占有较高份额，如表 10 - 7 所示。下一步，要围绕深化区域间梯度分工与保障产业链安全稳定运行，在分工协作便利、产业基础较好的安徽皖江、成渝、郑汴洛、武汉都市圈、长株潭、昌九等地区建设一批以高端装备、电子信息、汽车、生物医药、关键核心零部件为主导的先进制造和战略性新兴产业基地，提高区域间产业配套协作能力，打造具有战略意义的产业备链基地，增强国内产业体系的弹性与韧性。

表 10 - 6　　　　2020 年中西部地区省份主要原材料产品产量全国占比

省份	产量全国占比
安徽	化学农药原药（7.48%）、硫酸（7.29%）、水泥（5.93%）、农用氮、磷、钾化肥（4.88%）、平板玻璃（4.69%）
四川	化学农药原药（12.85%）、农用氮、磷、钾化肥（6.53%）、平板玻璃（6.20%）水泥（6.06%）、硫酸（5.55%）、发电量（5.38%）
湖北	硫酸（14.40%）、平板玻璃（10.05%）、农用氮、磷、钾化肥（8.92%）、化学农药原药（6.94%）、水泥（4.10%）
内蒙古	烧碱（9.04%）、焦炭（8.96%）、初级形态的塑料（8.16%）、农用氮、磷、钾化肥（7.72%）、发电量（7.47%）、硫酸（5.36%）

续表

省份	产量全国占比
新疆	原油（14.97%）、烧碱（7.90%）、初级形态的塑料（6.89%）、农用氮、磷、钾化肥（5.74%）、发电量（5.30%）、焦炭（4.77%）
河南	农用氮、磷、钾化肥（8.90%）、水泥（4.91%）、硫酸（4.72%）、烧碱（4.65%）
云南	硫酸（16.96%）、水泥（5.48%）、发电量（4.72%）、农用氮、磷、钾化肥（4.08%）
山西	焦炭（22.27%）、农用氮、磷、钾化肥（7.28%）、生铁（6.85%）、粗钢（6.23%）、发电量（4.50%）
陕西	原油（13.83%）、焦炭（10.39%）、初级形态的塑料（5.63%）
贵州	硫酸（6.47%）、农用氮、磷、钾化肥（6.17%）、水泥（4.52%）
江西	烧碱（4.90%）、水泥（4.19%）
广西	水泥（5.06%）、硫酸（4.81%）
甘肃	原油（4.97%）
湖南	化学农药原药（6.06%）、水泥（4.61%）
青海	农用氮、磷、钾化肥（9.52%）
宁夏	初级形态的塑料（4.17%）

资料来源：根据国家统计局数据整理计算。

表 10-7　　2020 年中西部地区省份主要高精尖产品产量全国占比

省份	产量全国占比
安徽	微型电子计算机（8.19%）、汽车（4.58%）、金属切削机床（4.49%）
四川	微型电子计算机（19.91%）、集成电路（4.07%）
湖北	汽车（8.27%）、微型电子计算机（4.55%）
河南	大中型拖拉机（18.71%）
云南	金属切削机床（7.95%）
陕西	金属切削机床（4.72%）
江西	微型电子计算机（5.79%）
广西	汽车（6.89%）
重庆	微型电子计算机（24.15%）、汽车（6.24%）
甘肃	集成电路（17.49%）

资料来源：根据国家统计局数据整理计算。

（六）立足开放合作，更好拓密织牢国际产业创新协作网络

一是构筑互利共赢、多元弹性的产业链供应链合作体系。积极整合利用国外资源要

素和市场，加强与日韩、欧盟等互补卡位地区的创新合作，深化与《区域全面经济伙伴关系协定》等产业分工地区的产业链合作，推进与"一带一路"沿线等需求潜在地区的市场合作。支持具备技术、产品、产能和市场优势的国内链主企业"走出去"，以RCEP、俄罗斯、东欧等地区为重点，加快构建我国企业主导的区域产业链，逐步向更高水平的全球产业链跃升，推进国内产业链协作关系国际化拓展延伸，提高企业价值链治理能级和国际分工位势。积极应对发达国家自主建链和新兴发展中国家加快工业化进程的变化趋势，推动优势产业嵌入东道国产业链建设，乘势把产业链长板"做长"。二是更加积极融入全球创新网络。秉持"开放包容、互惠共享"的合作理念，以全球视野谋划和推动科技创新，深度参与全球科技治理，推动中国产业链与全球创新链深度融合，深化与欧盟、日韩、金砖国家的创新合作，构建更大范围、更宽领域、更深层次、更高水平的科技创新开放合作新格局。三是集聚国际化高水平人才。在粤港澳、长三角等地区设立国际人才移民试验区，打造国际人才发展的"类海外"环境，建立与国际接轨的海外人才专项薪酬福利制度，为企业在吸引海外人才方面提供补助、减免税收等优惠政策，从自然环境、城市文明和生活配套方面提升国际人才竞争力水平。

本章参考文献

［1］付保宗、余新创、刘振中等：《新形势下全球供应链调整趋势及对我国供应链运行的影响》，载于《科学发展》2022年第6期。

［2］康江江、张凡、宁越敏：《苹果手机零部件全球价值链的价值分配与中国角色变化》，载于《地理科学进展》2019年第3期。

［3］《美对华技术封锁害人伤己》，新华社，2020年7月9日，https：//baijiahao.baidu.com/s？id=167172361218 7678989&wfr=spider&for=pc。

［4］清华大学全球产业研究院：《全球产业研究图谱（2022）》，2022年。

［5］中国工程院：《坚定不移建设制造强国推动制造业高质量发展——制造强国战略研究（三期）综合报告》，2019年。

［6］中国科学院科技战略咨询研究院：《2021技术聚焦》，2021年。

［7］中共中央宣传部、国家发展和改革委员会：《习近平经济思想学习纲要》，人民出版社、学习出版社2022年版。

［8］荣晨：《构建新发展格局的基本理论：内涵和逻辑体系》，载于《宏观经济研究》2022年第1期。

［9］徐建伟：《全球产业链分工格局新变化及对我国的影响》，载于《宏观经济管理》2022年第6期。

［10］徐建伟：《优化国内产业协作关系是产业链现代化的当务之急》，载于《中国经贸导刊》2021年第11期。

［11］徐建伟、付保宗、费洪平：《增强制造业自主可控能力》，载于《经济日报》2022年1月30日。

第十一章

我国产业链供应链国际竞争力研究*

内容提要： 提升产业链供应链国际竞争力是一个国家或地区实现产业现代化的必然要求。本章从产业链增值性、产业链韧性、供应链弹性、可持续性、安全性"五性"分析维度，建立了产业链供应链国际竞争力的评价框架。考虑到数据的可获得性，选择了钢铁、汽车两个行业，对我国产业链供应链国际竞争力进行评价。进一步，依托"五性"分析框架，对我国产业链供应链国际竞争力面临的主要问题进行了分析，同时，研讨了这些问题形成的体制机制原因。基于此，本章提出了提升我国产业链供应链国际竞争力的相关对策建议。

产业链供应链国际竞争力是一个新兴概念，一般而言学术界研究产业国际竞争力的较多，对产业国际竞争力概念内涵论述得较多。根据产业链供应链的特征，借鉴产业国际竞争力的相关研究，本章认为，产业链供应链国际竞争力衡量的是一国或地区产业链供应链在国际竞争中的优势特征，包括产业链所处价值位置、产业链抗风险能力、供应链遭受冲击的恢复能力、产业链供应链可持续发展能力以及不被"卡脖子"的安全发展能力。产业链供应链竞争力强是构建新发展格局的必然要求，也是产业链供应链现代化的重要标志。改革开放以来，我国发挥劳动力成本、市场需求等优势，深度融入世界经济，建成了门类完整、规模最大、竞争力强的工业体系，成为全球第一制造业大国和全球产业链供应链的重要一环。近年来，随着人口红利逐渐减弱，我国制造业的传统优势减弱，劳动密集型产业加快向外转移，制造业发展面临双重压力，不仅中高端领域受到发达国家"再工业化"和振兴制造业的挑战，而且中低端环节面临周边中低收入国家加大承接产业转移的威胁。面对这些挑战和复杂多变的国际形势，只有提升我国产业链供应链竞争力，才能为我国在更高层次参与国际竞争、促进国内国际双循环提供有力支撑。

---

* 本章执笔人：周振、张成鹏。

一、产业链供应链国际竞争力的"五性"评价框架

科学研判产业链供应链国际竞争力的形势，是提升国际竞争力的基础。目前，有关产业竞争力的研究很丰富，也形成了许多可评价、可比较的指标体系和测算方法。但是，有关产业链供应链国际竞争力评价的研究较薄弱，需建立相关评价框架。为此，本章将紧扣产业链供应链国际竞争力的概念内涵和时代要求，构建以下评价框架（见图 11-1）。

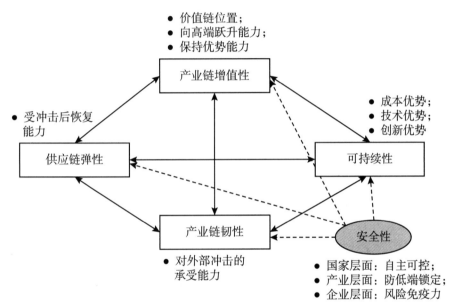

图 11-1　产业链供应链国际竞争力的"五性"评价框架

（一）产业链增值性

产业链供应链是否具有国际竞争力，其中，产业是否具有国际竞争力是基础。在探究产业竞争优势的过程中，首先要追溯到亚当·斯密的绝对优势论、赫克歇尔—俄林的资源禀赋学说，以及大卫·李嘉图的比较优势论。以上学说均在完全竞争的市场环境基础之上，成为国际贸易理论与实践的基石，主要研究对象是国家间的贸易，并不涉及企业层面。1960 年，学者海默基于不完全性竞争市场的理论假设，提出了垄断竞争优势理论，该理论为研究企业跨国经营现象做出了解释，企业垄断优势将表现为技术、资本和规模优势，是衡量竞争力的强有力指标。此后，波特教授对竞争优势加以系统论述，他不仅提出企业获取竞争优势的基本种类，而且提出了竞争优势的价值链分析工具，以及实现竞争优势的竞争战略。波特价值链论的主要观点是，与竞争对手比较，竞争优势的

持续能力取决于价值链中竞争优势的数目以及彼此互为基础的特定驱动因素，企业或产业竞争力源于价值链优势，即全球产业链价值形态是一国产业国际竞争力的重要来源。

增值性是衡量价值链形态的常用方法。所谓产业链增值性，是指一国或地区产业链向价值链跃升或保持较高价值链位势的能力。波特研究指出，一国产业的国际竞争力都是建立在本国产业参与国际分工的基础之上的，都是为了实现一国产业的价值增值。基于价值链的视角，本章认为产业链供应链是否具有国际竞争力，首先需要看是否具备价值链优势，从价值链增值性的角度进行衡量，主要包括三个方面。第一，目前处于价值链哪个环节，即处于价值链低、中、高哪个位置，是否具备价值链的支配能力。第二，向价值链高端跃升的能力。即便当前处于价值链不利位置，但是否具备向价值链高端跃升的能力十分关键，即摆脱价值链低端锁定的内在能力。第三，保持价值链优势的能力。价值链优势是动态变化的，没有永恒的优势，需具备保持优势的能力。

（二）产业链韧性

所谓产业链韧性，是指一国或地区产业链抵御外部风险冲击而不受较大损失或不影响产业链正常运行的内在能力。具备较强抗风险能力，是提升产业链供应链国际竞争力的重要基础。本章研究认为，评价国家或地区产业链供应链国际竞争力，需考虑产业链抵抗风险的能力，即产业链韧性。所谓产业链韧性，即在产业质量、产业安全、产业协同等方面具有更强能力，面对突发事件能迅速有效组织产业链各环节防范和化解风险，防止产业链断裂，并且促进产业创新，夯实经济高质量发展根基。

对我国而言，衡量产业链韧性具有中国化特色内涵，主要包括三个方面。第一，生产韧性，即生产能保持较好的连续性、稳定性。生产韧性事关产业发展全局，没有生产的稳定性、连续性就没有产业链供应链的安全，就谈不上实现产业稳定运行，产业链供应链国际竞争力也只能是"水中月、镜中花"。特别是面对国际形势变化与外部输入性冲击，需要保持生产的稳定性。第二，发展韧性，即产业结构调整、转型升级稳步有序高效推进。当前，我国制造业正处于从中低端迈向价值链中高端的关键阶段，产业处于转型升级的重要关口，强化产业链韧性意味着即便是在外部冲击下，产业升级的步伐也不能停滞，这关乎产业发展质量的问题。第三，政策韧性，即振作产业运行的政策"组合拳"保障作用持续有效。在全球经济增长动能减弱的大背景下，我国产业之所以能够保持平稳运行，与强有力的政策保障是分不开的，这种政策韧性是我国应对风险挑战的底气所在。未来提升产业链韧性，亟须政策韧性提供坚强保障，对产业发展的支撑作用不弱化。

（三）供应链弹性

供应链是一个汇集供应商、制造商、分销商及零售商于一体的、联结从原材料到成品并满足客户需求的复杂协同社会网络。在社会化大生产甚至全球化生产的今天，已经有越来越多的企业主动或不主动加入供应链网络系统中，全球供应链网络变得纷繁复杂，同时，这也增加了供应链网络运营环境的不确定性。在所有供应链网络节点中，其中任何节点发生了突发事件，首先就会通过影响与该节点相连的上下游企业，进而影响整个供应链网络中的企业，甚至可能导致供应链中断，阻碍供应链成员企业正常运营，增加供应链成本。鉴于此，学者们提出可以通过提高供应链弹性，降低突发事件带来的损失，使供应链在面对突发事件时能够迅速恢复或尽量恢复到未受到突发事件影响之前的状态，进而使供应链成员企业正常运转。所谓供应链弹性，是在供应链中断发生之后，供应链恢复到开始状态或调整到更理想状态的能力（Ponomarov，2009）。

由此可以看出，在突发事件情况下，供应链弹性显得十分重要，因此，构建富有弹性的供应链将变得十分必要。本章研究认为，富有弹性的供应链是产业链供应链具有较强国际竞争力的必然要求。如果说，产业链韧性衡量的是产业链供应链抗外部冲击的承受能力，那么供应链弹性则是衡量受冲击造成一定损害后的恢复能力。李（Lee，2004）提出了高效供应链弹性的标准：第一，能迅速对突发需求和供应变化做出反应；第二，有随着市场结构和战略演化的适应能力；第三，构建供应链成员联盟，以便在满足最大化利益的同时供应链绩效能达到最大化。

（四）可持续性

可持续性衡量的是产业链供应链持久发展的能力。产业链供应链国际竞争力还取决于其是否具有持久生命力，即能否保持可持续发展的良好势头。当下，我们经常可以看到某个国家或地区的某个产业在特定时间表现出了较好的成长性，但可持续性差，缺乏持久的生命力。例如，柯达相机和柯达胶卷，作为这个市场的知名品牌，是当之无愧的"老大哥"。早在1930年，柯达就已占据了世界摄影器材市场75%的份额，独揽了超过90%的利润。此后，这种兴盛持续了整整半个多世纪，并在20世纪的最后20年达到了巅峰。20世纪八九十年代的柯达，年销售额超100亿美元，长期位列全球最具价值企业榜单。但是，2012年，伊士曼柯达公司申请破产保护，这样一个长久屹立长达100年的垄断企业的倒闭不禁令人唏嘘。① 这表明增强产业可持续性，能伴随时代变迁永葆活力，对提升产业链供应链国际竞争力具有战略意义。

为此，本章研究认为产业链供应链国际竞争力的评价框架需囊括产业可持续性分析指标，具体包括三个方面。第一，从成本优势看产业可持续性。成本是决定产业可持续性的关键因素，一般而言，产业成本越低，可持续性越强，产业链供应链国际竞争力越高；反之则反。改革开放以来，我国主要依靠低成本优势参与国际分工，逐步嵌入全球

---

① 《柯达：从交卷大王到破产重整》，中国经营网，2021年5月8日，http://www.cb.com.cn/index/show/bzyc/cv/cv135106061646。

制造业价值链的加工环节，推动了工业化进程，并成长为世界制造中心。第二，从技术优势看产业可持续性。当前，新一轮科技革命孕育兴起，新的科技成果不断涌现，依托云计算、大数据、区块链等技术融合发展，正在改变产业的生产、运行和传输模式，并对世界产业格局和经济发展产生深远影响，直接影响着各国产业间的竞合关系。全球产业竞争已从资源竞争发展到技术竞争，若一国或地区长期拥有技术优势，则能有效维护其产业国际竞争力优势。第三，从创新优势看产业可持续性。深入推进可持续发展，要坚持以创新为导向，不但是技术创新，也是体制机制创新。一方面，提倡绿色创新生活，以创新的方式对经济生活中的"三高"行业①进行引导，逐步推进转轨、转型，有助于集约发展；另一方面，推进可持续发展创新路径，确立创新脉络，以创新发展创造未来、引领未来，以创新破解人与自然和谐共生的时代命题，化解人与自然之间的根本性矛盾，推动人类社会发展从依靠要素投入，转向依靠知识发展之路。此外，创新驱动也是实现经济转型升级、产业迈向中高端、人民生活更加美好的必由之路。只有坚持创新发展，才能最终促进经济可持续发展，增强产业国际竞争力。可以说，创新发展是实现可持续发展的题中之义。

（五）安全性

当前，世界百年未有之大变局加速演进，各种不稳定不确定性因素明显增加，新冠肺炎疫情影响广泛深远，经济全球化遭遇逆流，国际经济政治格局发生显著变化，保障产业链供应链安全、维护产业链供应链稳定畅通，既是一项重大的战略任务，也成为各国重要战略目标，更是决定产业链供应链国际竞争力的基础条件。在产业链供应链国际竞争力评价框架中，突出安全性是必然要求。

如何理解和评价产业链供应链安全性内涵？研究认为，至少包括以下三个层面。第一，在国家层面，产业链供应链安全意味着关键生产环节的自主可控。维护自身产业链供应链安全，需要一国通过相应的制度和措施，掌握产业链关键环节或重点领域核心技术，独立解决产品、技术等方面"卡脖子"问题，以有效防范产业链关键环节风险。第二，在产业层面，产业链供应链安全意味着战略支柱产业的核心竞争力。国际产业转移本土化、多中心化和区域化发展趋势明显，竞争力差、技术更新慢的产业链易被锁定在全球价值链低端环节。产业链供应链安全，需要一国通过产业链升级和产业超前布局，使产业链条逐步转变为产业矩阵、产业网络，才能避免对本国市场的技术封锁和市场打压，有效保障本国重点产业的持续发展。第三，在企业层面，产业链供应链安全更强调关键企业的"风险免疫力"。需要龙头企业能够发挥国际业务牵引作用，中小企业发挥国内部分重点节点保障作用，大中小核心企业能够有效整合产业链上下游资源和要素实现融通发展、内外联动，在风险面前具备"免疫力"和一定的应对能力。

---

① "三高"行业指高污染、高耗能、高耗水企业。

二、基于产业链增值性的典型行业竞争力评价

产业链供应链国际竞争力涉及多层次多方面内容，其量化测度也是一个比较复杂的问题。考虑数据可得性，本部分主要从产业链增值性等方面，以钢铁和新能源汽车作为传统和新兴行业代表，尝试对产业链供应链国际竞争力进行评价。

（一）钢铁行业竞争力分析

钢铁等传统产业，是现代文明的基础、大国制造的根基。中国是全球第一产钢大国，自1996年始，连续26年稳居钢产量世界冠军的宝座。[①] 因此，我们把钢铁作为传统行业的代表进行产业链供应链竞争力分析。

不同学者主要从市场指标、技术指标、综合指标三个方面的13个指标研究钢铁行业国际竞争力（见表11－1），国际市场占有率和贸易竞争指数使用最多。本部分在考虑文献指标使用频率的基础上，分析钢铁行业产业链供应链的国际竞争力。

表11－1 钢铁行业竞争力评价主要指标

一级指标	二级指标	含义	指标说明
市场指标	国际市场占有率	某产业出口额/该产业世界出口额	何维达等，2011；刘海云等，2004；余子鹏，2010；章家清等，2011；张航燕，2011
	贸易竞争指数/国际竞争力指数/贸易专业化指数/贸易竞争优势指数	贸易竞争力指数 a＝(E－I)/(E＋I)。E代表钢铁总出口额，I代表钢铁进口总额	刘海云等，2004；张梦娇等，2022；何维达等，2011；余子鹏，2010；章家清等，2011；张航燕，2011
	显性比较优势指数	某产品出口总值占其出口总值份额/世界该产品占世界出口总值份额	余子鹏，2010；章家清等，2011；张航燕，2011
	境内需求增长率	境内对钢铁总需求增长率	何维达等，2011
	产业集中度	产业内最大前几家企业的市场份额与产业总销量额之比	何维达等，2011；张航燕，2011；徐康宁，2006
	产业关联度	产业间通过产品供需而形成的互相关联、互为存在前提条件的内在联系	张航燕，2011

[①] 《中国钢产量连续26年世界第一 专家：未来十年将是钢铁产业从大到强转变的关键期》，载于《华夏时报》2022年5月7日，https://www.chinatimes.net.cn/article/117099.html。

续表

一级指标	二级指标	含义	指标说明
技术指标	产业劳动力成本	劳动力平均工资水平	何维达等，2011
	吨钢综合能耗	生产每吨钢铁所消耗的标准煤	何维达等，2011
	产业劳动生产率	每个职工每年生产的钢铁产量	何维达等，2011；张航燕，2011
	连铸比	连铸合格坯产量占钢总产量的百分比	何维达等，2011
	质量竞争力指数	出口价格与进口价格的比值	张航燕，2011
	科技竞争力	钢铁企业科技人才比例、研究和发展经费投入比（余子鹏，2010；张航燕，2011）、科技成果转化比例	何维达等，2011
综合指标	单项指标赋值后计算		陈立敏等，2011

第一，从国际市场占有率来看，我国钢铁行业位居世界第一。钢铁行业国际市场占有率＝某国钢铁出口额÷该产业世界出口额，考虑数据可得性，此处用出口量表示。自2004年以来，中国钢铁工业的国际市场占有率就表现出明显的增长态势。[①] 2019年，中国钢铁行业出口量为63.8百万吨，占比14.63%，远高于日本、韩国、俄罗斯、欧盟等国家和地区，具有非常明显的比较优势（见图11-2）。

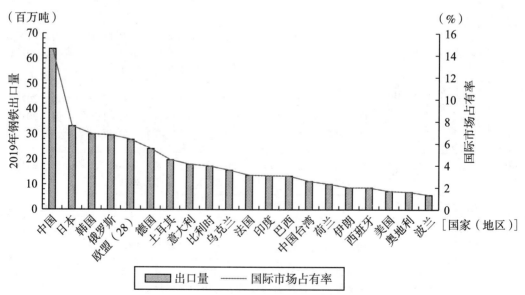

图 11-2 世界各国（地区）2019 年钢铁出口量和市场占有率

资料来源：世界钢铁协会：《2020年世界钢铁统计数据》。

---

① 资料来源：中国冶金建设协会，http://www.zgyj.org.cn/directors/49150020747.html。

第二，从贸易竞争力来看，我国钢铁行业贸易竞争指数远高于其他国家（地区）。贸易竞争力指数 $A = \dfrac{(E-I)}{(E+I)}$。E 代表钢铁总出口额，I 代表钢铁总进口额。贸易竞争指数越高，说明一个国家（地区）出口量占比越大，产业竞争力也就越强。2019 年中国钢铁行业竞争力指数为 0.61，远高于韩国、土耳其、比利时、印度、中国台湾等国家（地区）（见图 11-3）。

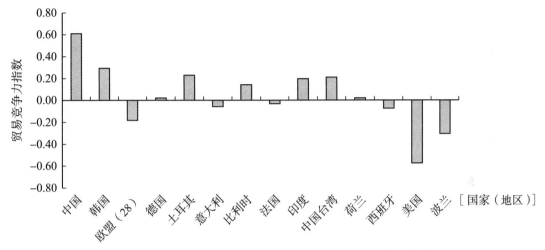

图 11-3　世界各国（地区）钢铁行业贸易竞争力指数

资料来源：世界钢铁协会：《2020 年世界钢铁统计数据》。

第三，从钢铁行业产业链建设状况看，我国钢铁行业安全性较弱。制造钢铁所需原材料主要是铁矿石，而我国铁矿石对外依赖度高达 82.3%，仅次于大豆。我国铁矿砂及其精矿进口金额整体呈现上升趋势，从 2015 年的 57 620.3 百万美元增长到 2020 年的 123 732.36 百万美元。较高的国际依存度为钢铁行业发展带来一定风险（见图 11-4）。

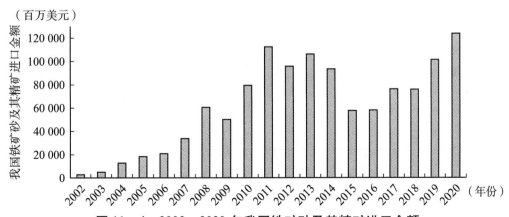

图 11-4　2002~2020 年我国铁矿砂及其精矿进口金额

资料来源：国家统计局：《中国统计年鉴》（2003-2021）。

从总体来看，我国钢铁产量于 1996 年跃居世界第一位，是名副其实的钢铁大国，但安全性方面相对较弱。需要持续深化供给侧结构性改革，让钢铁业结构更优、效率更高、底盘更稳，实现高质量发展。

（二） 新能源汽车国际竞争力分析

习近平总书记 2014 年在上海汽车集团技术中心考察时指出："发展新能源汽车是我国从汽车大国迈向汽车强国的必由之路。"[①]

经过多年发展，我国新能源汽车的产量、销量、保有量和充电桩数量等指标连续位居全球第一，在市场规模、整车生产制造、产业配套、产业政策和基础设施建设等方面具有显著的竞争优势（白玫，2021）。因此，我们将新能源汽车作为我国新兴产业代表进行产业链供应链竞争力分析。

不同学者主要从市场指标、技术指标和综合指标三个方面的 10 个指标研究汽车行业竞争力，国际市场占有率和贸易竞争指数使用最多。本部分在考虑文献指标使用频率基础上，分析新能源汽车行业产业链供应链的国际竞争力（见表 11 - 2）。

表 11 - 2　　　　　　　　汽车行业竞争力评价主要指标

一级指标	二级指标	含义	指标说明
市场指标	国际市场占有率	出口额/该产业世界出口额	朱妮娜等，2022；曹悦恒，2017；李鹏，2010；姜栽植，2011；时间等，2014
	贸易竞争指数	产业出口竞争力指数 $a = (E - I)/(E + I)$。E 代表汽车总出口额，I 代表汽车进口总额	朱妮娜等，2022；曹悦恒，2017；李鹏，2010；王勤等，2019；周晔，2011
	显性比较优势指数	某产品出口总值占其出口总值份额/世界该产品占世界出口总值份额	朱妮娜等，2022；李鹏，2010；王勤等，2019
	市场渗透率	一国出口占另一国总进口的比例，反映一国在某一特定市场的竞争力	朱妮娜等，2022
	汽车出口数量	辆	曹悦恒，2017；时间等，2014
	整车出口比例		时间等，2014
	产业集中度	产业内最大前几家企业的市场份额与产业总销量额之比	姜栽植，2011

---

① 《习近平：发展新能源汽车是迈向汽车强国的必由之路》，人民网，2014 年 5 月 26 日，http：//auto. people. com. cn/n/2014/0526/c1005 - 25066662. html。

一级指标	二级指标	含义	指标说明
技术指标	产业劳动生产率	每个职工每年生产的汽车数量（辆/人）	曹悦恒，2017
	研发比例	研发资金比率	时间等，2014
综合指标	单项指标赋值后计算		曹悦恒，2017；朱妮娜等，2022

第一，从国际市场占有率来看，我国新能源汽车国际市场占有率商用车高但乘用车低。2021 年我国新能源汽车市场占有率为 13.4%，高于上年 8 个百分点。[①] 根据 UN Comtrade 标准，我国新能源汽车可分为商用车和乘用车两类，两者国际市场占有率存在一定差异。在商用车方面，中国国际市场占有率远高于美国、欧盟和日本，且持续呈现上升态势。但我国新能源乘用车国际市场占有率却处于较低水平，连续多年在 2% 徘徊，与新能源汽车产量第一大国的地位不相匹配。

第二，从国际贸易竞争力来看，我国新能源汽车竞争指数商用车高但乘用车低。与我国新能源汽车国际市场占有率相同，其竞争力也因种类不同呈现一定差异。在新能源商务车方面，中国的贸易竞争力指数接近 1，几乎达到纯出口的状态，贸易竞争优势十分突出（奚丹阳，2021）。相比之下，日本和欧盟的竞争力较弱。在新能源乘用车方面，中国的国际贸易竞争力指数历年均为负值，表现为出口竞争劣势，进口额远大于出口额，而日本和欧盟都具有比较优势，中国新能源乘用车的国际竞争力有待进一步提高。

第三，从产业链建设状况来看，我国新能源车产业链完整，但关键核心技术和原料仍存在"卡脖子"问题。中国已形成了从原材料供应、三电系统到整车制造全球最完善的新能源汽车产业链（公丕明，2022），特别是电池、电机、电控三电系统取得了良好发展（高运胜和金添阳，2021）。但自动驾驶等高精尖技术及核心零部件仍需依赖进口，需要后续持续发力。此外，锂作为白色石油，有重要的战略作用，但我国进口锂依存度却高达 75%，锂资源稳定供应和价格稳定的挑战较大。

总体来看，我国现阶段新能源汽车在商用车国际市场占有率和竞争力、产业链完整性等方面具有明显的国际竞争优势，但也存在乘用车国际市场占有率和竞争力低、核心技术和主要原料"卡脖子"的问题。我国新能源汽车产业需要以技术研发为突破口，带动产业链整合创新与智能化转型，进而实现新能源汽车产业高质量创新发展。

---

① 资料来源：中国汽车工业协会，http://www.caam.org.cn/chn/3/cate_17/con_5235338.html。

三、我国产业链供应链国际竞争力的主要短板

立足国别比较，根据产业链增值性、产业链韧性、供应链弹性、可持续性、安全性的国际竞争力评价框架，我国产业链供应链在国际竞争力方面还存在以下短板。

（一）产业链增值性：中国制造业处于价值链低端、高端服务业发展不充分

过去几十年来我国借助经济全球化的红利，快速融入全球价值链分工体系，并形成了全球门类最齐全的产业体系和配套网络，但产业整体处于国际价值链底部，不仅传统产业效益不高，部分新兴产业也仍在继续走"搞组装、重规模"的老路，出现高端产业低端化现象，陷入"低端嵌入"困境，突出表现为两个方面。

第一，制造业处于国际价值链低端和非核心地位。我国许多制造业企业仍以"代工"为主，在全球价值链中的"垂直分工"地位偏弱，产品附加值不高，缺少自主品牌和知名品牌，市场竞争力不强。根据亚洲开发银行编制的各区域投入产出表（ADB - MRIO）计算的中美两国出口中的国内增加值（DVAR）显示，2019 年美国制造业的 DVAR 为 51.32%，中国为 45.35%。中国虽有增长，但相较美国还有一定差距。这一差距在高技术行业更为显著。2019 年美国电气和光学设备的 DVAR 为 71.45%，而中国仅为 29.02%（倪红福，2021）。数据显示，中国在高技术制造业领域与发达国家差距仍然较大。

第二，高端服务业发展不充分且服务贸易水平低。近年来，我国服务业发展较快，占 GDP 比重也快速提升。但是，相比发达国家，我国服务业发展并不充分，服务业增加值占 GDP 的比重不仅远低于美国，与全球平均水平也有较大差距。特别是，我国咨询、设计、信息、管理、投资、证券、会展、法律等高端服务业发展较为缓慢，在国际舞台上缺乏竞争力，导致服务业向其他行业释放出的外溢效应不强，带动产业升级的能力不足。同时，我国服务贸易水平还较低，2021 年，我国服务贸易占 GDP 比重为 4.38%，而美国、德国、日本这一比例分别为 5.71%、18.30%、7.66%。更为关键的是，我国服务贸易占 GDP 比重近年呈下降趋势，2021 年水平相比 2011 年、2001 年分别下降 1.56 个、5.29 个百分点（见图 11 - 5）。服务贸易发展水平不足也意味着我国服务业的全球价值链发展水平较低。

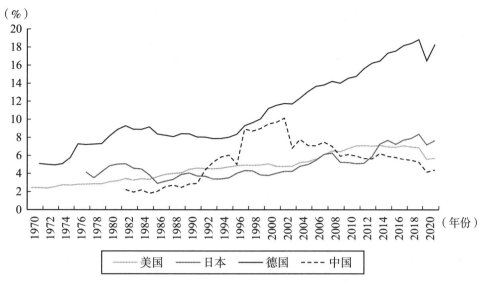

图 11−5　我国与主要发达国家服务贸易占 GDP 比重比较

资料来源：Wind 数据库。

（二）产业链韧性：全球分工合作不畅导致产业抵御外部冲击能力不强

完整的工业体系奠定产业链跃升的基础。产业多样性能够降低风险集中度和增强危机抗御能力，产业链条越完整，抵御外部冲击的能力会越强。我国拥有门类齐全、独立完整的现代工业体系，联合国产业分类中所列举的全部 39 个工业大类、191 个中类、525 个小类，在我国都能找到，产业链比较完备，上下游产业配套能力较强，增加了我国应对外部冲击时的韧性和回旋余地。然而，伴随以发达国家为代表的跨国公司纷纷调整全球价值链布局，愈发谨慎地对待关键领域的技术、零部件等方面的输出，过去我国通过进口弥补国内技术不足的发展方式难以为继，我国产业链抗冲击韧性不足的问题逐渐显现。此外，全球产业链、供应链、价值链呈现从开放性"全球模式"向区域化"俱乐部模式"转变趋势，特别是，美国等西方国家围堵和破坏我国对外经济关系，拉帮结伙，企图对冲我国对外经济合作的影响，并采用经济孤立、经济封锁、经济制裁等方式阻挠我国参与全球产业分工，我国融入全球产业分工协作的形势可能恶化，未来多个领域都可能面临较大的外部风险，并引发系统性风险。

（三）供应链弹性：全球供应链网络融入不够

如果说完整的产业门类体系以及拥有主要关键技术是产业链抵抗外部冲击，提升产业链供应链国际竞争力的关键支撑；那么，深度融入全球供应链网络，并具备供应链支配能力，能适应快速的市场变化，则是增强供应链弹性的有效路径。然而，当前我国融入全球供应链网络的深度还不够，对全球供应链的支配力还较弱，主要表现在三个方面。

第一，缺乏具有国际竞争力的供应链龙头企业。从国际经验看，全球各行业领先企业均为供应链运作的佼佼者，作为供应链上的"链主企业"，它们能够整合、协同产业链上下游企业资源，形成自身的核心竞争力。相比之下，我国企业供应链管理水平相对不高、供应链竞争力还较弱，特别是由于我国各行业缺乏具有国际竞争力的大型企业，导致国内产业与国际供应链上下游企业之间合作深度不足，当国内某个产业环节遭到外部冲击时，难以整合、协同国际产业链上下游资源对缺项进行补充。第二，"走出去"企业合作意识薄弱、协同性不强。长期以来，我国企业"走出去"主要以"单兵作战"为主，企业供应链上下游脱节，企业"走出去"的风险高、成功率低。此外，虽然我国金融企业、物流企业以及专业化供应链服务企业快速成长，但由于这些服务企业的国际经营经验不足，与国内制造企业依然难以实现有效协同，制约了我国企业构建占据重要地位的全球供应链发展。第三，供应链基础设施和标准体系不完善。我国综合交通运输体系尚未完全形成，不同行业、不同环节之间的商品、信息标准不兼容，不同标准间数据传输和交互转换的中间型平台缺乏，也制约了物联网、云计算、大数据等技术在供应链管理中的应用。

（四）可持续性：制造业成本总体较高

我国制造业低成本优势正在逐渐减退，制约了我国产业链供应链国际竞争力的提升。从制度性交易成本看，世界银行发布的《2020 年营商环境报告》显示，在全球 190 个经济体中，中国的营商环境居第 31 位，与韩国（第 5 位）、美国（第 6 位）、英国（第 8 位）、德国（第 22 位）等发达国家相比，我国整体营商环境仍有较大的改善空间。从用工成本看，我国工资上涨速度不仅显著快于美日欧等发达经济体，而且快于南非、巴西、墨西哥等发展中国家。2011～2021 年，我国制造业平均工资年均增长 10.5%，而美国制造业工资同期增长仅为 3.3%；根据 IVEMSA 的研究，墨西哥劳动力工资比中国低 30%。从税费成本看，按照国际标准的宏观税负计算方法，2014 年我国宏观税负高达 37.2%，已超过发达国家的平均水平（30%～35%），与我国所处的发展阶段极不相称。从资金成本看，2020 年我国一年期贷款基准利率为 4.35%，远高于美国（3.54%）、日本（1.00%）、韩国（2.80%）等发达经济体，也高于泰国（3.29%）等发展中经济体（见图 11-6）。此外，我国企业贷款的中介费用较高，所承担的评估费、保险费、顾问费等费用均普遍高于其他国家平均水平。因此，资金成本偏高是导致我国制造业竞争力下降的重要因素之一。从物流成本看，2020 年我国社会物流总费用占 GDP 的 14.7%，显著高于全球平均水平；而美国的物流费用只有 GDP 的 7%，欧洲、日本在 6%～7%，甚至连东南亚发展中国家也只有 10% 左右。[①]

---

① 资料来源：黄奇帆：《改革开放创新，促进国民经济高质量发展——在"2022 宏观形势年度论坛夏季年会"上的闭幕演讲》，http://zhuzaotoutiao.com/xw/html/8090.shtml。

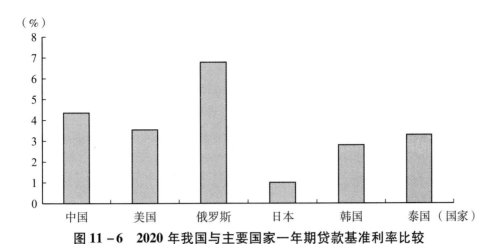

图 11 - 6　2020 年我国与主要国家一年期贷款基准利率比较

资料来源：Wind 数据库。

（五）安全性：关键核心技术存在"卡脖子"问题

我国产业基础相对薄弱，关键核心技术存在"卡脖子"问题，削弱了产业链供应链的安全性。我国产业基础在"量"的层面取得巨大成就，然而在"质"的层面相当不足，完整工业体系并不完全等同于"强"产业体系，我国工业体系中"卡脖子"现象频现。2018 年，《科技日报》在"亟待攻克的核心技术"的系列报道中，列举了 35项"卡脖子"技术，以及我国与发达国家的差距（见表 11 - 3）。这些"卡脖子"的关键技术掌握在美欧日等发达经济体手中，核心技术受制于人。关键技术和核心零部件依赖进口，关键零部件、元器件、关键材料的自给率仅为 1/3。根据工业和信息化部对全国 30 多家大型企业 130 多种关键基础材料调研结果显示，32% 的关键材料在中国仍为空白，52% 依赖进口，绝大多数计算机和服务器通用处理器 95% 的高端专用芯片、70% 以上智能终端处理器以及绝大多数存储芯片依赖进口。关键技术领域"卡脖子"问题凸显，由此导致我国产业附加值偏低，在全球价值链上的增值能力较弱，产业发展受制于人。由于产业基础能力薄弱，当前中国许多产业存在"缺芯""少核""弱基"的问题。

表 11 - 3　2018 年《科技日报》公布的我国 35 项"卡脖子"技术

序号	核心技术	国内现状
1	光刻机	中国生产的最好的光刻机，加工精度是 90 纳米，而国外已经做到了十几纳米
2	芯片	在计算机系统、通用电子系统、通信设备、内存设备和显示及视频系统中的多个领域中，我国国产芯片占有率为 0

序号	核心技术	国内现状
3	操作系统	数据显示，2017 年安卓系统市场占有率达 85.9%，苹果 IOS 为 14%，其他系统仅有 0.1%。这 0.1%，基本也是美国微软的 Windows 和黑莓。中国手机厂商免费利用安卓系统的代价，就是随时可能被"断粮"
4	航空发动机短舱	我国在这一重要领域尚属空白。查阅所有公开资料，我国尚无自主研制短舱的专门机构，相关院校似乎也没有设置相关的学科
5	触觉传感器	在一个有着 100 多家企业的行业中，几乎没有传感器制造商进行触觉传感器的生产
6	真空蒸镀机	OLED 面板制程的"心脏"，日本 Canon Tokki 独占高端市场，掌握着该产业的咽喉。我国还没有生产蒸镀机的企业，在这个领域我们没有什么发言权
7	手机射频器件	一块手机的主板上，1/3 的空间是射频电路。中国是世界最大的手机生产国，但制造不了高端的手机射频器件
8	iCLIP 技术	国外研究团队已在此领域展开"技术竞赛"，研究论文以几个月为周期轮番发布，国内实验室却极少有成熟经验
9	重型燃气轮机	我国具备轻型燃机自主化能力，但重燃仍基本依赖引进。国际上大的重燃厂家，主要是美国 GE、日本三菱、德国西门子、意大利安萨尔多 4 家，与中国合作都附带苛刻条件
10	激光雷达	国货几乎没有话语权。目前能上路的自动驾驶汽车中，凡涉及激光雷达者，使用的几乎都是美国 Velodyne 的产品，其激光雷达产品是行业标配，占八成以上市场份额
11	适航标准	中国与 FAA 基本一致，但由于国产航空发动机型号匮乏，缺乏实际工程实践经验，使我国适航规章缺少相应的技术支撑
12	高端电容电阻	国内企业的产品多属于中低端，在工艺、材料、质量管控上，相对薄弱
13	核心工业软件	中国的核心工业软件领域基本还是"无人区"。国外 EDA 三大巨头公司 Cadence、Synopsys 及 Mentor，占据了全球该行业每年总收入的 70%
14	ITO 靶材	每年我国 ITO 靶材消耗量超过 1 千吨，一半左右依靠进口，用于生产高端产品
15	核心算法	由于没有掌握核心算法，国产工业机器人稳定性、故障率、易用性等关键指标远不如工业机器人"四大家族"——发那科（日本）、ABB（瑞士）、安川（日本）、库卡（德国）的产品
16	航空钢材	我国在高纯度熔炼技术方面与美国还有较大差距，存在很大提升空间
17	铣刀	铣磨车最核心部件铣刀仍需从国外进口

续表

序号	核心技术	国内现状
18	高端轴承钢	是机械设备中不可或缺的核心零部件，我国的制轴工艺已经接近世界顶尖水平，但材质，也就是高端轴承用钢几乎全部依赖进口
19	高压柱塞泵	国内生产的液压柱塞泵与外国品牌相比，在技术先进性、工作可靠性、使用寿命、变量机构控制功能和动静态性能指标上都有较大差距，基本相当于国外 20 世纪 90 年代初水平
20	航空设计软件	国内设计单位要投入巨资购买软件，一旦被念"紧箍咒"，整个航空产业将陷入瘫痪
21	光刻胶	我国虽然已成为世界半导体生产大国，但面板产业整体产业链仍较为落后。目前，LCD 用光刻胶几乎全部依赖进口，核心技术至今被 TOK、JSR、住友化学、信越化学等日本企业所垄断
22	高压共轨系统	中国是全球柴油发动机的主要市场和生产国家，而在国内的电控柴油机高压共轨系统市场，德国、美国和日本等企业占据了绝大份额
23	透射式电镜	目前世界上生产透射电镜的厂商只有 3 家，分别是日本电子、日立、FEI，国内没有一家企业生产透射式电镜
24	掘进机主轴承	国产掘进机已接近世界最先进水平，但最关键的主轴承全部依赖进口。德国的罗特艾德、IMO、FAG 和瑞典的 SKF 占据主要市场
25	微球	面板中的关键材料——间隔物微球，以及导电金球，全世界只有日本的一两家公司可以提供
26	水下连接器	我国水下连接器市场基本被外国垄断。一旦该连接器成为禁运品，整个海底观测网的建设和运行将被迫中断
27	燃料电池关键材料	国外的燃料电池车已实现量产，但我国车用燃料电池还处在技术验证阶段。关键材料长期依赖国外进口，一旦遭遇禁售，我国的燃料电池产业便没有了基础支撑
28	高端焊接电源	我国水下机器人焊接技术一直难以提升，原因是高端焊接电源技术受制于人。国外焊接电源全数字化控制技术已相对成熟，国内的仍以模拟控制技术为主
29	锂电池隔膜	高端隔膜目前依然大量依赖进口
30	医学影像设备元器件	目前国产医学影像设备的大部分元器件依赖进口，至少要花 10 年、20 年才能达到国外现有水平
31	超精密抛光工艺	美国、日本牢牢把握了全球市场的主动权，其材料构成和制作工艺一直是个谜

序号	核心技术	国内现状
32	环氧树脂	目前国内生产的高端碳纤维，所使用的环氧树脂全部都是进口的。当下我国已能生产 T800 等较高端的碳纤维，但日本东丽掌握这一技术的时间是 20 世纪 90 年代
33	高强度不锈钢	我国航天材料大多用的是国外 20 世纪六七十年代用的材料，发达国家在生产过程中会严格控制杂质含量，如果纯度不达标，便重新回炉，但国内厂家往往缺乏这种严谨的态度
34	数据库管理系统	甲骨文、IBM、微软和 Teradata 几家美国公司，占据了大部分市场份额。数据库管理系统国货也有市场份额，但只是个零头，其稳定性、性能都无法让市场信服
35	扫描电镜	每年我国花费超过 1 亿美元采购的几百台扫描电镜中，主要产自美国、日本、德国和捷克等国。国产扫描电镜只占 5% ~ 10%

资料来源：笔者根据公开资料整理。

四、主要短板形成的障碍制约分析

我国产业链供应链国际竞争力受历史性、周期性、国际性等多方面因素影响，既有历史因素导致的"路径依赖"，也有国际限制带来的"低端锁定"。

（一）传统发展路径依赖

产业链供应链国际竞争力与产业链增值性高度相关，而我国产业转型升级、提高产业价值所必需的技术和制度创新往往具有明显的路径依赖特征，其所形成的锁定效应会阻碍产业链增值。长期以来，我国产业发展依靠低成本要素投入和技术引进模仿，实现了总量规模的快速扩张，并确立在全球产业分工体系中的比较优势；但与此同时，由于沉淀成本、规模经济和既得利益的作用，长期引进模仿的技术进步"捷径"，造成企业经营行为短期化，技术创新的意愿和动力不足，影响生产效率提升，我国产业全要素生产率及其对经济发展的贡献度还较低。据有关学者测算，我国全要素生产率仅为美国的40% 左右，与其他发达国家如日本、德国等相比，中国的全要素生产率仅仅是日本的63%、德国的 44% 左右，值得注意的是，自 2008 年以来我国的全要素生产率的增速趋于下降。① 此外，我国长期以来实施的以"选马"为特征的产业政策，造成一些企业形成

---

① 黄奇帆：《改革开放创新，促进国民经济高质量发展——在"2022 宏观形势年度论坛夏季年会"上的闭幕演讲》，http：// zhuzaotoutiao. com/ xw/ html/ 8090. shtml。

保护或补贴依赖，并为行业强势企业所维护，这种制度路径依赖造成产业升级的活力和动力不足。

（二）　要素整体质量不高

要素体系是现代产业体系的基本单元。生产要素质量决定着产品质量，由此决定着产业发展质量，进而左右着产业链供应链的国际竞争力。我国生产要素整体质量不高，主要表现为：一是人力资本积累不足。我国劳动年龄人口在 2010 年到达最高点后连续负增长，劳动力无限供给格局发生转折性变化，劳动力数量增长贡献减弱，但人力资本积累较慢，技能人才、工程师和科学家的比例偏低，且人力资本在产业内转移滞后，影响产业升级。二是产业技术积累缓慢。产业发展的速度和质量直接取决于技术进步因素。我国自主技术创新尤其是核心技术突破和自主知识产权积累较慢，难以支撑产业高端化发展。2016 年，最能衡量核心技术能力和创新能力的国内发明专利申请受理量和授权量占全部专利的比重不到 40% 和 20%。① 三是资本形成不充分。我国资本形成率较高，但质量效益不高、结构问题突出，近年来资本投资效率逐年降低，当前每新增 1 元 GDP 需要增加 6.9 元投资，投资效率明显低于发达国家平均水平。②

（三）　科技资源配置过度行政化

我国科技资源行政化配置的局面并未根本性改善，主要表现为企业研发主体地位尚未真正确立，科技资源分配不合理，科技创新激励机制不足，科技创新成果转化率低，知识链、技术链和产业链之间的结构性失衡。大量科研经费配置到高校和科研院所而非企业，企业在重大应用技术攻关中仍属于从属地位而非主导地位。这就导致知识供给与技术需求脱节，技术供给与市场需求脱节的"双脱节"现象。近年来，我国科技创新成绩显著，发明专利申请量和授权量、科技论文数等多项科技指标均已位居世界第一，但科技创新对实体经济发展支撑不足，知识链、技术链和产业链脱节问题严重，"科技成果走不出实验室"矛盾突出，一方面科学家的科学研究和企业家的技术创新衔接还不够紧密，市场需求不能立即反馈到知识创新上，知识创新不能为技术创新提供良好的服务，导致现有科技创新成果工程应用度低，无法实质性转化；另一方面科技成果转化途径受阻，服务体系不完善，转化渠道不畅通，尚未形成聚焦重点领域"政产学研金介用"等多方协同合作的创新体系。

①　《跨越关口　建设现代化经济体系（政策解读·聚焦现代化经济体系）——专访国家统计局局长宁吉喆》，人民网，2017 年 12 月 3 日，http：//politics.people.com.cn/n1/2017/1203/c1001-29682125.html。
②　《李伟：开启高质量发展的关键》，国务院发展研究中心网站，2018 年 8 月 23 日，https：//www.drc.gov.cn/DocView.aspx?chnid=4&leafid=473&docid=2896806。

（四） 产业政策转型不畅

我国长期以来实施的政府选择、特惠措施为主的产业政策，对促进经济增长和结构调整的积极作用不容否认，但在新的经济发展阶段和市场条件下，这种直接干预市场、限制竞争的产业政策的弊端和不适应性越来越凸显，对提升产业链价值、畅通供应链的弊病逐渐显露。近年来，尽管调整产业政策的共识已经越来越多，呼声也越来越高，但产业政策转型进展尚不尽如人意，竞争政策的基础地位还没有充分体现，促进公平竞争和科技进步的政策组合尚未到位。特别需要关注的是，一些地方用传统政策手段发展新兴产业，造成新兴行业产能急剧扩张，出现新的产能过剩苗头。

（五） 国内市场环境总体不优

产业链供应链国际竞争力很大程度上取决于企业市场竞争行为。目前我国公平竞争的市场环境尚未真正形成，行政性垄断、所有制歧视时有发生，很多领域对民营企业开而不放，公平待遇未落地，民企合法投资权益得不到有力保护，一定程度上受到国有企业挤压，影响投资积极性和转型主动性。同时，由于能源成本、物流成本、金融成本和税费成本高企，企业生产经营成本持续上升，摊薄了利润空间，影响技术、质量和服务水平的提升。据国务院发展研究中心 2016 年对 1960 位企业经营者的调查，在企业经营发展中遇到的最主要困难中，企业成本负担较重的问题依然突出，特别是选择"人工成本上升"和"社保、税费负担过重"的比重最高，分别为 68.4% 和 50.2%。[①]

（六） 外部环境限制封锁

当前我国产业转型升级和发达国家再工业化战略处于同一窗口期，比较优势和竞合关系发生深刻变化，围绕产业链中高端、资本技术密集产品的正面竞争越来越激烈。发达国家为实现振兴制造业的目标，保护本国就业、维护本国企业利益，对我的国际贸易壁垒和技术封锁影响加深，围绕我国出口产品、高技术产品进口和对外并购的争端明显增多，涉及范围从传统产业、传统产品向新兴产业、高技术产品蔓延，导致我国出口结构升级和全球供应链布局难度加大，挤压我国产业增长和升级空间。例如，2016 年美国商务部以违反美国出口管制法规为由将中兴通讯股份有限公司等中国企业列入"实体清单"，对中兴通讯股份有限公司采取限制出口措施；2019 年 5 月，时任美国总统特朗普发布总统令，该项文件的主要内容为禁止使用敌对国家的信息与通信技术及服务，并授

---

① 《负担轻了 活力增了》，载于《经济日报》2016 年 12 月 17 日，http：//paper. ce. cn/jjrb/html/2016－12/17/content_320518. htm。

权美国商务部具体执行。同日，美国商务部将华为技术有限公司加入"实体清单"，首批加入实体清单的华为附属公司及相关个人达到上百个；2020年8月，美国商务部修改实体清单，再将46家华为附属公司增加到实体清单中。自2018年3月22日至2021年12月18日，美国政府及其职能部门共将611家中国公司、机构及个人纳入"实体清单"（见图11-7）。

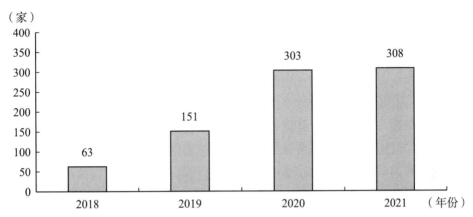

图 11-7　2018~2021 年度新增列入美国"实体清单"的中国企业或机构数量
资料来源：笔者根据公开资料整理。

五、对策建议

构建具有较强国际竞争力的产业链供应链，要紧扣我国产业链供应链发展的内在短板和外在束缚，立足系统性思维，综合施策。

（一）构建满足自主可控现代产业体系要求的体制机制

强化制度创新和制度供给，加快扫除制约产业链价值提升、供应链畅通的体制机制障碍，重点抓好以下三个方面。一是深化要素市场化配置改革。着眼建设统一市场、破除平等竞争的障碍，深化垄断行业和要素市场改革，理顺资源和要素价格机制，引入公平竞争性审查机制，推动资源要素自由流动和优化配置。二是健全科技创新体制。尽快打破行政主导技术创新资源配置模式，建立以企业为主体、市场为导向、产学研深度融合的技术创新体系，赋予人才和创新主体充分的自主权，健全协同创新、转移转化的创新收益分配制度，加强知识产权保护，切实激发创新主体的积极性和创造性。三是完善市场监管体制。着眼解决政府干预过多和监管不到位或缺位的问题，健全产业监管制度和准入制度，加快探索负面清单或产业准入的审管分离制度，强化事中事后监管，对新业态、新模式实施包容审慎监管，促进共享经济、现代供应链、人力资本服务等领域新增长点的形成和成长。

（二） 立足产业可持续性全面推动生产要素质量变革

强化要素质量变革对产业链供应链质量变革、效率变革、动力变革的基础支撑作用，构建与较强国际竞争力相匹配的高质量要素供给体系。一是加强人力资本积累和优化配置。进一步加大教育、健康等方面的公共投入力度，加强通用和专用人力资本积累，建设知识型、技能型、创新型劳动者大军；同时，健全相关体制机制，促进人力资本按照劳动生产率高低在部门、行业和地区之间合理配置。二是提高金融供给质量。着眼实体经济薄弱环节和重点领域，重点支持普惠金融、小微企业融资、"三农"融资、脱贫攻坚方面的融资，增强金融服务实体经济能力，促进现代金融与实体经济协同发展。三是加快产业技术积累。逐步改变追赶导向的产业技术创新体系，着眼技术创新引领，汇聚全球创新资源，强化产业重大技术（标准）的战略选择、预警机制以及关键共性技术研发，加强科技基础前沿创新积累，提高科技自主创新能力，推进创新链与产业链协同发展。

（三） 对接国际规则加快推进产业政策转型

推动产业政策转型并不是要完全放弃产业政策，产业政策与竞争政策也不是非此即彼的完全替代，对一些市场失灵的关键技术领域、具有较强外部性的经济活动，应该继续发挥好选择性产业政策的作用。同时，适应高质量发展要求，加快推动产业政策转型，主要方向是实现"三个转变"。一是推动支持特定行业的选择性和特惠式政策，向以普惠性、重点支持关键领域的功能性政策和竞争性政策转变。二是政策重心从扶持企业、选择产业向激励创新、培育市场转变。要加快清理和废止有违创新规律、阻碍新兴产业新兴业态发展的政策条款，提高普惠性财税政策支持创新创业力度，加强新产业、新业态发展示范，增强市场主体创新动力和发展活力，避免新兴产业发展再走政府"越俎代庖""拔苗助长"的老路。三是产业政策要和高标准国际规则接轨转变。尽可能减少直至消除对特定主体的补贴、税收优惠、低价供地和行政干预，转而通过政府采购、消费补贴等市场化方式对行业内企业加大普惠支持力度，加大基础设施和公共服务体系建设，优化政府服务，营造良好产业生态，通过自主创新和公平竞争培育出有竞争力的企业。

（四） 以全球视角打造现代产业链

韧性是开放环境下的韧性，开放合作更有利于提升产业链韧性，要统筹处理好产业全球化布局和对内纵深转移的关系。一是促进国内制造业有序转移。通过完善政策支持、优化营商环境等，鼓励东部地区企业提升研发设计、品牌营销等供应链高端环节，有序向中西部地区转移加工制造环节。引导劳动密集型产业重点向中西部劳动力丰富、区位交通便利地区转移；促进技术密集型产业向中西部和东北地区中心城市、省域副中心城市等创新要素丰富、产业基础雄厚地区转移；引导软件开发、信息服务、工业设计等生产性服务业与制造业协同转移。二是支持企业加强供应链全球化布局。鼓励企业通过品牌合作、技术协同等方式，推动海外布局与国内产业协同互补，增强对全球资源的整合和掌控能力，在开放合作中形成更强创新力、更高附加值的产业链。三是推进国内大市场构建。对标国际先进规则和最佳实践优化市场环境，促进不同地区和行业标准、规则、政策协调统一，构建国内产业转移的顶层推动机制，不断提升各地区、各行业的内在统一性、互补性、关联性和协调性，进而有效破除地方保护、行业垄断和市场分割，促进经济循环和产业关联畅通，构建国内统一大市场，为构建新发展格局打下坚实基础。

（五） 抓牢嵌入全球供应链的龙头企业和关键核心环节

强化供应链弹性和产业链韧性以及安全性，要抓牢龙头企业和核心技术两个关键。一是要培育具有全球竞争力的企业群体。供应链弹性很大程度上取决于微观主体的活力、创新力和抗风险能力。应着眼提升供应链控制力，支持竞争优势明显、具备供应链整合能力的制造业龙头企业，瞄准供应链关键环节和核心技术，实施高端并购、强强联合多种形式的产业合作，打造一批自主创新能力、品牌知名度、资源整合能力达到或接近世界级水平的领军型企业。二是加快核心关键技术群体性突破。技术创新是增强产业韧性的根本保障，对产业演化路径和产业链重构过程至关重要。提高产业链韧性，需要着眼技术创新引领，优化科技资源配置，打造全过程科技创新生态链，支持上下游企业加强产业协同和技术合作攻关，强化产业重大技术（标准）的战略选择、预警机制以及关键共性技术研发，加强材料、工艺、零部件等多领域创新主体协同研发，构建更加自主可控的现代产业技术体系，推进创新链与产业链协同发展，支撑引领产业基础高级化和产业链现代化。三是强化核心关键技术攻关政策供给。按照"揭榜挂帅"和"赛马"原则，组建高等院校、科研机构和不同类型企业的创新联合体，尤其要鼓励具有基础研究和应用基础研究能力的机构或企业作为主要牵头方。鼓励国家重点实验室、国家工程中心和国家技术创新中心以及各省级层面的对应科研机构，依据"卡脖子"领域的全创新链和全产业链分布协作特征，组建特定的创新联合体，并将其作为国家科技创新研究财政资金绩效的考核依据。

（六） 加快构建"以我为主"的区域价值链体系

以发达国家为主导的自贸协定试图将中国进一步挤出其区域价值链。但伴随"一带一路"倡议的高质量共建，签署 RCEP 所带来的亚洲区域经济合作夯实，以及中国正式申请加入 CPTPP 等更多区域贸易协定和经济合作方式的推进，为中国建立"以我为主"的区域价值链体系提供了战略机遇，要以此为抓手构建"以我为主"的区域价值链体系。一是积极参与引领国际经贸规则制定。当前，高质量共建"一带一路"倡议、扎实推动 RCEP 落地、积极主动参与 CPTPP，都将为我国和世界其他经济体融入全球价值链提供新选择。同时，还应以搭建更高水平国际合作平台为基点，打造"以我为主"的区域价值链体系，为我国实现引领国际经贸规则制定提供重要机遇。二是加强与"一带一路"等周边区域和重要国家的产业链合作。强化东亚区域价值链，在东亚建设中国主导的区域价值链体系，在全球价值链重构中掌握主动权。三是推动供应链国产化和多元化。实施国家供应链战略，在关键领域和环节构建自主可控安全可靠的国内生产供应链体系。对于不可替代的高依赖产品，积极在国际市场寻求新的供应渠道，实施供应链多元化。

本章参考文献

[1] Lee H L. The triple – a supply chain. *Harvard Business Review*，2004，82（10）：102 – 112.

[2] Ponomarov S Y, Holcomb M C. Understanding the concept of supply chain resilience. *International Journal of Logistics Management*，2009，20（1）：124 – 143.

[3] 白玫：《"十四五"时期新能源汽车产业竞争力提升的方向与路径》，载于《价格理论与实践》2021 年第 2 期。

[4] 公丕明：《中国新能源汽车产业国际竞争力：影响因素、特征表现与提升路径》，载于《现代管理科学》2022 年第 4 期。

[5] 曹悦恒、张少杰：《汽车产业国际竞争力对比研究》，载于《当代经济研究》2017 年第 11 期。

[6] 曹悦恒：《中国汽车产业国际竞争力分析》，载于《社会科学战线》2017 年第 12 期。

[7] 陈立敏、杨振：《我国钢铁行业的国际竞争力分析——基于灰色关联度和理想解法的组合评价》，载于《国际贸易问题》2011 年第 9 期。

[8] 高运胜、金添阳：《双循环视角下中国新能源汽车出口机遇与挑战》，载于《价格月刊》2021 年第 9 期。

[9] 何维达、张孟、何丹：《中国钢铁产业国际竞争力十大比较研究》，载于《生产力研究》2011 年第 3 期。

[10] 李鹏：《中国汽车产业国际竞争力研究》，载于《现代管理科学》2010 年第 11 期。

[11] 刘海云、张德进、王全意：《我国钢铁业的国际竞争力比较分析》，载于《国际贸易问题》2004 年第 9 期。

[12] 倪红福：《构建中国产业链竞争新优势》，载于《中国经济评论》2021 年第 11 期。

[13] 时间：《中国新能源汽车产业国际竞争力评价研究》，载于《汽车工业研究》2014 年第 1 期。

[14] 王勤、林少霞：《泰国汽车产业的国际竞争力》，载于《南亚东南亚研究》2019 年第 3 期。

[15] 徐康宁、韩剑：《中国钢铁产业的集中度、布局与结构优化研究——兼评 2005 年钢铁产业发展政策》，载于《中国工业经济》2006 年第 2 期。

[16] 余子鹏：《中国钢铁产业国际竞争力的研发因素分析》，载于《经济与管理》2010 年第 6 期。

[17] 张航燕、江飞涛：《我国钢铁产业竞争力度量与提升研究》，载于《中国经贸导刊》2011 年

第 18 期。

　　[18] 章家清、景晓洋：《中日钢铁产业国际竞争力比较分析》，载于《特区经济》2011 年第 9 期。

　　[19] 周晔：《中国汽车产业出口竞争力分析》，载于《西安财经学院学报》2011 年第 4 期。

　　[20] 朱妮娜、黄欣悦、黄思益：《RCEP 框架内中日韩汽车产业国际竞争力对比分析》，载于《中国集体经济》2022 年第 18 期。

第十二章

产业链供应链绿色低碳转型研究[*]

内容提要： 产业链供应链绿色低碳转型，不仅是我国实现"双碳"目标的必然要求，是抢抓全球低碳经济发展新机遇、应对新挑战的主动作为，也是提升产业链供应链现代化水平、推动高质量发展的内在逻辑。产业链供应链绿色低碳化是产业链供应链涉及的所有环节、所有主体深入践行绿色低碳理念，全面推行低碳运行模式，实现整个产业链供应链体系碳排放持续降低的动态过程。近年来，我国产业链供应链绿色低碳转型取得明显成效，但存在产业链供应链含"碳"量高、技术创新应用不足、绿色供应链管理水平不高等问题。要立足"双碳"战略要求，遵循产业链供应链发展规律，通过产业产品升级减碳、用能用料源头减碳、技术创新应用减碳、空间优化布局减碳、精细高效管理减碳五个主要路径，强化制度保障和政策支持，多措并举推动我国产业链供应链绿色低碳转型。

20 世纪 90 年代以来，为应对日益严峻的全球气候变暖问题，以减少温室气体排放为核心，世界主要国家和地区相继缔结通过《联合国气候变化框架公约》《京都议定书》《巴黎协定》等。[①] 近年来，主要国家纷纷提出促进碳减排、实现碳中和的安排，欧盟、日本、韩国等主要经济体在 2020 年相继宣布在 2050 年前后实现碳中和，我国确定 2030 年碳达峰、2060 年碳中和的战略目标。截至 2021 年底，全球已有 136 个国家提出碳中和承诺，这一范围覆盖了全球 88% 的二氧化碳排放、90% 的 GDP 和 85% 的人口。[②] 碳减排已成为全球共识，绿色低碳发展是未来一个时期全球经济发展的主基调。在"双碳"战略背景下，作为全球制造业第一大国、全球能源消费第一大国，我国产业链供应链的绿色低碳转型至关重要、十分迫切。

---

[*] 本章执笔人：洪群联。

[①] 1992 年 5 月 9 日，联合国大会通过《联合国气候变化框架公约》，150 多个国家签署了该公约。1997 年 12 月，联合国气候变化框架公约参加国三次会议通过《京都议定书》，2005 年 2 月 16 日开始正式生效，有 141 个国家签署了该项协议。2015 年 12 月 12 日，在第 21 届联合国气候变化大会上，196 个缔约方通过了《巴黎协定》，2016 年 11 月 4 日起正式实施。

[②] 陈迎：《碳中和概念再辨析》，载于《中国人口·资源与环境》2022 年第 4 期，第 1~12 页。

一、产业链供应链绿色低碳化的内涵

绿色经济、低碳经济的概念源于英国。1989年环境经济学家大卫·皮尔斯出版的《绿色经济的蓝图》提出"绿色经济"，2003年英国能源白皮书《我们能源的未来：创建低碳经济》提出了"低碳经济"。此后，国内外学者围绕低碳经济、低碳产业、产业低碳化和绿色经济、绿色产业、产业绿色化等开展了一系列研究。以减少高碳能源消耗、减少温室气体排放为方向，以技术创新、制度创新、产业转型、新能源开发等为主要路径，以低耗能、低排放、低污染为特征，以实现经济社会发展与生态环境保护双赢的低碳经济发展模式，得到了社会各界的普遍认可。

产业是发展的根基，产业链供应链是产业经济活动的普遍形态和产业体系的基本载体，是一个从原材料供应到产品设计、生产制造再到市场销售的过程，涉及产品设计、采购、生产、包装、运输、销售等所有环节，涵盖原料供应商、制造商、分销商、零售商到最终用户多个主体。不同环节和主体的经济活动所产生的碳排放不同。以汽车行业为例，有专家测算，生产一辆燃油乘用车产生的碳排放是9.2吨二氧化碳当量，而生产一辆三元动力电池乘用车产生的碳排放为14.6吨二氧化碳当量，磷酸铁锂电池乘用车产生的碳排放则达14.7吨二氧化碳当量。[①] 就生产阶段而言，目前电动汽车并不低碳。欧洲运输与环境联合会（T&E）的报告显示，电池生产的碳排放范围在$61\sim106$千克二氧化碳每度（$kg\ CO_2/kWh$），最高可占据电动汽车全生命周期碳排放的60%以上。其中，动力电池碳排放主要集中在电池生产及组装和上游正负极等关键材料的生产这两个环节，电池生产和组装的碳排放在$2\sim47kg\ CO_2/kWh$，而电池生产的上游部分（采矿、精炼等）的碳排放为$59kg\ CO_2/kWh$，占比超过一半。[②] 因此，不论是传统产业还是新兴产业，仅靠某个环节、某个主体减碳是不能达到绿色低碳发展目标的，产业链供应链绿色低碳化的实现程度取决于产业链供应链各环节、各主体之间的协同行动。

本章认为，产业链供应链绿色低碳化是在产业链供应链涉及的所有环节、所有主体深入践行绿色低碳理念，全面推行低碳运行模式，实现整个产业链供应链体系碳排放持续降低的动态过程。在传统经济发展模式下，产业链主要是以投入产出联系和追求生产制造低成本为目标。在低碳经济时代，产业链供应链绿色低碳程度将影响甚至决定一个地区、一个行业、一个产品的国际竞争力水平，也是产业链供应链现代化的内在特征。打造全过程、全周期的绿色低碳产业链供应链成为产业链供应链上所有环节、所有主体的共同责任。产业链供应链绿色低碳转型是一个系统过程，其中最关键的是结构问题和创新问题，前者主要涉及产业结构、产品结构、能源结构、区域结构，后者主要涉及绿

---

① 姚美娇：《动力电池企业主动降碳成趋势》，载于《中国能源报》2022年2月14日。

② 《双碳背景下电池产业链碳排放管理的重要性》，中国化学与物理能源行业协会网站，2022年5月5日，http://www.ciaps.org.cn/news/show-htm-itemid-39294.html。

色低碳技术创新、管理创新、制度创新、文化创新（见图 12 - 1）。

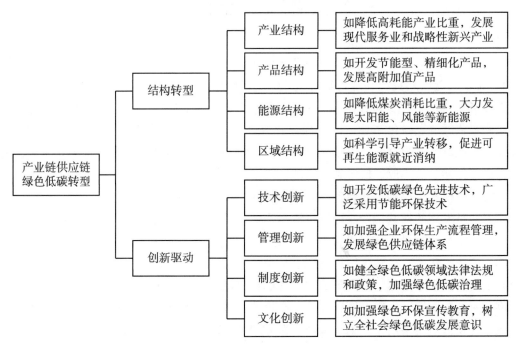

图 12 - 1 产业链供应链绿色低碳转型的关键路径

二、我国产业链供应链绿色低碳发展的进展与问题分析

近年来，我国坚定不移走生态优先、绿色发展道路，绿色发展理念贯穿于经济社会发展的各方面和全过程，经济发展与减污降碳协同效应凸显，产业链供应链绿色低碳转型取得了明显成效。

（一）我国产业链供应链绿色低碳转型的主要成效

1. 出台"双碳"顶层设计，产业绿色低碳转型的制度体系更加健全

党的十八大以来，我国把绿色发展、循环发展、低碳发展作为生态文明建设的基本途径，出台了一系列促进产业绿色低碳转型的政策。工业是我国能源消耗最大的领域，能源消耗和温室气体排放量占全国的比重分别达到 60% 和 70%[①]，工业绿色低碳转型是我国低碳转型的关键环节。对此，我国先后出台了《工业节能"十二五"规划》《工业绿色发展规划（2016 - 2020 年）》《绿色制造工程实施指南（2016 - 2020 年）》等规划，

---

① 张生春：《积极推进工业领域碳减排》，载于《中国发展观察》2021 年第 21 期。

制定了《绿色产业指导目录（2019 年版）》，为推动工业绿色低碳转型提供了规划方向和制度依据；制定了《关于促进新时代新能源高质量发展的实施方案》《关于加快推进快递包装绿色转型的意见》等，出台新能源汽车车辆购置税优惠、"双积分"管理办法等措施，大力推动新能源和新能源汽车发展，推动农业、建筑、交通、物流等多个产业领域绿色低碳发展。

"双碳"目标提出以来，以《中共中央国务院关于完整准确全面贯彻新发展理念做好碳达峰碳中和工作的意见》为顶层设计，以《2030 年前碳达峰行动方案》和分领域分行业实施方案，金融、价格、财税、土地、政府采购、标准等保障方案为补充的"1 + N"政策体系已基本建立。2021 年以来，国务院出台《关于加快建立健全绿色低碳循环发展经济体系的指导意见》，工业和信息化部、国家发展和改革委员会、生态环境部联合印发《工业领域碳达峰实施方案》，制定钢铁、建材、石化化工、有色金属等行业碳达峰实施方案，研究消费品、装备制造、电子等行业低碳发展路线图，国家发展和改革委员会等有关部门制定《高耗能行业重点领域能效标杆水平和基准水平（2021 年版）》，农业农村部、国家发展和改革委员会出台《农业农村减排固碳实施方案》，为产业链供应链绿色低碳转型提供更加全面、更有激励的制度保障。

2. 深化供给侧结构性改革，产业、能源、交通等领域绿色转型步伐加快

党的十八大以来，我国把供给侧结构性改革作为经济发展的主线，用改革的办法推进结构调整，减少无效和低端供给，扩大有效和中高端供给，增强供给结构对需求变化的适应性和灵活性，特别是在大力促进产业、能源、交通等领域结构性转型上取得了明显成效。从产业结构看，根据国家统计局和生态环境部的数据，2012 ~ 2021 年，我国三次产业结构从 10∶1∶45.3∶44.6 调整优化为 7.3∶39.4∶53.3，淘汰落后和化解过剩产能，其中钢铁 3 亿吨、水泥 4 亿吨、平板玻璃 1.5 亿吨重量箱，六大高耗能行业[①]规模以上工业企业营业收入占工业企业营收比重下降了 0.86 个百分点，环保装备制造业总产值年复合增长率超过 10%，高技术制造业占规模以上工业增加值比重增加 5.7 个百分点，产业提质增效明显。[②] 据测算，2011 ~ 2018 年，第一、第二、第三产业增加值平均二氧化碳排放强度分别为 0.35 吨/万元、2.66 吨/万元、0.91 吨/万元[③]，与第二产业相比，服务业碳排放强度仅为工业的 1/3，具有明显的低碳排放特征，服务业比重的增加对于降低整体碳排放量具有积极作用；从能源结构看，2012 ~ 2021 年，我国清洁能源消费占比提高了 11 个百分点（至 25.5%），煤炭消费占比下降了 12.5 个百分点（至 56.0%）（见

---

① 六大高耗能行业分别是化学原料及化学制品制造业，黑色金属冶炼及压延加工业，有色金属冶炼及压延加工业，非金属矿物制品业，石油、煤炭及其他燃料加工业，电力热力的生产和供应业。

② 国家统计局：《我国工业经济稳定增长 综合实力显著提升》，2022 年 9 月 15 日，http：//www.stats.gov.cn/xxgk/jd/sjjd2020/202209/t20220915_1888243.html；生态环境部：《调整"四个结构"助力打好蓝天保卫战》，载于《中国城市报》2022 年 9 月 15 日。

③ 刘仁厚、王革、黄宁、丁明磊：《中国科技创新支撑碳达峰、碳中和的路径研究》，载于《广西社会科学》2021 年第 8 期，第 1 ~ 7 页。

图 12 - 2）。新能源发电量超过 1 万亿千瓦时，全国燃煤锅炉和窑炉从 50 万台减少到现在的 10 万台，能源清洁低碳转型步伐加快；从交通结构看，2012 ~ 2021 年，我国淘汰老旧和高排放机动车辆超过 3 000 万辆，新能源汽车保有量达到 784 万辆（截至 2022 年 9 月，我国新能源汽车保有量 1 149 万辆，占汽车保有量的 3.65%），机动车排放标准和油品质量标准也都实现了从国家第四阶段机动车污染物排放标准（"国四"）到国家第六阶段机动车污染物排放标准（"国六"）的跨越，绿色交通体系快速发展。[①]

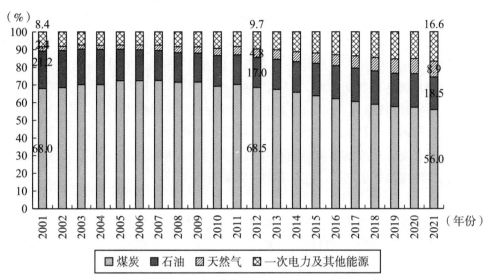

图 12 - 2 2001 年以来我国能源消费总量的构成情况

资料来源：笔者根据《中国统计年鉴》数据绘制。

3. 推进节能减排和循环利用，产业能源资料利用效率明显提升

党的十八大以来，我国大力推进节能减排和资源节约集约循环利用，引导重点行业企业节能改造，大力发展循环经济，构建废旧物资循环利用体系，推动我国能源资源利用效率大幅提升。单位 GDP 能源呈现逐年下降态势（见图 12 - 3），与 2012 年相比，2021 年我国单位 GDP 能耗下降了 26.4%，单位 GDP 二氧化碳排放下降了 34.4%，单位 GDP 水耗下降了 45%，主要资源产出率提高了约 58%。积极推进工业能效、水效提升，广泛开展"节能服务进企业"活动，打造重点行业能效、水效"领跑者"，工业能源资料高效节约利用成效显著，规模以上工业单位增加值能耗在"十二五""十三五"时期分别下降 28%、16% 的基础上，2021 年又进一步下降 5.6%，万元工业增加值用水量在"十二五""十三五"时期分别下降 35% 和近 40% 的基础上，2021 年进一步下降 7%。2020 年，一般工业固体废物的综合利用率达到 55.4%，

---

① 《中共中央宣传部就"贯彻新发展理念，建设人与自然和谐共生的美丽中国"举行发布会》，中国网，2022 年 9 月 15 日，http：//www.china.com.cn/zhibo/content_78417630.htm。

再生资源回收利用量约 3.8 亿吨。①

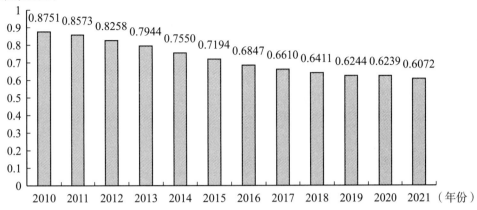

图 12 – 3　2010 年以来我国万元国内生产总值能源消耗量

注：国内生产总值按 2010 年可比价格计算。

资料来源：笔者根据《中国统计年鉴》数据绘制。

4. 开展标杆建设和试点示范，打造一批绿色制造、绿色农业、绿色服务的示范主体

开展标杆建设的试点示范，是我国推进产业链供应链绿色低碳发展的重要举措之一。工业领域，全面推行绿色制造，培育一批绿色低碳发展走在前列的示范主体，发挥以点带面示范作用，引领地区和行业制造业绿色转型。从 2017 年开始，工业和信息化部先后组织评选了六批绿色制造名单，共评选了 2 799 家绿色工厂、2 709 个绿色设计产品、224 家绿色工业园区和 296 家绿色供应链管理企业（见表 12 – 1），对助力工业领域实现碳达峰、碳中和目标起到积极作用。农业领域，大力发展绿色种养循环农业，以推进粪肥就地就近还田利用为重点，打通种养循环堵点，增强绿色优质农产品供给、促进农业节能增效。2021 年开始，农业农村部选择了 274 个县开展绿色种养循环农业试点，力争形成可复制、可推广的种养结合，养殖场户、服务组织和种植主体紧密衔接的绿色循环农业发展模式。服务业领域，研究出台了《绿色旅游景区标准》《绿色旅游饭店评定标准》《绿色餐厅标准》《绿色物流服务质量要求》等行业标准，通过标准化引领推动服务业绿色低碳转型。例如，2019 年，商务部等部门提出利用 3 年时间培育 5 000 家绿色餐厅，每万元营业收入（纳税额）减少 20% 以上的餐厨废弃物和能耗；2021 年，交通运输部等部门确定了天津市、石家庄市、衡水市、鄂尔多斯市、苏州市、厦门市、安阳市、襄阳市、十堰市、长沙市、广州市、深圳市、成都市、泸州市、兰州市、银川市为首批"绿色货运配送示范城市"。

---

① 金壮龙：《新时代工业和信息化发展取得历史性成就》，载于《学习时报》2022 年 10 月 3 日。

表 12 - 1　　　　　　　　　　我国绿色制造名单数量

	绿色工厂（家）	绿色设计产品（个）	绿色工业园区（家）	绿色供应链管理企业（家）
第一批	201	193	24	15
第二批	213	53	22	4
第三批	402	30	34	21
第四批	602	371	39	50
第五批	719	1 073	53	99
第六批	662	989	52	107
合计	2 799	2 709	224	296

资料来源：根据工业和信息化部公布的第一批到第六批绿色制造名单汇总统计所得，名单详见工业和信息化部节与综合利用司网站，https：//www.miit.gov.cn/jgsj/jns/index.html。

（二）我国产业链供应链绿色低碳化的突出问题

1. 产业结构偏重、能源结构偏"化石"，产业链供应链含碳量高

从产业结构看，我国钢铁、有色金属、建材、石化等高耗能产业比重偏大，产业资源能源利用集约度不高，产品附加值偏低。以化工行业为例，我国化工行业市场集中度偏低，生产工艺落后、能耗和碳排放强度较高的"小散"企业及落后产能仍占有相当比例。2019 年，我国年产不足 20 万吨规模的炼油厂仍有 67 家，10 万吨及以下规模的炼油厂多达 54 家。天眼查数据显示，截至 2022 年 4 月，全国化工行业共有存续（含在营、开业、在业）企业 19.23 万家，其中注册资本小于 100 万元人民币的有 7.4 万家，占比近四成；员工人数（按照参保人数计算）小于 10 人的企业有 9.6 万家，占比近五成。同时，我国化工产品仍以大宗基础原料、中低端传统化工产品为主，精细化程度不高，部分低水平、低附加值产品已面临市场饱和和产能过剩。而高密度聚乙烯、聚碳酸酯、工程塑料、电子化学品、高性能纤维、高端膜材料等高端化工产品供给相对不足，甚至主要依赖国外进口。产业结构性短缺矛盾的背后是全行业产品附加值总体较低，单位产出能耗和碳排放的平均水平偏高。

从能源结构看，我国"富煤贫油少气"的资源禀赋使得煤炭消费长期占据首位，电力结构也形成了以煤为主的格局。目前来看，我国人均 CO_2 排放量与欧美国家相当而且增长较快，原因就在于能源消费结构差异，我国以化石能源为主，我国能源消费中煤炭占比仍高达 50% 以上，而欧美国家煤炭消费仅占 11% 左右，世界平均水平为 27% 左右。[①] 据英国石油公司（BP）2021 年的数据，我国燃煤发电量比重分别比美国、日本和

---

① BP. Statistical Review of World Energy 2020. https：//www.bp.com/en/global/corporate/news - and - insights/press - releases/bp - statistical - review - of - world - energy - 2020 - published.html.

全球平均高出 43.5 个、33.5 个和 28.1 个百分点。[1] 同时，以煤作为工业产品原料也使得我国工业产业链条中含"碳"量明显偏高。例如，生产 1 吨合成氨的 CO_2 排放量，煤头路线约 4.2 吨，天然气头路线则为 2.04 吨；生产 1 吨甲醇的 CO_2 排放量，煤头路线约为 3.1 吨，天然气则为 0.58 吨。我国合成氨和合成甲醇主要以煤为原料，单位产品碳排放是主要以天然气为原料的国外同类产品的两倍左右。2020 年，我国合成氨、甲醇行业 CO_2 排放量分别为 2.19 亿吨和 1.96 亿吨，合计约占到石化和化工行业排放总量的 38%。[2]

2. 低碳技术创新和应用水平不高，绿色循环生产方式尚未完全建立

绿色低碳转型离不开低碳技术创新和推广应用。从低碳技术研发看，目前我国低碳技术战略储备不足，关键技术自给率偏低，低碳技术发展和支撑能力建设的短板效应明显，总体技术水平仍然落后于一些发达国家。据联合国开发计划署的研究，我国要实现"双碳"目标，至少需要掌握电力、交通、建筑、钢铁、水泥和化工与石油六大部门的 62 种关键专门技术和通用技术，其中的 43 种关键技术，我国尚未掌握核心技术。[3] 我国低碳领域多数专利集中在能源发电、输配电、废水处理及交通运输方面，在温室气体捕捉封存技术、储能技术及氢能技术等新兴领域专利申请量较小且增长缓慢。所申请的专利以实用新型为主，而国外企业主要以发明专利申请为主。[4] 在低碳技术应用方面，绿色低碳技术工业化应用不足。例如，我国钢铁仍以高炉—转炉长流程生产工艺为主，具有低排放优势的电炉短流程炼钢技术推进缓慢。对于企业特别是传统企业、中小企业而言，绿色低碳转型的前期投入大、融资成本高、短期收益不明显，特别是研发或引进减碳工艺技术、购买和改造节能脱碳等装备装置需要大量资金，企业对此往往能力不足、望而却步。

目前，我国资源能源利用水平还有很大提升空间，单位 GDP 能耗明显高于主要发达国家和世界平均水平（见图 12 - 4），单位产出所消耗的钢材、铜、铝量也高于世界平均水平。在循环经济方面，虽然我国已经建立生产者责任延伸制度，正在加快构建再生资源回收体系，但尚未建立一个有效的激励机制，企业主动建立绿色循环生产方式的积极性不足，资源循环利用水平偏低。目前，我国再生资源回收率仍处于较低水平，废钢回收率为 21.2%，废塑料回收率为 26.7%，废旧纺织品回收率仅为 10.0%，远低于世界发达国家水平。[5] 报废车回收拆解率也偏低，平均报废率仅为机动车保有量的 3%～4%，明显低于发达国家的 6%～7%；回收拆解率更是只有机动车保有量的 1.0%～1.5%，远低于发达国家 5%～6% 的水平。[6]

① 周宏春：《碳达峰碳中和目标引领中国经济社会全面绿色转型》，载于《鄱阳湖学刊》2022 年第 5 期。
② 顾宗勤、苏建英：《氮肥、甲醇行业应勇于扛起碳减排的重任》，载于《化学工业》2021 年第 4 期。
③ 转引自贾晋：《中国低碳技术发展的瓶颈与突围》，载于《成都日报》2021 年 12 月 8 日。
④ 贾晋：《中国低碳技术发展的瓶颈与突围》，载于《成都日报》2021 年 12 月 8 日。
⑤ 《高质量发展阶段我国再生资源行业发展现状及前景》，央广网，2022 年 8 月 22 日，https://baijiahao.baidu.com/s?id=1741850585560810600&wfr=spider&for=pc。
⑥ 刘瑾：《报废车告别"论斤卖"有望催生千亿级市场》，载于《经济日报》2020 年 8 月 27 日。

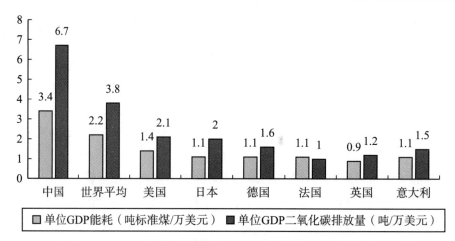

图 12 - 4　2020 年主要国家单位 GDP 能耗和二氧化碳排放量

资料来源：Yinao Su, Houliang Dai, Lichun Kuang, Jizhen Liu, Dazhao Gu, Caineng Zou, Haixia Huang. Contemplation on China's Energy - Development Strategies and Initiatives in the Context of Its Carbon Neutrality Goal. *Engineering*，2021，12（7）：1684 - 1687.

3. 绿色供应链管理普及率不高，绿色低碳供应商不多

2015 年，我国首次明确提出打造绿色供应链，此后先后制定了《企业绿色采购指南（试行）》《绿色供应链企业评价要求》《环保"领跑者"制度实施方案》，开展绿色供应链示范企业评选活动，营造促进绿色供应链发展的制度环境。但总的来看，绿色供应链管理普及率还不高，一些企业绿色低碳实践仍停留在自身生产经营上，实现整个供应链"全盘绿色"的情况还不普遍。首先，我国绿色供应链实践起步较晚，企业特别是广大中小企业的认知度普遍较低，有的将绿色供应链简单理解为绿色采购，有的将其等同于绿色物流；其次，绿色供应链管理体系涉及企业战略规划、管理制度、信息公开、技术改造等多方面，需要生产、采购、环保、销售、信息等多部门协同推进，管理体系建设难度较大。最后，绿色供应链的建立在一定程度上会增加上游企业购置绿色物料和先进节能环保技术等方面的成本，也会提高终端绿色产品的销售价格，由于缺少稳定性、普适性的绿色财税金融政策，推进绿色生产和绿色消费的氛围还没有形成，激励机制不健全使得广大企业打造绿色供应链的积极性、主动性有所欠缺。例如，作为绿色标杆的 ISO14000 环境管理体系认证，我国通过的企业还不多。

4. 相关法律法规和制度建设不健全，产业链供应链低碳转型的激励约束不强

绿色低碳转型需要建立一套完善的既有约束力又有保障力的制度体系。在法律法规方面，我国现有绿色低碳的相关法律涉及环境、能源、资源等多个领域，但受限于立法时机和立法目的，缺乏对碳中和目标的统筹考虑；在政策执行方面，"双碳"顶层设计出台以来，中央通过一系列会议和文件进一步明确了"十四五"节能减排的政策机制，包括强化能耗强度降低约束性指标管理、有效增强能源消费总量管理弹性、能耗"双控"向碳排放总量和强度"双控"转变、各地区原料用能不纳入全国及地方能耗双控考核等。部分地区仍习惯性地把能耗总量控制作为实现强度目标的主要手段，政策调整不及时、执行不精准，可能造成"一阵紧、一阵松"，一定程度上影响行业低碳转型步伐；在激励机制方面，目前我国电力体制改革仍不到位，"市场煤、计划电、垄断网"的体制障碍依然存在。碳市场覆盖行业和交易主体较为单一、活跃度不高、流动性不足，价格形成机制不健全，碳履约驱动现象明显。根据生态环境部公布的数据，目前全国碳市场只纳入发电行业，首个履约周期完成交易量 1.79 亿吨，交易量不足该行业 CO_2 排放总量的 4%。[1] 此外，绿色消费制度保障体系不健全，激励约束较弱，以消费端促进生产端绿色低碳转型的传导机制尚未畅通。

三、发达国家产业链供应链绿色低碳转型的主要做法与启示

发达国家较早认识到绿色发展的重要性，通过制度约束、全球布局、科技创新、供应链管理等手段，推进产业链供应链绿色低碳转型。

（一）通过健全绿色低碳制度体系强化产业链低碳转型约束

发达国家绿色低碳制度体系主要包括三个方面：一是气候应对和碳减排的法律法规。例如，英国于 2007 年公布了《气候变化法案》，引进碳预算的概念，通过制定中长期限额减排规划，为 CO_2 总排放量设置上限，为碳减排制定了约束力强的国内法。美国在 1990 年实施《清洁空气法》、2005 年通过《能源政策法》、2010 年出台《电动汽车促进法》等，拜登政府在 2021 年发布了《应对国内外气候危机的行政命令》《清洁未来方案》等。二是制定有关碳交易制度。例如，英国于 2002 年正式实施排放交易机制，是世界上第一个在国内实行排放市场交易的国家。欧盟在各成员国的基础上，建立了温室气体排放贸易体系，扩大交易范围，除了污染性工业企业与电厂外，交通、建筑部门也可以参与交易。[2] 美国、日本、澳大利亚也建立了与上述相类似的排污机制。三是实施绿色采购和绿色产品标准等。例如，美国联邦环保署依托《联邦采购、循环利用和废物预防》《通过废弃物减量、资源回收及联邦采购来绿化政府行动》等法律基础，颁布了一系列商品采购指南，明确要求政府应采购生态型、环保型、对人体健康和环境影响最小的产品及服务。德国推出了世界上第一个环境标志认证系统"蓝色天使"、第一个废弃物回收利用系统"绿点"标识，并在纺织品、汽车、机械等多个领域推出生态标签。

---

① 张佳兴、蔡琳：《全国碳市场首个履约周期收官 覆盖 45 亿吨二氧化碳排放》，载于《光明日报》2022 年 1 月 24 日。

② 任力：《国外发展低碳经济的政策及启示》，载于《发展研究》2009 年第 2 期，第 23~27 页。

面对产业链供应链高碳排放等带来的严重外部性，发达国家建立了一套健全且有执行力的绿色低碳制度，发挥制度的约束、激励作用，这是发达国家产业链供应链较为顺利实现绿色低碳转型的重要保障。当前，我国绿色低碳发展的制度保障体系正逐步建立，相关体制机制、法律法规、标准体系等不断完善，但与"双碳"目标和可持续发展的要求相比还不相适应。借鉴发达国家经验，我们迫切需要建立完整的绿色低碳发展基本制度和政策体系。

（二）通过供应链全球化布局减少本土高碳产业和高碳环节

在工业化过程中，先发展后治理，再把高污染产业转移到境外，这是当今世界所有发达国家无一例外走过的路径。普遍认为，当今世界出现过四次大规模的制造业迁移：第一次在20世纪初，英国将部分"过剩产能"向美国转移；第二次在20世纪50年代，美国将钢铁、纺织等传统产业向日本、德国等国转移；第三次在20世纪60～70年代，日本、德国向亚洲"四小龙"和部分拉丁美洲国家转移轻工、纺织等劳动密集型加工产业；第四次在20世纪80年代至90年代初，欧美日等发达经济体和亚洲"四小龙"等新兴工业化经济体，把劳动密集型产业和低技术高消耗产业向以中国大陆为代表的发展中国家转移。[①] 在全球产业转移过程中，先发国家将高碳产业和高碳环节转移到发展中国家，通过国际贸易仍然享受到高品质的产品和服务。联合国环境规划署（2020年）指出，目前存在一种普遍的趋势，即富裕国家基于消费的排放量（排放分配给购买和消费商品的国家，而非生产商品的国家）比基于领土的排放量要高，因为这些国家通常实行清洁生产，服务业更发达，而初级和次级产品往往依靠进口。[②] 我国在承接全球制造业产业转移的同时，一定程度上成了发达国家的"污染产业天堂"，发达国家通过国际贸易和投资向我国转移了大量的碳排放。研究表明，我国承接国际产业转移所产生的碳排放，2007年比2002年增加了近两倍，达到14.29亿吨，占全国碳排放总额的22%（杜运苏和张为付，2012）；2009～2015年，中国与主要发达国家之间的国际贸易，共向中国转移了9.67亿吨CO_2（芦风英和庞智强，2021）。

不论是客观趋势还是主观为之，伴随全球产业转移，发达国家将高碳、低附加值的产业和制造环节外迁到后发国家，从而降低了本国产业碳排放水平，促进了本土产业低碳转型。地球作为全人类共同的家园，正面临生态环境恶化的严峻挑战。习近平总书记强调，面对生态环境挑战，人类是一荣俱荣、一损俱损的命运共同体，没有哪个国家能独善其身，国际社会应该携手同行，共谋全球生态文明建设之路。因此，我国推进产业链供应链全球布局时，不能走发达国家高污染产业转移的老路。

---

① 叶玉瑶、张虹鸥、王洋等：《中国外向型经济区制造业空间重构的理论基础与科学议题》，载于《世界地理研究》2021年第2期，第331～343页。
② 联合国环境规划署：《2020年排放差距报告》，2020年。

（三）通过支持科技创新应用提高生产绿色低碳循环水平

发展新能源实现"绿能"替代，加快绿色低碳科技创新，是发达国家促进产业链供应链绿色低碳转型的关键做法。例如，美国减碳政策在内容上以创新清洁能源技术为主线，逐步调整自身能源结构，提高能源自给率并减少碳排放。2006 年，时任美国总统布什在《国情咨文》中提出"先进能源计划"，强调增加针对可替代能源和清洁能源技术的投入。2022 年 6 月，美国总统拜登发布总统决议，授权能源部利用《国防生产法》（DPA）加速扩大美国制造太阳能电池板零件、清洁发电燃料设备、关键电网基础设施等五项关键清洁能源技术的应用，以加快清洁能源经济的发展。碳捕捉和封存技术（CCUS）是美国气候变化技术项目战略计划框架下的优先领域，全球 51 个二氧化碳年捕获能力在 40 万吨以上的大规模 CCUS 项目中有 10 个在美国[①]。早在第一次石油危机之后，日本为改善能源结构、减少对石油的依赖，于 1974 年执行了名为"阳光计划"的太阳能政策。2006 年日本《新国家能源战略》提出，发展太阳能、风能、燃料电池以及植物染料等可再生能源。近年来，适应碳中和战略，日本大力发展海上风电和氨燃料氢能等新型燃料能源，2020 年发布的"绿色成长战略"提出，到 2040 年海上风力发电能力达到最高 4 500 万千瓦，到 2050 年氨、氢两种零碳燃料占到电力结构的 10% 左右。日本持续将研发经费投入至绿色技术发展和应用中，《革新环境技术创新战略》提出了 39 项重点绿色技术，包括可再生能源、氢能、核能、碳捕集利用和封存、储能、智能电网等，计划投入 30 万亿日元以促进绿色技术的快速发展。

发达国家无一不加大科研投入，大力谋划发展新能源，创新减排技术，开发碳捕集等领先型科研项目，既推动了本国资源能源节约，也塑造了在绿色低碳领域的技术领先优势。"双碳"问题根本上是科技创新问题，我国要推动产业链供应链绿色低碳转型，必须也只能依靠科技创新。

（四）通过绿色供应链管理优化产业链全生命周期低碳发展

20 世纪 90 年代以来，绿色供应链理念在全球兴起，发达国家政府和领先企业共同发力，推动建立绿色供应链体系。从政府角度看，欧盟、美国主要采取立法、市场激励、政府绿色采购等方式。2002 年以来，欧盟率先通过立法发布和实施了《报废电子电器设备指令》（WEEE）、《危害性物质限制指令》（RoHS）、《关于化学品注册、评估、许可和限制法案》（REACH）等。WEEE 和 RoHS 实施后，全球范围内的电子电气设备零售商、制造商，上游电子电气元器件供应商不得不对设计、生产、采购过程进行调整，寻

---

① 李万超、李诚鑫、姜明奇：《中美欧日脱碳：路径与政策比较》，载于《北方金融》2022 年第 3 期，第 45 ~ 49 页。

求绿色材料，延长产品使用寿命，以满足欧盟的市场准入要求。这一举措为世界各国推动电子电气供应链的绿色化转型提供了宝贵的经验。美国国会于1986年、1990年先后颁布《危机应急规划和社区知情权法案》《污染预防法案》，要求制造业、金属采矿、采煤业、通过燃煤和/或石油进行商业发电的电力行业等涉及有毒有害物质产生的行业部门，每年须提交有毒物质排放清单（TRI），披露设施现场处置或排放到环境的每一种化学品的数量等信息。美国环境保护署的数据库显示，截至2022年11月，美国TRI披露的环境信息涵盖了800多种有毒化学品，任何个人都可以在美国环保总署官网查询到相关信息。从企业角度看，领先企业参照相关国家法律法规并结合自身减排需求，将环境绩效纳入供应链管理指标体系，对上游供应商进行筛选和定期评估，并通过培训、技术支持和信息共享等手段与供应链上的各个企业结成战略联盟，实现经济效益与环境保护双赢。例如，IBM、戴尔、惠普等企业早在2004年就发布了《电子行业行为准则》（EICC），对电子企业在有害物质、废水和固体废弃物、污染预防和资源节约、废气排放、产品含量限制等环境相关方面做出了明确要求，起到了规范和提高电子行业全球供应商的环境行为和社会责任的作用。2017年10月17日，EICC更名为责任商业联盟（RBA），目前全球超过500个品牌公司成为RBA成员并承诺遵守《RBA行为准则》。① 目前有超过110家电子、零售、汽车和玩具品牌及其分布在全球120多个国家的供应商承诺遵守EICC准则。近年来，全球环境、社会责任和公司治理（ESG）快速发展，全球大型企业、跨国企业均将ESG要素纳入供应链评估体系促使供应商履行ESG责任，ESG投资、ESG信息披露、ESG评估等做法，倒逼产业链供应链上下游各主体加快绿色转型步伐。

绿色供应链管理是未来产业发展和企业管理的必然趋势。近年来，我国加快打造绿色供应链，许多企业也提出了以碳减排为目标的绿色供应链倡议，如华为提出2025年前将会推动其前100家供应商设定碳减排目标；隆基发布的《绿色供应链减碳倡议》得到150家供应商积极响应。我们要借鉴发达国家在绿色供应链管理方面的有益做法，建立全过程、全链条、全环节的绿色供应链发展体系，加速产业链供应链绿色低碳转型。

四、推动我国产业链供应链绿色低碳转型的路径方向

习近平总书记对做好碳达峰、碳中和工作和提升产业链供应链现代化水平作出了许多重要论述并提出相应的要求，我们要始终坚持以习近平新时代中国特色社会主义思想为指导，遵循"双碳"工作和产业链供应链发展的客观规律，通过产业产品升级绿色减碳、用能用料源头绿色减碳、技术创新应用绿色减碳、空间优化布局绿色减碳、精细高效管理绿色减碳，多措并举推动产业链供应链绿色低碳转型。

---

① 详见 RBA 网站，https：//www.responsiblebusiness.org/。

（一）产业产品升级绿色减碳：优化产业结构和产品结构

一是持续优化产业结构。大力发展先进制造业和现代服务业，积极发展节能环保、新能源产业，培育壮大低碳、零碳和负碳产业，逐步降低高碳行业比重。推动以市场化手段淘汰落后产能，有序引导兼并重组，鼓励应用绿色低碳生产工艺技术的行业领先企业做大做强，有序扩大绿色低碳产品产能。压缩通用型、供给过剩产品产能，逐步淘汰不符合能耗、碳排放基准水平的落后产能、企业，提高全行业绿色低碳产能比重。加快完善碳排放监测、统计、核算体系，推动更多工业行业尽快纳入全国碳排放权交易市场配额管理，依托市场机制倒逼高耗能、高碳排放的产能逐步退出市场。二是推动产品结构升级。按照"去粗存精""舍低向高"的导向，推动工业产品向产业链价值链中高端延伸，提升产品附加值和资源的利用率，降低单位产出碳排放水平。聚焦需求缺口较大、依赖国外供应的高端、高精产品，引导行业龙头企业和技术领先企业实施保链、稳链工程，突破制约产业链安全的"卡脖子"技术问题。

（二）用能用料源头绿色减碳：支持更多利用绿色低碳能源和材料

一是逐步实施原材料替代。短期内，在一定程度上提高油气尤其是天然气作为工业原料的比重，如在化工领域可采取烯烃原料轻质化、炼厂制氢原料和燃料调整、合理增加甲醇进口量、对资源条件优势地区给予"煤改气"支持等措施；中长期，开发以生物质为基础的工业材料，通过绿色原料转型实现根本性减碳。二是以非化石电力替代传统煤电。在全国有序推进能源结构优化转型的同时，鼓励地方和企业结合实际情况，通过自建分布式光伏、绿电绿证交易等方式提高电力消费结构中非化石能源的占比。推动用能设施电气化改造，合理引导燃料"以气代煤"，适度增加富氢原料比重。三是提高原料使用效率。鼓励高耗能行业企业跨行业耦合示范，如推动"钢化联产"、电力化工多联产等，提高产业链上下游原料使用效率。

（三）技术创新应用绿色减碳：推动全产业链低碳技术创新与示范推广

聚焦可再生能源制备和储运、CCUS、减污降碳、碳负排放技术、VOCs 污染控制、零碳流程重塑等研究领域，整合行业龙头企业、技术路线企业和国家及省级重点实验室、高校、科研院所等组建创新联合体和技术应用转化平台，强化关键核心技术、行业共性技术和工艺的研发攻关和应用推广。推动新能源、新材料、生物技术、数字技术与化工行业生产技术工艺交叉融合、协同创新，推动形成一批具有较强适用性的绿色低碳技术群。大力推进低碳技术全流程应用，构建从材料采购、制造、运输，到销售、消费、物流，最后到回收再利用的全生命周期绿色低碳管理模式，形成供应端、物流端、数据端、消费端的低碳闭环。

（四）空间优化布局绿色减碳：优化产业链供应链的空间布局和区域联动

统筹产业对内转移和对外转移，优化产业链供应链的国际布局和区域联动。一是依据国内资源能源禀赋条件，推进制造环节向中西部地区转移。支持西部地区探索将资源优势转化为经济优势的有效途径，培育一批以可再生能源为主的支柱产业，一方面通过"西电东送"外销模式加快东中部地区能源替代，另一方面通过产业"内生"式发展和承接产业转移"外引"式发展促进可再生能源就地就近消纳。借助"东数西算"契机，梯次推进数据中心区域布局调整，加强中西部地区数据中心和电力网一体化设计，提高绿色能源使用比例，缓解可再生能源电力与用电负荷的时空错配。建立和完善绿色产业帮扶机制，鼓励发达地区加大对欠发达地区清洁电力、生态旅游等领域的投资，优先购买其丰富的绿色能源资源，形成西部稳定输电、东部稳定消纳的长效机制。二是主动谋划产业链供应链全球布局，建立"以我为中心"的全球产业链供应链格局。下大力气把本土企业技术研发、市场营销等高端关键环节留在国内，引导产业转移在中国主导建设的境外园区布局。

（五）精细高效管理绿色减碳：提高企业全生命周期精细管理水平

一是提高企业环保意识，加速向绿色供应商转型。引导企业提高节能环保意识，按照相关质量技术标准，加强绿色节能改造，打造绿色企业、绿色工厂、绿色供应链管理企业等。支持有条件的企业申请 ISO 14000 认证，成为全球绿色供应商。二是依托供应链链主企业，全方位构建绿色供应链。依托链主企业的核心优势，与上下游供应商和合作伙伴开展联合创新，带动供应链上下游企业在节能、减排、利废、治污等方面创新模式，共同推进产业链供应链节能减排，在家电、食品、药品等重点行业率先培育发展绿色供应链，提升产业链供应链的能源效率和环境效益。三是强化供应链全生命周期管理与监控。完善能耗和排放检测、监测认证制度，加快制定和建立绿色供应链评估标准和认证体系。

五、提升产业链供应链绿色低碳水平的政策措施

（一）健全绿色低碳法律法规和制度体系

加强绿色低碳发展法制建设，修订和完善相关领域法律制度，健全适应"双碳"战

略需要的法律制度体系。健全清洁低碳能源相关标准体系，加快研究和修订清洁高效火电、可再生能源发电、核电、储能、氢能、清洁能源供热以及新型电力系统等领域技术标准和安全标准。严格实施《建筑节能与可再生能源利用通用规范》关于强制碳排放计算的规定。鼓励各地区和行业协会、企业等依法制定更加严格的地方标准、行业标准和企业标准。制定绿色低碳产业指导目录，建立和完善绿色低碳转型相关技术标准及相应的碳排放量、碳减排量等核算标准。加强对绿色供应链领域的立法，要求供应链重点领域和关键环节的企业向公众披露采购、能耗、污染物排放处理、逆向物流方案等绿色供应链相关信息。

（二）加大绿色低碳适用技术创新应用支持力度

强化碳中和科技工作的宏观统筹和协调管理，打造绿色低碳科技国家战略力量。聚焦产业链供应链绿色低碳转型"卡脖子"难题，发挥新型举国体制优势，补齐关键核心技术领域的"短板"，加快形成一批碳中和领域的原创性、引领性、颠覆性技术，提高原始创新能力和创新策源能力。强化基础研究支持力度，完善基础学科布局，鼓励学科交叉基础领域研究。加大财政投入支持力度，优化创新投入、研发、转化和激励机制，促进适用技术研发和推广应用，畅通科技成果向现实生产力转化的渠道。

（三）完善产业链绿色低碳转型财税金融政策

扩大和丰富碳排放权交易市场的覆盖范围和参与主体，推动配额分配方式改革，推动建立以碳市场为主体、以碳税为补充的混合式碳定价机制，逐步形成合理碳定价。引入更多机构投资者和个人投资者，提高碳排放权交易市场的活跃度和流动性。适度从紧设定碳排放权配额发放总量，积极推动碳配额分配方式改革，在生产环节构建主体多元的竞价体系，在消费环节构建减排与收益挂钩的激励机制，配置环节构建"统一市场、统一运作"的交易模式。适时逐步扩大和提高碳排放权配额有偿分配范围和比例，实现以免费分配为主、免费与有偿分配并存的格局。进一步健全排放权交易流通的二级市场。完善绿色环保低碳产品标准认证、标识体系和可溯源机制，发挥政府采购导向支持作用，鼓励地方、特色行业建立绿色低碳物资采购目录和供应链协同采购机制，在全社会范围内积极宣传政府绿色采购绩效。针对高碳消费行为构建灵活多样的成本约束调控机制，择时对碳密集消费品开征碳税。探索将碳排放权作为信贷融资的增信措施，适时鼓励银行将碳排放控制管理纳入授信评价体系，探索"碳排放权增信＋抵押贷款＋碳保险"融资模式。探索碳排放权抵押融资机制。

（四）加强产业绿色低碳领域人才培养

强化教育的系统性变革和人才的专业化培养，将绿色低碳理念深度植入各学科、各层级教育培养体系。瞄准科技前沿和关键领域，加快造就一批储能、氢能和CCUS等领域的紧缺人才，聚焦产业需求加快培养一批碳中和专业人才，大力培育复合型人才和通用人才。推动建设示范性碳中和校园，在具有较好基础的高校探索建设碳经济、碳金融、碳管理等新学科，着力提升学生的"气候素养"和"碳中和素养"。优化职业学校教育和职业技能培训体系，发挥企业的重要办学主体作用，发展订单制、现代学徒制等多元化人才培养模式。优化碳中和领域职业能力证书制度，提高"双碳"领域技术技能人才和产业工人的经济社会待遇。

（五）开展产业链供应链绿色低碳转型试点示范

积极培育打造一批绿色设计产品、绿色工厂、绿色园区和绿色供应链管理企业，鼓励企业探索绿色低碳转型的路径和模式。打造低碳交通、低碳建筑、低碳商场、低碳社区等多元示范应用场景，建设一批低碳绿色城市、零碳城市。选取一部分可再生能源基础较好的西部地区城市、中部地区小城镇和东部地区工业园区，率先实现100%的可再生能源供应。

（六）增强全社会绿色低碳意识

增强全社会绿色低碳、环保节约意识，加强生态文明教育，把绿色低碳教育内容列入中小学课程中，积极开展绿色校园创建、低碳环保行动、绿色环保使者等实践活动，让广大学生增强低碳生活的意识，从小养成爱护环境、倡导低碳生活的好习惯。强化绿色文明宣传教育和"双碳"科普，增强全民节约意识、环保意识、生态意识，把建设美丽中国转化为全体人民的自觉行动。强化消费者绿色环保意识，依托各类支付平台和消费平台做好绿色消费行为的统一记录，探索实行个人碳积分制度，研究制定量化算法和奖励分发规则，建立个人数字碳账本并与绿色金融、信用体系相连接。

（七）强化产业链供应链绿色治理监管

构建多部门协调联动的综合执法体制机制，合理配置执法力量，依托新一代信息技术提高执法效能。将有害物质使用和可回收利用率管理纳入相关行业管理，要求生产企业、上市公司定期报送有害物质使用及可回收利用率等相关数据信息，推行年度信息披露制度。完善环境信息披露的激励约束机制，注重将市场与行政措施、约束与鼓励性措施、机构内部与外部措施有效结合，开展环境信息披露评估。强化金融机构环境责任，要求金融机构核算并披露自身投融资活动碳足迹信息，披露碳减排贷款情况以及贷款带动的碳减排量等信息。促进实体企业公开披露碳排放以及配额分配、交易、履约和碳资产管理、开展碳金融业务等情况。引导各类社会第三方机构参与环境信息披露，引导会计师事务所、律师事务所、审计师事务所等中介机构在出具会计报告、法律意见书、审计报告时加入有关环境影响评价的内容。[①] 明确各部门在环境信息披露中的监管职能，建立环境信息整合管理平台，在一定权限内实现碳排放信息共享，更好地形成监管合力。加强对在我国经营的跨国企业供应链的环保监管，避免发达国家将污染严重的行业或供应链环节转移至我国。

（八）促进全球产业链供应链绿色低碳协同合作

加强产业链供应链绿色低碳转型的国际合作，利用中国在新能源、新能源汽车、5G等方面的世界领先技术优势，加强与"一带一路"沿线国家在重点低碳领域的产业合作。鼓励国内新能源龙头企业"走出去"，积极参与并引领低碳技术、清洁能源、绿色投资、绿色金融国际合作，推动建成一批绿色能源国际合作示范项目。通过与上下游企业的联动、协作与融合，建立安全稳定、绿色可持续、国际化的供应链体系，尽快建成自身的零碳"朋友圈"。优化劳动密集型产业的国际化布局，利用RCEP优势，强化中国与东盟、日韩等成员伙伴间的重点产业链合作，巩固提升我国在轻工、纺织、家电等重点产业领域的优势地位。做好应对碳边境调节税等绿色贸易壁垒的政策储备。

本章参考文献

[1] Claudia Sheinbaum, Belizza J. Ruiz, Leticia Ozawa. Energy consumption and related CO emissions in five Latin American countries: Changes from 1990 to 2006 and perspectives. *Energy*, 2011, 36.

[2] D. Diakoulaki, M. Mandaraka. Decomposition analysis for assessing the progress in decoupling industrial growth from CO emissions in the EU manufacturing sector. *Energy Economics*, 2007 (29): 636 – 664.

[3] David Pearce, Anil Markandya, Ed. B. Barbier. *Blueprint for a Green Economy*. Earthscan Publications, London, UK, 1989.

[4] Hsiao – Tien Pao, Chung – Ming Tsai. Multivariate Granger causality between CO emissions, energy consumption, FDI and GDP: Evidence from a panel of BRIC countries. *Energy*, 2010 (9): 1 – 9.

[5] James B. Ang. CO_2 emissions, research and technology transfer in China. *Ecological Economics*, 2009 (68): 2658 – 2665.

[6] Jie He, Patrick Richard. Environmental Kuznets curve for CO in Canada. *Ecological Economics*, 2010 (69): 1083 – 1093.

[7] Subhes C. Bhattacharyya, Arjarce Ussanarassamee. Decomposition of energy and CO intensities of Thai

---

① 周宏春：《碳金融发展的理论框架设计及其应用探究》，载于《金融理论探索》2022 年第 1 期。

industry between 1981 and 2000. *Energy Economics*，2004（26）：765 – 781.

［8］蔡博峰、曹丽斌、雷宇等：《中国碳中和目标下的二氧化碳排放路径》，载于《中国人口·资源与环境》2021 年第 1 期。

［9］陈诗一：《中国各地区低碳经济转型进程评估》，载于《经济研究》2012 年第 8 期。

［10］杜运苏、张为付：《我国承接国际产业转移的碳排放研究》，载于《南京社会科学》2012 年第 11 期。

［11］何建坤：《新时代应对气候变化和低碳发展长期战略的新思考》，载于《武汉大学学报》（哲学社会科学版）2018 年第 4 期。

［12］何建坤：《我国低碳发展的创新之路》，载于《中国科技产业》2013 年第 2 期。

［13］何小钢、张耀辉：《中国工业碳排放影响因素与 CKC 重组效应》，载于《中国工业经济》2012 年第 1 期。

［14］洪群联：《力推绿色低碳产业稳健发展》，载于《经济日报》2022 年 7 月 1 日。

［15］洪群联：《全球供应链调整变化与我国应对策略研究》，载于《中国工业经济》2021 年第 1 期。

［16］李胜、陈晓春：《低碳经济：内涵体系与制度创新》，载于《科技管理研究》2009 年第 10 期。

［17］李小平、卢现祥：《国际贸易、污染产业转移和中国工业 CO_2 排放》，载于《经济研究》2010 年第 1 期。

［18］厉以宁、朱善利、罗来军、杨德平：《低碳发展作为宏观经济目标的理论探讨——基于中国情形》，载于《管理世界》2017 年第 6 期。

［19］联合国环境规划署：《2020 年排放差距报告》，2020 年。

［20］联合国人类住区规划署：《城市与气候变化：全球人类住区报告 2011》，2011 年。

［21］林伯强、刘希颖：《中国城市化阶段的碳排放：影响因素和减排策略》，载于《经济研究》2010 年第 8 期。

［22］刘佳骏、李雪慧、史丹：《中国碳排放重心转移与驱动因素分析》，载于《财贸经济》2013 年第 12 期。

［23］刘竹：《哈佛中国碳排放报告 2015》，2015 年。

［24］芦风英、庞智强：《中国与世界主要国家间碳排放转移的实证分析》，载于《统计与决策》2021 年第 3 期。

［25］潘家华、庄贵阳、郑艳、朱守先、谢倩漪：《低碳经济的概念辨析及核心要素分析》，载于《国际经济评论》2010 年第 4 期。

［26］庞燕、王忠伟、汪洪波：《低碳经济环境下钢铁制造业绿色供应链管理模型研究》，载于《生态经济》2011 年第 2 期。

［27］平新乔、郑梦圆、曹和平：《中国碳排放强度变化趋势与"十四五"时期碳减排政策优化》，载于《改革》2020 年第 11 期。

［28］王磊、崔晓莹：《我国产业低碳化路径研究》，化学工业出版社 2017 年版。

［29］王佳元、洪群联：《现代供应链国家战略研究》，中国计划出版社 2021 年版。

［30］彭苏萍等：《绿色低碳产业发展战略研究（2035）》，科学出版社 2021 年版。

［31］陶良虎：《低碳产业》，人民出版社 2016 年版。

［32］武汉大学国家发展战略研究院课题组：《中国实施绿色低碳转型和实现碳中和目标的路径选择》，载于《中国软科学》2022 年第 10 期。

［33］于宏源：《迈向全球能源强国的可持续路径——学习习近平总书记关于能源安全的讲话》，载于《学术前沿》2018 年第 4 期。

［34］余壮雄、陈婕、董洁妙：《通往低碳经济之路：产业规划的视角》，载于《经济研究》2020 年第 5 期。

［35］中国科学院可持续发展战略研究组：《2009 年中国可持续发展战略报告——探索中国特色低碳道路》，科学出版社 2009 年版。

第十三章

产业链供应链数字化转型研究[*]

内容提要： 产业链供应链数字化转型是指以产业链供应链各个环节物理活动的数据要素为核心，深入融合新一代信息技术，进而完成全链条的科学决策分析，以此指导重构产业链供应链的过程，其特征表征为转换、融合、共享、重构四个环节，价值在于易满足个性化需求、利于产品迭代升级、优化供应链管理、助于产品质量快速回溯。投入产出表数据显示，自1992年起的近三十年，全国数字化投入快速增长，1992~2020年、2010~2020年分别是交通运输设备、机械装备的数字化投入增长最快。当前，数字化转型的主要阻力有前期投入高、效益不易显现、对安全要求更高、软硬件自主可控程度不高、人才存在缺口、标准体系不足等。最后本章提出了相关政策建议。

数字化是产业链供应链现代化的核心特征之一。我国高度重视推动企业、产业链供应链、产业等各个层面的数字化转型。党的十九届五中全会提出，要提升产业链供应链现代化水平，发展战略性新兴产业，加快发展现代服务业，统筹推进基础设施建设，加快建设交通强国，推进能源革命，加快数字化发展。《中华人民共和国国民经济和社会发展第十四个五年规划和2035年远景目标纲要》提出，加快数字化发展，建设数字中国，加快建设数字经济、数字社会、数字政府，以数字化转型整体驱动生产方式、生活方式和治理方式变革。在政策支持下，当前各类市场主体积极参与数字化转型，重点企业和产业在数字化转型道路上走深走实、成效显著。

一、产业链供应链数字化转型的概念和价值效益

（一）产业链供应链数字化转型的概念

1. 数字化转型的概念

企业、学者和研究机构对数字化转型存在不同的概念认识。重点企业对数字化的理

---

* 本章执笔人：盛如旭、李红宇。

解侧重于数字化转型如何改变业务模式。华为在《行业数字化转型方法论白皮书2019》中认为行业数字化转型是通过新一代数字技术的深入运用，构建一个全感知、全联接、全场景、全智能的数字世界，进而优化再造物理世界的业务，对传统管理模式、业务模式、商业模式进行创新和重塑，实现业务成功。华为认为数字化转型的核心特征有两点：新一代信息技术成为新的生产要素、数字资产成为创造价值的新源泉。从本质看，华为认为数字化转型的根本目的在于提升企业竞争力，本质上是业务转型，是一个长期系统工程。阿里巴巴认为数字化是一个从业务到数据再让数据回到业务的过程。互联网技术架构统一、业务中台互联网化、数据在线智能化是企业数字化转型的关键点。

学者对数字化的关注点侧重于实证分析，对其内涵的探讨并不多。肖静华（2020）认为企业数字化转型的关键驱动因素是新一代数字技术、商业模式、竞争模式、新型人力资本积累和相应的制度变革。吴非等（2021）认为企业数字化是数字科技与生产发展深度融合的微观转变，是企业全方位要素同数字科学技术的深度融合。肖旭和戚聿东（2019）认为产业数字化转型是传统产业利用数字技术对业务进行升级，进而提升生产的数量以及效率的过程。

研究机构编写的研究报告中对数字化转型的理解相对更加全面。全国信息技术标准化技术委员会大数据标准工作组等单位编写的《企业数字化转型白皮书（2021版）》（以下简称《白皮书》）认为数字化转型是一次传统行业与云计算、人工智能、大数据等新型技术全面融合的过程，通过将企业上下游生产要素、组织协作关系等数字化并科学分析，进而完成全链路的资源优化整合，推动企业主动转型，并提高企业经济效益或形成新的商业模式。该白皮书还辨析了信息化和数字化的区别，认为数字化不止实现业务功能，还需要使用数字化手段赋能业务发展。《白皮书》指出数字化转型有4点特征：转型是需要不断迭代的长期战略、关键举措是数据要素驱动、转型由业务与技术双轮驱动、需要长期规划与局部建设协同进行。国务院发展研究中心课题组于2018年发布的《传统产业数字化转型的模式和路径》认为，数字化转型是利用新一代信息技术，构建数据的采集、传输、存储、处理和反馈的闭环，打通不同层级与不同行业间的数据壁垒，提高行业整体的运行效率，构建全新的数字经济体系。中关村数字经济产业联盟等单位发布的《中国企业数字化转型白皮书》认为，连接、数据、智能是构成数字化转型的三大内核。团体标准《数字化转型参考架构》认为数字化是深化应用新一代信息技术，激发数据要素创新驱动潜能，建设提升信息时代生存和发展能力，加速业务优化与重构，创造、传递并获取新价值，实现转型升级和创新发展的过程。

综合各类数字化转型定义，我们认为产业链供应链数字化转型是指以产业链供应链各个环节物理活动收集到的数据要素为核心，深入融合云计算、人工智能、大数据等新一代信息技术，进而完成全链条的科学决策分析，以此指导重构产业链供应链的过程。

2. 数据要素是数字化转型的核心基础要素

作为新生产要素的数据要素是数字化转型的核心基础要素。广义的"数据"被定义为"被用于形成决策或者发现新知识的事实或信息"或是"进行各种统计、计算、科学研究或技术设计等所依赖的数值"。狭义的"数据"专指以比特形式组成可被编码成 0 和 1 的可被计算机存储及处理的二进制序列信息（Farboodi and Veldkamp，2021）。作为一种新要素，数据要素具备以下特征：

虚拟性。与其他实体生产要素相比，数据要素最核心的存在特征是虚拟性，这也是知识、技术、管理等新生产要素的主要存在特征（Jones and Tonetti，2020）。虚拟性意味着数据要素必须与其他生产要素相结合才能获得产出。其中还衍生出了数据要素的"虚拟替代性"，即数据要素对土地等传统要素的替代（王谦和付晓东，2021）。例如数字孪生技术可以将现实物理空间映射到虚拟空间进行虚拟生产，从而大幅度节约（替代）土地要素（李海舰和赵丽，2021；王谦和付晓东，2021）。非竞争性。数据要素最突出的经济特征是非竞争性（Acquisti et al.，2016）。数据的非竞争性是指任何企业或个人使用数据时，并不会减少该数据对其他使用者的供应，即增加使用者的边际成本为零。当然数据的非竞争性并不是传统公共经济学层面的概念，这并不是指数据是公共物品（蔡跃洲和马文君，2021）。数据要素的非竞争性并不影响数据的私人权属。易复制性，也可以认为是低成本或零成本复制的特性。现实中，生产、收集高质量数据要素的过程复杂且所需成本高，但是数据要素收集完成并储存后，其复制成本相比其价值接近于零，也就是说数据要素收集完成后，其边际成本接近于零。排他性。正是由于易复制性的存在，一旦某份数据要素存在公共的获得途径，将会有大量使用者以极低的成本获得该数据。这也导致以数据要素为商业核心的私营机构等要素拥有者，例如平台公司，会"窖藏"而非分享数据（徐翔等，2021）。规模报酬递增。非竞争性的存在，使任何使用者使用数据要素时，并不会产生消耗。那么当大规模、丰富的数据要素对相关行业或整个社会开放时，数据带来的经济效益将非常可观（Jones and Tonetti，2020）。由于数据包含的信息密度较低，因而小规模、低纬度的数据对使用者的帮助作用较小，大规模、高纬度的数据才能充分发挥规模经济作用（戴双兴，2020）。正外部性。数据要素的正外部性主要体现在数据收集企业（徐翔、厉克奥博和田晓轩，2021）。例如使用同一个搜索引擎的人越多，搜索引擎会收集用户的点击行为来了解用户的期望结果，从而提高搜索质量产生外部性，具有直接的网络效应（Schfer and Sapi，2020）。即时性。即时性是数据要素在数字经济时代具备的一个重要特征，特别是在应用实践中发挥重要作用（蔡跃洲和马文君，2021）。相较而言，土地等其他传统生产要素对时间的敏感性相对较低，而很多情况下数据要素具有很强的时效性，更早获得数据并进行分析可以抢占市场领先地位（白永秀等，2022）。例如网约车平台的消费端和司机端的数据实时匹配，需要尽可能地缩短数据延迟（李海舰和赵丽，2021）。

数字要素各类特征赋予了数字化转型的诸多特质。例如，非竞争性使产业链供应链数字化转型出现平台化、链主主导等特征，这种模式可以让有能力的主体更好地使用非竞争性的数据要素来指导其他主体；易复制性会导致数字化转型急需保障数据隐私和解决安全问题；即时性使数字化转型可以帮助人们更快地发现问题、及时改进决策。

3. 企业、产业链供应链数字化转型的概念辨析

产业链供应链数字化转型是在企业内部数字化基础上，上下游企业之间构建起数字化关联的更高一层形态。随着移动互联网、云计算、大数据和人工智能等新一代信息技术的发展，传统产业和企业模式形态开始发生根本性改变。数字化转型过程中，企业和产业链供应链之间数字化转型的表现是相辅相成的。我们认为企业层面和产业链供应链层面的数字化转型存在以下三个阶段的关系。

一是链主企业自身内部数字化转型是产业链供应链数字化转型的开端。链主企业具有数字化投入敏感性低、数字化转型基础好、数字化实践应用场景多、数字化经验丰富等优势。在价值追求、政策支持等因素的驱动下，链主企业率先进行数字化转型，对所在行业数字化转型起到引领示范作用。

二是数字化水平领先的企业带动产业链供应链上下游中小企业，加速产业链供应链数字化转型。随着链主企业内部数字化程度越来越高，由于数据要素具有极强的正外部性、易复制性和非竞争性，链主企业不再局限于自身企业内部的数字化，开始通过平台等方式将上下游企业融入自身构建的数字化体系中，从而推进从若干重点企业数字化向产业链供应链数字化方向转变。例如产业链"链主"广东顺德某家电上市公司，其自主开发的"产业链中央监控体系"融合了上下游产业链 147 个系统、1 400 多家供应商。"产业链中央监控体系"带来的产业链数字化使公司实现了从跟客户洽谈意向、接到订单，到各个供应商的物料准备、总装、出货，全产业链的运作数据展现，使接单周期从原来的 60 天缩短至 45 天，原材料供货周期由 20 天缩减至 10 天。

三是数字化水平领先的链主企业基于自身的工业知识沉淀和数字化经验优势打造数字化转型服务平台，不再局限于面向上下游企业，还面向任何有转型需求的企业提供数字化转型一体化解决方案。例如 2014 年从传统龙头制造企业孵化出的某专业工业互联网公司，其基于母公司近 80 年制造经验和 30 多年数字化服务经验，持续为制造业提供与工业互联网、智能制造整体解决方案相关的咨询、设计、开发、生产、实施、运维等专业性产品及服务。该工业互联网公司不再局限于只面向母公司自身内部数字化转型、母公司自身产业链供应链上下游企业的数字化转型服务，还服务于装备制造、建筑施工、有色金属、工程机械、新能源、纺织机械、物流运输、智慧城市、核心零部件、教育等80 多个其他专业领域，构建了 20 个行业子平台，服务企业超过 20 000 家，覆盖"一带一路"沿线 30 个国家和地区。

4. 产业链供应链数字化转型与其他近似概念的辨析

信息化和数字化。信息化和数字化从字词内容上看并没有较大区别，但是信息化和数字化被用于我国不同发展阶段，因此两个词被赋予了不同的时代内涵特征。由于国内信息化的提出早于数字化，一般来说数字化会比信息化赋有更多内涵，同时数字化也被赋予了信息化下一阶段的含义。首先使用的信息化，具有更重视部门内部、支撑业务发

展的特征，其价值主要是提高单一业务的效率。而后来使用的数字化，更加重视部门间联系，具有赋能重构业务发展的特征，其价值从提高单一业务效率进一步提升成跨部门的互联互通。

产业链供应链数字化和产业数字化。抛开共有的数字化，产业链与产业的关键区别在于"链"，产业链是指在设计、制造、运营、售后等环节中，有内在技术经济关联的一系列企业。从数字化角度看，产业数字化的范畴是大于产业链数字化和企业数字化的。但由于技术经济关联"链"的存在，相对于产业数字化，产业链数字化更具实际操作意义，也可以认为是产业数字化的最重要表现之一。产业链上下游企业间传递的数据信息远比产业中两个无关企业之间传递的数据信息的关联度更高、富有更丰富内涵，也具有更好的指导决策含义。为此，可以认为数字化转型天生更加适用于产业链，或者说产业数字化转型首先要完成产业链数字化转型。

5. 产业链供应链数字化转型的表征

围绕数字化转型核心要素——数据要素的转换、处理、使用等环节，我们认为产业链供应链数字化转型主要包括四个表征环节：转换、融合、共享、重构。

转换，即使用硬件把物理活动映射成数字信息。具体来看，转换是指将产业链供应链中制造、运营、运输、销售等环节中的各种物理活动特征，利用数字化传感器等设备，转换成计算机可读取、可存储、可运算的数据。转换主要涉及两类生产要素——电子信息硬件要素和数据要素，传感器或集成在机械装备中的传感设备，即电子信息硬件生产要素，收集物理环境中的距离、温度、光、颜色、气压、磁力、速度以及加速度等信号，并将其转换成数据要素，其中对软件涉及较少。转换是感知物理活动并转化成数据要素的第一道关卡，是数字化区别于自动化的关键阶段，也是数字化转型的第一个阶段。

融合，即融合新一代信息技术与数据要素。融合指借助云计算、人工智能、大数据等新一代信息技术，即软件生产要素，将产业链供应链中制造、运营、运输、销售等环节收集到的数据要素进行处理加工，从而得到所需的决策信息。显然，新一代信息软件技术需要中央处理器（CPU）、图形处理器（GPU）、现场可编程逻辑门阵列（FPGA）、专用集成电路（ASIC）等相关硬件的支持，并随着算法对算力的追求，硬件性能逐渐成为制约算法优劣的"瓶颈"要素。可以看出，融合环节是电子信息软件、硬件与数据三类要素的有机融合。

共享，即企业内和企业间进行数据及信息共享。产业链供应链数字化转型的共享，不仅指单个企业内部全环节、全方位、全过程、全领域的数据进行网络化实时共享，还包括超出单个企业边界的产业链供应链纵向、横向企业之间的数据和信息共享，这也是产业链供应链数字化与企业数字化的核心区别。

重构，即将处理得到的决策信息重新转换成物理活动以此重构产业链供应链。重构是使用转换、共享得到的数据要素与新一代信息技术融合处理得到的决策信息，重新调整、改造产业链供应链的物理活动。作为数字化转型的最后一个环节，重构是使用数字化决策信息改造产业链供应链的组织、系统、设计、研发、生产、运营、管理、商业等物理世界的环节，即以数字化决策信息重构现实物理世界。

（二）产业链供应链数字化转型的价值效益

产业链供应链数字化转型更容易满足消费者个性化需求，并实现差别化定价。过去的大规模流水线生产强调标准化和低成本，难以快速、大批量地满足消费者的个性化需求。但在具有长尾效应的部分领域中，分布在需求曲线尾部的个性化、碎片化需求带来的盈利甚至会超过总盈利的一半（颜世伟，2007），若能够高效率地满足尾部差异化需求则意味着更大的收益空间。具有大盈利空间的个性化需求倒逼产业链供应链发生变化，柔性化生产模式应运而生，进而逐步替代了单一性、批量化生产模式（戚聿东和肖旭，2020）。为了满足市场上不断变化的小批量、个性化需求，产业链供应链中各个环节的供应商相关生产装配线必须具有敏捷调整的能力，即柔性化生产。数字化转型配合智能制造的产业链供应链可以敏捷地满足市场需求，不论是少品种、大批量生产或是多品种、小批量生产。

产业链供应链数字化转型更利于产品设计迭代升级。消费端个性化定制与供给端产业柔性化生产带来供需双方频繁的沟通交流，使产品更新迭代的次数更多、速度更快。在消费端，数字化技术可以让销售环节更好地获得消费者产品偏好实时数据，甚至通过消费者画像大数据预测未来偏好变化，然后将信息传达到产业链供应链的生产制造等其他环节，从而更准确地贴近用户需求并进行产品更新迭代（陈剑等，2020）。在生产端，数字化系统中多维度详细的技术、工艺、产品参数可以较准确地描述出各种产品，从而降低企业进行产品创新中的试错与创新成本（戚聿东和肖旭，2020）。

产业链供应链数字化转型可以优化供应商和采购流程管理。产业链供应链数字化转型，特别是平台化，能有效汇总供应链上下游生产销售信息并以此优化供应链管理。例如中国中车股份有限公司（以下简称"中国中车"）以"打造中车集中统一的全球供应链协同平台"为目标，开发了"中车购"、中车统一配件服务、"宜企拍"等面向轨道交通行业的供应链管理电子商务平台，其中涵盖采购招标、供应链协同、市场营销、物流、金融等一体化服务。中国中车相关新闻显示，截至2020年，已有超过3.5万家经过中国中车认证的优质供应商入驻"中车购"，超过2 000家活跃会员入驻"宜企拍"，中国中车各级企业会员数量达到170多家，显著高于全国和机械行业平均水平，逐步建成跨企业、全链条的供应商数字化管理体系。

产业链供应链数字化转型可以做到产品质量快速回溯，提高上下游产品质量协同。特别是对于食品医药等对质量和安全要求较高的消费品行业，通过构建基于追溯码、区块链等新兴数字化技术的质量追溯体系，建设产品质量追溯公共服务平台，实现食品医药等产品在原材料供应、产品生产、物流流通、消费营销、售后服务等全生命周期环节的源头追溯、一码到底、物流跟踪、责任认定和信用评价，从而实现行业监测调度和消费者权益维护，保证全流程产品质量安全，帮助提升产品商业价值，发挥产业链供应链数字化溯源提振消费信心的倍增效应。

二、我国产业链供应链数字化转型的发展历程分析及水平测算
——基于全国投入产出表的分析

（一）我国产业链供应链数字化转型主要分为信息数字化、业务数字化、数字化转型三个阶段

工业和信息化部下属研究机构根据信息技术发展程度将我国数字化转型分为三个阶段：信息数字化、业务数字化、数字化转型。1956～2003 年是信息数字化阶段，该阶段主要通过政策引领信息技术发展，是为数字化转型打基础的阶段；2003～2016 年是业务数字化阶段，该阶段通过使用信息技术进行业务数字化发展；2016 年至今是数字化转型阶段，该阶段是信息技术高度发展奠定数字化转型生态环境发展基础阶段（陈堂等，2022）。陈堂等（2022）研究发现，在信息技术较薄弱的发展初期，信息数字化阶段的特征是发挥政府政策的引领优势，集中力量办大事，着重突破信息技术应用的关键技术。该阶段行业信息化需求对信息技术的牵引力不足，依靠国家出台的系列政策，实现了信息技术从无到有的跨越式发展，为后续阶段打下基础。在业务数字化阶段，数字化信息技术已经逐渐成熟并逐步可以支持业务发展，因此该阶段行业发展迫切希望以业务数字化来获取价值，行业应用成为数字化信息技术发展的主要牵引力。2003 年，阿里巴巴创立亚太地区较大的网络零售、商圈"淘宝网"，标志着数字化信息技术逐步体现出在生产销售大规模应用的潜力。在数字化转型阶段，面对世界经济普遍增长放缓的情况，各产业不断寻求通过迅速发展的新一代信息技术来创造新的增长点，政府政策开始为数字化转型构造健康良好的发展环境。与此同时，该阶段的一个重要特征是平台化成为数字化转型的新趋势（李雯轩和李晓华，2022）。传统制造业企业和互联网企业均开始向以平台为特征的数字化转型发力。互联网企业以云服务、新兴算法、数据服务等自身优势赋能其他产业，而传统制造业企业以自身制造经验、上下游供应链关系等自身优势搭建数字化平台。

（二）产业数字化发展水平测度方法

为了统一历年全国投入产出表的数字化产品投入界定，我们将投入产出表中属于制造业的"通信设备、计算机和其他电子设备"和属于服务业的"信息传输、软件和信息

技术服务"[①] 界定为数字化产品投入范围，同时将这两个行业合并成"数字化投入产品"便于后续计算。此外，由于年份跨度较大带来的不同年份行业分类不同的问题，考虑到全时期全国的行业分类情况，我们将部分细分行业进行加总，最终得到以下 19 个行业类别：农林牧渔产品和服务、采选业、食品和烟草、纺织工业、木材加工品和家具、造纸印刷和文教体育用品、石油炼焦产品和核燃料加工品、化学产品、非金属矿物制品、金属冶炼和压延加工品、金属制品、机械装备、交通运输设备、电气机械和器材、仪器仪表、其他制造业、电力热力燃气及水生产和供应业、其他服务业和建筑、数字化投入产品。

我们使用投入产出表中各个行业对数字化产品投入的完全消耗系数和完全消耗量作为产业数字化发展水平的测度（王媛媛和张华荣，2020）。完全消耗系数是指某产品生产单位最终产品量对另一产品的完全消耗量（程晓农，1984；夏明和张红霞，2019）。完全消耗系数是在直接消耗系数的基础上，两个行业之间的完全联系。例如，"交通运输设备"对"数字化投入产品"的完全消耗系数的计算方法，可以通过 2020 年投入产出表的实例来简单理解（见图 13-1）："交通运输设备"制造过程对"数字化投入产品"有直接使用（直接消耗系数为 2.62%）。此外，"交通运输设备"制造过程对"机械装备"有直接使用（直接消耗系数为 4.91%），而"机械装备"制造过程对"数字化投入产品"有直接使用（直接消耗系数为 5.44%），即"机械装备"制造过程对"数字化投入产品"有间接使用（4.91% ×5.44%）。汇总"机械装备"制造过程对"数字化投入产品"的直接使用和所有间接使用（2.62% +4.91% ×5.44% +……），可以得到"机械装备"对"数字化投入产品"的完全消耗系数，以此还可以计算得到完全消耗量。为此我们认为完全消耗系数和完全消耗量可以反映"交通运输设备"产业的数字化发展水平。

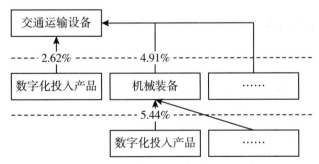

图 13-1　2020 年交通运输设备对数字化投入完全消耗系数计算示意图

资料来源：笔者根据《2020 年中国投入产出表》绘制。

---

① 在 1997 年及之前年份的全国和各省投入产出表中，"信息传输、软件和信息技术服务"并不是一个数据可得的行业，考虑到当时该行业发展水平，我们认为此行业可以忽略不计。即在 1997 年及之前年份，数字化产品投入仅包括制造业的"通信设备、计算机和其他电子设备"。

（三）近三十年全国数字化投入完全消耗总量快速增长

图 13 - 2 展示了 1992 ~ 2020 年全国所有行业数字化投入的完全消耗总量。由图可知，全国数字化投入完全消耗总量从 1992 年的 327 亿元增长到 2020 年的 76 298 亿元，28 年间增长 232 倍，年均增长率高达 21.50%。从最新公布的《2020 年投入产出表》来看，全国数字化投入完全消耗总量从 2010 年的 23 776 亿元增长到 2020 年的 76 298 亿元，近十年间在两万亿的高基数上增长 2.21 倍，年均增长率保持在 12.37%。

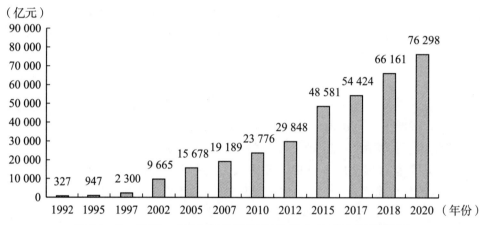

图 13 - 2　1992 ~ 2020 年全国数字化投入的完全消耗总量

注：《全国投入产出表》仅在 1992 年、1995 年、1997 年、2002 年、2005 年、2007 年、2010 年、2012 年、2015 年、2017 年、2018 年、2020 年公布，故数字化投入测度仅计算数据存在年份。

资料来源：笔者根据相关数据计算。

（四）2020 年机械装备、电气机械和器材、交通运输设备的数字化水平较高

图 13 - 3 展示了 2020 年各行业对数字化投入的完全消耗量和完全消耗系数。从 2020 年分行业数字化投入完全消耗量看，有 11 个行业数字化投入超过了 1 000 亿元，分别是机械装备（3 941 亿元）、电气机械和器材（2 545 亿元）、交通运输设备（2 321 亿元）、化学产品（2 005 亿元）、电力热力燃气及水生产和供应业（1 937 亿元）、农林牧渔产品和服务（1 803 亿元）、金属冶炼和压延加工品（1 246 亿元）、采选业（1 171 亿元）、非金属矿物制品（1 127 亿元）、仪器仪表（1 101 亿元），其中有 4 个行业数字化投入超过 2 000 亿元。从 2020 年分行业数字化投入完全消耗系数看，有 4 个行业数字化投入完全消耗系数高于 10%，分别为仪器仪表（44.12%）、电气机械和器材（20.98%）、机械装备（17.75%）、交通运输设备（13.06%）。综合比较发现，2020 年机械装备、电气机械和器材、交通运输设备三个行业的数字化水平较高。

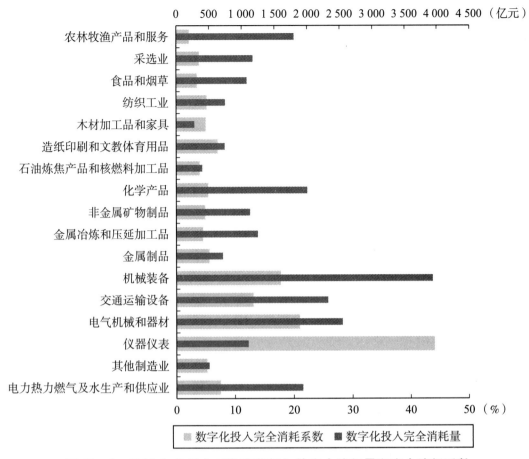

图 13 - 3　2020 年各行业对数字化投入的完全消耗量和完全消耗系数

注：由于其他服务业和建筑包含的行业较多，其完全消耗量高于其他行业过多，为了图表的直观性，该图仅展示了非其他服务业和建筑的 17 个行业的完全消耗量和完全消耗系数。

资料来源：笔者根据相关数据计算。

（五）不同时间段重点领域数字化转型进程分析

表 13 - 1 展示了 1992～2020 年各行业数字化投入完全消耗量。在 1992～2020 年的 28 年间①，从数字化投入增长量看，增长超过 2 000 亿元的 3 个行业包括机械装备（3 919 亿元）、电气机械和器材（2 533 亿元）、交通运输设备（2 313 亿元），增长超过 1 000 亿元的行业有 11 个，增长量最低的三个行业为木材加工品和家具（277 亿元）、石油炼焦产品和核燃料加工品（395 亿元）、其他制造业（498 亿元）。从数字化投入增长率看，28 年间增长超过 200 倍的 4 个行业是交通运输设备（274.44 倍）、电力热力燃气及水生产和供应业（235.86 倍）、木材加工品和家具（228.96 倍）、电气机械和器材

———————————

① 由于包含行业过多，分析时排除了其他服务业和建筑，仅考虑其余的 17 个行业。

（217.67 倍），增长超过 100 倍的行业有 14 个，增长倍数最低的三个行业为纺织工业（84.86 倍）、采选业（88.90 倍）、农林牧渔产品和服务（98.48 倍）。综合来看，28 年来数字化增长最快的是交通运输设备、电力热力燃气及水生产和供应业、电气机械和器材、机械装备。

表 13 - 1　　　　　　1992～2020 年各行业数字化投入完全消耗量　　　　单位：亿元

行业	1992 年	1997 年	2002 年	2007 年	2010 年	2012 年	2017 年	2020 年
农林牧渔产品和服务	18	113	438	771	914	808	1 387	1 803
采选业	13	83	352	736	961	1 010	1 071	1 171
食品和烟草	6	44	191	366	440	483	987	1 080
纺织工业	9	63	276	516	477	422	625	750
木材加工品和家具	1	12	76	63	137	148	238	278
造纸印刷和文教体育用品	6	51	183	298	290	315	542	743
石油炼焦产品和核燃料加工品	3	17	70	212	262	279	325	398
化学产品	13	83	413	756	921	919	1 653	2 005
非金属矿物制品	9	68	146	355	429	508	872	1 127
金属冶炼和压延加工品	10	44	277	962	898	775	960	1 246
金属制品	5	32	145	263	271	304	522	712
机械装备	22	167	441	1 156	1 493	2 429	3 349	3 941
交通运输设备	8	54	246	692	1 043	1 264	2 200	2 321
电气机械和器材	12	113	252	925	1 293	1 319	2 244	2 545
仪器仪表	9	73	88	362	750	543	944	1 101
其他制造业	4	21	239	788	235	134	227	502
电力热力燃气及水生产和供应业	8	62	266	732	801	812	1 367	1 937
其他服务业和建筑	169	1 200	5 567	9 233	12 162	17 374	34 913	52 636

注：为了便于数据展示，我们只留下以 2 和 7 为尾数的年份的投入产出表（非延长表），并留下了 2020 年和基于此 10 年前的 2010 年的投入产出延长表的数据。

资料来源：笔者根据相关数据计算。

在 2010～2020 年的 10 年间，从数字化投入增长量看，10 年间增长超过 1 000 亿元的 5 个行业是机械装备（2 488 亿元）、交通运输设备（1 278 亿元）、电气机械和器材（1 252 亿元）、电力热力燃气及水生产和供应业（1 136 亿元）、化学产品（1 084 亿元），增长超过 500 亿元的行业有 8 个，增长量最低的三个行业为石油炼焦产品和核燃料加工品（136 亿元）、木材加工品和家具（141 亿元）、其他制造业（267 亿元）。从数字化投入增长率看，10 年间增长超过 1.5 倍的 4 个行业是机械装备（1.64 倍）、非金属矿物制品（1.63 倍）、金属制品（1.63 倍）、造纸印刷和文教体育用品（1.56 倍），增长超过 1 倍的行业有 10 个，增长倍数最低的三个行业为采选业（0.22 倍）、金属冶炼和压延加工品（0.39 倍）、仪器仪表（0.47 倍）。综合来看，10 年来数字化增长最快的是机械装备。

三、产业链供应链数字化转型的主要阻力分析

产业链供应链数字化转型前期投入资金需求较高，特别是对于中小企业而言。不同于大型龙头企业可以摊薄前期投入成本，中小企业面对数字化转型的前期软硬件投入成本高、试错能力弱。从软件成本看，以标准版第三方购买产品为例，一款标准软件产品所产生的费用包括软件产品费用、实施费用、售后维保费用、二次开发费用、系统集成费用、数据接口费用、升级费用、授权许可费用等。从硬件成本看，数字化前期投入包括服务器、防火墙、数据与网络安全设备、存储设备、物联网设备、设备维保费用、设备维修费用等投资支出。李兰等（2022）调查研究发现，有约半数（50.7%）的企业没有数字化投入，约 1/3（33.8%）的企业在数字化转型上的投入低于 100 万元。众多研究也将高成本列为制约中小企业数字化转型最主要的制约因素。

产业链供应链数字化转型价值效益不易显现。企业数字化转型的一个重要阻力就是转型效益不易显现。李兰等（2022）调查研究发现，企业数字化转型对财务绩效的正向作用尚未完全显现，特别是对于转型观望者和怀疑者，由于尚未进行数字化转型，对数字化转型给企业经营带来的影响缺乏感知。我们认为，相比企业层面，产业链供应链数字化转型的价值效益不易显现问题更加突出。产业链供应链数字化转型不只是单纯地引入信息技术的信息化转型，也不仅是少量几个龙头企业实现了较成熟数字化转型，而是涉及产业链供应链众多环节上大量企业的全链数字化转型，其中不仅包括各个企业内部的数字化转型，更难的是企业间的数字化平台构建与企业内外数字化系统的有机衔接。这也导致产业链供应链数字化投资相对企业内部数字化转型见效更慢、周期更长，在这种情况下，短期内各方会感觉数字化转型投入失效，数字化价值常常受到利益方质疑。

产业链供应链数字化转型对网络安全、数据挖掘等技术要求更高。一是数字化转型容易缺乏数据深度挖掘技术来发挥数字化红利，甚至造成了数据存储负担（陆峰，2022）。如果缺乏合适的数据挖掘技术，企业容易陷入"数据化"的误区，误以为采集到越多数据、更多数据共享就是数字化转型，从而割裂了数字化与经营活动改善的关系。二是产业链供应链数字化转型相对于企业数字化存在更严格的网络安全要求。产业链供应链上下游多个企业间的生产经营数据互联互通，意味着单个企业内部网络的物理隔离来保障网络安全的方法不再可行。产业链供应链各个环节数据融合越深，对网络安全的要求越高。

产业链供应链数字化人才总量缺口持续扩大、结构失衡。《数字经济就业影响研究报告》指出，2020 年中国数字化人才缺口接近 1 100 万，伴随全行业的数字化推进，需要

更广泛的数字化人才引入，人才需求缺口依然在持续放大。李兰等（2022）调查研究发现，数字化人才缺乏是当前大多数企业面临的主要难题之一，其中数字化企业战略领导者、数字化落地推动者、技术业务复合型人才是三类主要缺乏的人才类型。史宇鹏等（2021）调研发现，企业认为高端人才储备是当地企业数字化转型需要改善的最主要因素。除了数字化人才总需求供给存在缺口外，数字化人才还存在多种结构失衡问题：一是当前数字化人才集中在第三产业，在第一、第二产业占比较小；二是数字化人才集中在国内一线城市，在二、三线城市人才较少；三是领域专精型数字化人才占比高，而同时具备制造业知识和数字化信息技术的复合型人才较少。

产业链供应链数字化核心软硬件仍存在"卡脖子"问题。产业链供应链数字化转型所需的高端芯片、高端传感器、高性能软件等软硬件产品国产化率仍然不高。以数字化所需的关键部件——传感器为例，2020年9月发布的《中国传感器发展蓝皮书》数据显示，在汽车、环境监测、光纤、温度、智能气体传感器领域，国产厂商占比分别约为2%、5%、5%、10%、1%。同时，蓝皮书提出在设计技术、制造技术、产业化技术、应用技术四个方面，我国与国外的差距分别在15～20年、10～15年、20～25年、15～20年，当前我国总体处于第三梯队。

标准体系仍难以很好地支持产业链供应链数字化转型。不同于互联网具备较完善的顶层设计，工业网络起初使用场景并不统一，为此开发了不同工业现场总线，当前市场上主流的工业现场总线数量就多达数十种。同时，不同于个人计算机的相对标准接口，工业数字硬件设备的通信接口也存在样式多、标准不统一的问题。产业链供应链企业间不同的通信接口和工业现场总线协议，导致构建一体集成的数字化系统难度较大，极大地影响了互联互通。

四、加快推动产业链供应链数字化转型的政策建议

优化金融政策缓解产业链供应链中小企业数字化转型资金问题。鼓励开发性、政策性金融机构在业务范围内加大对链上中小企业数字化转型中技术推广应用、装备采买购置的融资支持。鼓励地方政府部门设立并运行中小企业数字化转型基金，鼓励国家中小企业发展基金重点投资链上的企业数字化转型项目。鼓励地方发放"数字化服务券"，支持链上中小企业购买数字化服务。提高链上中小企业数字化转型典范奖励。对于部分数字化转型关键技术及服务，鼓励地方政府出资购买后免费或低价提供给中小企业或组织集体采购，以帮助中小企业在购买设备和服务中获得价格折扣。

推进产业链供应链中小企业数字化普及应用。加快实施中小企业数字化促进工程，加强面向中小企业的"上云上平台"培训，加快中小企业"上云上平台"融入产业链供应链。鼓励和支持重点工业互联网平台、云服务商针对不同行业中小企业典型应用场景，推广一批低成本、快部署、易运维的数字化产品及服务，提炼一批聚焦细分产业链规范

高效、有利于复制推广的中小企业数字化转型典型模式。发挥专精特新"小巨人"企业的示范引领作用，开展装备联网、关键工序数控化、业务系统云化等改造，推动中小企业工艺流程优化、技术装备升级。鼓励各类平台、社区、第三方机构向中小企业提供数字化转型所需的开发工具及公共性服务。

营造产业链供应链大中小企业融通发展的数字化转型生态。要发挥大企业引领作用，带动产业链供应链上下游中小企业"链式"数字化转型。鼓励链主企业自建或引入垂直产业链工业互联网平台，降低中小企业创新转型成本，引导更多中小企业进入链主企业供应链。构建大中小企业创新协同、产能共享、供应链互通的新型产业创新生态，形成协同发展优势，巩固产业链供应链协同发展态势。

着力打造数字化系统解决方案。鼓励数字化转型服务商与用户加强供需互动、联合创新，推进软硬件的系统集成和深度融合，设计面向典型场景、细分行业、重点产业链供应链的解决方案。重点开发一批单个企业间数字化系统对接的解决方案。聚焦中小微企业特点和需求，开发轻量化、易维护、低成本的解决方案。重点培育一批专业化水平高、服务能力强的制造业数字化转型服务商，推动规范发展，引导提供专业化、高水平、一站式的集成服务。鼓励工业互联网平台联合数字化转型服务商，打造深度融合行业知识经验的系统集成解决方案。梳理一批典型应用场景，发掘一批优质应用产品和优秀应用案例予以全面推广。

强化产业链供应链数字化复合人才培养。定期编制数字化复合人才需求预测报告和紧缺人才需求目录，研究制定数字化领域职业标准。依托高技能人才培训基地等机构，开展大规模职业培训。加强应届毕业生、在职人员、转岗人员数字化技能培训，推进产教融合型企业建设，促进数字化转型较成熟的企业与职业院校深度合作，探索中国特色学徒制。鼓励中小企业"不求所属、但求所用"地与大型企业共享共用关键少数专业人才。深化新工科建设，在数字化领域建设一批现代产业学院和特色化示范性软件学院，优化学科专业和课程体系设置，加快高端人才培养。

深入推进产业链供应链数字化标准体系建设。识别产业链供应链上下游企业间的关键技术标准缺失情况，重点加快企业间数据交流的标准编制和修订。持续优化数字化标准顶层设计，统筹推进各个行业应用标准体系建设。加快数字化基础共性和关键技术标准制的制订与修订，加强现有国家标准、行业标准、团体标准、企业标准的优化与协同。加快标准的贯彻执行，支持企业依托标准开展数字化转型。积极参与国际标准化工作，推动技术成熟度高的国家标准与国际标准同步发展。

本章参考文献

［1］Acquisti, A., C. Taylor, and L. Wagman. The Economics of Privacy. *Journal of Economic Literature*, 2016, 54（2）：442 –492.

［2］Farboodi, M., and L. Veldkamp. *A Growth Model of the Data Economy*. NBER Working Papers, 2021.

［3］Jones，C. I.，and C. Tonetti. Nonrivalry and the Economics of Data. *American Economic Review*，2020，110（9）：2819 – 2858.

［4］Schfer，M.，and G. Sapi. *Learning from Data and Network Effects：The Example of Internet Search.* Social Science Electronic Publishing，2020.

［5］白永秀、李嘉雯、王泽润：《数据要素：特征、作用机理与高质量发展》，载于《电子政务》2022 年第 6 期。

［6］蔡跃洲、马文君：《数据要素对高质量发展影响与数据流动制约》，载于《数量经济技术经济研究》2021 年第 3 期。

［7］陈剑、黄朔、刘运辉：《从赋能到使能——数字化环境下的企业运营管理》，载于《管理世界》2020 年第 2 期。

［8］陈堂、陈光、陈鹏羽：《中国数字化转型：发展历程、运行机制与展望》，载于《中国科技论坛》2022 年第 1 期。

［9］程晓农：《直接消耗系数和完全消耗系数的意义和计算》，载于《统计》1984 年第 3 期。

［10］戴双兴：《数据要素：主要特征、推动效应及发展路径》，载于《马克思主义与现实》2020 年第 6 期。

［11］李海舰、赵丽：《数据成为生产要素：特征、机制与价值形态演进》，载于《上海经济研究》2021 年第 8 期。

［12］李兰、董小英、彭泗清等：《企业家在数字化转型中的战略选择与实践推进——2022·中国企业家成长与发展专题调查报告》，载于《南开管理评论》2022 年。

［13］李雯轩、李晓华：《全球数字化转型的历程、趋势及中国的推进路径》，载于《经济学家》2022 年第 5 期。

［14］陆峰：《制造业数字化转型推进路径及方式》，载于《中国工业和信息化》2022 年第 1 期。

［15］戚聿东、肖旭：《数字经济时代的企业管理变革》，载于《管理世界》2020 年第 6 期。

［16］史宇鹏、王阳、张文韬：《我国企业数字化转型：现状、问题与展望》，载于《经济学家》2021 年第 12 期。

［17］王谦、付晓东：《数据要素赋能经济增长机制探究》，载于《上海经济研究》2021 年第 4 期。

［18］王媛媛、张华荣：《G20 国家智能制造发展水平比较分析》，载于《数量经济技术经济研究》2020 年第 9 期。

［19］吴非、胡慧芷、林慧妍、任晓怡：《企业数字化转型与资本市场表现——来自股票流动性的经验证据》，载于《管理世界》2021 年第 7 期。

［20］夏明、张红霞：《投入产出分析：理论、方法与数据》（第二版），中国人民大学出版社 2019 年版。

［21］肖静华：《企业跨体系数字化转型与管理适应性变革》，载于《改革》2020 年第 4 期。

［22］肖旭、戚聿东：《产业数字化转型的价值维度与理论逻辑》，载于《改革》2019 年第 8 期。

［23］徐翔、厉克奥博、田晓轩：《数据生产要素研究进展》，载于《经济学动态》2021 年第 4 期。

［24］颜世伟：《长尾理论与数字图书馆联盟的长尾效应》，载于《情报杂志》2007 年第 11 期。

第十四章

俄乌冲突对我国产业链供应链的影响 *

内容提要: 我国与俄罗斯及乌克兰(简称"俄乌")之间的贸易存在很强的互补性: 我国对俄乌商品出口主要以机电、车辆、纺织服装等工业制成品为主, 而进口俄乌商品主要以能源、矿产、木材、农产品等初级产品为主。由于俄乌产品在我国进口商品中占比非常小, 因此俄乌冲突对我国产业链供应链的直接影响比较小且总体可控。但对于产业链不同环节而言, 俄乌冲突的影响强度不一, 对上游油气、粮食、金属矿产等初级产品影响强于中游零部件及下游终端环节, 尤为值得关注的是俄乌冲突对全球产业链供应链影响的溢出效应及其长期间接影响。基于此, 我国应加强产业链供应链风险研判预警, 优化海外初级产品资源保障能力, 提升关键零部件自主可控能力, 深化产业链供应链国际合作。

我国经济韧性强、潜力足、空间大, 且俄罗斯和乌克兰在我国对外贸易中整体比重较小, 因此俄乌冲突对我国产业链供应链短期直接影响比较小且总体可控。但无尽的冲突已深刻改变了全球地缘政治经济环境, 将会引发全球产业链供应链区域主导力量的重新分配, 其间接影响深远。俄乌冲突不仅直接考验我国应对极其复杂国际环境的技巧, 更是考验我国构建自主可控产业链供应链、维护全球产业链供应链安全稳定的能力, 因此应加强对俄乌冲突对我国产业链供应链影响的研究。

一、中国与俄乌产业链供应链关系分析

(一) 中俄、中乌贸易结构分析

1. 中国—俄罗斯贸易结构分析

总体来看, 我国进口俄罗斯的商品主要以能源、矿产、木材、鱼类等初级产品为主。2021 年, 我国从俄罗斯进口排名前十位商品分别为 HS27 "矿物燃料"、HS26 "矿砂、矿

---

* 本章执笔人: 杨威。

渣及矿灰"、HS44"木材及其制品，木炭"、HS74"铜及其制品"、HS3"鱼类及其他水生无脊椎动物"、HS71"天然、养殖珍珠，宝石、半宝石，贵金属、包贵金属的金属及其制品，仿首饰、硬币"、HS72"钢铁"、HS47"木浆或其他纤维状纤维素材料，回收（废旧）纸或纸板"、HS75"镍及其制品"、HS15"动植物油脂及其裂解产物，制备的动物脂肪，动物或植物蜡"，这些商品多属于自然资源及原材料产品。其中，石油、天然气等能源产品是我国从俄罗斯进口的第一大商品，2021年HS27"矿物燃料"进口额占我国进口俄罗斯商品总额的67.4%。2000年，我国从俄罗斯进口的商品主要以HS72"钢铁"，HS76"铝及其制品"，HS27"矿物燃料"，HS31"肥料"为主，4种商品进口额占我国从俄罗斯进口商品总额的53.3%。总体来看，这一时期我国从俄罗斯进口的商品也是以能源、矿产、木材等初级产品为主，进口商品结构比较均匀，进口额最大的商品为HS72"钢铁"，占比为15.3%。2000年以来，我国从俄罗斯进口需求大幅增长，2021年重点商品进口额比2000年都实现了增长。其中，对俄罗斯HS27"矿物燃料"、HS26"矿砂、矿渣及矿灰"HS15"动、植物油、脂、蜡，精制食用油脂"、HS45"软木及软木制品"等需求大幅上升，进口额和进口比例都实现了增长。同时，HS72"钢铁"、HS31"肥料"等商品进口额实现了增长，但进口额占比出现了下降，2021年HS72"钢铁"进口额比2000年增长了3.5亿美元，占比下降了13.7个百分点（见表14-1）。

表14-1　　　　　　　　中国从俄进口排名前十位商品、进口额及比重

	2000年			2010年			2015年			2021年	
编码	进口额（亿美元）	比重（%）	编码	进口额（亿美元）	比重（%）	编码	进口额（亿美元）	比重（%）	编码	进口额（亿美元）	比重（%）
HS72	8.8	15.3	HS27	128.5	49.6	HS27	201.9	60.7	HS27	532.1	67.4
HS76	8.5	14.8	HS44	27.6	10.6	HS44	31.3	9.4	HS26	42.6	5.4
HS27	7.8	13.5	HS75	15.1	5.8	HS75	22.8	6.8	HS44	40.5	5.1
HS31	5.6	9.7	HS3	12.6	4.9	HS3	11.7	3.5	HS74	39.1	5.0
HS44	3.9	6.8	HS26	12.1	4.7	HS26	9.0	2.7	HS3	18.6	2.4
HS47	3.5	6.1	HS31	10.1	3.9	HS31	8.7	2.6	HS71	15.3	1.9
HS3	3.5	6.0	HS29	8.1	3.1	HS47	8.4	2.5	HS72	12.3	1.6
HS29	3.1	5.4	HS47	6.6	2.5	HS74	6.5	1.9	HS47	10.1	1.3
HS99	3.1	5.3	HS40	5.6	2.2	HS28	3.9	1.2	HS75	10.0	1.3
HS39	2.4	4.2	HS28	5.4	2.1	HS84	3.9	1.2	HS15	9.8	1.2

注：HS3"鱼甲壳动物软体动物及其他水生无脊椎动物"；HS15"动、植物油、脂、蜡，精制食用油脂"；HS26"矿砂、矿渣及矿灰"；HS27"矿物燃料"；HS28"无机化学品，贵金属等的化合物"；HS29"有机化学品"；HS31"肥料"；HS39"塑料及其制品"；HS40"橡胶及其制品"；HS44"木材及其制品，木炭"；HS47"木浆或其他纤维状纤维素材料，回收（废旧）纸或纸板"；HS71"天然、养殖珍珠，宝石、半宝石，贵金属、包贵金属的金属及其制品，仿首饰、硬币"；HS72"钢铁"，HS74"铜及其制品"；HS75"镍及其制品"；HS84"核反应堆、锅炉、机械器具及零件"；HS99"特殊交易品及未分类商品"。

资料来源：联合国商品贸易统计数据库（https://comtrade.un.org）。

总体来看，中国出口俄罗斯的商品主要以机电、车辆及纺织服装、玩具等工业制成品为主。2021 年，中国出口俄罗斯排名前十位商品为 HS84 "核反应堆、锅炉、机械器具及零部件"、HS85 "电机、电气、音箱设备及零部件"、HS87 "车辆及其零部件"、HS39 "塑料及其制品"、HS64 "鞋靴、护腿和类似品及其零部件"、HS73 "钢铁制品"、HS29 "有机化学品"、HS90 "光学、照相、医疗等设备及零部件"、HS95 "玩具、游戏或运动用品及其零部件"、HS94 "家具、寝具等、灯具、活动房"。其中，机电产品是我国对俄罗斯出口的第一大类商品，2021 年，我国对俄罗斯出口 HS84 "核反应堆、锅炉、机械器具及零部件"和 HS85 "电机、电气、音箱设备及零部件"占出口商品总额的42.7%。2000 年，中国出口俄罗斯占比较大的商品主要包括：HS42 "皮革制品，旅行箱包，动物肠线制品"、HS62 "非针织或非钩编的纺织及衣着附件"、HS64 "鞋靴、护腿和类似品及其零部件"、HS61 "针织或钩编的纺织及衣着附件"等，这 4 种商品出口额占对俄商品出口总额的62.7%。总体来看，这一时期我国对俄罗斯出口商品以纺织服装产品为主。比较来看，近年来我国多数对俄商品出口额都实现了增长，商品出口结构发生了显著变化。其中电子产品、车辆及其零部件增长幅度最大，逐步成为对俄出口的最大商品，而纺织服装类商品出口额尽管也实现了增长，但出口比例则显著下降。2021年，HS84 "核反应堆、锅炉、机械器具及零部件"、HS85 "电机、电气、音箱设备及零部件"、HS87 "车辆及其零部件"对俄出口额占比较 2000 年分别提升了 19.1 个、16.8个和6.1 个百分点；而 HS42 "皮革制品，旅行箱包，动物肠线制品"、HS61 "针织或钩编的纺织及衣着附件"、HS62 "非针织或非钩编的纺织及衣着附件"、HS64 "鞋靴、护腿和类似品及其零部件" 4 类商品对俄出口额较 2000 年实现了增加，但占比分别下降了19.3 个、8.8 个、13.7 个和11.8 个百分点（见表 14 - 2）。

表 14 - 2　　　中国出口俄罗斯排名前十位的商品、出口额及比重

2000 年			2010 年			2015 年			2021 年		
编码	出口额（亿美元）	比重（%）	编码	出口额（亿美元）	比重（%）	编码	出口额（亿美元）	比重（%）	编码	出口额（亿美元）	比重（%）
HS42	4.5	20.3	HS84	48.9	16.5	HS84	52.3	15.0	HS84	147.0	21.8
HS62	3.6	16.0	HS85	44.4	15.0	HS85	51.2	14.7	HS85	140.9	20.9
HS64	3.4	15.4	HS64	23.4	7.9	HS62	26.0	7.5	HS87	42.8	6.3
HS61	2.5	11.0	HS62	18.1	6.1	HS61	21.6	6.2	HS39	27.4	4.1
HS85	0.9	4.1	HS61	16.6	5.6	HS43	19.6	5.6	HS64	24.0	3.6
HS84	0.6	2.7	HS73	10.1	3.4	HS64	18.5	5.3	HS73	22.4	3.3
HS10	0.6	2.6	HS87	9.7	3.3	HS87	11.3	3.3	HS29	21.0	3.1
HS27	0.5	2.2	HS39	9.1	3.1	HS39	11.2	3.2	HS90	19.0	2.8
HS63	0.4	1.9	HS90	8.6	2.9	HS94	10.5	3.0	HS95	18.7	2.8
HS96	0.4	1.8	HS43	8.4	2.8	HS73	10.1	2.9	HS94	16.8	2.5

资料来源：联合国商品贸易统计数据库（https：//comtrade. un. org）。

总之，我国对俄出口商品从以劳动密集型产品（HS42、HS61、HS62、HS64）为主，逐步转变成以资本密集型和技术密集型产品（HS84、HS85、HS87）为主，而从俄罗斯进口商品则一直以能源、矿产（HS26、HS27）等初级产品为主。

2. 中国—乌克兰贸易结构分析

总体来看，我国从乌克兰进口的商品主要以矿产、农产品、木材等初级产品为主。2021年，我国从乌克兰进口排名前十位商品分别为HS26"矿砂、矿渣及矿灰"、HS10"谷物"、HS15"动植物油脂及其裂解产物，制备的动物脂肪"、HS23"食品工业的残渣及废料"、HS72"钢铁"、HS44"木材及其制品，动物或植物蜡"、HS44"木材及其制品，木炭"、HS74"铜及其制品"、HS85"电机、电气、音箱设备及零部件"、HS2"肉及食用杂碎"、HS12"油籽、籽仁、工业或药用植物，饲料"，这些商品多属于自然资源及原材料产品，10类商品进口额占我国进口乌克兰商品总额的97.8%。其中，矿产和谷物是我国从乌克兰进口的最大商品，2021年，我国从乌克兰进口HS26"矿砂、矿渣及矿灰"和HS10"谷物"商品额分别占进口商品总额的36.9%和33.2%。2000年，钢铁是我国从乌克兰进口的第一大商品，进口比例达78.2%。比较来看，2000年以来，我国从乌克兰进口商品都实现了增长，商品进口结构发生了显著变化。其中粮食从乌克兰进口量大幅增加，成为从乌克兰进口的主要商品，而钢铁进口也有增长，但总体占比大幅下降。HS26"矿砂、矿渣及矿灰"、HS10"谷物"、HS15"动植物油脂及其裂解产物，制备的动物脂肪"、HS23"食品工业的残渣及废料"从乌克兰进口额占比较2000年分别提升了36.7个、33.2个、10.6个和7.8个百分点；而HS72"钢铁"从乌克兰进口额较2000年虽实现了增长，但占比下降了73.5个百分点（见表14-3）。

表14-3　　　　中国从乌克兰进口排名前十位商品、进口额及比重

	2000年			2010年			2015年			2021年	
编码	进口额（亿美元）	比重（%）	编码	进口额（亿美元）	比重（%）	编码	进口额（亿美元）	比重（%）	编码	进口额（亿美元）	比重（%）
HS72	3.6	78.2	HS26	16.2	75.0	HS26	15.3	43.0	HS26	36.4	36.9
HS84	0.2	4.4	HS29	1.5	6.7	HS10	10.6	29.8	HS10	32.7	33.2
HS76	0.2	3.8	HS84	0.9	4.0	HS15	6.4	17.9	HS15	10.4	10.6
HS29	0.2	3.3	HS72	0.7	3.0	HS44	1.4	4.0	HS23	7.7	7.8
HS99	0.1	2.6	HS74	0.6	2.7	HS84	0.5	1.3	HS72	4.7	4.7
HS74	0.1	2.0	HS85	0.2	1.1	HS72	0.3	0.8	HS44	2.2	2.3
HS85	0.1	1.4	HS88	0.2	1.1	HS85	0.3	0.8	HS74	0.7	0.7
HS89	0.1	1.4	HS44	0.2	1.0	HS74	0.2	0.6	HS85	0.7	0.7
HS31	0.0	0.7	HS15	0.2	0.9	HS39	0.1	0.3	HS2	0.5	0.5
HS81	0.0	0.5	HS99	0.2	0.7	HS48	0.1	0.2	HS12	0.4	0.4

资料来源：联合国商品贸易统计数据库（https://comtrade.un.org）。

总体来看，我国出口乌克兰的商品主要以机电、塑料、纺织服装等工业制成品为主。2021年，我国出口乌克兰排名前十位商品分别为HS85"电机、电气、音箱设备及零部件"、HS84"核反应堆、锅炉、机械器具及零部件"、HS87"车辆及其零部件"、HS39"塑料及其制品"、HS95"玩具、游戏或运动用品及其零部件"、HS94"家具、寝具等、灯具、活动房"、HS72"钢铁"、HS38"杂项化学产品"、HS64"鞋靴、护腿和类似品及其零部件"、HS73"钢铁制品"。其中，机电产品是我国对乌克兰出口的第一大类商品，2021年，我国对乌克兰出口的HS85"电机、电气、音箱设备及零部件"、HS84"核反应堆、锅炉、机械器具及零部件"、HS87"车辆及其零部件"商品额占出口总额的41.1%。2000年，我国出口乌克兰占比较大的商品主要包括：HS64"鞋靴、护腿和类似品及其零部件"、HS55"化学纤维短纤"、HS85"电机、电气、音箱设备及零部件"、HS84"核反应堆、锅炉、机械器具及零部件"、HS25"盐、硫磺、土及石料，石灰及水泥等"、HS61"针织或钩编的纺织及衣着附件"、HS54"化学纤维长丝"等，这7种商品出口额占出口商品总额的50.7%。总体来看，这一时期我国对乌克兰出口的商品以纺织服装产品为主。比较来看，我国多数商品对乌出口额都实现了增长，商品出口结构也发生了显著变化。其中机电产品、车辆及其零部件对乌出口大幅增长，逐步成为对乌出口的主要商品，而纺织原料及纺织服装等商品出口额尽管也实现了增长，但出口比例则显著下降。2021年，S84"核反应堆、锅炉、机械器具及零部件"、HS85"电机、电气、音箱设备及零部件"、HS87"车辆及其零部件"对乌出口额占比较2000年分别提升了10个、12.5个和4.5个百分点；而HS64"鞋靴、护腿和类似品及其零部件"、HS55"化学纤维短纤"、HS54"化学纤维长丝"对乌出口额较2000年也实现了增加，但占比分别下降了11.2个、7.1个、3.7个百分点（见表14-4）。

表14-4　　　　中国出口乌克兰排名前十位商品、出口额及比重

2000 年			2010 年			2015 年			2021 年		
编码	出口额（亿美元）	比重（%）	编码	出口额（亿美元）	比重（%）	编码	出口额（亿美元）	比重（%）	编码	出口额（亿美元）	比重（%）
HS64	0.20	14.5	HS85	7.84	14.1	HS85	6.48	18.4	HS85	17.37	18.5
HS55	0.10	7.5	HS84	7.68	13.8	HS84	4.19	11.9	HS84	16.04	17.1
HS84	0.10	7.1	HS61	4.78	8.6	HS39	2.21	6.3	HS87	5.21	5.5
HS85	0.08	6.0	HS64	4.55	8.2	HS64	2.06	5.9	HS39	4.62	4.9
HS25	0.08	5.8	HS39	3.51	6.3	HS61	1.33	3.8	HS95	4.44	4.7
HS61	0.07	5.0	HS62	2.59	4.7	HS94	1.27	3.6	HS94	3.56	3.8
HS54	0.07	4.8	HS73	1.89	3.4	HS72	1.11	3.1	HS72	3.28	3.5
HS39	0.06	4.6	HS94	1.59	2.9	HS62	1.01	2.9	HS38	3.19	3.4

续表

2000 年			2010 年			2015 年			2021 年		
编码	出口额（亿美元）	比重（%）	编码	出口额（亿美元）	比重（%）	编码	出口额（亿美元）	比重（%）	编码	出口额（亿美元）	比重（%）
HS62	0.05	3.9	HS87	1.53	2.7	HS87	0.99	2.8	HS64	3.06	3.3
HS96	0.05	3.6	HS63	1.46	2.6	HS73	0.92	2.6	HS73	2.55	2.7

资料来源：联合国商品贸易统计数据库（https：//comtrade. un. org）。

总之，我国对乌克兰出口商品逐步从以劳动密集型产品（HS55、HS61、HS64）为主，转变成以资本密集型、技术密集型产品（HS84、HS85、HS87）为主，而从乌克兰进口商品则从钢铁原材料（HS72）为主转向以农产品（HS5、HS10、HS12）、矿物（HS26）等初级产品为主。

（二）中俄产业贸易互补性分析

1. 贸易竞争优势

总体来看，我国在机电、纺织服装、家具、玩具等工业制成品领域对俄贸易存在明显竞争优势[①]，俄罗斯在能源、矿产及动植物产品等领域对我国贸易存在明显竞争优势（见附表 14 - 1）。从贸易竞争指数来看，我国对俄罗斯具有较强的竞争优势商品主要包括：HS82 "贱金属工具、器具、利口器、餐匙、餐叉及其零件"，HS83 "贱金属杂项产品"，HS84 "核反应堆、锅炉、机械器具及零部件"，HS86 "铁道车辆、轨道装置、信号设备"，HS85 "电机、电气、音箱设备及零部件"，HS87 "车辆及其零部件" 等机电产品、贱金属及其制品，HS54 "化学纤维长丝"，HS55 "化学纤维短纤"，HS64 "鞋靴、护腿和类似品及其零部件" 等纺织原料及纺织制品。俄罗斯对我国具有较强的竞争优势商品主要包括：HS03 "鱼类及其他水生无脊椎动物"、HS27 "矿物燃料"、HS26 "矿砂、矿渣及矿灰"、HS44 "木材及其制品，木炭"、HS44 "木材及其制品，木炭" 等能源、矿产及动植物产品。通过不同时间的比较来看，我国对俄商品竞争优势在逐步增强。尤其在工业制成品领域，随着我国技术创新能力逐步增强、经济效益逐步提升，部分商品的竞争优势在中俄之间发生了转换。如我国对俄罗斯的 HS84 "核反应堆、锅炉、机械器

---

① 贸易竞争优势指数（Trade Competition Index）即 TC 指数，又称贸易竞争力指数，主要用以分析本国的某产品相对于世界市场上同类产品是否具有竞争优势。用一国进出口贸易的差额占其进出口贸易总额的比重来衡量一国某一产品部门在国际市场上的竞争优势程度。如果将两国某一产品或行业的 TC 指数进行比较，通常可以被用来判定两国该产品或在该行业的互补性或竞争性程度，以此来揭示其国际贸易中的比较优势。其计算公式如下：$TC = (X_{ij} - M_{ij})/(X_{ij} + M_{ij})$。$X_{ij}$ 是 j 国 i 产品的总出口，M_{ij} 是该国 i 类产品的总进口。TC 的取值范围为 [-1，1]，若 $TC > 0$，表明该国该产品的生产效率高于国际水平，具有较强的国际竞争力，指数越接近 1，则国际竞争力越强，是该产品的净出口国；若 $TC < 0$，则表明其生产效率低于国际水平，国际竞争力较弱，是产品的净进口国，指数越小，则国际竞争力越弱。

具及零部件"、HS86"铁道车辆、轨道装置、信号设备"、HS87"车辆及其零部件"、HS89"船舶及浮动结构体"等商品竞争优势指数从 2000 年的负值逐步转为 2021 年的正值。值得关注的是，HS88"航空器、航天器及其零件"一直是俄罗斯对我国保持明显竞争优势的领域，但优势也在逐步减小。

2. 显性比较优势

从显性比较优势指数①来看（见附表 14 - 2），在中俄双边贸易的主要商品中，HS42"皮革制品、旅行箱包、动物肠线制品"、HS43"毛皮、人造毛皮及其制品"、HS54"化学纤维长丝"、HS55"化学纤维短纤"、HS58"特种机织物、簇绒织物、花边、装饰毯、装饰带、刺绣品"、HS59"浸渍、涂布、包裹或层压的纺织物，工业用纺织制品"、HS64"鞋靴、护腿和类似品及其零部件"、HS84"核反应堆、锅炉、机械器具及零部件"、HS85"电机、电气、音箱设备及零部件"、HS87"车辆及其零部件"、HS94"家具、寝具等、灯具、活动房"、HS95"玩具、游戏或运动用品及其零部件"等纺织服装、机电、车辆、家具、玩具等是我国对俄具有显性比较优势的商品。HS1"活动物"、HS2"肉及食用杂碎"、HS3"鱼、甲壳动物、软体动物及其他水生无脊椎动物"、HS4"乳品、蛋品、天然蜂蜜、其他食用动物产品"、HS5"其他动物产品"、HS6"活植物，鳞茎、根及类似品，插花及装饰用簇叶"、S10"谷物"、HS25"盐、硫磺、土及石料、石灰及水泥等"、HS26"矿砂、矿渣及矿灰"、HS27"矿物燃料"、HS44"木材及其制品，木炭"、HS45"软木及软木制品"、HS47"木浆或其他纤维状纤维素材料"、HS48"纸及纸板；纸浆、纸或纸板制品"等动植物产品、矿产品、木及其制品等是我国对俄具有比较劣势的商品。其中，HS26"矿砂、矿渣及矿灰"、HS27"矿物燃料"、HS44"木材及其制品"、HS1"活动物"、HS2"肉及食用杂碎"、HS3"鱼、甲壳动物、软体动物及其他水生无脊椎动物"、HS74"铜及其制品"、HS75"镍及其物品"等自然资源类的大宗商品，是我国对俄一直处于比较劣势的商品。另外，我国也有部分对俄贸易商品发生了优劣势转变，如 HS54"化学纤维长丝"、HS55"化学纤维短纤"、HS84"核反应堆、锅炉、机械器具及零部件"、HS85"电机、电气、音箱设备及零部件"、HS86"铁道车辆、轨道装置、信号设备"等商品 2000 年对俄具有出口劣势，2021 年对俄出口显性比较优势指数都大于 2.5，具有极强的竞争力。

总之，我国对俄罗斯具有出口优势的商品早期主要以"服装纺织品""家具、玩具"等劳动密集型产品为主。随着产业结构升级和技术水平提升，我国"电机、电气、音箱

---

① 显性比较优势指数（Revealed Comparative Advantage Index，RCA 指数）1965 年由美国经济学家巴拉萨（Balassa）提出，是用来衡量一个国家的产品或产业在国际市场竞争力大小的重要指标，其反映了一国某类商品的进出口在世界贸易中所占的比例的大小，即该商品在出口中的竞争强度和专业水平。其计算公式如下：$RCA_{ij} = (X_{ij}/X_{ij})/(X_{jw}/X_{tw})$，在上式（1）中，$RCA_{ij}$ 表示 i 国 j 商品的国际出口竞争力，X_{ij} 表示 i 国 j 商品的出口额，X_{ij} 表示 i 国所有商品的出口额，X_{jw} 表示世界上 j 商品出口总额，X_{tw} 表示世界上所有商品的出口总额。RCA 指数的取值范围一般有 $RCA_{ij} < 0.8$、$0.8 \leqslant RCA_{ij} < 1.25$、$1.25 \leqslant RCA_{ij} \leqslant 2.5$ 以及 $RCA_{ij} > 2.5$ 四个区间，分别代表国际竞争力较弱、中度、较强与极强四个等级。

设备及零部件""车辆及其零部件"等资本、技术密集型产品也转变为对俄出口优势商品。同时，俄罗斯对我国具有比较优势的商品以"活动物、动物产品""矿产品""植物产品""木材及其制品"等自然资源初级产品为主。我国具有出口比较优势商品和俄罗斯具有出口比较优势商品之间存在很强的互补性，中俄之间在能源矿产资源、农产品及机电、纺织服装等领域具有良好的贸易基础和巨大潜力。

（三）中乌产业贸易互补性分析

1. 贸易竞争优势

总体来看，我国在工业制成品领域对乌克兰贸易具有竞争优势，乌克兰在谷物、矿石等领域对我国具有竞争优势。从贸易竞争优势指数来看（见附表14-3），在中乌双边贸易的主要商品中，HS54"化学纤维长丝"、HS55"化学纤维短纤"、HS56"絮胎、毡呢及无纺织物，特种纱线，线、绳、索、缆及其制品"、HS57"地毯及纺织材料的其他铺地制品"、HS58"特种机织物、簇绒织物、花边、装饰毯、装饰带、刺绣品"、HS59"浸渍、涂布、包覆或层压的织物，工业用纺织制品"、HS60"针织物及钩编织物"、HS61"针织或钩编的纺织及衣着附件"、HS64"鞋靴、护腿和类似品及其零部件"、HS82"贱金属工具、器具、利口器、餐匙、餐叉及其零件"、HS83"贱金属杂项产品"、HS85"电机、电气、音箱设备及零部件"、HS87"车辆及其零部件"等纺织原料及纺织制品、机电产品贸易竞争优势指数都大于0.9，表明上述领域商品是我国对乌克兰具有显著竞争优势的商品。而HS04"乳、蛋、蜂蜜及其他食用动物产品"、HS10"谷物"、HS26"矿砂、矿渣及矿灰"、HS27"矿物燃料"等商品贸易竞争优势指数都接近于-1，表明这些领域是乌克兰对我国具有较强竞争优势的商品。通过不同时间比较来看，我国对乌克兰商品竞争优势在逐步增强，如HS38"杂项化学产品"、HS76"铝及其制品"、HS81"其他贱金属、金属陶瓷及其制品"等商品竞争优势指数从2000年的负值逐步转为2021年的正值。

2. 显性比较优势

从显性比较优势指数来看（见附表14-4），在中乌双边贸易的主要商品中，HS38"杂项化学产品"、HS42"皮革制品、旅行箱包、动物肠线制品"、HS54"化学纤维长丝"、HS55"化学纤维短纤"、HS58"特种机织物、簇绒织物、花边、装饰毯、装饰带、刺绣品"、HS59"浸渍、涂布、包裹或层压的纺织物，工业用纺织制品"、HS60"浸渍、涂布、包裹或层压的纺织物，工业用纺织制品"、HS63"其他纺织制成品，成套物品，旧衣着及旧纺织品，碎织物"、HS64"鞋靴、护腿和类似品及其零部件"、HS66"雨伞、阳伞、手杖、鞭子、马鞭及其零件"、HS69"陶瓷产品"、HS70"玻璃及其制品"、HS81"其他贱金属、金属陶瓷及其制品"、HS82"贱金属工具、器具、利口器、餐匙、餐叉及其零件"、HS83"贱金属杂项制品"、HS94"家具、寝具等、灯具、活动房"、HS95"玩具、游戏或运动用品及其零部件"、HS96"杂项制品"等纺织服装、贱金属及其制品、家具、玩具等商品显性比较优势指数都大于2，是我国对乌具有比较优势的商品。HS2"肉及食用杂碎"、HS3"鱼、甲壳动物、软体动物及其他水生无脊椎动物"、HS4"乳品、蛋品、天然蜂蜜、其他食用动物产品"、HS6"活活植物，鳞茎、根及类似品，插花及装饰用簇叶"、HS7"食用蔬菜、根及块茎"、HS10"谷物"、HS23"食品工业的残渣及废料；配制的饲料"、HS24"烟草、烟草及烟草代用品的制品"、HS25"盐、硫磺、土及石料、石灰及水泥等"、HS26"矿砂、矿渣及矿灰"、HS27"矿物燃料"、HS44"木材及其制品，木炭"、HS45"软木及软木制品"、HS47"木浆或其他纤维状纤维素材料"、HS48"纸及纸板；纸浆、纸或纸板制品"、HS74"铜及其制品"、HS75"镍及其制品"、HS78"铅及其制品"、HS79"锌及其制品"等动植物产品、矿产品、木及其制品、贱金属及其制品等商品显性比较优势指数都小于0.8，是我国对乌具有比较劣势的商品。其中，HS15"动、植物油、脂及其分解产品，精制的食用油脂，动、植物蜡"、HS19"谷物、粮食粉、淀粉或乳的制品，糕饼点心"、HS22"饮料、酒及醋"、HS27"矿物燃料"、HS32"鞣料，着色料，涂料，油灰，墨水等"、HS75"镍及其物品"等自然资源类的大宗商品，我国对乌一直处于比较劣势。另外，我国也有部分对乌贸易商品发生了优劣势转变，如HS38"杂项化学产品"、HS59"浸渍、涂布、包覆或层压的织物，工业用纺织制品"、HS70"玻璃及其制品"、HS82"贱金属工具、器具、利口器、餐匙、餐叉及其零件"等2000年对乌具有出口劣势，2021年对乌出口显性比较优势指数都大于2.0，具有极强的竞争力。

总之，我国对乌克兰具有出口优势的商品早期主要以"服装纺织""家具、玩具"等劳动密集型产品为主。随着产业结构升级和技术水平提升，我国"电机、电气、音箱设备及零部件""车辆及其零部件"等资本、技术密集型产品也转变为对乌出口优势商品。同时，乌克兰对我国出口的具有比较优势的商品以"植物产品""活动物、动物产品""矿产品""木材及其制品"等自然资源初级产品为主。我国具有出口比较优势商品和乌克兰具有出口比较优势商品之间存在很强的互补性，中乌之间在能源、矿产资源、农产品、纺织服装及机电、汽车等领域具有良好的贸易基础和潜力。

二、俄乌冲突对我国产业链供应链的影响

（一）对油气、粮食、有色金属等上游环节的影响

1. 对我国石油、天然气能源安全的短期影响总体可控，长期要更加注重能源进口来源多元化

我国是全球最大的能源进口国，石油、天然气进口量均居世界第一。俄罗斯是全球

最大的石油和天然气生产国和出口国之一，是"欧佩克＋"的重要成员。俄乌冲突以后，美国及其盟国对俄罗斯发起了全方位、多频次的制裁，对世界能源市场造成了巨大的冲击，国际原油、天然气价格逐步攀升，并且高位运行。近年来，我国原油、天然气对外依赖度比较高，国际能源价格高位运行短期会对我国能源造成一定影响，但影响总体可控。一方面，我国能源供应总体安全稳定。我国既是能源消费大国，同时也是能源生产大国，能源供应总体是有保障的。2021 年，我国原油产量为 19 897.6 万吨，同比增长 2.4%；原油加工量产量为 70 355.4 万吨，同比增长 4.3%。天然气产量为 2 052.6 亿立方米，同比增长 8.2%；2016～2021 年中国天然气产量总体呈现上升趋势。在原油、天然气国内产量不断增加的同时，2021 年我国原油进口量和对外依存度则出现下降，进口原油 5.13 亿吨，同比下降 5.3%，是 20 年来首次出现下降。[①] 另一方面，我国原油、天然气等能源进口来源已经多元化，且长期合同占比很高，进口可以保持总体稳定。2021 年中国原油进口延续多元化，原油进口贸易伙伴共计 46 个，排名在前 10 位的贸易伙伴合计向中国输入原油 42 938.6 余万吨，占比 83.7%。其中，沙特、俄罗斯、伊拉克、阿曼和安哥拉是我国原油进口排名前五的国家，我国从上述国家进口原油量分别为 8 756.8 万吨、7 964.2 万吨、5 407.9 万吨、4 481.5 万吨、3 915.5 万吨，合计占总进口量的 59.4%。2021 年中国天然气原油进口延续多元化，天然气进口贸易伙伴共计 62 个，排名在前 10 位的贸易伙伴合计向中国输入天然气 11 278.3 余万吨，占比份额 86.2%。其中，澳大利亚、美国、土库曼斯坦是我国天然气进口排名前三的国家，我国从上述国家进口天然气量分别为 3 237.7 万吨、1 736.9 万吨、1 581.8 万吨，合计占总进口量的 50.1%（见表 14－5）。

表 14－5　　　　　　　　2021 年我国石油天然气进口来源情况

石油			天然气		
国家	进口总量（万吨）	占比（%）	国家	进口总量（万吨）	占比（%）
沙特	8 756.8	17.1	澳大利亚	3 237.7	24.7
俄罗斯	7 964.2	15.5	美国	1 736.9	13.3
伊拉克	5 407.9	10.5	土库曼斯坦	1 581.8	12.1
阿曼	4 481.5	8.7	卡塔尔	1 189.4	9.1
安哥拉	3 915.5	7.6	马来西亚	856.5	6.5
阿联酋	3 193.8	6.2	俄罗斯	718.6	5.5
巴西	3 030.1	5.9	印度尼西亚	523.3	4.0
科威特	3 016.3	5.9	缅甸	484.0	3.7
马来西亚	1 853.5	3.6	阿联酋	478.1	3.7
挪威	1 319.0	2.6	阿曼	472.0	3.6

资料来源：根据联合国商品贸易统计数据库数据计算而来。

---

① 数据根据联合国商品贸易统计数据库（https：//comtrade. un. org）计算。

2. 对我国农产品贸易的直接影响较小，中长期影响可控

俄罗斯和乌克兰都是我国重要的农产品贸易伙伴。俄罗斯和乌克兰均是全球粮食生产和贸易大国，两国小麦、玉米、大麦、燕麦、葵花籽、油菜籽等粮食和油料作物在世界粮食贸易中的地位举足轻重。俄乌冲突不仅导致两国的粮食供应政策受限，粮食生产、运输和流通等环节也受阻，加上多国陆续宣布禁止粮食出口，全球粮食产业链供应链问题更为严峻，全球粮食价格不断上扬。总体来看，俄乌冲突短期对中国粮油贸易的直接影响较小。一方面，我国粮食供应充裕、市场稳定，粮食安全形势较好。我国长期坚守谷物基本自给、口粮绝对安全的底线，粮食生产稳步发展，2021 年粮食产量达到 6.8 亿吨，比 10 年前增加了近 1 亿吨，连续 7 年保持在 6.5 亿吨以上，人均粮食占有量达到 483 公斤的高位。2022 年，夏粮产量 2 948 亿斤，比上年增加 28.7 亿斤[①]；秋粮面积稳中有增，主产区特别是北方地区长势较好，全年粮食有望再获丰收。另一方面，我国粮食进口可以保持总体稳定。我国大米、小麦和玉米三大主粮中，小麦和稻谷两大口粮基本完全自给，进口谷物主要是强筋弱筋小麦、泰国大米等，主要目的是调剂需求结构，更好满足人们个性化、多样化的消费需求。2021 年玉米进口 2 835 万吨，仅为同年我国玉米产量的 10.4%，且从近年来我国玉米的进口格局来看，美国和乌克兰具有很强的相互替代性。2014 ~ 2019 年乌克兰成为中国玉米进口的主要来源国，我国自乌克兰玉米进口量占玉米进口总量的比重都在 50% 以上。自 2020 年中美第一阶段经贸协议签订后，美国玉米进口份额逐渐上升，乌克兰玉米进口比重呈下降趋势。因此，俄乌冲突导致的中国从乌克兰玉米进口缺口，短期内完全可由美国等国家玉米替代。从中长期来看，俄乌冲突地缘政治影响深刻，全球粮食价格上涨、粮食供应链紧张的情况愈发严峻，全球粮食生产和贸易格局加速重塑，将会加剧国际粮价和市场供应的风险及不确定性，会对我国粮食安全带来一定的压力，但是当前全球粮食库存仍处于高位，以我为主、立足国内的国家粮食安全总体格局也不会发生根本改变，所以俄乌冲突对我国粮食安全的影响总体可控（见表 14 - 6）。

表 14 - 6　　　　　中国从美国、乌克兰进口玉米及占比

	2013 年	2014 年	2015 年	2016 年	2017 年	2019 年	2020 年	2021 年
美国（万吨）	1 982.7	434.2	31.8	31.2	75.7	46.2	102.7	296.8
占比（%）	69.9	38.6	6.6	8.9	26.2	9.8	39.5	90.9
乌克兰（万吨）	823.4	624.4	413.7	293.0	182.2	385.1	96.4	10.9
占比（%）	29.0	55.6	86.4	83.2	64.5	81.4	37.1	3.3

资料来源：根据联合国商品贸易统计数据库数据计算而来。

[①] 《国家发展改革委举行上半年经济形势媒体吹风会》，中华人民共和国国家发展和改革委员会网站，2022 年 7 月 14 日，https://www.ndrc.gov.cn/xwdt/wszb/mtcfh/wzsl/?code = &state = 123。

3. 对我国重要金属矿产进口短期影响较小，长期要优化海外矿产资源保障能力

俄罗斯和乌克兰均是全球重要的金属矿产生产和出口大国，两国铁矿、铜矿、锰矿、镍矿等在世界金属矿产贸易中具有重要地位。我国矿产资源储量不足、主要矿产资源储量增长乏力，铁矿石、铜精矿等紧缺战略性矿产品长期依赖进口。尽管俄乌都是我国重要的金属矿产贸易伙伴，但总体来看，俄乌冲突对我国金属矿产资源影响有限。从铁矿石来看，我国进口铁矿石主要来自澳大利亚和巴西两国，2021 年，我国从澳大利亚和巴西分别进口铁矿石 69 314.0 万吨和 23 713.8 万吨，合计占铁矿石进口总量的 82.8%。而从俄乌两国进口的铁矿石总量在我国铁矿石海外进口总量的比重较小，2021 年我国从俄罗斯和乌克兰进口铁矿石合计 2 593.8 万吨，仅占铁矿石进口总量的 2.4%。从铜矿来看，我国进口铜矿石主要来自智利、秘鲁、墨西哥、蒙古国、哈萨克斯坦五国，2021 年我国分别从上述五国进口铜矿 886.8 万吨、554.9 万吨、145.5 万吨、120.4 万吨和 80.2 万吨，合计占铜矿进口总量的 76.3%。而从俄乌两国进口的铜矿石在我国铜矿海外进口总量的比重较小，2021 年我国未从乌克兰进口铜矿，从俄罗斯进口铜矿 42.9 万吨，仅占铜矿进口总量的 1.8%。从镍矿来看，我国进口镍矿主要来自菲律宾、新克里多尼亚、印度尼西亚三国，2021 年我国从三国进口镍矿 3 902.2 万吨、237.5 万吨和 83.9 万吨，合计占镍矿进口总量的 97.1%。而从俄乌两国进口的镍矿在我国镍海外进口总量的比重较小，2021 年我国未从乌克兰进口镍矿，从俄罗斯进口镍矿 24.3 万吨，仅占镍矿进口总量的 0.6%。从铝土矿来看，我国进口铝土矿主要来自几内亚、澳大利亚和印度尼西亚等三国，2021 年我国分别从上述三国进口铝土矿 5 474.4 万吨、3 407.6 万吨和 1 780.0 万吨，合计占铝土矿进口总量的 99.4%。而从俄乌两国进口的铝土矿在我国铝土矿进口总量的比重非常小，2021 年我国未从乌克兰进口铝土矿，从俄罗斯进口铝土矿 2.6 吨，占比微乎其微。从中长期来看，全球地缘政治不稳定性增加、主要矿产品价格金融化、矿产资源问题政治化，增加了我国境外矿产资源供应的不确定性风险，未来应深化矿业国际合作，优化海外矿产资源保障能力（见表 14 - 7）。

表 14 - 7　　　　　　　　中国重要金属矿产进口来源情况

铜矿			铁矿石			镍矿			铝土矿		
国家	进口量（万吨）	占比（%）	国家	进口量（万吨）	占比（%）	国家	进口量（万吨）	占比（%）	国家	进口量（万吨）	占比（%）
智利	886.8	37.9	澳大利亚	69 314.0	61.7	菲律宾	3 902.2	89.7	几内亚	5 474.4	51.0
秘鲁	554.9	23.7	巴西	23 713.8	21.1	新喀里多尼亚	237.5	5.5	澳大利亚	3 407.6	31.8
墨西哥	145.5	6.2	南非	4 023.6	3.6	印度尼西亚	83.9	1.9	印度尼西亚	1 780.0	16.6

续表

铜矿			铁矿石			镍矿			铝土矿		
国家	进口量（万吨）	占比（%）	国家	进口量（万吨）	占比（%）	国家	进口量（万吨）	占比（%）	国家	进口量（万吨）	占比（%）
蒙古国	120.4	5.1	印度	3 340.0	3.0	危地马拉	43.8	1.0	土耳其	31.3	0.3
哈萨克斯坦	80.2	3.4	乌克兰	1 743.7	1.6	土耳其	26.4	0.6	马来西亚	18.2	0.2
美国	66.1	2.8	秘鲁	1 698.6	1.5	俄罗斯	24.3	0.6	黑山	8.1	0.1
印度尼西亚	53.1	2.3	加拿大	1 480.7	1.3	澳大利亚	10.5	0.2	加纳	6.1	0.1

资料来源：根据联合国商品贸易统计数据库数据计算而来。

（二）对半导体、零部件等中游环节的影响

1. 对我国芯片供应短期直接影响非常小

总体来看，俄乌两国在全球集成电路产业链上游关键原材料环节占据重要地位，俄乌冲突短期对全球集成电路生产造成了一定的干扰，但总体影响较小；同时，俄乌两国在我国集成电路进口贸易体系中的份额较小，俄乌冲突对我国芯片供应影响非常小。我国是集成电路进口大国，进口来源主要集中在韩国、中国台湾、马来西亚、日本、美国等国家和地区，进口来源相对多元化。2021 年集成电路进口额达 4 337.3 亿美元，集成电路进口贸易伙伴共计 150 个国家和地区，排名在前 10 位的贸易伙伴合计向中国出口集成电路 3 643.2 亿美元，占我国集成电路进口总额的 84.0%。其中，亚洲其他地区（主要是我国台湾地区）、韩国、马来西亚、日本、越南和美国是我国集成电路进口主要来源国家和地区，我国分别从上述国家和地区进口集成电路 1 552.9 亿美元、883.0 亿美元、337.4 亿美元、223.3 亿美元、186.0 亿美元和 157.4 亿美元，合计占总进口总额的 77.0%。而从俄乌两国进口的集成电路总额仅为 1 175 万美元，在我国集成电路进口总额中的比重非常小。[1] 因此，俄乌冲突对我国集成电路的直接影响比较小。另外，从集成电路产业链来看，俄乌两国集成电路相关原材料出口在全球份额占有率非常高，俄乌冲突短期内对全球集成电路生产造成了一定干扰。集成电路体制造商对来自俄罗斯和乌克兰的钯、氖等原料依赖性较强。市场调研机构 Omdia 发布报告指出，乌克兰氖气供应量占全球 70% 以上，而氖气和氪气的全球供应份额分别达到 40% 和 30%。俄罗斯是全球钯和铂的主要出口国，出口量分别占全球出口贸易的 26% 和 4%。[2] 但对全球集成电路主要生

---

[1]　根据联合国商品贸易统计数据库（https：//comtrade. un. org）计算。
[2]　《中国经营报》2022 年 3 月 3 日。

产商而言，相关材料供应比较充足且具有替代方案，因此俄乌冲突对全球集成电路生产影响有限。如中国台湾联电、美国美光、韩国 SK 海力士、荷兰 ASML 等均表示，目前供应链暂未受到俄乌冲突影响。另外，俄罗斯电子工业落后，集成电路仍处于 90 纳米工艺水平，进口依赖严重，俄乌冲突可能会给我国芯片出口提供一定的市场机遇。近年来俄罗斯对集成电路进口需求大幅上升，2000～2021 年年均增长 16%，且来自我国的集成电路占俄集成电路进口总额的比重逐步提高。目前，我国已成为俄罗斯集成电路进口第一大来源国，2021 年我国对俄集成电路出口额占其总进口额的 25.5%。俄乌冲突爆发后，欧美对俄罗斯电子产品实施了严厉的出口管制，致使俄罗斯国内芯片紧缺，这将为我国芯片制造企业提供更多的市场机遇（见图 14 – 1）。

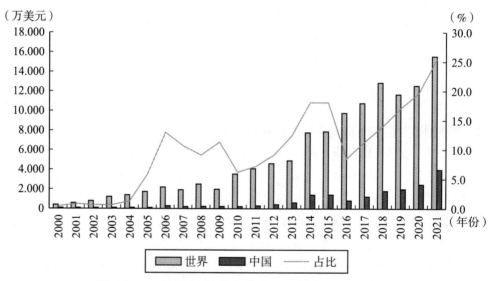

图 14 – 1　俄罗斯集成电路进口及从中国进口情况

资料来源：联合国商品贸易统计数据库（https：//comtrade. un. org）。

2. 对我国零部件行业短期直接影响较小

总体来看，俄乌两国在我国零部件进口贸易体系中的份额较小，俄乌冲突对我国运输设备及资本密集型工业①零部件影响都比较小。一方面，俄乌两国在我国运输设备零部件进口体系中所占的份额非常小，因此俄乌冲突对我国运输设备零部件影响比较小。我国虽然是运输设备制造大国，但在一些核心零部件领域竞争力薄弱，主要依赖进口。近年来我国运输设备零部件进口需求大幅上升，2000～2021 年，我国运输设备零部件进口增长了 10 倍多。从运输设备零部件进口来看，我国进口来源主要集中在德国、日本、美国和法国等国家，进口来源相对集中。2021 年我国运输设备零部件进口额为 574.6 亿美元，进口贸易伙伴共计 144 个国家和地区，排名在前 10 位的贸易伙伴合计向中国出口运

---

① 运输设备除外。

输设备零部件453.1亿美元，占我国运输设备零部件进口总额的78.9%。其中，德国、日本、美国和法国是我国运输设备零部件进口主要来源国家，我国分别从上述国家进口运输设备零部件分别为132.3亿美元、109.0亿美元、82.2亿美元、33.7亿美元，合计占进口总额的62.2%。而我国从俄乌两国进口运输设备零部件总额仅为1.2亿美元，在我国运输设备零部件进口总额中的比重为0.2%。

另一方面，俄乌两国在我国资本密集型工业零部件进口体系中份额非常小，俄乌冲突对我国资本密集型工业零部件短期直接影响比较小。近年来我国资本密集型工业零部件进口需求大幅上升，2000～2021年，我国资本密集型工业零部件进口量增长近4倍，从资本密集型工业零部件进口来看，我国进口来源主要集中在越南、日本、韩国、德国等国家，进口来源相对集中。2021年我国资本密集型工业零部件进口额为2 429.8亿美元[①]，进口贸易伙伴共计200多个国家和地区，排名在前10位的贸易伙伴合计向中国出口资本密集型工业零部件1 676.2亿美元，占我国资本密集型工业零部件进口总额的69.0%。其中，越南、日本、韩国、德国和美国是我国资本密集型工业零部件进口的主要来源国家，我国从上述国家进口的资本密集型工业零部件分别为342.0亿美元、311.0亿美元、265.9亿美元、175.1亿美元、115.8亿美元，共计占总进口总额的49.8%。而我国从俄乌两国进口资本密集型工业零部件总额仅为1.7亿美元，在我国资本密集型工业零部件进口总额的比重为0.1%。因此，俄乌冲突对我国资本密集型工业零部件的直接影响比较小（见表14-8）。

表14-8　　2021年中国交通运输设备、资本密集型工业零部件进口来源情况

交通运输设备零部件			资本密集型工业零部件		
国家	进口额（亿美元）	占比（%）	国家	进口额（亿美元）	占比（%）
德国	132.3	23.0	越南	342.0	14.1
日本	109.0	19.0	日本	311.0	12.8
美国	82.2	14.3	韩国	265.9	10.9
法国	33.7	5.9	德国	175.1	7.2
韩国	30.1	5.2	美国	115.8	4.8
墨西哥	19.9	3.5	马来西亚	81.4	3.4
捷克	14.4	2.5	泰国	57.6	2.4
英国	13.4	2.3	菲律宾	40.7	1.7

资料来源：根据联合国商品贸易统计数据库数据计算而来。

（三）对机电产品、汽车商品、航空航天等下游终端环节的影响

总体来看，俄乌冲突对我国汽车、机电产品、航空航天等制造业影响比较小。我国

---

① 根据联合国商品贸易统计数据库（https：//comtrade.un.org）计算。

拥有全球最丰富、最复杂的产业链，制造业体系完备，产业链相对完整，回旋余地大。且俄罗斯和乌克兰在我国机电产品、汽车、航空航天对外贸易中整体比重较小，因此俄乌冲突对我国制造业下游终端环节短期直接影响比较小且总体可控。

其一，俄乌冲突对我国机电产品直接影响比较小。近年来我国机电产品进口需求大幅上升，2000～2021 年，我国机电产品进口增长 12 倍多，进口来源主要集中在韩国、越南、日本等国家，进口来源相对集中。2021 年我国机电产品进口额为 6 686.6 亿美元[①]，进口贸易伙伴达 200 多个国家和地区，排名在前 10 位的贸易伙伴合计向中国出口机电产品 3 435.6 亿美元，占我国机电产品进口总额的 51.4%。其中，韩国、越南、日本、马来西亚是我国机电产品进口主要来源国家，我国从上述国家进口机电产品商品额分别为 1 094.9 亿美元、553.1 亿美元、540.6 亿美元、437.1 亿美元，合计占进口总额的 39.3%。[②] 而我国从俄乌两国进口机电产品总额仅为 2.2 亿美元，在我国机电产品进口总额中的比重非常小。另外，从我国机电产品出口市场来看，俄乌已经逐步成为我国机电商品海外重要的出口市场，2000 年以来，我国对俄乌两国机电产品出口额占俄乌从世界进口机电产品总额的比例逐步提升，2021 年，我国对俄罗斯机电产品出口总额占俄罗斯从世界进口机电产品总额的比例为 52.3%，比 2000 年提升了 50 多个百分点；对乌克兰机电产品出口额占乌克兰从世界进口机电产品总额的比例为 44.5%，比 2000 年提升了 42.8 个百分点（见表 14 - 9）。这表明我国机电产品在俄乌市场具有很强的竞争力。因此，随着欧美加强对俄罗斯机电产品出口管制，西方相关企业可能相继退出俄罗斯市场，将为我国机电企业提供一定的市场机会。

表 14 - 9　　　　　　　俄乌两国机电设备进口额及从中国进口情况

年份	俄罗斯			乌克兰		
	世界（亿美元）	中国（亿美元）	占比（%）	世界（亿美元）	中国（亿美元）	占比（%）
2000	19.2	0.4	2.0	6.1	0.1	1.7
2001	30.4	1.7	5.7	7.2	0.3	4.0
2002	37.6	4.3	11.5	6.8	0.3	4.5
2003	43.9	6.2	14.2	10.1	0.8	7.8
2004	66.3	11.5	17.3	15.3	1.5	9.6
2005	99.2	18.6	18.5	22.9	2.9	12.5
2006	148.7	35.0	23.5	26.8	4.0	14.9
2007	221.3	61.5	27.8	31.3	4.3	13.6
2008	280.8	79.7	28.4	38.1	6.0	15.8

①② 根据联合国商品贸易统计数据库（https：//comtrade.un.org）计算。

续表

年份	俄罗斯			乌克兰		
	世界 （亿美元）	中国 （亿美元）	占比 （％）	世界 （亿美元）	中国 （亿美元）	占比 （％）
2009	185.1	48.5	26.2	23.1	4.0	17.2
2010	257.7	86.1	33.4	36.0	8.1	22.4
2011	309.4	99.9	32.3	56.8	17.1	30.2
2012	355.9	107.7	30.3	59.5	20.0	33.7
2013	355.5	126.2	35.5	55.6	18.6	33.5
2014	337.4	124.9	37.0	38.1	11.1	29.2
2015	211.1	88.6	42.0	27.0	8.7	32.1
2016	255.6	105.9	41.5	32.0	11.6	36.1
2017	314.3	136.3	43.4	41.3	15.0	36.2
2018	299.1	143.8	48.1	54.8	22.1	40.4
2019	297.9	143.7	48.2	66.5	31.8	47.8
2020	302.1	150.4	49.8	54.5	22.1	40.5
2021	368.4	192.8	52.3	61.5	27.4	44.5

资料来源：根据联合国商品贸易统计数据库数据计算而来。

其二，俄乌冲突对我国汽车商品直接影响比较小。近年来我国汽车商品进口需求大幅上升，2000～2021年，我国汽车商品进口增长近23倍，进口来源主要集中在德国、日本、美国等国家，进口来源相对集中。2021年我国汽车商品进口额为863.9亿美元[1]，进口贸易伙伴遍布近130个国家和地区，排名在前10位的贸易伙伴合计向中国出口汽车商品762.3亿美元，占我国汽车商品进口总额的88.2%。其中，德国、日本、美国、斯洛伐克、英国是我国汽车商品进口主要来源国，我国分别从上述国家进口汽车商品263.0亿美元、160.6亿美元、138.4亿美元、61.7亿美元、51.2亿美元，合计占进口总额的78.1%。[2]而我国从俄乌两国进口汽车商品总额仅为122万美元，在我国汽车商品进口总额中的比重非常小。另外，从我国汽车商品出口来看，俄乌已逐步成为我国汽车商品重要的出口市场，但我国对俄乌两国汽车产品出口额占俄乌从世界进口汽车总额的比例偏低。2000年以来，我国对俄乌两国汽车出口额占俄乌从世界进口汽车总额的比例逐步提升，2021年，我国对俄罗斯汽车出口额占俄罗斯从世界进口汽车总额的比例为14.9%，比2000年提升了14.3个百分点；对乌克兰汽车出口额占乌克兰从世界进口汽车总额的比例为7.3%，比2000年提升了7.2个百分点，这表明我国汽车产品在俄乌两国市场竞

①②　根据联合国商品贸易统计数据库（https://comtrade.un.org）计算。

争力有望进一步提升（见表 14 - 10）。近年来，我国长城、吉利、奇瑞、长安等自主汽车品牌在俄罗斯汽车市场销量不断攀升，售后服务网络日趋完善。长城、吉利分别在俄罗斯和白俄罗斯建有工厂，已实现哈弗、博越等多款车型的本地化生产，产品主要销往本地及欧亚周边地区。当前，欧美日等发达国家和地区的汽车企业正在重新调整对俄战略，可能会退出俄罗斯市场，将为我国汽车品牌抢占俄罗斯市场份额提供一定的机遇。

表 14 - 10　　　　　　　　俄乌两国汽车进口额及从中国进口情况

年份	俄罗斯			乌克兰		
	世界（亿美元）	中国（亿美元）	占比（%）	世界（亿美元）	中国（亿美元）	占比（%）
2000	11.1	0.1	0.6	4.3	0.0	0.1
2001	19.2	0.1	0.5	6.4	0.0	0.2
2002	23.5	0.2	0.7	9.3	0.0	0.3
2003	40.1	0.3	0.8	17.0	0.1	0.3
2004	74.9	0.5	0.7	22.5	0.2	0.9
2005	112.7	1.4	1.3	30.2	0.6	1.9
2006	186.7	3.9	2.1	49.0	1.2	2.4
2007	335.0	16.3	4.9	77.7	3.6	4.7
2008	480.7	17.9	3.7	113.7	5.7	5.0
2009	141.6	4.7	3.4	19.6	0.6	3.0
2010	226.8	10.2	4.5	33.2	1.1	3.3
2011	378.6	18.9	5.0	54.4	2.4	4.4
2012	446.0	26.3	5.9	59.5	3.1	5.3
2013	401.9	23.8	5.9	54.4	3.1	5.6
2014	314.3	22.1	7.0	24.5	2.0	8.3
2015	153.8	11.5	7.5	16.2	0.9	5.7
2016	174.3	13.1	7.5	28.1	1.2	4.3
2017	238.4	18.4	7.7	39.5	1.7	4.4
2018	237.4	19.2	8.1	42.2	2.6	6.2
2019	238.6	22.7	9.5	58.0	3.1	5.4
2020	184.1	20.9	11.4	55.0	3.4	6.2
2021	267.9	40.0	14.9	70.0	5.1	7.3

资料来源：根据联合国商品贸易统计数据库数据计算而来。

其三，俄乌冲突对我国航空航天及其零部件直接影响比较小。近年来，航空航天商品进口需求大幅上升，2000~2021年，我国航空航天及其零部件进口增长近5倍。从航空航天及其零部件进口情况来看，我国进口来源主要集中在法国、德国和美国等国家，进口来源相对集中。2021年我国航空航天及其零部件进口额为130.2亿美元[①]，进口贸易伙伴遍布68个国家和地区，排名在前10位的贸易伙伴合计向中国出口航空航天及其零部件127.4亿美元，占航空航天及其零部件进口总额的97.8%。其中，法国、德国和美国是我国航空航天及其零部件进口主要来源国家，我国分别从上述国家进口航空航天及其零部件47.8亿美元、39.4亿美元、30.6亿美元，合计占进口总额的90.5%。而我国从俄乌两国进口航空航天及其零部件总额仅为1.4亿美元，在我国航空航天及其零部件进口总额中的比重仅为1.2%（见图14-2）。

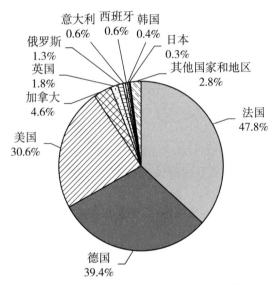

图14-2 2021年中国航空航天商品进口来源情况（亿美元）

资料来源：根据联合国商品贸易统计数据库数据计算而来。

（四）对国际物流等相关服务的影响

从航空运输来看，俄乌冲突对我国航空物流直接影响不大，间接影响主要表现在油价上涨对我国客运航空公司带来较大成本压力。同时，欧美与俄罗斯之间相互制裁将会对全球航空物流造成一定影响，俄罗斯势必会转向第三方以弥补航空物流的空缺。我国是全球航空运输强国，有望从中受益。从海运来看，俄乌冲突导致黑海海运航线被切断，造成周边地区海上货物运输堵塞和物流中断，推高了运输成本。而对我国而言，俄罗斯和乌克兰在我国对外贸易中整体比重较小，俄乌冲突对中国国际海运直接影响有限。从

[①] 根据联合国商品贸易统计数据库（https://comtrade.un.org）计算。

铁路国际货运来看，中欧班列部分线路不可避免地受到俄乌冲突影响，结构性变化已经出现。俄乌冲突对中欧班列短期冲击较大，一方面，途经乌克兰的中欧班列已全部暂停，原经阿拉山口到乌克兰扎霍尼至布达佩斯的班列已临时改道经白俄罗斯和波兰。另一方面，欧洲各大货代企业均暂停了过境俄罗斯的中欧班列业务，我国与欧洲间的货源组织受到冲击，班列开行频次减少，但目前有趋稳态势。俄乌冲突发生后，大量中国发往欧洲的铁路运输货物开始通过绕行俄罗斯、经由哈萨克斯坦的跨里海通道过境。2022 年 3～5 月，西安、苏州、重庆等地先后开行了上述路线的试运行。近期，国内各大出境口岸再次出现持续拥堵，中俄班列运价也水涨船高，部分城市俄罗斯木材回程班列业务较去年同期增长幅度较大。同时，中俄双边贸易大幅增加，分城市俄罗斯木材回程班列业务较去年同期增长幅度较大。另外，中吉乌铁路规划建设在搁置 25 年后终于取得实质性进展，2022 年 9 月，中国、吉尔吉斯斯坦和乌兹别克斯坦签署了关于中吉乌铁路吉尔吉斯斯坦分段建设项目的合作协议，预计 2023 年开工建设。中吉乌铁路的建成将完善新亚欧大陆桥南部通路，有利于拓宽新亚欧大陆桥的运输范围，提升中欧班列运行韧性。

三、政 策 建 议

总之，俄乌冲突对我国产业链供应链的直接影响较小且总体可控。着眼未来，更值得关注的是俄乌冲突深刻改变了全球地缘政治环境，加速国际经贸关系的重构和调整，为国际贸易带来了更大的不确定性。同时，俄乌冲突也为我国产业链供应链关键领域处置极端情况提供了生动案例。

（一） 加强产业链供应链风险研判预警

习近平总书记强调，当前，世界百年未有之大变局加速演进，世界之变、时代之变、历史之变的特征更加明显。俄乌冲突仍未结束，未来走势亟须精准研判。大国博弈日趋激烈，国际环境更加错综复杂，不确定性明显增加。同时，全球产业链区域化、本土化、短链化发展趋势明显，"断链""脱钩"风险持续攀升。面对严峻复杂的世界经济形势，我们要坚持底线思维，加强产业链供应链国际风险研判预警。一方面，要加强俄乌冲突对我国产业链供应链造成的长期间接影响研究。如国际地缘政治经济环境深刻改变，欧美等发达国家和地区产业链供应链合作趋势及战略变化，这些间接影响对我国发展至关重要。另一方面，加强国际产业链供应链"黑天鹅""灰犀牛"事件研判，强化产业链供应链风险监测预警。强化能源、粮食、矿产、重点产业等国际贸易形势研判，加强政治、军事、外交、经济等方面的综合分析，及时为国内企业提供预警。构建与高水平开放相适配的产业链供应链安全评价体系，建立健全重点产业链运行监测和风险评估机制，对突发事件做到提前预判、快速反应。

（二）优化海外资源保障能力

尽管俄乌冲突对我国能源、粮食、矿产资源等初级产品供给短期直接影响有限，但其国际溢出效应不容忽视。尤其是俄乌冲突对国际能源、粮食、矿产资源的冲击是巨大的，这些商品价格也将在较长一段时间保持高位震荡。习近平总书记明确要求，要以互利共赢的方式充分利用国际国内两个市场、两种资源，在有效防范对外投资风险的前提下加强同有关国家的能源资源合作，扩大海外优质资源权益。着眼未来，我国应坚持进口来源多元化，推进能源、粮食、矿产资源领域国际合作，加强国内储备补充。鼓励国内有实力的能源、矿产、粮食企业通过期货和现货市场参与国际能源、矿产、粮食贸易，提前做好应对，防止国际价格大涨大跌对国内经济产生不利影响。按照平等互利、合作共赢原则，优化境外投资结构和布局，规范有序参与境外能源、矿产等资源开发，增强初级产品全球经略能力。借助"一带一路"建设契机，加强与中亚、西亚、南美、非洲等国家和地区能源、矿产、粮食合作，逐步调整进口市场过于集中的格局。支持能源、矿产及粮食外贸企业与航运企业加强国际运输战略合作，提升海外能源资源粮食全链条进口保障能力。

（三）提升关键零部件自主可控能力

我国集成电路等关键零部件严重依赖进口，俄乌两国在全球集成电路等关键零部件贸易体系中所占份额较小，俄乌冲突对我国集成电路等关键零部件直接影响较小且总体可控。当前，欧美对俄实施全面制裁，禁止向俄罗斯出口电信设备、信息安全设备、传感器、激光设备、导航设备、航空控制系统及相关技术。若我国也遇到类似欧美对俄罗斯的制裁（美国已对我国集成电路实施全面封锁打压），集成电路、关键零部件面临的情况甚至更为危险。因此，应加快补齐产业基础短板，提升产业链供应链抗风险能力。加快构建高标准的产业基础体系，加大基础零部件、基础电子元器件、基础软件、基础材料、基础工艺、高端仪器设备等领域关键核心技术、产品、装备攻关和示范应用。支持基础材料、零部件和软件企业与产业链下游应用企业协同攻关突破，重点提高基础产品的可靠性、稳定性。聚焦集成电路成套制造工艺、关键设备、材料、设计工具和核心芯片的研制，突破集成电路关键核心技术，加快形成先进成套工艺能力，提升集成电路产业链水平，保障我国产业链供应链安全稳定。加快国产大飞机发动机、机载航电、关键材料等核心设备及零部件研制，尽快形成批量化生产能力，推动在关键零部件上形成国产化替代方案，确保极端条件下航空产业链供应链不断。

（四）深化产业链供应链国际合作

国家之间的产业链价值链紧密相连，发生在一个国家的危机会蔓延到邻国，进而波及全球供应链。习近平总书记指出，维护全球产业链供应链韧性和稳定是推动世界经济发展的重要保障，符合世界各国人民共同利益。因此，我国应持续深化开放合作，积极参与全球产业链供应链治理，务实推动产业链供应链国际合作，推动关键产品和服务的国际供应更为多元化，提升我国产业链供应链韧性。持续深化与 RCEP 成员国在科技创新和经贸产业等领域的合作交流，加强与东亚、东南亚地区的产业链供应链紧密协作，推动区域产业链供应链升级和协调发展，提高区域产业链供应链的韧性。高质量共建"一带一路"，立足不同国家的发展互补性和协同性，探索促进"一带一路"沿线国家进行产业链供应链合作新模式，加快构建"以我为主"的区域产业链。另外，俄乌冲突及美欧和俄罗斯之间的制裁严重影响了欧盟经济的恢复和增长，欧洲各国政治风险和不确定性上升。应加强与欧盟各国沟通合作，积极推动中欧投资协定重启，聚焦绿色、数字伙伴关系和各领域务实合作，吸引欧盟企业继续加强对华产业链供应链合作。

本章参考文献

［1］徐奇渊、东艳：《全球产业链重塑——中国的选择》，中国人民大学出版社 2022 年版。

［2］易小准、李晓、盛斌等：《俄乌冲突对国际经贸格局的影响》，载于《国际经济评论》2022 年第 3 期。

［3］李学华：《俄乌冲突威胁全球粮食安全》，载于《经济日报》2022 年 3 月 15 日第 4 版。

［4］章建华：《加快构建现代能源体系》，载于《人民日报》2022 年 4 月 1 日第 9 版。

［5］赵觉理、青木：《中欧班列如何应对俄乌战火》，载于《环球时报》2022 年 3 月 5 日。

［6］陈佳雯：《俄乌冲突下的经济制裁：措施、影响与不确定性》，载于《国际经济合作》2022 年第 3 期。

［7］刘友金、李玮瑾：《俄乌冲突、全球产业链重塑与"一带一路"背景下的中国应对》，载于《湖南科技大学学报》（社会科学版）2022 年第 3 期。

［8］彭宇，张紫茜：《俄乌冲突对国际航运市场影响及中国因应》，载于《航海》2022 年第 3 期。

［9］韩冬，钟钰：《俄乌冲突对全球粮食市场的影响及中国保障粮食安全的政策响应》，载于《俄罗斯研究》2022 年第 3 期。

［10］黄季焜：《对近期与中长期中国粮食安全的再认识》，载于《农业经济问题》2021 年第 1 期。

［11］朱晶、臧星月、李天祥：《新发展格局下中国粮食安全风险及其防范》，载于《中国农村经济》2021 年第 9 期。

［12］刘泽洪、阎志鹏、侯宇：《俄乌冲突对世界能源发展的影响与启示》，载于《全球能源互联网》2022 年第 4 期。

［13］李富兵、申雪、李龙飞、李耕：《俄乌冲突对中俄油气合作的影响》，载于《中国矿业》2022 年第 8 期。

［14］陈甲斌、刘超、冯丹丹等：《矿产资源安全需要关注的六个风险问题》，载于《中国国土资源经济》2022 年第 1 期。

［15］国海证券研究所：《俄乌冲突对汽车行业的影响怎么看？》，2022 年。

［16］陶士贵、高源：《西方经济金融制裁对俄罗斯经济的影响：基于合成控制法的研究》，载于《世界经济研究》2020 年第 11 期。

附表 14－1　中俄贸易竞争优势指数（TC）

编码	2000 年	2005 年	2010 年	2015 年	2021 年	编码	2000 年	2005 年	2010 年	2015 年	2021 年
HS1	0.851	－1.000	－1.000	－0.995	1.000	HS22	1.000	0.686	0.601	－0.243	－0.471
HS2	0.995	1.000	1.000	1.000	－0.995	HS23	－0.999	－0.992	－0.681	－0.404	－0.499
HS3	－0.997	－0.947	－0.760	－0.795	－0.798	HS24	1.000	1.000	1.000	－0.234	1.000
HS4	－0.928	0.394	0.954	－0.984	－0.914	HS25	0.002	0.014	－0.412	－0.172	－0.247
HS5	－0.241	－0.793	－0.306	－0.734	－0.897	HS26	－0.934	－1.000	－0.999	－1.000	－0.997
HS6	1.000	0.811	0.608	1.000	0.935	HS27	－0.880	－0.962	－0.966	－0.983	－0.995
HS7	0.994	0.983	0.992	0.996	0.999	HS28	－0.260	－0.033	－0.515	－0.239	0.277
HS8	0.858	0.681	0.916	0.587	0.122	HS29	－0.829	－0.681	－0.341	0.482	0.847
HS9	1.000	1.000	1.000	0.998	0.979	HS30	1.000	0.988	1.000	0.991	0.976
HS10	1.000	1.000	0.966	－0.773	－0.928	HS31	－1.000	－1.000	－0.999	－0.993	－0.998
HS11	0.995	0.996	0.712	－0.740	－0.464	HS32	0.981	0.882	0.996	0.979	0.989
HS12	0.340	0.937	0.973	－0.699	－0.779	HS33	1.000	0.999	0.998	0.978	0.875
HS13	1.000	0.999	1.000	1.000	0.999	HS34	0.121	－0.698	－0.214	0.937	0.941
HS14	1.000	1.000	1.000	－0.606	0.281	HS35	0.974	0.998	0.997	1.000	0.990
HS15	0.233	0.996	1.000	－0.901	－0.989	HS36	1.000	1.000	1.000	1.000	0.999
HS16	0.994	0.997	0.998	0.993	0.921	HS37	0.417	1.000	0.989	0.999	0.999
HS17	1.000	0.999	0.997	0.967	0.778	HS38	0.853	0.493	0.775	0.819	0.723
HS18	1.000	0.296	0.978	－0.743	－0.928	HS39	－0.767	0.397	0.370	0.656	0.633
HS19	1.000	1.000	0.997	0.517	－0.072	HS40	－0.862	－0.757	－0.245	0.251	0.541
HS20	0.985	0.998	1.000	0.995	0.989	HS41	－0.724	－0.732	－0.906	－0.663	－0.844
HS21	0.866	0.975	0.999	0.978	－1.000	HS42	1.000	1.000	1.000	1.000	1.000

续表

编码	2000 年	2005 年	2010 年	2015 年	2021 年	编码	2000 年	2005 年	2010 年	2015 年	2021 年
HS43	0.869	0.992	0.991	0.996	0.991	HS64	1.000	1.000	1.000	1.000	1.000
HS44	-0.993	-0.949	-0.873	-0.900	-0.937	HS65	1.000	1.000	1.000	1.000	0.998
HS45	-1.000	1.000	1.000	1.000	1.000	HS66	1.000	1.000	1.000	1.000	1.000
HS46	1.000	1.000	1.000	1.000	1.000	HS67	1.000	0.997	1.000	1.000	1.000
HS47	-1.000	-1.000	-1.000	-0.999	-1.000	HS68	0.913	1.000	1.000	0.990	0.960
HS48	-0.922	-0.415	0.239	0.424	-0.332	HS69	1.000	0.995	1.000	1.000	0.977
HS49	-0.995	-0.269	0.488	0.806	0.794	HS70	0.306	0.987	0.990	0.974	0.984
HS50	1.000	1.000	1.000	1.000	1.000	HS71	-0.754	-0.815	-0.899	-0.369	-0.959
HS51	0.704	0.876	0.533	0.251	0.701	HS72	-0.995	-0.926	0.334	0.887	-0.040
HS52	0.951	1.000	0.973	0.916	0.994	HS73	0.396	0.651	0.917	0.683	0.972
HS53	1.000	0.912	0.886	0.251	-0.190	HS74	-0.988	-0.453	-0.751	-0.815	-0.937
HS54	0.045	0.923	0.992	0.996	0.999	HS75	-0.998	-0.999	-0.996	-0.999	-0.970
HS55	0.718	0.880	0.999	0.998	0.998	HS76	-0.999	-0.529	0.170	0.792	-0.256
HS56	0.931	0.985	0.998	1.000	0.997	HS78	-0.365	-0.996	-0.856	0.526	0.315
HS57	0.999	1.000	1.000	0.999	0.999	HS79	0.824	0.900	-0.567	0.184	0.976
HS58	1.000	1.000	1.000	1.000	1.000	HS80	1.000	1.000	0.689	-0.137	0.970
HS59	1.000	1.000	0.999	0.999	0.998	HS81	-0.164	0.215	0.631	0.449	0.393
HS60	1.000	1.000	1.000	1.000	1.000	HS82	0.970	0.999	0.998	0.995	1.000
HS61	1.000	1.000	1.000	1.000	0.999	HS83	1.000	1.000	1.000	0.999	0.981
HS62	1.000	0.999	1.000	1.000	0.998	HS84	-0.207	0.825	0.918	0.861	0.983
HS63	0.998	1.000	0.999	0.999	0.998	HS85	0.305	0.924	0.977	0.980	0.978

续表

编码	2000年	2005年	2010年	2015年	2021年
HS86	-0.640	-0.164	0.430	0.740	0.971
HS87	-0.614	0.998	0.999	0.996	0.999
HS88	-0.981	-0.961	-0.923	-0.904	-0.615
HS89	-0.798	-0.492	0.862	0.991	0.998
HS90	0.141	0.808	0.911	0.725	0.830
HS91	1.000	0.998	1.000	0.992	0.996
HS92	0.983	1.000	1.000	0.994	0.991
HS93	-1.000	1.000	0.895	0.983	0.965
HS94	0.988	0.997	0.991	0.988	0.995
HS95	1.000	0.999	1.000	1.000	0.999
HS96	0.995	1.000	1.000	1.000	1.000
HS97	-0.375	0.694	0.995	0.743	0.650
HS99	-1.000	-1.000	0.347	-0.999	0.877

资料来源：中俄贸易竞争优势指数（TC）根据联合国商品贸易统计数据库数据计算而来。

附表14-2 中俄贸易显性比较优势指数（RCA）

编码	2000年	2005年	2010年	2015年	2021年
HS1	0.03			0.00	0.00
HS2	0.38	0.87	0.03	0.08	0.00
HS3	0.03	0.40	1.08	0.63	0.51
HS4	0.01	0.00	0.01	0.00	0.00
HS5	2.45	0.05	0.16	0.11	0.03
HS6	0.00	0.04	0.03	0.01	0.01
HS7	2.28	2.09	2.26	2.45	1.23
HS8	2.21	1.47	1.70	1.55	0.19
HS9	0.84	0.88	0.70	0.51	0.44
HS10	5.00	0.71	0.06	0.01	0.01
HS11	0.40	0.43	0.10	0.02	0.03
HS12	2.42	1.36	0.31	0.15	0.12
HS13	0.42	0.71	1.34	3.01	3.26
HS14	0.10	0.02	0.06	0.25	0.53
HS15	0.00	0.01	0.02	0.02	0.01
HS16	2.72	2.73	2.75	2.40	0.87
HS17	0.03	0.12	0.36	0.42	0.32
HS18	0.07	0.02	0.07	0.01	0.02
HS19	0.12	0.32	0.16	0.10	0.12
HS20	1.77	3.68	3.28	2.54	1.65

续表

编码	2000年	2005年	2010年	2015年	2021年
HS21	0.46	0.42	0.44	0.56	0.03
HS22	0.02	0.04	0.05	0.03	0.20
HS23	0.01	0.00	0.16	0.31	0.04
HS24	2.61	0.25	0.19	0.08	0.32
HS25	3.27	0.94	0.62	0.59	0.00
HS26	0.04	0.00	0.00	0.00	
HS27	0.23	0.08	0.05	0.05	0.02
HS28	1.00	0.64	0.76	1.02	0.79
HS29	0.55	0.33	0.57	0.90	1.33
HS30	0.14	0.02	0.06	0.05	0.09
HS31	0.00	0.01	0.00	0.02	0.00
HS32	0.19	0.23	0.18	0.42	0.65
HS33	0.56	0.21	0.32	0.34	0.23
HS34	0.27	0.25	0.25	0.29	0.48
HS35	0.50	2.14	2.71	2.22	1.26
HS36	1.79	3.33	0.85	2.33	1.78
HS37	0.06	0.01	0.54	0.91	1.11
HS38	0.54	0.49	0.41	0.51	0.50
HS39	0.47	0.80	0.97	0.97	1.14
HS40	0.22	0.24	1.01	0.98	1.17
HS41	0.05	0.04	0.01	0.04	0.02

编码	2000年	2005年	2010年	2015年	2021年
HS42	52.69	25.60	7.22	3.47	2.77
HS43	29.64	163.35	50.31	81.97	132.50
HS44	0.06	0.36	0.90	0.63	0.22
HS45		0.03	0.54	0.18	0.21
HS46	2.64	1.36	2.72	2.61	1.96
HS47		0.00	0.00	0.00	0.00
HS48	0.12	0.24	0.44	0.61	0.56
HS49	0.02	0.08	0.83	0.50	0.35
HS50	1.29	0.52	0.44	0.42	0.73
HS51	0.13	0.33	0.77	0.59	0.73
HS52	0.41	0.71	1.02	0.89	1.35
HS53	0.41	0.33	0.23	0.18	0.16
HS54	0.64	1.94	3.35	3.52	3.51
HS55	0.88	1.60	3.00	2.65	2.86
HS56	0.51	1.66	1.07	1.45	1.50
HS57	0.22	0.24	0.70	0.87	1.03
HS58	1.11	1.25	5.38	2.86	3.75
HS59	0.41	1.23	3.45	4.28	4.57
HS60	2.44	2.10	2.33	2.05	4.23
HS61	8.58	6.54	4.74	4.65	1.95
HS62	9.73	8.45	5.48	5.59	2.49

续表

编码	2000年	2005年	2010年	2015年	2021年
HS63	6.73	12.71	5.76	5.14	2.35
HS64	20.95	13.13	12.62	6.68	5.39
HS65	3.99	2.91	8.05	9.01	2.72
HS66	6.48	4.15	3.82	3.29	2.80
HS67	6.76	3.32	6.03	5.67	4.36
HS68	0.25	1.49	3.07	2.18	1.67
HS69	3.34	3.90	2.65	2.30	2.36
HS70	0.19	1.33	1.46	1.32	1.52
HS71	0.02	0.02	0.03	0.10	0.01
HS72	0.05	0.18	0.85	0.56	0.71
HS73	0.21	0.88	2.09	1.69	2.19
HS74	0.02	0.28	0.19	0.24	0.18
HS75	0.00	0.00	0.05	0.03	0.14
HS76	0.02	0.25	1.12	1.18	0.68
HS78	0.00	0.00	0.04	0.02	0.02
HS79	0.06	0.23	0.10	0.11	0.02
HS80	0.34	0.02	0.04	0.01	0.06
HS81	2.59	2.24	3.78	3.08	3.00

编码	2000年	2005年	2010年	2015年	2021年
HS82	0.91	1.83	2.45	2.53	3.39
HS83	0.92	2.00	3.02	2.98	2.66
HS84	0.19	0.47	1.38	1.27	1.89
HS85	0.26	0.78	1.14	1.03	1.32
HS86	0.75	0.27	0.14	0.29	2.49
HS87	0.03	0.21	0.45	0.40	0.89
HS88	0.01	0.01	0.00	0.01	0.07
HS89	0.03	0.10	0.63	0.73	2.50
HS90	0.30	0.31	0.91	0.70	0.90
HS91	0.54	0.26	0.41	0.33	0.14
HS92	0.29	0.57	1.04	0.90	1.47
HS93		0.02	0.05	0.04	0.06
HS94	0.41	1.14	1.74	2.05	1.81
HS95	1.91	2.75	2.79	3.08	3.58
HS96	7.81	3.52	4.39	2.67	3.76
HS97	0.00	0.01	0.47	0.05	0.06
HS99		0.00	0.01	0.00	0.72

资料来源：中俄贸易显性比较优势指数（RCA）根据联合国商品贸易统计数据库数据计算而来。

附表 14-3　中乌贸易竞争优势指数（TC）

编码	2000年	2005年	2010年	2010年	2021年
HS1				1.000	
HS2	1.000	0.991	-1.000		-1.000
HS3	-0.989	1.000	1.000	0.993	1.000
HS4		-0.132	-0.841	-1.000	-1.000
HS5		0.553	0.320	0.872	-0.131
HS6	1.000	1.000	1.000	1.000	-1.000
HS7	1.000	1.000	1.000	1.000	0.971
HS8		-0.616	-0.251	0.717	0.457
HS9	1.000	1.000	1.000	0.996	1.000
HS10	1.000	1.000	0.962	-1.000	-0.997
HS11			0.927	-0.766	-1.000
HS12	1.000	0.983	0.334	-0.675	-0.911
HS13	1.000	1.000	1.000	1.000	0.964
HS14	1.000	1.000	1.000	1.000	0.338
HS15	1.000	1.000	-0.983	-1.000	-0.845
HS16	1.000	1.000	1.000	1.000	-0.106
HS17	1.000	1.000	1.000	0.212	-0.577
HS18	1.000	1.000	0.680	-0.973	
HS19	1.000	1.000	0.538	-0.001	-0.368
HS20	1.000	1.000	1.000	0.951	0.989
HS21	1.000	1.000	0.999	0.988	0.887

编码	2000年	2005年	2010年	2010年	2021年
HS22	0.923	-0.142	-0.559	-0.928	-0.662
HS23		1.000	0.960	1.000	-0.923
HS24	1.000		1.000	1.000	-0.023
HS25	0.745	0.112	0.391	0.566	0.260
HS26	-0.322	-1.000	-1.000	-1.000	-1.000
HS27	0.778	-0.985	-0.936	0.965	-1.000
HS28	0.724	0.524	0.852	0.933	0.452
HS29	-0.706	-0.591	-0.383	0.985	0.919
HS30	1.000	1.000	1.000	0.927	0.999
HS31	-1.000	-0.993	1.000	1.000	0.996
HS32	-0.289	0.540	0.853	0.973	0.993
HS33	1.000	0.895	0.999	0.996	0.948
HS34	0.995	-0.037	0.745	0.927	0.988
HS35	0.497	1.000	0.920	0.964	0.716
HS36	1.000	1.000	1.000	1.000	1.000
HS37		1.000	1.000	1.000	1.000
HS38	-0.354	0.750	0.936	0.979	0.982
HS39	1.000	0.856	0.950	0.917	0.971
HS40	-0.037	0.789	0.953	0.997	0.989
HS41		-0.601	0.813	0.868	
HS42	0.708	1.000	0.989	0.996	0.970

续表

编码	2000 年	2005 年	2010 年	2010 年	2021 年
HS43	1.000	0.956	0.890	0.993	-1.000
HS44	-0.989	0.891	0.130	-0.878	-0.863
HS45	1.000	1.000	1.000	1.000	1.000
HS46	1.000	1.000	1.000	1.000	0.890
HS47	1.000		-1.000	1.000	-0.605
HS48	1.000	1.000	0.998	0.705	
HS49	-0.988	-0.184	-0.130	0.899	
HS50	1.000	1.000	1.000	1.000	
HS51	1.000	0.873	0.995	0.758	0.766
HS52	0.991	1.000	0.973	1.000	1.000
HS53	1.000	-0.108	-0.577	-0.249	0.500
HS54	0.899	0.975	1.000	1.000	1.000
HS55	1.000	1.000	0.996	1.000	0.999
HS56	1.000	1.000	1.000	1.000	0.990
HS57	1.000	1.000	1.000	1.000	1.000
HS58	1.000	1.000	1.000	1.000	1.000
HS59	0.483	1.000	1.000	1.000	1.000
HS60	1.000	1.000	1.000	1.000	1.000
HS61	1.000	0.999	0.999	0.995	0.989
HS62	0.999	0.988	0.979	0.909	0.832
HS63	1.000	1.000	1.000	0.999	0.991

编码	2000 年	2005 年	2010 年	2010 年	2021 年
HS64	1.000	1.000	0.999	0.998	0.996
HS65	1.000	1.000	1.000	0.999	0.922
HS66	1.000	1.000	1.000	1.000	1.000
HS67	1.000	0.982	1.000	0.941	1.000
HS68	1.000	1.000	0.991	1.000	0.999
HS69	1.000	1.000	1.000	1.000	0.999
HS70	0.989	0.991	0.845	0.963	1.000
HS71	1.000	0.999	1.000	0.996	0.998
HS72	-1.000	-0.959	0.023	0.573	-0.174
HS73	0.996	0.563	0.985	0.997	0.973
HS74	-1.000	-0.281	-0.607	-0.455	-0.605
HS75	1.000	0.492	0.967	1.000	1.000
HS76	-1.000	0.324	0.971	0.998	0.965
HS78			1.000	1.000	1.000
HS79	1.000	1.000	1.000	1.000	1.000
HS80		1.000	1.000	1.000	1.000
HS81	-0.535	-0.233	-0.245	0.849	0.730
HS82	0.996	1.000	1.000	1.000	1.000
HS83	0.965	0.999	1.000	0.999	0.999
HS84	-0.344	0.939	0.796	0.804	-0.750
HS85	0.130	0.983	0.940	0.915	0.772

续表

编码	2000年	2005年	2010年	2015年	2021年	编码	2000年	2005年	2010年	2015年	2021年
HS86		0.994	0.963	0.509	0.910	HS93		1.000	1.000	1.000	
HS87	0.986	1.000	0.998	0.896	-0.875	HS94	0.938	0.998	1.000	0.999	0.107
HS88	0.513	-0.996	-0.985	-0.964		HS95	1.000	0.995	0.991	0.962	0.997
HS89	-1.000	1.000	-0.603	1.000	0.914	HS96	1.000	1.000	1.000	1.000	1.000
HS90	1.000	0.911	0.892	0.875	0.998	HS97	1.000	1.000	1.000	-0.621	0.999
HS91	0.288	1.000	1.000	1.000	0.997	HS99	-1.000	-0.999	-0.904	1.000	0.986
HS92	1.000	1.000	1.000	1.000							

资料来源：中乌贸易竞争优势指数（TC）根据联合国商品贸易统计数据库数据计算而来。

附表14-4 中乌贸易显性比较优势指数（RCA）

编码	2000年	2005年	2010年	2015年	2021年	编码	2000年	2005年	2010年	2015年	2021年
HS1	0.12	0.50	0.67	0.00	0.00	HS11		2.61	1.51	0.06	0.00
HS2	0.00	0.89			0.26	HS12	8.31		0.09	5.75	0.03
HS3		0.06	0.85	0.36	0.00	HS13	0.50	0.27	0.09	0.89	3.50
HS4				1.30		HS14		0.11	17.52	0.01	1.22
HS5	0.02	2.75	0.09		1.39	HS15	0.02	0.01	0.12	1.60	0.01
HS6	0.99	0.02	0.21	0.00	0.00	HS16	0.99	1.09	0.01	0.41	3.80
HS7	0.00	0.37	0.00	0.40	0.22	HS17		0.05	0.01	0.00	0.39
HS8		0.02	0.79	0.10	0.21	HS18		0.02	2.36	0.04	0.03
HS9	2.30	0.80	0.19	0.62	0.45	HS19	0.01	0.00	0.07	0.80	0.04
HS10	1.50	0.20		0.10	0.08	HS20	2.01	2.23	0.02	0.44	1.06

续表

编码	2000 年	2005 年	2010 年	2015 年	2021 年
HS21	0.97	0.67	0.03	0.00	0.37
HS22	0.01	0.00	0.80	0.56	0.06
HS23			0.13	0.60	0.71
HS24	1.18	0.88	0.01	0.55	0.07
HS25	22.44	0.98	0.38	0.01	0.56
HS26	1.20	0.00	0.10	0.11	0.00
HS27	0.05	0.00	0.02	1.04	0.00
HS28	3.78	0.63	0.01	1.04	0.52
HS29	0.80	0.38	0.15	0.09	1.11
HS30	0.07	0.03	0.41	0.01	0.61
HS31		0.01	0.41	0.56	0.21
HS32	0.42	0.28	0.01	0.34	0.55
HS33	0.13	0.16	0.15	0.69	0.27
HS34	0.23	0.29	0.67	1.86	0.60
HS35	1.13	3.72	0.70	0.23	1.08
HS36	0.82	6.45	15.13	1.62	0.92
HS37		0.16	0.77	2.44	1.25
HS38	0.18	1.55	0.09	1.89	2.62
HS39	1.48	2.66	0.65	1.94	1.36
HS40	0.35	0.48	6.14	0.44	2.28
HS41		0.25	6.23	3.33	0.00

编码	2000 年	2005 年	2010 年	2015 年	2021 年
HS42	3.90	2.99	0.21	12.86	2.66
HS43	0.36	1.46	21.34	0.35	0.06
HS44	0.01	0.41	0.12	0.03	0.19
HS45	0.00	0.01	53.34	2.69	0.05
HS46	0.11	1.90	0.03	0.07	0.71
HS47			0.33	1.12	0.02
HS48	0.09	0.36	1.05	0.15	0.74
HS49	0.01	0.03	0.15	0.06	0.12
HS50	0.59	0.03	0.10	0.64	0.35
HS51	0.20	1.01	0.88	1.28	0.16
HS52	4.80	1.22	1.09	0.58	0.99
HS53	38.63	2.45	0.12	8.72	0.40
HS54	9.26	10.42	7.55	4.60	4.52
HS55	19.58	2.98	3.73	3.38	2.11
HS56	0.55	1.13	2.10	0.37	1.28
HS57	0.17	0.71	0.71	5.79	0.80
HS58	11.49	4.02	7.97	6.15	2.73
HS59	0.37	2.68	4.10	8.04	3.79
HS60	8.00	5.40	3.59	2.83	5.25
HS61	3.93	7.01	6.42	2.14	1.11
HS62	2.36	3.44	3.48	4.83	0.66

续表

编码	2000年	2005年	2010年	2015年	2021年
HS63	8.46	6.42	6.95	7.38	3.78
HS64	19.71	17.78	10.29	2.31	5.08
HS65	2.86	1.85	1.62	4.56	1.94
HS66	5.47	13.89	7.81	5.50	5.91
HS67	12.89	6.37	9.47	3.88	1.44
HS68	0.11	1.92	2.48	2.80	1.65
HS69	5.76	5.07	4.37	2.71	2.29
HS70	0.29	1.21	2.49	0.04	2.14
HS71	0.01	0.04	0.02	1.57	0.02
HS72	0.00	0.10	0.62	1.51	1.40
HS73	0.61	1.41	1.96	0.27	1.55
HS74	0.00	0.91	0.32	0.06	0.20
HS75	0.05	0.01	0.04	1.44	0.07
HS76	0.00	0.37	1.45	0.01	1.38
HS78			0.00	0.15	0.00
HS79	0.03	0.30	0.15	0.09	0.02
HS80		0.00	0.00	1.40	0.13
HS81	4.48	8.63	1.44	2.39	2.34

编码	2000年	2005年	2010年	2015年	2021年
HS82	0.54	2.00	2.95	2.65	3.48
HS83	1.02	2.93	3.06	1.01	3.58
HS84	0.48	0.80	1.17	1.29	1.46
HS85	0.38	1.09	0.99	0.05	1.25
HS86		0.05	0.45	0.35	0.16
HS87	0.12	0.47	0.34	0.00	0.77
HS88	0.18	0.00	0.00	0.00	0.01
HS89		0.00	0.01	0.50	0.01
HS90	0.45	0.27	0.35	0.23	0.67
HS91	2.83	0.63	0.56	0.63	0.18
HS92	0.77	0.35	1.02	0.01	1.40
HS93		0.07	0.04	2.46	0.17
HS94	2.03	1.98	1.95	3.29	2.39
HS95	2.70	2.26	3.56	4.32	5.42
HS96	15.53	6.86	4.04	0.00	3.78
HS97	0.07	0.01	0.01	0.00	0.01
HS99		0.00	0.01		0.52

资料来源：中乌贸易显性比较优势指数（RCA）根据联合国商品贸易统计数据库数据计算而来。

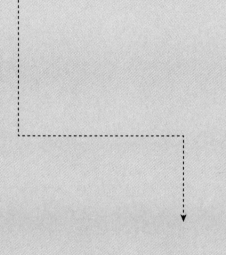

中国产业发展报告：2022
——中国产业链供应链现代化研究

行 业 篇

第十五章

提升农业产业链供应链现代化水平研究

——以种业为例[*]

内容提要： 农业现代化，种子是基础。近年来，党中央把种源安全提升到关系国家安全的战略高度，持续加大对种业产业链供应链现代化的支持力度，推动我国育种理论和关键技术取得突破，农业种质资源库建设迈入世界一流水平，新品种选育审定数量大幅上升，种子繁育体系不断健全，国产良种普及率创出新高，并促进我国种业稳步向技术精准化、种源自主化、市场集中化、产业服务化转型。"十四五"及未来一段时期，我国种业产业链供应链现代化既有强力政策推动、适逢新一轮农业科技革命和国内外需求增长的历史性机遇期，也面临关键核心技术有短板、种质资源收集保护和开发利用不足、育种技术研发组织架构不合理、现代生物育种技术产业化滞后、有实力的大型种子企业缺乏、新品种审定和保护体系不健全、优良品种高效推广尚存障碍等问题和挑战，下一步亟须坚持问题导向和目标导向相结合，开展优异种质资源收集、鉴定与开发利用行动，实施现代种业"卡脖子"环节联合攻关工程，加快推进现代生物育种技术产业化应用，培育壮大国家种业阵型企业，健全新品种审定和监管保护体系，创新优良品种推广服务体系，加快提升我国种业产业链供应链现代化水平。

农业是国民经济的基础，是产业链供应链现代化的基石。种子又是农业的"芯片"，关系到农业现代化进程。当前，生物育种技术发展、市场需求驱动和政策环境优化等决定了推进种业产业链供应链现代化既有供需支撑，也契合国家安全战略要求。近年来，我国种业发展取得巨大成就，主要粮食作物良种覆盖率超过96%，品种对单产贡献率提高到45%，有力地保障了国家粮食安全。但是也要清醒地看到，当今世界种业已进入"生物技术＋信息技术＋人工智能"育种4.0时代，而中国种业仍在由传统杂交育种2.0时代向分子育种3.0时代过渡（樊胜根等，2022），在种质资源开发、核心种源创制以及

---

* 本章执笔人：张义博、张成鹏。

商业化育种、制种、销售等种业产业链供应链关键环节仍存在诸多短板，未来亟须按照习近平总书记提出的"要下决心把民族种业搞上去，抓紧培育具有自主知识产权的优良品种"① 的要求，"补短板、锻长板"，加快形成具有国际竞争力的现代种业。

一、农业产业链供应链现代化的内涵和总体进展

农业产业链供应链现代化作为新提法，不仅要明确其概念，也要了解其现代化进展情况。

（一）农业产业链供应链现代化的概念

目前，与农业产业链供应链现代化相关的政策实践走在了理论研究的前面。2021年，农业农村部印发的《关于落实好党中央、国务院 2021 年农业农村重点工作部署的实施意见》提出"大力发展乡村富民产业，提升产业链供应链现代化水平"；同年，国务院发布的《"十四五"推进农业农村现代化规划》再次提出"构建现代乡村产业体系，提升产业链供应链现代化水平"，并以专栏形式列出了乡村产业链供应链提升工程。从现有政策文件看，农业产业链供应链现代化主要聚焦于现代种养业、农产品加工流通业、休闲农业、农业生产性服务业等产业链供应链的上下游业态，以及农业现代化示范区、现代农业产业园、农村产业融合发展示范园等产业链供应链平台载体。

虽然国内学术界还没有关于农业产业链供应链现代化的明确界定，但是基于本书提出的产业链供应链现代化概念和国内学术界关于农业现代化的定义，同时借鉴国内农业产业链供应链现代化的先行实践，我们认为农业产业链供应链现代化是对传统农业的研发、生产、加工、流通、休闲、生产性服务等产业链供应链关键环节进行现代化改造的过程，通过科技创新驱动、业态融合发展、组织平台优化、利益联结构建等措施，发展成为更具自主可控、竞争高效、绿色可持续的农业产业链供应链体系。

（二）农业产业链供应链现代化进展

党的十八大以来，党中央把解决好"三农"问题作为全党工作的重中之重，持续加大财政投入和政策扶持力度，农业产业链供应链建设取得显著成效。

1. 农业产业链供应链自主安全水平有效提高

农业作为基础性产业，不仅为其他产业发展提供原材料，更关乎人民群众的吃饭问

---

① 《牢牢把住粮食安全主动权——以习近平同志为核心的党中央带领人民干好这件头等大事》，新华社，2022年 9 月 22 日，https：//baijiahao. baidu. com/s? id = 1744665948033708317&wfr = spider&for = pc。

题。在百年变局和新冠肺炎疫情相互交织、全球化遭遇"逆流"、地缘政治动荡的大背景下，我国坚持依靠自己保障国家粮食安全和重要副食品有效供给，达到了"谷物基本自给、口粮绝对安全"的粮食安全目标。同时，在农业不断扩大开放的条件下，对农业产业链供应链关键环节的掌控能力不断增强，农作物种源自给率超过95%（何娟，2022），国产农机产品供给能力达到90%以上（王雅婧，2022），中粮集团跻身国际大粮商，掌握了农业产业链供应链现代化的主动权。

2. 农业产业链供应链创新驱动能力稳步提升

提升农业产业链供应链现代化水平，关键在科技创新。一方面，有限的农业资源和农业从业人口老龄化需要科技创新赋能。我国深入实施"藏粮于技"战略，加强农业科技人才队伍建设，加快推进农业技术集成化、劳动过程机械化、生产经营信息化，用农业科技创新提高土地产出率、资源利用率和劳动生产率。2021年，我国农业科技进步贡献率和农作物耕种收综合机械化率分别达到61%和72%，比2017年提高了3.5个、6个百分点（吴晓，2022）；另一方面，农业产业链供应链价值跃升需要科技创新支撑。我国抢抓新一轮农业科技革命机遇，加快推进生物育种、食品加工、现代流通等技术创新步伐，加快推动农业延链增值。2021年，我国农业科技论文与发明专利申请量跃居全球第一（周怀宗，2021），全国农产品加工转化率为70.6%，农产品加工业产值与农业总产值之比达到2.5∶1（顾仲阳和常钦，2022），农产品网络零售额达到4221亿元（马爰平，2022）。

3. 农业产业链供应链可持续发展能力持续增强

农业绿色发展，是提升农业产业链供应链现代化水平的基本要求。针对粮食刚性需求增长和人民群众食物消费升级长期压力下，我国对有限的耕地资源进行过度开发造成的部分土地严重透支、农业生态脆弱性加剧等问题，我国着力改变传统农业产业链供应链发展中拼资源、拼消耗的粗放经营方式，尽快转到注重可持续永续发展上来，大力推进农业资源保护、农业面源污染治理和农业生态系统修复，走资源节约、环境友好的现代农业发展道路。2021年全国耕地质量平均等级达到4.76，比2014年提高0.35个等级，农业面源污染得到有效遏制，化肥、农药利用率均超过40%，使用量连续多年负增长，农产品加工业加快绿色转型，农产品绿色流通体系逐步健全（王仁宏，2022）。

4. 农业产业链供应链现代化的推进机制不断完善

提升农业产业链供应链现代化水平需要政府、企业、农民（集体）等分工协作、共同推进。近年来，我国发挥政府"有形之手"的作用，为农业产业链供应链发展提供所需的资金、土地、人才等生产要素，通过农业基础设施建设、公益性农产品流通市场建设、农村产权交易市场建设等，降低农业生产成本和交易费用。同时，农业作为现代产业体系的重要构成部分，也必须有效发挥市场匹配资源的作用，我国通过引导和规范发展家庭农场、农民合作社、农业产业化龙头企业等新型农业经营主体和农村集体经济组织，创造条件促进小农户与现代农业有效衔接。截至 2021 年底，累计认定县级以上农业产业化龙头企业 9 万多家，培育家庭农场 390 万个、农民合作社 222 万家（国家发展和改革委员会政策研究室，2022）。通过建设提升优势特色产业集群、现代农业产业园、农村产业融合示范园等平台载体，促进了农业产业链延伸和供应链融通。截至 2021 年底，累计创建 140 个优势特色产业集群、250 个现代农业产业园、1 309 个农业产业强镇、300 个农村一二三产业融合发展示范园，形成一批特色主导产业集聚区（国家发展和改革委员会政策研究室，2022）。

二、我国种业产业链供应链发展成效及趋势

近年来，以习近平同志为核心的党中央高度重视种业安全，出台一系列重大举措加快种业产业链供应链现代化进程。我国种业从研发创新到保种、育种、供种、推种等产业链供应链各环节均取得了重大进展，并向着技术精准化、种源自主化、市场集中化、产业服务化稳步转型。

（一）研发：育种理论研究和关键技术取得突破

我国育种研究论文数量跃居全球前列，部分种业基础研究国际领先。随着国家对于种业研发的重视和投入增加，我国种业科研人员在国际权威期刊的发文数量也日益增多。截至 2021 年 1 月，我国发表的生物育种相关论文数量累计占全球论文总量的 14%，仅次于美国（论文占比为 36%）（裴瑞敏等，2022）。高质量育种相关论文数量也居世界第一梯队。齐世杰等（2021）基于 ESI 数据平台，对全球生物育种领域研究前沿和核心论文进行计量分析与数据挖掘后，发现中国作物生物育种前沿核心论文共计 37 篇，仅次于美国的 44 篇。高涨的科研热情下，我国种业基础研究也取得了重要进展。如在水稻功能基因组学及基因克隆研究方面国际领先，2021 年提出了异源四倍体野生稻快速从头驯化的新策略等。

我国种业专利数量升至世界首位，关键技术创新打破国外垄断。我国种业专利申请数量和授权数量整体呈现不断上升态势（见图 15 - 1），专利申请和专利授权数量分别从 2017 年的 8 858 件和 3 355 件上升到 2020 年的 11 943 件和 7 906 件。截至 2020 年底，我国累计公开种业专利申请 50 399 件，累计授权种业专利 26 756 件。[①] 2017 年，我国植物新品种权申请量首次跃居世界第一，此后连续 5 年保持世界首位。而且，在育种技术创新上也大幅缩小了与发达国家的差距。如在与生物育种有关的基因组技术上，我国累计

<hr />

① 农业农村部种业管理局、全国农业技术推广服务中心、农业农村部科技发展中心编：《2021 年中国农作物种业发展报告》，中国农业科学技术出版社 2021 年版。

获得专利 6 002 件，比美国仅少 504 件（程郁等；2022）；2021 年 3 月，中国农业大学研究团队开发出的两个新型基因编辑工具（CRISPR/Cas12i、CRISPR/Cas12j）正式获得专利授权（谷业凯 b，2022），打破了国外在基因编辑上的垄断。

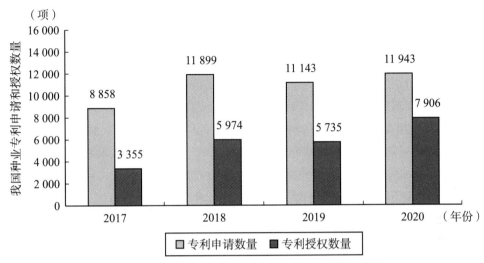

图 15 - 1　2017 ~ 2020 年我国种业专利申请与授权数量

资料来源：农业农村部种业管理局、全国农业技术推广服务中心、农业农村部科技发展中心编：《2021 年中国农作物种业发展报告》，中国农业科学技术出版社 2021 年版。

（二）保种：种质资源收集与保护迈上新台阶

我国农业种质资源库建设迈入世界一流水平。种质资源是农业科技原始创新、现代种业发展的物质基础，是保障粮食安全、支撑农业可持续发展的战略性资源。自 2021 年 3 月起，我国在全国范围内开展农作物、畜禽、水产养殖种质资源普查，这是新中国成立以来规模最大、覆盖范围最广、参与人员最多的普查，将全面摸清全国农业种质资源种类、数量、分布、主要性状等家底。2021 年 9 月，新的国家农作物种质资源库建成并投入试运行，新库保存容量 150 万份，成为目前世界上单体最大、最先进的国家级种质库（刘金梦，2021）。新库与现有的国家农作物种质资源保护与利用中心、国家农作物基因资源与基因改良重大科学工程一起，构建起系统完整的国家作物种质资源保存、鉴定评价、创新研究和开发利用体系，为我国种业持续培育具有自主知识产权的优良品种提供丰富的核心材料（尚前名，2021）。目前，我国收集保存了超过 52 万份的作物地方品种、野生种和野生近缘种，数量跃居世界第二（蒋建科，2021）。

农业种质资源鉴定和利用稳步推进。"十三五"期间，我国累计完成 9.61 万份次作物种质性状鉴定，编目入库资源 5.95 万份，对 328 万份次的国家种质库圃资源进行抗病虫、抗逆和品质特性等评价，筛选出优异种质资源与育种中间材料近 5 000 份，创制优质新种质 2 874 份（农业农村部种业管理司，2021）。同时，在国际上率先构建水稻全基因组序列框架图，克隆了一批调控株型、氮高效利用、耐低温、抗旱、耐盐碱、抗病、新型抗除草剂等具有重大育种价值的新基因，并在育种中逐步加以利用（徐向梅，2022）。

（三）育种：国家级和商品化种子繁育体系不断健全

国家级育制种基地建设成效显著。育制种基地是优良品种培育的"孵化器"和"加速器"。党的十八大以来，国家不断加大对甘肃、四川、海南、黑龙江四大国家级育制种基地的投入。"十三五"期间，国家发展和改革委员会、财政部等部门累计安排中央资金50多亿元支持制种基地建设；2021年10月启动国家级制种大县和区域性良繁基地认定；2022年新增黑龙江省庆安县等96个国家级制种大县，辽宁省兴城等20个区域性良种繁育基地，使得国家级育制种基地数量达到216个，覆盖了粮棉油糖果菜茶等重要农作物，保障了70%以上的农业用种需求（农业农村部新闻办公室，2022）。同时，全国还建成了262家国家畜禽核心育种场、扩繁基地和种公畜站，有力地支撑了畜禽优良品种普及和遗传改良。[①]

以龙头企业为代表的商业化育制种基地建设进入快车道。隆平高科结合制种大县奖励政策，大力推进县企合作，杂交水稻、玉米、小麦年制种面积超过42万亩，制种基地规模化、机械化、集约化、标准化、信息化水平位居国内前列。垦丰种业建立起涵盖1个研发中心、2个研发分中心、1个生物技术中心、113个区域育种站、60个生态测试站、113个农场试验站的研发体系，并建有生物技术实验室和自动化表型鉴定平台等（杨远柱等，2021）。大北农种业在全国范围内布局研发基地、育种基地、测试基地4 000多亩，商业化制种基地达到20余万亩。商业化育种基地的发展与国家级育制种基地建设相得益彰，确保了优良种子的生产与供应。

（四）供种：品种选育审定数量大幅上升

审定通过的新品种数量呈现井喷式增长。为解决品种参加试验难、通过审定难的突出问题，2016年我国启动品种试验审定制度改革，修订了《主要农作物品种审定办法》，拓宽试验渠道、缩短试验年限、实施引种备案；2017年又适当放宽了产量指标，大大加快了品种审定速度（见图15-2）。"十三五"期间，全国审定主要农作物品种1.68万件，比"十二五"期间增加1倍多（徐向梅，2022）。自1999年实行植物新品种保护制度以来，我国农业植物新品种权申请总量已经突破5万件，目前已授权近2万件。同时，在精品优质水稻、高产优质小麦、高产机收玉米等农作物新品种培育方面取得突破性进展。第三代杂交水稻实现双季稻周年亩产1603.9公斤，首次成功选育出高抗赤霉病、抗

---

① 《关于政协第十三届全国委员会第五次会议 第02271号（农业水利类185号）提案答复的函》，中华人民共和国农业农村部网站，2022年8月31日，http://www.moa.gov.cn/govpublic/nybzzj1/202210/t20221031_6414447.htm。

白粉病的"双抗"高产小麦新品种——扬麦33号，有望成为我国新一代主导品种，小麦品种百农207、济麦22，玉米品种京科968、裕丰303、中科玉505等新品种的年应用面积超过1 000万亩，为保障粮食安全发挥了重要作用（谷业凯a，2022）。

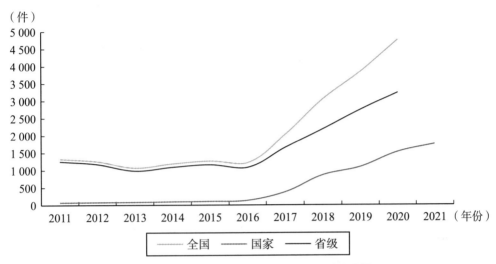

图15－2　2011～2021年我国三大主粮品种审定情况

注：2021年全国和省级数据暂缺。

资料来源：全国农业技术推广服务中心。

企业成为新品种选育的主体。随着我国确立将企业作为商业化育种的主体，并不断加大对企业育种研究和产业化应用的支持力度，种业企业在新品种选育中的地位逐步上升。2020年，我国主要农作物品种选育审定通过共计5 203件，其中企业选育通过共计3 432件，企业占比达65.96%。在杂交水稻与玉米品种选育审定上，企业占比更是达到了70%以上（见表15－1）。

表15－1　2020年不同作物品种选育审定分布情况

	杂交水稻	常规水稻	玉米	小麦	棉花	大豆
通过量（件）	1 309	557	2 562	370	80	325
企业通过量（件）	1 041	246	1 877	174	15	79
企业通过量占比（%）	79.5	44.2	73.3	47.0	18.8	24.3

资料来源：农业农村部种业管理局、全国农业技术推广服务中心、农业农村部科技发展中心编：《2021年中国农作物种业发展报告》，中国农业科学技术出版社2021年版。

（五）推种：国内种子市场规模和国产良种普及率创新高

我国种子商品化率不断提高，农用种子市场规模跃居全球第二。自20世纪90年代我国一系列种子行业改革政策出台以来，我国种业逐步走上市场化、产业化道路。据农业农村部统计，近年来我国主要农作物种子商品化率整体呈上升趋势，从 2013 年的 69.38% 升至 2020 年的 72.04%。2020 年，玉米、杂交稻、新疆常规棉、杂交棉和杂交油菜五种农作物种子商品化率已达到100%，小麦、大豆、内陆常规棉、常规油菜、主要农作物种子商品化率也超过了70%（见图 15 -3）。种子商品化率的上升推动我国农作物种子市场规模从1999 年的330 亿元增长至2016 年的1 229.61 亿元，此后维持在1 100 亿元以上（见图 15 -4），我国已成为仅次于美国的全球第二大种子市场。

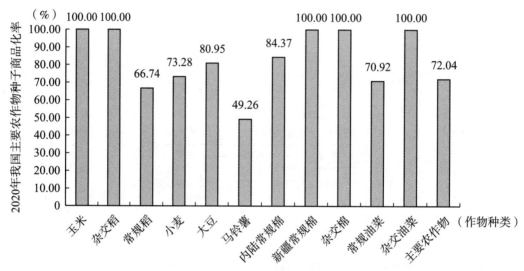

图 15 - 3　2020 年我国主要农作物种子商品化率

资料来源：农业农村部种业管理局、全国农业技术推广服务中心、农业农村部科技发展中心编：《2021 年中国农作物种业发展报告》，中国农业科学技术出版社 2021 年版。

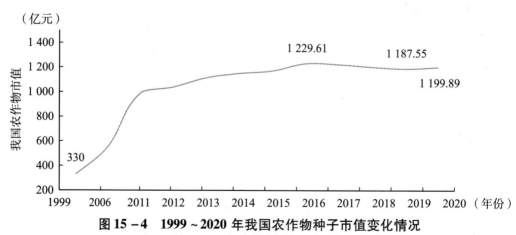

图 15 - 4　1999～2020 年我国农作物种子市值变化情况

资料来源：农业农村部种业管理局、全国农业技术推广服务中心、农业农村部科技发展中心编：《2021 年中国农作物种业发展报告》，中国农业科学技术出版社 2021 年版。

我国种子国内有保障，做到了"中国人用中国粮"。目前，中国农作物的良种覆盖率达96%以上，自主选育的品种种植面积占到95%以上，水稻、小麦两大口粮作物品种已实现完全自给，大豆种子国产化率也较高，猪牛羊等畜禽和部分特色水产种源立足国内有保障，畜禽、水产的核心种源自给率分别达到75%和85%（史妍嵋，2021）。

（六）我国种业产业链供应链发展呈现"四个转向"趋势

在技术进步、现实需求和政策要求下，我国种业产业链供应链正步入发展快车道，向着更高层次、更高水平迈进。

1. 我国种业不断向育种技术分子化、精准化演进

现有学者一般将育种创新划分为4个阶段：1.0时代为驯化选择，2.0时代为以杂交育种为代表的常规育种，3.0时代为分子育种，4.0时代为"现代生物技术 + 信息技术 + 人工智能"育种。当前，我国大部分农业科研院所和种业企业仍以传统的杂交育种为主，少部分顶尖科研院所和种业企业开始进行分子育种，整体上处于由育种2.0向育种3.0的过渡时期。未来随着优良品种更新换代需求加快，我国育种技术将加速从传统育种技术向基于新一代高通量基因测序技术、分子标记辅助选择技术、基因编辑技术和信息技术等跨越式转变，逐步实现亲本和后代的准确选择、性状的定向改良、精准的表型和基因型分型，大幅缩短育种周期、提高育种效率。

2. 我国种业持续向种源自主化、良种国产化迈进

面对我国粮食需求持续增加、国际形势复杂严峻的大环境，习近平总书记多次强调攥紧种子对于保障国家粮食安全的重要性。当前和今后我国将会发挥新型举国体制优势，加快推进种源等农业关键核心技术攻关。2021年以来，海南、北京、内蒙古相继发布了种业创新"揭榜挂帅"项目榜单，以重大需求为引导，以解决问题成效为衡量标准，有效整合财政资金和社会资本，充分调动科研院所、企业各方研究力量，加快寻求种业关键核心技术突破。中国农业科学院等科研院所联合种业企业，也已启动了白羽肉鸡、高端蔬菜品种、良种猪等国产化计划，未来畜禽、蔬菜等对外依赖度高的种源自主可控水平将持续提升，良种国产化覆盖率有望进一步上升。

3. 我国种业加速向优势企业、优势品牌集中

从全球看，自1997年以来已经经历了三次种业兼并收购浪潮，近年来更是达到了高潮，如2015年陶氏和杜邦合并成立了陶氏杜邦公司、2016年中国化工以430亿美元对价收购先正达、2016年拜耳用660亿美元全股权收购孟山都，世界种业市场集中度持续上升。从国内看，在国家种业振兴政策全面实施、市场持续增长和育种技术快速迭代的大趋势下，种业红利凸显，资本热情高涨，除了中国中化集团有限公司、中国农业发展集

团有限公司等中央企业开展兼并重组外，山东、陕西、广东、上海、重庆、浙江等多个省份相继成立了省级种业集团，自 2010 年以来，国内民营种业企业收购兼并步伐也逐渐加快。据统计，2010～2017 年，我国种业并购事件数量和金额年均增长 50.54% 和 72.07%（农业农村部种业管理司等，2019）。未来，随着种业竞争加剧，中小型种业企业的生存空间将越来越小，将会逐步形成几家全国性的大型种业企业和区域性种业集团，种业龙头企业也将凭借雄厚的实力更快培育出革命性或引领性的明星品种，从而占据更多的市场份额，头部种业企业的品牌价值和市场影响力也将持续增长。

4. 我国种业逐步向产品高端化、链条服务化升级

2005 年，先玉 335 按粒包装、单粒播种的成功推广，开创了中国种子高端化的新时代，让国内种子企业认识到"种子可以按粒卖"。近年来，随着育制种基地土地租金、农资原料和人工成本持续上涨，为追求较高的利润空间，区域龙头企业纷纷将矛头转向高端价位种子。2016 年后拓宽品种审定渠道虽然一度造成新品种放量大增，引发新品种同质化竞争，但是随着 2021 年品种审定标准在同质化方面提高了要求，具有高产、广适、多抗、优质性状的优良品种和高质量适应单粒播种要求的高端种子将有很大的市场需求空间。同时，跨国种业巨头的成功实践已经表明，仅仅向农业经营户提供种子是远远不够的，未来国内种业企业也应根据农户的植保、施肥、气象、农机甚至金融服务需求，向种业产业链供应链的上下游延伸，加速向"种子＋服务"的综合解决方案供应商转型。

三、我国推进种业产业链供应链现代化的机遇与挑战

今后一段时期，在政策、技术和市场的三重加持下，我国种业产业链供应链现代化将进入难得的历史机遇期，但也面临诸多"卡脖子"风险和短板"瓶颈"，亟须抢抓机遇、迎难而上。

（一）发展机遇

1. 强力政策支持为种业产业链供应链现代化营造良好外部生态

近年来，我国出台了一系列政策支持现代种业发展（见附表 15-1）。尤其是 2021 年 7 月，中央全面深化改革委员会第二十次会议审议通过了《种业振兴行动方案》，提出把种源安全提升到关系国家安全的战略高度，集中力量实现种业科技自立自强、种源自主可控，此举从战略层面确立了做大做强民族种业的国家意志，必将引发一系列后续政策支持和资本跟进浪潮。一方面，育种研究的资金支持将不断加强。早在 2008 年，国家就启动了农业领域唯一的科技重大专项——转基因生物新品种培育重大专项（预算投入

240 亿元），推动我国转基因技术实现了从局部突破到整体跃升。"十三五"期间，国家重点研发计划部署了"七大农作物育种"重点专项①；2020 年以来，辽宁、安徽、河南等农业大省也相继启动了种业相关科技专项，国家和地方财政资金的大力投入，有助于弥补国内种业研发投入不足的问题。另一方面，新品种保护和监管政策将持续优化。2022 年 3 月，新修改的《中华人民共和国种子法》实施。新修改的种子法首次建立实质性派生品种（EDV）制度，全方位扩大植物新品种权保护范围，大幅度提高侵权损害赔偿标准，进一步健全了激励种业原始创新的法律制度，将能为种业原始创新和种业产业链供应链现代化提供更好的法治保障。

2. 新一轮农业科技革命为种业产业链供应链现代化注入新动能

近年来，以生物技术和信息技术为特征的新一轮农业科技革命正在孕育大的突破，现代种业已进入"生物技术＋信息技术＋人工智能"的育种 4.0 时代，全球正迎来以转基因、基因编辑、全基因组选择、合成生物及人工智能等技术融合发展为标志的生物育种技术变革，将深刻改变传统育种的模式、周期和路径，为我国种业产业链供应链现代化提供颠覆性的技术工具和跨越式的发展动力。

转基因技术已从单一外源功能基因转化向包括调控基因在内的多基因转化发展，转基因作物也从单一性状向抗逆、品质改良、生物医药等复合性状发展（郑怀国等，2021）。基因编辑技术可以精准改变基因表达的模式以及获得基因的新功能，能将传统育种技术 8～10 年的育种周期缩短至 3 年左右。目前美国已批准基因编辑猪上市销售，日本也相继批准了基因编辑番茄、真鲷销售。全基因组选择育种对作物产量、品质等性状的预测效果已获得很大提升，未来有望成为作物育种过程中杂种优势预测、高产优质品种筛选的核心方法，拜耳、科迪华等国际种业巨头已在玉米等作物上实现了全基因组选择育种技术的规模化应用（郑怀国等，2021）。合成生物育种能通过改造和优化现有自然生物体系，或者从头合成具有预定功能的全新人工生物体系，未来将为光合作用、固氮、抗逆和合成食品提供革命性解决方案（火石创造，2022）。现代生物技术与人工智能、大数据技术的深度结合，将让精准鉴别和选择有益遗传变异、精准设计育种、精准创造遗传变异、精准确定新品种适宜环境、精准检测种子质量等成为可能，未来将加快新品种迭代研发速度，进一步推动种子业务与农化业务的深度整合。

3. 国内外需求持续增长为种业产业链供应链现代化提供广阔市场空间

随着世界人口的持续增长和气候变化，未来全球种子市场规模在持续扩大的同时，对种子气候适应性也将提出更高要求，能够为我国种业海外市场拓展和品种创新提供广

---

① "七大农作物育种"重点专项是以水稻、玉米、小麦、大豆、棉花、油菜、蔬菜七大农作物为对象，加强基础研究、突破前沿技术、创制重大品种、引领现代种业。

阔的应用场景。根据联合市场研究（Allied Market Research）的预测，2031 年全球种业市场规模将达到 1 053 亿美元，2022～2031 年复合年增长率或为 4.5%（樊胜根等，2022）。同时，随着全球变暖，干旱、洪涝、低温冻害等极端天气事件频发，非洲猪瘟、禽流感等重大动物疫病和小麦锈病、草地贪夜蛾等作物病虫害呈全球蔓延趋势，具有气候耐受性和抗病、抗虫优良性状的动植物新品种将能更好地满足市场需求，产生更高的商业价值。

粮食安全和食物消费升级为种业产业链供应链现代化提供了巨大的市场需求支撑。耕地有限的国情下，粮食稳产增产的根本出路在科技，其中关键是种业技术创新。未来填补我国粮食产需缺口、增强粮食自给能力的刚性需求，将会持续推动粮食作物种子创新，缩小大豆、玉米等国内粮食作物与发达国家的单产差距。同时，基于中国台湾地区、韩国等东亚饮食圈居民消费变化规律，当我国人均 GDP 稳定超过 1 万美元并跨越中等收入水平时，居民肉蛋奶、果蔬等重要副食品的消费将快速增加，这将引导更多资本和科研资源投向原本不受重视的种业领域，加快畜禽、蔬菜、水果、水产等需求强烈的种业研发和应用步伐，甚至还能推动营养、健康等功能性作物育种的商业化进程，为种业发展开拓更多增长空间。

（二）主要问题和挑战

1. 研发：关键核心技术有短板

虽然近年来我国种业科技取得了长足进步，但依然在关键技术、核心种源等方面存在诸多"卡脖子"风险。一是基础研究原创不足。主要表现在农业生物复杂性状形成的机理解析不深入，对一些品种的功能性状基因挖掘不足，重大育种利用价值的新基因发现不多，分子设计理论原创少。二是前沿技术创新不够。当前转基因技术、基因编辑、全基因组选择、合成生物元器件等现代分子育种底层技术专利大都在欧美国家和地区，我国在这些关键核心技术上的原创不足。据统计，在全球 8 379 件高价值核心专利中，我国只有 461 件，而美国高达 6 035 件，且我国有效专利数量占比呈下降趋势（程郁等，2022）。同时，生物编谱技术储备不足，科研设备、平台芯片、光学仪器、生物试剂等高端设备和耗材都高度依赖进口（郭志强，2022），存在受制于人的风险。三是部分蔬菜和畜禽核心种源迟迟无法突破。目前，设施蔬菜、青花菜、洋葱、白色金针菇等蔬菜和菌类使用的基本都是国外种子，90% 的生猪种源和几乎全部的白羽肉鸡祖代种鸡都依赖进口（谢樱和阮周围，2022）。

我国育种技术研发组织架构不合理，是造成当前种业核心技术发展滞后的主要原因。当前，我国育种研究的主体多为公共科研院所，商业化的种业科研体制不完善，科研成果转化机制不畅，种业科研与生产"两张皮"问题突出。2021 年 10 月，国家知识产权局知识产权发展研究中心发布的《生物育种产业专利导航研究成果》报告显示，我国生物育种专利申请量排名全球第一，但排名前十位的国内申请人均为高校和研究机构，其中排名前三位的分别是浙江大学、中国农业大学、南京农业大学。虽然 2014 年我国就启动实施了种业科研成果权益改革和人才发展试点工作，但是公共科研机构"唯论文、唯职称、唯奖项"的评价体制并没有根本改变，科研人员成果转化的积极性依然不高。这就决定了国内生物育种专利虽然数量较多，但低水平重复研究多，核心专利缺乏，具有重大应用价值的专利少，专利维持率和专利转化率较低。而且，受制于公共研发机构的学科竞争，我国生物育种研究团队没有形成有效合力，研究选题和专利申请较为分散。相反，种业发达国家中位居专利申请前列的都是拜耳、科迪华等大型种业企业，而且这些公司在专利申请量和质量上的优势明显。

2. 保种：种质资源收集保护和开发利用不足

我国农业种质资源丰富，但地方品种、野生种质和国外种质等数量明显偏少。如中国种质资源库作物种质资源中国外资源占比为 24%，来自国外的蔬菜种质资源占比更低，而美国国家植物种质体系（NPGS）中来自国外的种质资源占比高达 72%（郑怀国等，2021），许多抗病、抗逆、优质育种材料我国未能收集到。与此同时，许多地方种质资源正在快速消失。据第三次全国农作物种质资源普查（实施期限为 2015 年 1 月 1 日至 2020 年 12 月 31 日）初步调查结果显示，在湖北、湖南、广西等 6 省区 375 个县，71.8% 的粮食作物地方品种消失，其中不乏优质、抗病、耐瘠薄的特性品种（王建，2021）。即便是收集入库的种质资源，也多分散在各科研院、高校等单位，利用率不高。我国现保存的种质资源系统开展基因型与表型精准鉴定的资源数量不足 10%，其余大部分处于沉睡状态，可利用性状深度精准鉴定不足，导致种质资源数量丰富的优势与育种可利用亲本材料缺乏的矛盾日益突出（黄利飞等，2022）。相反，在美国，企业是种质资源保存、鉴定、利用的主体，实现了种质资源的高效鉴定和充分利用（尚前名，2021）。

3. 育种：现代生物育种技术产业化滞后

我国通过转基因生物新品种培育科技重大专项等政策支持，转基因育种技术相关论文和专利数量已位居世界前列，但受转基因重大安全争议制约，我国转基因育种技术产业化举步维艰，造成已具备产业化能力的转基因新品种只能停留在试验田，国产粮食增产技术路径严重受限。转基因育种技术产业化滞后已成为我国大豆、玉米单产远低于美国的重要原因之一。1996 年，美国开启了转基因玉米、大豆等作物商业化种植，20 世纪 90 年代末美国转基因大豆普及率就超过了 50%，美国转基因大豆和转基因玉米普及率分别于 2007 年和 2013 年超过 90%，近年来美国转基因大豆和转基因玉米普及率分别稳定在 94% 以上和 92% 以上，推动美国玉米、大豆单产相对于我国的优势稳步扩大，尤其是 2013 年之后我国大豆与美国转基因大豆的单产差距愈发突出（见表 15 - 2 和图 15 - 5）。

表 15 −2		1961～2020 年中美玉米、大豆单产差距比较			单位：千克/公顷	
指标	1961～1995 年	1996～2012 年			2013～2020 年	
中美玉米单产差距	均值	均值	与 1961～1995 年均值相比增长（%）		均值	与 1996～2012 年均值相比增长（%）
	3 011. 98	3 771. 72	25. 2		4 737. 83	25. 6
指标	1961～1995 年	1996～2006 年			2007～2020 年	
中美大豆单产差距	均值	均值	与 1961～1995 年均值相比（%）		均值	与 1996～2006 年均值相比（%）
	826. 16	893. 39	8. 1		1 284. 16	43. 7

资料来源：根据 Wind 数据库、联合国粮食及农业组织数据计算而得。

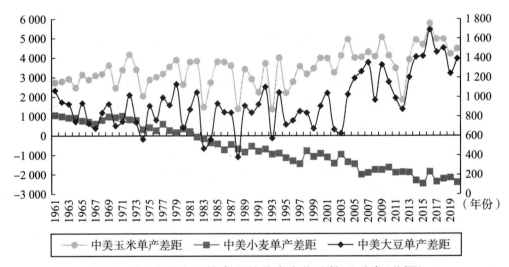

图 15 −5 中美主要粮食品种单产变化比较（千克/公顷）

注：中美单产差距为美国单产减去中国单产，其中玉米和小麦单产差距为左纵坐标，大豆单产差距为右纵坐标。中美均没有开展小麦转基因种植。

资料来源：Wind 数据库，联合国粮食及农业组织。

4. 供种：新品种审定和保护体系不健全

2016 年、2017 年连续放宽和降低新品种审定渠道和标准后，我国新品种审定数量呈现"井喷式"增长，解决了市场"缺品种"的问题，但宽松的审定门槛也造成了品种杂乱、原创性不足、生命周期缩短、同质化恶性竞争等新问题，拉低了我国种业整体利润水平。同时，由于门槛低、知识产权保护不力，种业行业存在"育种不如买种、买种不如偷种、偷种不如套牌"的潜规则，不少种子企业倾向于采用"短平快"的模仿式育种，种子市场假冒伪劣、套牌侵权等违法犯罪行为时有发生，严重挫伤了创新主体的积极性，也给农业生产用种带来潜在隐患。2016～2020 年，全国各级人民法院审结涉植物新品种纠纷民事案件 781 件，年结案量从 2016 年的 66 件上升至 2020 年的 252 件（牛荷和彭丹妮，2022）。而且，新品种侵权的取证和鉴定程序复杂、周期长，一般需要 2~3 年才能最终评定，大大增加了维权成本。

5. 推种：优良品种高效推广尚存障碍

虽然当前我国主要粮食作物良种覆盖率超过 96%（高云才，2022），畜禽良种覆盖率也达到了较高水平，但是优良品种的普及效率依然与农户需求和农业现代化有一定差距。知识产权保护体系不完善制约优良品种普及。以大豆为例，作为自花授粉作物，大豆上下代基因型一致，农民可以自留种子。美国、巴西等国通过品种知识产权保护制度，有效保护育种者和企业的品种创新及投入积极性。但是，我国现行《种子法》规定，农民自繁自用种子可以不经新品种所有权人许可，可以不支付使用费，这导致大豆种子商品率不足 50%（韩天富等，2021）。2022 年，重庆市种子站发布的全市大豆春耕备种情况通报中显示，重庆市常年大豆种子商品化率仅为 15%（重庆市种子站，2022）。同时，良种良法不配套抑制优良品种的增产提质潜能。不同优良品种对应的栽培方法、化肥农药施用和农机作业要求不同，但是当前市场上种子品种杂乱众多，而种子企业普遍重卖种子、轻良法配套，基层公益性农业技术推广机构又面临编制少、人员技能不高、经费不足等问题，导致农户不了解新品种对积温、土壤、水的适用条件，许多优良品种的高产多抗性状无法有效发挥。

6. 市场主体：有实力的大型种子企业缺乏

经过跨国并购和多年发展，我国现已拥有先正达和隆平高科两家进入全球前 10 强的种业企业，但是全国有多达 7 300 多家种业企业，2021 年 10 亿元以上营收规模的仅有 31 家，2020 年营收排名前五位的隆平高科、垦丰种业、苏垦农发、荃银高科、鲜美种苗市场份额依次为 5.0%、2.4%、2.4%、2.1%、1.9%，即 CR5 只有 13.8%，而 2020 年全球种子行业市场排名前五位的拜耳、科迪华、先正达集团、巴斯夫、利马格兰，市场份额依次为 20.0%、16.8%、6.9%、4.0%、3.4%，CR5 高达 51.1%（见图 15-6）。不难看出，我国种业无论行业整体集中度还是细分市场市占率均远低于全球水平（蒋政，2022）。当前我国种业企业呈现出"散、小、乱"的行业竞争格局，真正具备自主研发创新能力的种子企业仅有 100 家左右，剩余大多数种子企业只能采用购买经销权或品种权的方式维持企业经营。即便是隆平高科这样的国内龙头种业企业，2021 年营收也仅有 35 亿元，研发投入不足 3 亿元，远低于同期拜耳种子业务收入超 551 亿元、农业研发投入 158 亿元的超高水平[①]，国内种子企业短期内难以与集技术、人才、资本于一体的跨国种业头部企业展开对称性竞争。

---

① 《中国种业翻身仗 还要过这几关》，载于《中国新闻周刊》2022 年 9 月 16 日，https://baijiahao.baidu.com/s?id = 1744081482760209174&wfr = spider&for = pc。

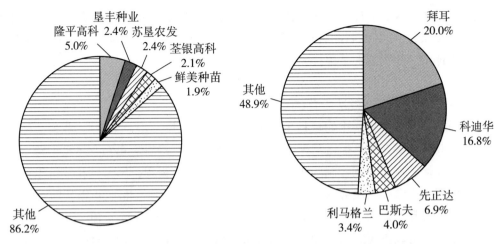

图15-6 2020年中国和世界种业企业前五强市场份额对比

资料来源：Kynetec公司统计数据。

四、推进种业产业链供应链现代化的思路与实现路径

（一）基本思路

按照习近平总书记提出的把种源安全提升到关系国家安全的战略高度的要求，以实现种业科技自立自强、种源自主可控为目标，围绕种业产业链供应链发展的关键环节，拿出攻破"卡脖子"技术的干劲，坚持联合攻关与市场导向相结合，加快实施农业生物育种重大科技项目，统筹好科研和生产、引进和创新、应用与监管的关系，扶优做强国家种业阵型企业，有效提升我国种业科技创新能力、企业竞争能力、供种保障能力和市场监管能力，加快构建以产业为主导、企业为主体、基地为依托、产学研相结合、"育繁推一体化"的现代农业种业体系，全面提升我国种业产业链供应链现代化水平。

（二）实现路径

1. 以种质资源高效保护和利用为基础

种质资源是育种工作的物质基础，其数量和开发利用深度直接决定了种业产业链供应链现代化建设的高度。在生物技术快速发展的时代背景下，种质资源已经成为重要的战略资源。未来抢占世界种业制高点，必须开展生物种质资源保护和利用前瞻性规划与战略性布局，采用领先的农业种质资源保存和繁殖技术，全面、系统、规范地收集保存农业种质资源，增强稀有等位基因的有效性和物种的遗传多样性，构建起开放共享的农业种质资源保护平台和大数据系统，同时整合产学研多方资源，系统开展农业种质资源基因型与表型精准鉴定，深度发掘关键基因和等位基因，为种业产业链供应链中下游发展提供基础材料保障。

2. 以增强种业科技自主创新能力和种源自主可控能力为根本

现代生物育种技术和高产高效种源已成为国家农业竞争制胜的法宝。一般来说，传统农业品种之间的综合效益差异幅度在3%～8%，但生物技术加持下的新品种能够将差异幅度扩大至30%左右。随着传统育种技术的边际效应不断下降，以现代生物技术和数字技术为底层科技的未来农业发展，将从更高维度向下覆盖传统种业。我国在种业产业链供应链寻求国际竞争力，就必须在以"现代生物技术＋信息技术＋人工智能"为特征的第四次种业科技革命中，深化种业科技创新体制机制改革，整合资源开展"卡脖子"技术攻关，强化国际领先的重大关键生物育种技术前瞻性研究和专利布局。同时，针对我国部分蔬菜、畜禽等重要农产品核心种源严重依赖国外的现状，加快选育一批多抗广适、高产优质且具有自主知识产权的突破性品种，确保"中国农业主要用中国种"。

3. 以政产学研全链条分工协作为保障

当前，我国种业科研人才和资源集中于公共科研机构的现状决定了照抄照搬国外的种业研发和应用模式并不符合国情。为了更好地解决种业科研和生产"两张皮"的问题，需要切实改变国内科研机构"小圈子"育种、种子企业单打独斗的现状，创新体制机制和政策激励机制，明确政府、科研机构和种子企业等各方力量的角色定位，建立基于全产业链和创新链协同的现代种业创新联合体及关键共性技术创新平台，统筹利用好分散在不同部门、机构、企业中的创新资源，形成分工明确、开放共享的种业产业链供应链上中下游创新生态和应用推广体系。

4. 以扶优做强种业链主企业为重点

种业企业是联结科技和资本，打通研发和市场，推动我国种业从科研导向型向市场导向型转变的关键主体。打好种业翻身仗，提高我国种业产业链供应链现代化水平，就是要发挥企业在种子商业化"育繁推"中的决定性作用，针对当前我国种业企业规模小、创新能力弱、市场占用率低、盈利能力差等问题，要深入实施种业企业扶优行动，加快构建"破难题、补短板、强优势"种业企业阵型，既要培育一批具有核心研发能力、产业带动能力、国际竞争能力的"育繁推"一体化种业航母型领军企业，也要打造一批创新型、专业型的"隐形冠军"和"单项冠军"种业企业。

五、提升种业产业链供应链现代化水平的对策建议

发展壮大民族种业，就要瞄准制约我国种业产业链供应链现代化的薄弱环节，集中力量破难题、补短板、强优势、控风险，加快提升种业产业链供应链现代化水平。

（一）实施现代种业"卡脖子"环节联合攻关工程，补齐关键技术短板

与种业发达国家和跨国公司相比，我国进入现代生物育种技术时间短、积累少、投入少，突破种业产业链供应链的"卡脖子"环节，不能仅依靠某几个科研机构或种子企业，而应发挥我国新型举国体制优势，整合政府、科研机构、种业企业创新资源，形成服务全产业链赶超发展的联合创新体系。一是政府层面重点是理顺机制、搭平台。建立种业产业链供应链安全评估与预警机制，动态梳理各环节"卡脖子"关键技术及供应链风险，发布关键核心技术"揭榜挂帅"科研项目清单。围绕种业"卡脖子"技术环节和前沿技术方向，持续优化科研院校学科设置，深入实施农业科研杰出人才培育计划，坚决扭转"唯论文、唯职称、唯奖项"的不良倾向，对从事种业科技创新基础研究、技术研发、成果转化、管理服务的公共科研机构人才实行分类评价和"小同行评价"，探索年薪制、股权、期权、分红等措施，切实提高科研人员成果转化效益分享比例和便利性。同时，统筹建立作物基因编辑、全基因组选择、合成生物等高水平规模化的公益性作物育种基础研究平台，新建和改造提升一批现代生物育种重点实验室、工程（技术）研究中心、种业（区域）科技创新中心等应用研究创新平台，改造提升一批综合性种业科技试验基地，部署一批具有国际一流水平的种业科技信息采集和服务平台。二是公共科研机构层面重点是基础研究和前沿技术攻关、补短板。持续开展农业生物经济性状形成和器官发育的分子基础及其调控机制、农业动植物重要性状功能基因组学、作物重要性状环境适应性机理、重要性状协同调控机理等共性基础研究，前瞻布局合成生物技术、作物高光效育种、高效固氮生物学等颠覆性关键技术研究，推进作物设计育种技术基础创新，加强基因编辑、全基因组选择、合成生物元器件等高价值专利突破和国际布局。三是建立健全种业政产学研创新联合体模式、强种源。在生物育种产业资源集中地区（如北京、上海、武汉等地），加快构建龙头企业牵头、科研院校支撑、各创新主体相互协同的现代种业创新联合体，建立上下游结合、流水线研发的种业产业技术创新模式，支持成立区域性或行业性种业产业联盟，完善种业科技项目征集、论证和发布机制以及内部知识产权保护、成果利益分享等种业协同创新机制，由"破难题"和"补短板"种业阵型企业牵头，联合开展蔬菜、畜禽等对外依赖度高的核心种源创新和提升，加快培育具有市场竞争力的自主知识产权新品种。

（二）开展优异种质资源收集、鉴定与开发利用行动，加强遗传资源保种

目前国内农业种质资源的收集和保护已提上日程，也取得了一定成效，下一步需要补齐地方和境外种质资源收集、先进保存技术应用和科学鉴定评价、开发利用等短板。一是持续提升农业种质资源收集保护水平。依托第三次全国农作物种质资源普查与收集行动，统筹布局种质资源长期库、复份库、中期库，新建和改扩建一批保种场、保护区、种质圃，分区布局综合性、专业性基因库。积极发展农业种质资源超低温、组织培育、DNA复份等安全长期保存技术，扩大人工智能等新兴技术方法的应用实践，加快建立全国统一的农业种质资源大数据平台。开展科研用与商业化的种质资源区别管理，探索通过政府购买服务等方式，鼓励企业、社会组织承担农业种质资源保护任务。促进种质资源国际交流合作，鼓励企业对重要种质资源和产品进行知识产权海外布局，建立农业种质资源便利通关机制，简化已丧失活力的遗传资源（如腊叶标本、浸制标本等）的检验检疫程序，加快科研用野生生物种质资源入境速度（李德铢，2021）。二是加快优异种质资源鉴定评价步伐。依托优势科研院校和国家种业阵型企业，搭建全国农业种质资源鉴定评价与基因发掘平台，形成全国分工统筹、多学科联合的农业种质资源鉴定与发掘创新体系，深化重要经济性状形成机制、群体协同进化规律、基因组结构和功能多样性等研究，突破表型与基因组高通量精准鉴定技术，开展重要性状的表型鉴定、全基因组基因型评价，深度发掘优异种质、优异基因。三是大力实施优异种质资源创制与应用行动。构建全基因组选择育种技术平台，加快地方特色农业种质资源提纯复壮，形成特色专用化品种（品系）。鼓励农业种质资源保护单位开展资源创新和技术服务，建立国家农业种质资源共享利用交易平台，支持创新种质上市公开交易、作价到企业投资入股。明确利用社会资本开发国家种质资源的合法合规性，开展利用社会资本进行种质资源开发利用试点（吕小明等，2019）。

（三）加快推进现代生物育种技术产业化应用，突破良种繁育"瓶颈"

无论是保障国家粮食安全和重要副食品有效供给，还是打造具有国际竞争力的种业产业链供应链，都必须正视转基因等现代生物育种技术的产业化困境，多措并举加快推动风险可控的现代生物育种技术产业化进程。一是正面回应转基因等现代生物育种技术的民众关切。利用中央媒体和权威科普平台，建立现代生物育种技术安全性辨析栏目或专栏，由国内外科学家、公众人物、普通民众、农户共同参与录制科学纪录片，用客观事实戳破关于转基因技术的不实谣言，宣传报道国内外转基因食品大规模食用现状和安全评估动物喂养试验，持续开展科学普及与舆情引导。二是划定现代生物育种作物种植专区。参照永久基本农田划定办法，选择新疆、内蒙古、甘肃等西北地区和西南山地丘陵等容易进行隔离种植的区域，明确转基因、基因编辑等现代生物育种作物种植专区

四至、面积和土地权属，应用成熟的农业物联网技术，加强田间视频监控和耕种收运储全程追溯，不定期开展巡查和监督检查，严防非法扩散。三是建立健全现代生物育种技术产业化规范管理制度。建立现代生物育种作物种植公开公示制度，所有拟商业种植转基因作物的生产者都要将转基因作物种植的地点及相关信息提前进行登记公示，任何人均可通过网络便捷地查询到该信息（周超，2014）。建立健全现代生物育种作物生产标准体系，制定良好农业规范，不断完善转基因玉米和大豆的"统一供种、统一收购、统一技术规范"管理制度。限定转基因大豆、玉米加工利用途径，部分替代进口转基因大豆、玉米市场。

（四）健全新品种审定和监管保护体系，提升种子供应质量

只有加强对动植物新品种的知识产权保护，建立规范有序的种子市场，才能推动原始育种创新与良种普及率提高。一是提升新品种审定精准度。在2021年提高国家级稻、玉米品种审定标准的基础上，按照"适度从严"原则，逐步修订完善更多国家级品种和省级品种审定标准，提高品种产量、抗性、DNA指纹位点差异数等技术要求，严管品种试验，开展登记品种清理，切实解决品种同质化、实质性相似"仿种子"等问题。二是持续推进全国种业监管执法年活动。加快实质性派生品（EDV）制度配套政策落地，强化EDV鉴定的技术支撑和标准规范。开展保护种业知识产权专项整治行动，建立跨部门、跨区域执法联动响应机制，综合运用法律、经济、行政和区块链、二维码等信息技术手段，开展种业供应链全流程监管，全面提升种业数字化治理能力和智慧化监管水平，从严处罚种子套牌经营、以假乱真、以次充好、无证生产等违法违规行为。三是强化种子质量检测和企业质量主体责任。推进全国农作物种子质量监督检验测试中心、国家农作物品种登记认证检测中心和地方畜禽质量监测中心改造提升，加强品种真实性和纯度检测、种畜禽质量安全监督检验、水产苗种产地检疫等，强化种子跨区域流通管理。深入开展种业企业信用等级评价，推进种业企业开展质量认证，鼓励种业企业制定高于国际标准和国家标准的企业标准，引导企业实施"首席质量官"等创新制度，支持种业企业推行国际先进质量管理模式，建立种业全周期全流程质量安全追溯体系。

（五）创新优良品种推广服务体系，加快国产良种普及

政企合作构建高效的良种推广体系是提高种业产业链供应链现代化水平的最后一环，也是增强与跨国种业巨头竞争力、确保"中国农业主要用中国种"的关键举措。一是分类处置种子自繁自用行为。对于普通农户，短期内在保留农户自繁自用种子权利的基础上，按照积温、土壤等自然条件统一供种，探索以发放高产优质新品种的实物形式抵扣一部分农业支持保护补贴，逐步改变农户留种种植传统。对于流转土地的规模经营主体，

需要加强监管执法，禁止种子自繁自用。二是推动良种良法配套。引导种业企业向"种子+服务"的综合服务供应商转型，推动种业企业与科研机构、基层农技推广部门、农业社会化服务组织合作，发布与主推优良品种对应的植保、施肥、农机等配套操作规范和技术服务菜单，优先面向规模经营主体开展良种良法配套、农机农艺融合的技术培训。三是创新开展农户高产竞赛。鼓励设立县级竞赛委员会，制定竞赛规则，依托没有利益关系的行业协会、科研机构和试验站等单位组织开展竞赛，支持种子、肥料、农药、农机企业以适当形式参与竞赛，以奖代补、宣传报道可复制的高产典型，以示范引领加快优良品种推广步伐。

（六）培育壮大国家种业阵型企业，打造种业振兴主体

2022年7月，农业农村部公布了270家农作物、畜禽、水产种业企业及专业化平台企业（机构）阵型名单，下一步就是要积极引导资源、技术、人才、资本等要素向重点优势企业集聚，不断提高种业振兴骨干力量。一是加快提升种业企业研发能力。针对当前种业企业科研力量薄弱、研发投入不足等问题，支持企业与公共科研机构联合申请生物育种技术创新和应用研究，鼓励科研机构与种子企业共享科研试验平台、种质资源，开展合作育种、委托育种、品种权转让等多种形式的合作，支持和鼓励事业单位选派专业技术人员到企业挂职、兼职，推动部分公共科研机构企业化改制。二是培育一批具有市场竞争力的种业龙头企业。聚焦粮食和支持有竞争优势种源的"强优势"企业阵型，鼓励优势企业通过战略性兼并重组、股权投资、强强联合等完善产业链供应链战略布局，优化省级种业集团股权结构和法人治理结构，支持领军型种业企业并购国外科技型种业企业、研发机构，在海外建立科研育种中心、制繁种基地、市场营销网络，支持优势种业企业上市融资和牵头承担国家育种创新攻关任务。三是强化种业企业政策扶持。积极将符合条件的专业型种业企业纳入专精特新企业、瞪羚企业、"单项冠军"企业支持范围，推动商业化育种工程项目资金主要投向种业企业，鼓励地方开展面向种业企业的商业化育种试点项目，支持阵型企业参与国家级育制种基地、良种扩繁推广基地建设，研究实施重大品种研发与推广后补助，采取以奖代补形式实施种业名优品牌培育，补贴阵型企业建设数字化智能种苗工厂。有效发挥种业发展基金、政策性制种保险的政策引导和风险分散作用，探索将种业知识产权、存货、订单和应收账款作为贷款质押物，增加种业企业授信额度。

本章参考文献

[1] 程郁、叶兴庆、宁夏、殷浩栋、伍振军、陈凯华：《中国实现种业科技自立自强面临的主要"卡点"与政策思路》，载于《中国农村经济》2022年第8期。

[2] 樊胜根、龙文进、高海秀：《应对全球种业发展五大趋势》，载于《环球》2022年第11期。

[3] 高云才：《全年粮食夺取丰收有支撑（经济新方位·巩固经济回升向好趋势）》，光明网，

2021 年 4 月 9 日，https：//m. gmw. cn/baijia/2021 – 04/09/1302219768. html。

［4］谷业凯 a：《种业科技水平不断提升 但仍面临不少"卡脖子"难题》，载于《人民日报》2022 年 4 月 11 日，第 19 版。

［5］谷业凯 b：《我国科研人员研制新型基因编辑工具 让作物育种更精准高效》，载于《人民日报》2022 年 5 月 23 日，第 19 版。

［6］顾仲阳、常钦：《农业农村现代化迈上新台阶（奋进新征程 建功新时代·非凡十年）》，人民网，2022 年 10 月 13 日，http：//henan. people. com. cn/n2/2022/1013/c351638 – 40158612. html。

［7］郭志强：《中国种业安全，存在"卡脖子"问题吗?》，载于《中国经济周刊》2022 年 7 月 25 日。

［8］国家发展改革委政研室：《国家发展改革委新闻发布会 介绍〈乡村振兴战略规划（2018—2022 年）〉实施进展情况》，国家发展和改革委员会网站，2022 年 9 月 27 日，https：//www. ndrc. gov. cn/xwdt/wszb/jsxczxzlghsjjzqk/?code = &state = 123。

［9］韩天富、周新安、关荣霞、田世艳、王曙明、杨中路：《大豆种业的昨天、今天和明天》，载于《中国畜牧业》2021 年第 12 期。

［10］何娟：《建设农业强国，掌握粮食安全主动权》，光明网，2022 年 9 月 29 日，https：//m. gmw. cn/baijia/2022 – 09/29/36056405. html。

［11］黄利飞、黄晗、傅人意、邱江华、徐慧玲、何川、杨宏斌：《攻关农业中国"芯"打赢种业翻身仗——湘琼鄂三省代表委员共话"种业振兴"》，载于《湖南日报》2022 年 3 月 9 日。

［12］火石创造：《生物育种技术发展现状与趋势分析》，健康界网站，2022 年 3 月 30 日，https：//www. cn – healthcare. com/articlewm/20220329/content – 1331983. html。

［13］蒋建科：《我国作物种质资源保存量超五十二万份》，载于《人民日报》2021 年 1 月 13 日，第 10 版。

［14］李德铢：《种质资源已经成为重要战略资源 关系国家主权和安全》，载于《光明日报》2021 年 7 月 31 日。

［15］刘金梦：《精心守护农业"芯片"》，载于《工人日报》2022 年 4 月 23 日，第 04 版。

［16］吕小明、李军民、罗凯世、张子非、霍玉刚：《利用社会资本加快国家种质资源开发利用可行性分析》，载于《中国种业》2019 年第 9 期。

［17］马爱平：《藏粮于技，守护百姓的"米袋子"》，载于《科技日报》2022 年 10 月 18 日。

［18］牛荷、彭丹妮：《种业产业化如何突围?》，载于《中国新闻周刊》2022 年第 35 期。

［19］农业农村部新闻办公室：《国家级制种基地增加到216 个"十四五"末供种保障能力将提高到80%》，农业农村部网站，2022 年 4 月 13 日，http：//www. moa. gov. cn/xw/zwdt/202204/t20220413_6396298. htm。

［20］农业农村部种业管理司、全国农业技术推广服务中心、农业农村部科技发展中心：《2021 年中国农作物种业发展报告》，中国农业科学技术出版社出版 2021 年版。

［21］农业农村部种业管理司、中国种子协会、中共农业农村部党校、农民日报社：《中国种子企业兼并重组实践成效与对策研究课题成果报告》，载于《中国种业》2019 年第 4 期。

［22］裴瑞敏、张超、陈凯华、魏雪梅：《完善我国农作物种业国家创新体系 促进创新链产业链深度融合》，载于《中国科学院院刊》2022 年第 7 期。

［23］齐世杰、赵静娟、郑怀国：《基 ESI 的全球作物生物育种领域研究前沿分析》，载于《江苏农

业科学》2021 年第 19 期。

　　[24] 尚前名：《种业振兴面临三大"卡脖子"问题，怎么办？》，新华社，2021 年 11 月 15 日，http：//home. xinhua – news. com/gdsdetailxhs/share/10213504 – ?pageflag = iframe。

　　[25] 史妍嵋：《粮食安全？种子安全!》，载于《学习时报》2021 年 5 月 5 日，第 7 版。

　　[26] 王建：《农业"芯片"要握在自己手里：种业创新化解洋种子依赖风险》，载于《大众日报》2021 年 3 月 8 日。

　　[27] 王仁宏：《山更青、水更绿、田园更美……十年来，我国农业绿色发展成效明显》，人民网，2022 年 6 月 27 日，http：//finance. people. com. cn/n1/2022/0627/c1004 – 32458056. html。

　　[28] 王雅婧：《耕种收综合机械化率大幅增长 装备产品种类体系日益丰富 智慧农机见证农耕之变》，载于《中国纪检监察报》2022 年 10 月 10 日，https：//jjjcb. ccdi. gov. cn/epaper/index. html?guid = 1579188734459379713。

　　[29] 吴晓：《国家发展改革委新闻发布会介绍〈乡村振兴战略规划（2018—2022 年）〉实施进展情况》，国家发展和改革委员会网站，2022 年 9 月 28 日，https：//www. ndrc. gov. cn/xwdt/wszb/jsxczxzl-ghsjjzqk/wzsl/202209/t20220928_1337409. html?code = &state = 123。

　　[30] 谢樱、阮周围：《种业翻身仗该怎么打》，新华网，2022 年 6 月 22 日，http：//m. news. cn/hn/2022 – 06/22/c_1128765116. htm。

　　[31] 徐向梅：《有序推进生物育种产业化应用》，载于《经济日报》2022 年 6 月 20 日，第 12 智库版。

　　[32] 学而时习：《习近平：下决心把民族种业搞上去》，求是网，2022 年 6 月 19 日，http：//www. qstheory. cn/zhuanqu/2022 – 06/19/c_1128755705. htm。

　　[33] 杨远柱、王凯、符辰建、秦鹏、胡小淳、谢志梅、刘珊珊、周延彪、江南：《中国水稻商业化育种成就与展望》，载于《中国稻米》2021 年第 4 期。

　　[34] 郑怀国、赵静娟、秦晓婧、贾倩、齐世杰：《全球作物种业发展概况及对我国种业发展的战略思考》，载于《中国工程科学》2021 年第 4 期。

　　[35] 重庆种子站：《重庆市大豆春耕备种情况通报》，重庆市农业农村委员会网站，2022 年 2 月 18 日，http：//nyncw. cq. gov. cn/bsfw_161/ggfw/cnq/202202/t20220218_10410899_wap. html。

　　[36] 周超：《保障转基因农业与非转基因农业共存的政策措施》，载于《宏观经济研究》2014 年第 2 期。

　　[37] 周怀宗：《我国农业科技论文全球第一 专利质量及保护亟待提升》，载于《新京报》2021 年 11 月 22 日。

附表 15 – 1   **2020 年以来我国种业相关重点政策汇总**

政策/会议	时间	部门	主要内容
《中华人民共和国种子法》实施	2022 年 3 月	全国人大	新修改的种子法首次建立实质性派生品种制度，全方位扩大植物新品种权保护范围，大幅度提高侵权损害赔偿标准，进一步健全了激励种业原始创新的法律制度，对推进种业振兴具有标志性意义
《2022 年农业转基因生物监管工作方案》	2022 年 2 月	农业农村部	指出完善转基因大豆、玉米、棉花等品种管理，畅通产业化应用通道。严防转基因品种冒充非转基因品种进行审定，对未获得转基因生物生产应用安全证书的一律不得进行区域试验和品种审定
《2022 中央一号文件》	2022 年 2 月	农业农村部	大力推进种源等农业关键核心技术攻关。全面实施种业振兴行动方案。加快推进农业种质资源普查收集，强化精准鉴定评价。推进种业领域国家重大创新平台建设。启动农业生物育种重大项目。加快实施农业关键核心技术攻关工程，实行"揭榜挂帅""部省联动"等制度，开展长周期研发项目试点。强化现代农业产业技术体系建设。开展重大品种研发与推广后补助试点。贯彻落实《种子法》，实行实质性派生品种制度，强化种业知识产权保护，依法严厉打击套牌、侵权等违法犯罪行为
《国家级玉米、稻品种审定标准（2021 年修订)》	2021 年 10 月	国家农作物品种审定委员会	新标准提高了玉米和水稻的审定门槛，对于杂交育种独创性要求提高，或可明显抑制同质化育种的问题。对企业自主研发品种的保护力度在不断加强，进而强化对研发型育种企业的保护，抬高行业壁垒，杂交种子行业的集中度有望提升
中央全面深化改革委员会第二十次会议	2021 年 7 月	中共中央	会议通过了《种业振兴行动方案》，提出农业现代化，种子是基础，必须把民族种业搞上去，把种源安全提升到关系国家安全的战略高度
"十四五"规划	2021 年 3 月	国家发展和改革委员会	规划指出要加强种质资源保护利用和种子库建设，确保种源安全。加强农业良种技术攻关，有序推进生物育种产业化应用，培育具有国际竞争力的种业龙头企业。完善农业科技创新体系，创新农技推广服务方式，建设智慧农业。加强动物防疫和农作物病虫害防治，强化农业气象服务

政策/会议	时间	部门	主要内容
《2021 中央一号文件》	2021 年 2 月	农业农村部	打好种业翻身仗。加强农业种质资源保护开发利用，加快第三次农作物种质资源、畜禽种质资源调查收集，加强国家作物、畜禽和海洋渔业生物种质资源库建设。对育种基础性研究以及重点育种项目给予长期稳定支持。加快实施农业生物育种重大科技项目。深入实施农作物和畜禽良种联合攻关。实施新一轮畜禽遗传改良计划和现代种业提升工程。尊重科学、严格监管，有序推进生物育种产业化应用。加强育种领域知识产权保护。支持种业龙头企业建立健全商业化育种体系，加快建设"南繁硅谷"，加强制种基地和良种繁育体系建设，研究重大品种研发与推广后补助政策，促进"育繁推"一体化发展
中央经济工作会议	2020 年 12 月	中共中央	在 2021 年要抓的八项重点任务中，首次提出要"解决好种子和耕地问题"，并提出"打一场种业翻身仗"，对农业生产和粮食安全予以高度关注。针对种子明确三项关键任务：一是加强种质资源保护和利用，加强种子库建设；二是尊重科学、严格监管，有序推进生物育种产业化应用；三是开展种源"卡脖子"技术攻关，立志打一场种业翻身仗
全国种业创新工作推进会	2020 年 12 月	农业农村部	会议强调，"十四五"时期，要把种业作为农业科技攻关及农业农村现代化的重点任务，加强农业种质资源保护和利用、加快提升我国种业自主创新能力、推进国家现代种业基地建设、培育有核心竞争力的产业主体、提高种业监管治理能力、加强种业系统自身建设
十九届五中全会	2020 年 10 月	中共中央	会上作出了优先发展农业农村、全面推进乡村振兴的重大战略部署，"十四五"规划建议明确了强化农业科技支撑、确保粮食及重要农产品有效供给、提高农业良种化水平等重点任务
《关于加强农业种质资源保护与利用的意见》	2020 年 2 月	国务院办公厅	要求开展系统收集保护；建立全国统筹、分工协作的农业种质资源鉴定评价体系；新建、改扩建一批农业种质资源库（场、圃、圃）；开展农业种质资源登记

续表

政策/会议	时间	部门	主要内容
《2020年推进现代种业发展工作要点》	2020年2月	农业农村部	明确提出加强种质资源保护，夯实种业发展基础，其中包括加快普查收集，持续开展第三次全国农作物种质资源普查与收集行动；健全保护体系，组织开展农业种质资源库（场、区、圃）布局、审核挂牌等
《2020年种业市场监管方案》	2020年3月	农业农村部	规范生产基地、推进许可备案信息化、严查非法转基因种子、严格监督种子质量、加强植物新品种权保护、开展种畜禽和桑蚕种质量检查
《2020中央一号文件》	2020年2月	中共中央	加大对大豆高产品种和玉米、大豆间作新农艺推广的支持力度。加强农业生物技术研发，大力实施种业自主创新工程，实施国家农业种质资源保护利用工程，推进南繁科研育种基地建设

资料来源：参考相关政策文件和前瞻产业研究院资料整理。

第十六章

提升制造业产业链供应链现代化水平研究

——以汽车产业为例*

内容提要： 当前全球汽车产业链供应链加快呈现短链化、本土化、区域化、价值链两端转移转变。我国汽车产业整体呈现长期稳定向好的发展态势，产业链供应链现代化水平明显提升，加快向电动化、网联化、智能化转型，但也存在技术创新能力不足、质量品牌有待提升、产业基础能力支撑不够、全球价值链掌控能力不强等问题，未来，需加提升自主创新能力、加速产品质量品质革命、强化产业基础能力建设、积极推动对外开放合作，以加快提升汽车产业链供应链现代化水平，迈向汽车工业强国。

当前，我国正处在迈向高质量发展的新阶段，提升产业链供应链现代化水平是构建新发展格局的必然要求，是迈向高质量发展的必由之路。"十四五"规划明确提出"提升产业链供应链现代化水平"。制造业是实体经济的根基，是提升产业链供应链现代化水平的核心和关键。汽车工业是国民经济的重要支柱，也是最有代表性的制造行业。提升汽车产业链供应链现代化水平，不仅有利于推动制造业高质量发展，也为提升制造业产业链供应链现代化水平提供了重要参考和借鉴。

一、制造业产业链供应链内涵特征

制造业是实体经济的根基，是全行业中链条最长、分工程度最深、关联强度最高的行业，提升产业链供应链现代化水平的核心和关键在于制造业的高质量发展。如今，随着突发事件、逆全球化加快冲击全球经济秩序，安全弹性成为布局制造业产业链供应链运行基本原则。与此同时，绿色化、数字化也成为未来制造业产业链的基本特征。

---

* 本章执笔人：余新创。

（一）制造业分工复杂、链条长

制造业链长面宽、分工复杂，是全球价值链参与率最高、生产长度最长的行业，国民经济所有行业都与制造业有着投入产出联系，其构成了全球价值链分工的核心框架，制造业的发展是全球经济增长的核心引擎。制造业产业链供应链不断发展，推动了全球价值链参与率不断提升。据《全球价值链发展报告2021：超越制造》显示，1995～2020年，世界经济体的全球价值链参与率从35.2%上升到了44.4%，在2018年达到了49.3%的高峰；全球价值链对GDP的贡献率则从9.6%上升到了12.1%，在2018年达到了14.6%的高峰。近年来，受逆全球化、数字化等因素影响，全球制造业价值链长度增长变缓。2000～2010年，全球价值链生产长度在各行业中普遍延长，行业平均来看，全球价值链从原始投入到最终消费过程的生产长度从2000年的7.9延长至2010年的8.5，2010～2019年，行业平均生产长度趋缓，保持在8.5左右。

（二）安全弹性成为布局制造业产业链供应链运行基本原则

当前，全球经济普遍进入过剩经济常态，国内外竞争日益激烈，市场不确定性空前增加，自然灾害、地缘政治、恐怖主义威胁等因素加剧制造业供应链风险。一旦关键环节"断链"或受到外部因素冲击，可能会导致整个供应链运转停滞，甚至演变为区域性、全国性乃至全球性的经济金融风险。现代供应链是一个较为复杂的网链结构，从过去固定选择少数几个供应商演变为动态选择多个供应商，同时建立一套供应商评价、考核、管理制度以及风险预警机制，更好地适应各种挑战，有效应对供应链风险。对关系国家安全和国计民生的重点领域供应链有较强把控能力，在国际贸易中获取核心零部件、关键原材料和重要能源的能力显著提升，能够有效应对供应链中断风险、供应链金融风险等重大风险隐患。

（三）绿色化、数字化成为制造业产业链供应链主要发展方向

伴随生态绿色环保理念日益深入人心，促进人与自然和谐共生逐步成为全人类的共同价值追求，绿色产业链供应链作为减少污染、节约资源的有效手段应运而生。德国、日本等国家从20世纪90年代开始就通过立法、国际合作等措施，引导制造业产业链供应链的绿色化发展。基于信息技术，现代供应链能够最大限度地实现供需匹配，最大限度地降低商品库存、提高生产效率、加速资金周转，最大限度地减少物料浪费和库存、土地、资金的无效占用，全面形成涵盖采购、生产、包装、流通、消费、回收等全生命周期的绿色供应链体系，天然就具有绿色化、低碳化的特征。随着智能制造将新通信技术与制造技术深度融合，贯穿于产品的设计、生产、管理、服务等制造活动的各个环节，

依靠装备智能化、设计数字化、生产自动化、管理现代化、营销服务网格化，实现了生产制造与市场多样化需求之间的动态匹配。

二、新形势下汽车产业链供应链全球变化趋势

（一）短链化

汽车产业链是全球产业链变短的典型代表。在全球绿色化转型的趋势推动下，各国正加快减少碳排放和化石能源的使用，发展新能源汽车将成为越来越多国家的选择。一些国家已经确定了停售燃油车的时间表，其中挪威的步伐走在最前端，提出到2025年开始禁售燃油车。美国加州和纽约州等发达地区也提出了到2035年逐步禁售燃油车的计划。传统汽车是一种高度复杂分工的产品，产业链供应链遍布全球各地，汽车产业也是价值链全球分工的代表。与传统汽车相比，新能源汽车以电机为动力系统，传统汽车所搭载的燃料系统、燃烧系统、排气系统、吸气系统、润滑系统、冷却系统、变速系统等都不再需要，所需的零部件大幅减少。中信证券发布的《2021年智能电动汽车行业研究报告》显示，新能源汽车零部件数量较传统汽车零部件数量下降40%，并且仍呈现不断下降趋势。新能源汽车零部件数量的减少，将显著缩小汽车产业链全球分工的范畴，改变汽车供应链价值链长度。

（二）本土化

自2008年国际金融危机以来，各国再次重启对实体经济的重视和支持，先行工业化国家纷纷制定关键制造业回流与振兴计划，新冠肺炎疫情和俄乌冲突进一步加剧了这种回流趋势。为加速制造业回流，推动关键产业本土制造，自奥巴马时期，美国就制定了《先进制造业美国领导力战略》《未来工业发展规划》等发展战略。近年来，复杂多变的世界经济格局和全球秩序，进一步加速了制造业回流美国的趋势。据美国专注制造业回流的组织 Reshoring Initiative 统计，2022年预计将有35万份制造业工作回归美国国内，远高于2021年的26.5万份，这将创下该机构自2010年开始追踪数据以来的最高水平。汽车产业链条长、附加值高、带动就业能力强，是主要经济体竞相推动本土化发展的产业之一。咨询公司罗兰贝格发布的《中国新能源汽车供应链白皮书2020》显示，车企将更倾向于实现更高比例的本土化生产配套，尽可能垂直整合当地供应链，减少对全球供应体系的依赖度，降低不稳定风险。在2020年全球新能源汽车供应链创新大会上，蔚来汽车执行副总裁、全球质量委员会主席沈峰表示，"目前蔚来汽车70%的物料供应商都位于以制造'大本营'合肥为中心的600公里半径内，零部件本地化采购比例达到

92%，只有约8%来自进口。"另外，为了保持在国际市场出口的稳定性和供应链的安全性，一些企业纷纷推动汽车在当地市场的本土化生产。为了抢夺中国卡车市场，2021年世界三大欧系卡车品牌沃尔沃、斯堪尼亚、戴姆勒纷纷宣布在中国落地生产重型卡车。与此同时，中国汽车企业也纷纷"出海"，推动海外市场的本土化生产。上汽集团计划在"十四五"期间基本实现海外制造量与国内出口量达到1:1的比例。

（三）多中心化

全球汽车产业链"多中心化"格局初步显现。在全球经济增长动能乏力的背景下，主要经济体围绕关键产业链、供应链、价值链的争夺更加激烈，各国在产业布局上出于保安全与防风险的考量，正在超越追求效率的传统动因，形成新的分散化趋势。汽车产业作为各主要经济体的重要支柱产业，全球价值链向部分区域集中的趋势明显增强，多中心发展的格局基本形成。美国凭借科技、人才、资本、市场等优势，加速构建以美国为主导，加拿大、墨西哥及其他国家组成的北美经济圈供应链体系。随着美国、加拿大、墨西哥达成《北美自由新贸易协议》，包括宝马、戴勒姆在内的多家汽车制造商开始调整供应链，将更多汽车零部件制造转移到美国、加拿大和墨西哥，以符合新协议的原产地要求。随着大国博弈愈加激烈，叠加新冠肺炎疫情冲击和俄乌冲突影响，德国、法国等传统汽车强国正利用其在全球范围内强大的组织和配置资源能力，加速产业链供应链区域化布局，以守住欧盟经济圈汽车产业链供应链组织中心地位。受乌克兰危机影响，欧盟汽车企业正逐步推动线束组装和座椅缝纫等部分劳动密集型汽车零部件生产回归欧盟，加速汽车产业链欧盟区域内布局。例如，斯柯达已开始在捷克的工厂生产自己的线束。中国作为世界上最大的汽车销售市场，在新能源汽车产业链的带动下，汽车产业发展水平大幅度提升，将同日本、韩国等一起，成为以东亚为核心的亚洲汽车供应链组织中心。在2021年全球动力电池的装备比例中，中国已经超过了50%，车载显示屏中国的使用占比将近1/3。

（四）价值集中化

随着新一轮技术革命加快推进，制造业与服务业融合发展水平显著提升，推动传统制造业生产模式加快调整，技术密集度高的关键核心零部件在供应链中的地位越来越重要，一些企业甚至成为供应链的领导者。在汽车行业，汽车的生产制造先后经历了机械主宰、电气控制、软件定义等时期。一些汽车领导厂商为了抢占价值链竞争优势，开始推动价值链垂直整合，围绕核心零部件布局调整汽车生产链条。近几年，随着电动汽车快速发展，电池成为电动汽车的核心零部件，逐渐成为电动汽车供应链的领导者。在新能源汽车领域，宁德时代占据了全球1/3的市场份额，对整个全球新能源汽车供应链有着举足轻重的影响力。此外，为了适应汽车"新四化"发展趋势，汽车企业高度重视前端研发设计和后端软件开发，大幅增加智能科技和后端服务投入，整车制造在价值链中的比重明显下滑。在第 12 届中国汽车论坛上，长安汽车首席专家李伟预测，预计到 2030 年，软件价值占汽车比重将达到 25％。

三、我国汽车产业链供应链发展现状

（一）产销两旺，汽车产业充分彰显发展韧性

汽车产量企稳回升。党的十八大以来，我国汽车产业曾迎来一段高速增长期，汽车产量从 2012 年的 1 927.62 万辆最高增长至 2017 年的 2 901.81 万辆。在中美贸易摩擦、宏观经济增速放缓等因素影响下，2017 年后我国汽车产业进入调整期，产量下滑至 2020 年的 2 532.49 万辆。疫情期间，随着国内外汽车消费明显复苏，我国汽车产量克服芯片短缺等不利因素影响开始止跌回升，出现明显向好发展趋势。2021 年我国汽车产量为 2 652.8 万辆，较 2020 年增加超过 100 万辆，同比增长 3.6％，市场规模连续 13 年蝉联全球第一（见图 16－1）。国家统计局数据显示，2022 年，我国汽车产业依旧延续良好发展态势，即使受到疫情严重影响，1~8 月汽车产量仍达到 1 735.8 万辆，同比增长 6.1％。新冠肺炎疫情以来，汽车产业作为我国重要支柱产业，充分展现了产业发展韧性，成为支撑工业经济稳定增长的重要动力。总体来看，作为世界上汽车产业规模最大、体系最完整的国家，我国汽车产业正迈入竞争力不断提升、国内外需求稳固的高质量发展新阶段。

图 16－1　2012~2021 年汽车产量变化情况

资料来源：国家统计局。

内外需求增长势头强劲。内需方面，受国家加大刺激汽车消费力度等因素影响，我国汽车消费出现明显回升趋势。2021 年以来，国家先后出台了放开汽车限购、以旧换

新、延续新能源购车补贴优惠、汽车下乡等鼓励政策，扭转了汽车消费自2018年来连续下滑的趋势。据中国汽车工业协会数据显示，2021年，国内汽车销量2 627.5万辆，同比增长3.8%。2022年以来，汽车消费延续了稳步增长趋势，1~9月汽车销量达1 947万辆，同比增长4.4%，其中9月销量达261万辆，同比增长高达25.7%。新能源汽车消费高速增长成为推动汽车消费稳步增长的重要动力。2022年1~9月，新能源汽车产销分别完成471.7万辆和456.7万辆，同比分别增长1.2倍和1.1倍，市场占有率达到23.5%。新冠肺炎疫情以来，我国汽车产业链韧性十足，在新能源汽车出口大幅增长的推动下，汽车出口呈大幅增长趋势。2021年，我国汽车出口大幅增长，汽车整车出口201.5万辆，同比增长1.0倍。分车型看，乘用车出口161.4万辆，同比增长1.1倍；商用车出口40.2万辆，同比增长70.7%；新能源汽车出口31.0万辆，同比增长3.0倍。2022年1~8月，汽车出口191万辆，同比增长44%。

企业发展势头稳步向好。一是汽车市场竞争格局更加优化。一方面，随着新一轮科技革命和产业变革加快演进，我国汽车产业加快向电动化、智能化、网络化转型，吸引了蔚来、小鹏、理想等一大批新型造车势力进入汽车市场，推动市场竞争格局逐步优化。另一方面，国内乘用车品牌企业不断加大研发投入、提升产品竞争力、创新营销模式，加快向中高端市场不断拓展，自主品牌市场份额稳步有升。据全国乘用车市场信息联席会数据显示，2022年9月，自主品牌批发市场份额50.4%，较去年同期份额增加2.6个百分点，自主汽车品牌市场份额首次超过50%。二是汽车企业经营能力明显提升。在汽车需求快速增长、企业发展能力不断提升的基础上，汽车行业生产经营状况明显改善。据同花顺iFinD统计显示，2021年上海证券交易所、深圳证券交易所（沪深两市）21家整车上市公司归属母公司股东净利润总额达392.37亿元，同比增长4.84%，其中14家实现盈利，11家企业归属母公司净利润实现同比增加，占比达52%。从营收来看，国内上市车企营业收入合计为1.72万亿元，相比2020年的1.57万亿元增加9.55%。

（二）创新驱动发展，产业链供应链现代化水平明显提升

1. 创新驱动发展能力增强

经过多年发展，我国汽车产业已逐步走上了自主创新发展道路，企业研发投入大幅增加，技术创新能力明显增强，在新能源汽车领域取得一系列技术创新突破。上市公司数据显示，2021年中国龙头车企研发投入均呈大幅增长态势，比亚迪、上汽集团、长城汽车、吉利汽车等传统车企研发投入分别同比增长24.2%、46.8%、76.05%、16.1%。蔚来汽车、小鹏汽车、理想汽车等造车新势力研发投入增幅更高，分别高达84.6%、138.4%、198.8%。① 在企业持续巨额研发投入的推动下，我国汽车产业特别是新能源汽

---

① Wind数据库。

车产业大踏步迈向创新驱动发展道路，传统领域技术工艺短板逐步被补齐，与国际先进技术差距逐渐缩小，新能源领域技术创新开始从并跑走向领跑。在跨国车企长期领先的混合动力技术领域，吉利、长城、比亚迪、广汽集团等企业已经实现技术突破。例如，比亚迪 dmi 超级混合动力系统使用的 1.5 升高效发动机，采用了阿特金森循环工作模式，压缩比为 16∶1，热效率达到了 44%，达到世界先进水平。[①] 在新能源汽车领域，我国突破了电池、电机、电控等关键技术，动力电池技术全球领先。随着中国汽车企业创新能力不断提升，吸引海外车企在我国成立研发中心，推动研发本土化。梅赛德斯—奔驰集团已在中国成立 2 个研发中心，以推动电动汽车和汽车软件的研发。

2. 品质化发展加快推进

品质化发展是衡量汽车工业水平的重要标志。近年来，随着我国汽车企业规模不断壮大、实力不断增强，汽车产品质量和服务更加完善，自主品牌市场美誉度明显提升，基本涵盖产业链各个环节。目前我国不仅拥有一汽、东风汽车、上汽、广汽、吉利、长城等知名传统汽车品牌，也有比亚迪、蔚来汽车、小鹏汽车、理想汽车等新型造车势力。在商用车整车与发动机领域存在解放、东风、宇通、潍柴等品牌，在零部件领域拥有潍柴集团、华域汽车、宁德时代等知名企业。早些年，国产汽车主要在中低端领域知名度较高，如今我国已经培育出 WEY、领克等近年新创的自主中端品牌，实现了中高端的突破。吉利汽车旗下的领克 01 新能源汽车已经成功出口至欧洲，成为中国打造全球汽车品牌的先驱。随着国内车企品牌声誉度不断提高，自主品牌汽车销量明显提升。中国汽车工业协会数据显示，2022 年 9 月，国产品牌乘用车销量同比增长 40.8%，占乘用车销售总量的 50%，达成"里程碑"式的突破。在批发销量榜单前五名中，自主品牌占三席，比亚迪、奇瑞汽车和吉利汽车分别以 20.1 万辆、13.8 万辆、13.1 万辆的批发销量，排在榜单第一、第三和第四位。随着我国汽车产业加快品质化发展步伐，有助于更好地筑牢本土汽车消费市场，积极拓展海外市场，为本土汽车品牌提升更多、更广阔的发展空间，加快迈向汽车工业强国。

3. 协同发展水平明显提升

一是产业链供应链体系更加健全完善。目前，我国已经建立起涵盖上游汽车研发设计、零部件到中间整车制造、再到下游销售服务的完整汽车工业体系。近年来，除了整车制造企业不断发展壮大之外，零部件、设计等领域也取得了长足进步，产业链供应链正加快健全完善。例如，汽车零部件领域曾是中国汽车产业的重要短板，如今已经取得了长足进步，并出现了一批具有全球竞争力的企业。特别是在新能源汽车领域，宁德时代等企业甚至具有较强的全球竞争优势。根据《汽车新闻》统计排名，2021 年的全球汽

---

① 《比亚迪 DM－i 超级混动系统 创量产 1.5L 汽油发动机新高度》，2020 年 11 月 17 日，http：//k. sina. com. cn/article_6695299030_18f1227d600100r7ip. html.

车零部件百强中，共有 14 家中国企业入围，潍柴集团、华域汽车、宁德时代、海纳川分列第 4、第 11、第 21、第 30 位。2021 年中国汽车零部件上市公司整体实现净利润合计484.99 亿元，同比增长 17.93%，行业净利润增速明显高于汽车产业整体利润增速。在汽车设计领域，阿尔特已经具备了较强汽车设计能力，在贴合本土市场、响应服务速度、设计性价比等方面甚至优于国外企业。二是产业集群化发展水平明显提升。随着汽车产业链供应链体系更加完善，产业规模化、集群化发展水平明显提升，加快提升汽车产业链供应链现代化水平。从国内汽车生产企业布局来看，目前我国整车企业基本形成了六大产业集群，分别是以沈阳、长春为代表的东北产业集群，以北京、天津、保定为代表的环渤海产业集群，以上海、杭州为代表的长三角产业集群，以郑州、十堰、长沙、武汉为代表的中部产业集群，以广东为代表的珠三角产业集群和以重庆、成都为代表的西南产业集群。围绕服务整车制造，汽车零部件产业的集群化水平也明显提升，基本形成了江苏、广东、浙江等东南沿海产业聚集区，有力支撑了整车制造和服务的发展。集群化发展是汽车产业发展的必由之路，有利于促进汽车产业链上下游更好地协同发展，共同推动我国汽车强国建设。

（三）顺应发展趋势，加快向电动化、网联化、智能化转型

1. 新能源汽车初步形成明显竞争优势

一是新能源汽车产业规模呈井喷式扩大。2009 年以来，为应对气候变化、推动绿色发展，加快建设汽车强国，我国坚持纯电驱动战略取向，大力发展新能源汽车产业。经过十余年的发展，我国新能源汽车产业发展成绩斐然，成为世界汽车产业发展转型的重要力量之一。2015 年，我国年产仅 34.04 万辆新能源汽车，至 2021 年爆发增长至 354.50万辆，是 2015 年的 10 倍多（见表 16-1）。特别是 2021 年以来，受国家汽车消费刺激等因素影响，新能源汽车产业迎来极速增长期，全年新能源汽车产销分别完成 354.5 万辆和 352.1 万辆，同比均增长 1.6 倍，市场占有率为 13.4%，同比增长 8 个百分点。2022年，新能源汽车延续了极速发展势头。中国汽车工业协会数据显示，1~9 月新能源汽车产销量分别达 471.7 万辆和 456.7 万辆，同比增长 120% 和 110%，市场占有率达23.5%。新能源汽车发展的速度远远快于传统汽车，成为近年来我国汽车产业发展的一大亮点。二是新能源汽车产业竞争优势明显。相对全球其他国家，我国较早确立了大力发展新能源汽车的战略，在规模体系和汽车发展能力方面具备了较强的国际竞争力。上汽集团、比亚迪、蔚来汽车等整车企业具有较高的全球知名度，产量和销量位居全球前列。2022 年 1~9 月，比亚迪新能源汽车产量达到 119.2 万辆，销量达到 118 万辆，产销量已明显超越特斯拉，成为全球最大的新能源汽车企业。[①] 在关键零部件动力电池方面，

---

① 《比亚迪：9 月产销突破 20 万辆，2023 年剑指 400 万辆？》，2022 年 10 月 9 日，https：//www.pcauto.com.cn/hj/article/1662433.html。

2021 年全球动力电池装机量排名前五的企业中，宁德时代和比亚迪分别位居第 1 和第 4 位，其中宁德时代市场份额高达 32.1%，市场份额连续 4 年占据全球第一。[①] 三是新能源汽车海外空间不断扩张。自 2015 年起，我国已经连续 7 年成为世界最大的新能源汽车产销国，成为支撑全球新能源汽车产业发展的关键驱动力。随着我国新能源汽车产业发展越趋成熟，新能源汽车的国际知名度、认可度明显提升，拓展海外市场迎来重要战略机遇期。2021 年，我国新能源汽车出口异军突起，全球达 42.60 万辆，同比增长 291.4%；出口额 110.01 亿美元，同比增长 237.8%。2022 年延续了这一良好态势，1~9 月，新能源汽车出口 38.9 万辆，同比增长超过 1 倍。[②] 目前我国新能源汽车出口量已占全球 1/3，国际竞争优势十分明显，需要紧紧把握新能源汽车需求快速增长的机遇期，充分发挥我国新能源汽车先发优势和规模体系优势，夯实新能源汽车产业发展基础，形成较强可持续的国际竞争优势。

表 16-1　　　　　　　**2015~2021 年中国新能源汽车产量**　　　　　单位：万辆

项目	2015 年	2016 年	2017 年	2018 年	2019 年	2020 年	2021 年
产量	34.04	51.70	79.40	127.05	124.20	136.60	354.50

资料来源：中国汽车工业协会。

2. 智能网联汽车加快布局推进

在新一轮科技革命和产业变革的推动下，智能网联汽车加快兴起，成为未来汽车产业发展的重要趋势。智能网联汽车的发展对于解决交通安全、道路拥堵、能源消耗、环境污染等问题具有重要意义。党的十八大以来，我国高度重视发展智能网联汽车，并探索出一条中国式智能网联汽车创新发展路径，取得了阶段性成果。一是智能网联汽车市场渗透率明显提升。工业和信息化部数据显示，2021 年，我国搭载组合辅助驾驶系统的乘用车新车市场占比仅为 20%。2022 年上半年，国内具备组合驾驶辅助功能的乘用车销量超 288 万辆，渗透率快速升至 32.4%，同比增长 46.2%。一汽集团、上汽集团、吉利、长城、蔚来汽车、理想汽车等车企均已量产搭载 L2 级驾驶辅助系统的产品。蔚来汽车 ET7 搭载了 Aquila 超感系统，包含了视觉自动驾驶技术 + 雷达波自动驾驶技术。二是支撑智能网联汽车发展产业基础不断牢固。目前我国已经在新一代电子电气架构、车用操作系统、大算力计算芯片、激光雷达等关键技术上取得了突破，半固态激光雷达、高精度定位技术等部分技术产品已经进入规模化应用阶段，性能达到了国际先进水平，夯实了智能网联汽车发展的技术基础。三是推动智能网联汽车发展的环境也在不断优化。目前我国开放各级测试公路超过 7 000 千米，实际道路测试里程超过 1 500 万千米，在测

① 《2021 年全球动力电池装机量为 296.8GWh 同比增长 102.18%》，中国汽车质量网，2022 年 2 月 10 日，https：//www. aqsiqauto. com/newcars/info/9684. html。

② 《2021 年汽车出口创纪录，新能源汽车出口 42.60 万辆》，南方网，2022 年 3 月 1 日，https：//car. southcn. com/node_7a42 4dd8dc/be95 a8cf4b. shtml。

试示范区及相关的试点城市完成了 3 500 多千米道路智能化升级改造，装配路侧网联设备 4 000 余台。公安部已累计在 28 个城市发放测试号牌 8 200 多副，开展测试公路道路 6 900 多千米。① 截至 2021 年底，工业和信息化部、公安部、交通运输部在全国各地先后支持建设 17 个国家级智能网联汽车测试示范区。深圳市发布了《深圳市关于促进智能网联汽车产业高质量发展的若干措施（征求意见稿）》，提出了推动智能网联汽车产业发展的 16 条举措，力争到 2025 年智能网联汽车产业营业收入达 2 000 亿元。随着智能网联汽车发展环境不断优化、产业基础更加坚实，我国智能网联汽车发展将迈向更高台阶，智能网联汽车产业将加快大规模商用步伐。

四、我国汽车产业链供应链存在的问题

（一）技术创新能力不足

虽然我国是全球规模最大、体系最全的汽车工业大国，但相比汽车工业强国，我国汽车工业仍存在企业创新能力不强、关键核心技术领域短板较多、核心技术工艺"卡脖子"较多等问题，成为影响汽车工业强国建设、汽车产业链供应链安全的重要掣肘。一是企业创新能力相对不足。近年来，虽然我国汽车企业高度重视自主创新，不断加大研发投入，但与世界顶级汽车企业相比，在研发投入和创新成果上仍有较大差距。乘用车市场信息联席会（简称"全国乘联会"）发布的数据显示，2021 年 17 家上市汽车企业研发投入的合计金额是 745.01 亿元，研发营收比达到 4.14%，比国内全社会研发支出占 GDP 的比重（2.44%）高 1.7 个百分点。其中上汽集团研发投入最多，达到 205.95 亿元，占 17 家企业合计数的 27.6%。然而与国际大型汽车企业相比，我国汽车企业研发投入远远不够。2021 年，德国大众集团研发投入高达 156 亿欧元，比我国 17 家上市汽车企业的研发投入总和还多。日本丰田 2021 年的研发投入也接近 700 亿元人民币。德国汽车管理中心（CAM）发布的数据显示，2021 年全球 30 家汽车企业完成的 645 项创新成果中，大众以 149 项创新成果高居第 1，占比达到 23.1%，上汽集团以 80 项研究成果位居第 5。二是部分关键核心技术突破不够。与汽车工业强国相比，我国汽车工业起步晚、基础弱、积累薄，长期处于跟随追赶状态，在汽车工业创新体系中的地位相对边缘，自主创新能力不够，大量关键核心技术需要引进。目前，我国电子企业无法生产电机效率达到 97% 的高品质电机，新能源整车制造仍需从欧美日供应商处进口电机。电控系统中硬件的控制器、高端汽车芯片等仍需大量进口。创新是产业发展的核心动力，也是迈向

---

① 《系列措施显效，我国已开放智能网联车各级测试公路超过 7 000 公里，实测里程超 1 500 万公里》，载于《北京商报》2022 年 9 月 16 日，https://baijiahao.baidu.com/s?id=1744127402424614298&wfr=spider&for=pc。

汽车工业强国的必由之路。我国只有加快提升汽车工业科技创新能力，才能更好推动汽车产业高质量发展。

（二）质量品牌有待提升

质量品牌是产业核心竞争力的集中体现。近年来，我国汽车产品质量品牌取得长足进步，但与世界汽车工业强国相比，我国汽车工业在质量品牌方面仍有较大提升空间。一是产品质量相对不够稳定。长期以来，我国自主汽车品牌大多集中在中低端领域且同质化竞争严重，部分领域汽车企业发展规模小、研发能力不强、质量管控水平不高，只能选择牺牲质量的低成本竞争策略，导致部分产品质量存在不稳定、消费体验差等问题。近年来，虽然汽车质量有所上升，但与主流国际品牌相比仍有较大差距。汽车之家发布的 2021 年度《汽车之家乘用车新车质量报告》显示，2021 年国产品牌新车总体质量 PPH 值①虽然较 2020 年的数值已有大幅度降低，但与海外品牌相比仍有一定差距。消费者洞察与市场研究机构 J. D. Power（君迪）发布的《2022 年中国新车质量研究（IQS）报告》显示，我国自主品牌在动力总成、驾驶体验、外观和座椅方面与主流国际品牌相比差距较大。2022 年我国召回车辆总数达 254.2 万辆，自主品牌召回数量占比最大，高达 31.4%。在自主品牌召回的 79.8 万辆汽车产品中，长期以低价策略竞争的五菱宏光 s 召回的数量就超过了 60 万辆。二是品牌建设亟待增强。在中高端汽车品牌领域，我国虽有部分车型取得一定突破，但总体来看大部分自主品牌仍集中在中低端，国际声誉和影响力十分有限。英国品牌评价机构品牌金融发布的《2022 全球最有代价的 100 个汽车品牌》榜单中，我国排名最高的汽车企业比亚迪和哈弗分别排列第 19 和第 20 位，与丰田、大众、特斯拉等汽车企业在品牌价值和影响力方面还存在较大差距。在 2022 年 1～9 月高端轿车销量排行榜中，红旗 H9 和蔚来 ET7 分别以 18 391 辆和 15 439 辆的销量排在第 8 和第 9 位，而销量排名第 1 的宝马 5 系销量高达 135 114 辆，市场受欢迎度远超国产品牌。质量品牌方面的短板成为我国汽车工业迈向中高端的重要制约，也是影响汽车工业由大变强的决定性因素，反映出我国与世界汽车强国的差距。未来，需要强化质量品牌建设，综合提升汽车工业的硬实力和软实力。

（三）产业基础能力支撑不够

目前，我国汽车工业在关键零部件、关键产业要素、发展环境等基础领域仍然存在诸多短板，严重影响了汽车产业链供应链的现代化进程。一是产业链供应链基础相对薄弱。目前，虽然我国已经建立起完整而规模庞大的汽车产业链供应链，但在高端材料、关键零部件、核心元器件、汽车软件等关键基础领域"卡脖子"问题依然严重，对外依

---

① PPH 为新车百车故障数，数值越小，代表质量越好。

赖度高。中国机械工业联合会执行副会长陈斌，在 2020 中国汽车供应链大会提到，我国汽车整车生产装备 70% 左右是依赖于进口，发动机变速箱生产装备 80% 以上依赖进口，汽车研发实验检测等仪器设备 90% 依赖进口，特种功能材料几乎全部依赖进口。二是关键产业要素供给不足。随着汽车产业链供应链加速现代化，高端研发人才和技能人才短缺是我国汽车企业当前面临的突出问题，在新能源汽车领域，复合型人才更是短缺。猎聘大数据研究院发布的《2022 上半年中高端人才就业趋势报告》显示，新能源汽车新发职位同比上升 77.53%。大量人才需求推动新能源汽车领域平均招聘薪资亦持续上涨。2022 年上半年，新能源汽车领域新发职位招聘平均年薪为 27.27 万元，去年同期为 18.96 万元，同比上涨 43.83%。新能源汽车行业的快速发展也带动下游维修服务业的发展，导致电池检测及维护技工、充电桩故障维修技工等出现大量短缺。三是汽车消费服务环境亟待完善。近年来，虽然我国汽车产销量大幅增长，但与之匹配的汽车消费和售后服务环境却存在较多短板，不利于汽车产业的长期可持续发展。一方面，制约汽车消费的限购、限行等政策依旧存在，充电桩、停车场等相关基础配套设施不够完善，严重影响汽车消费体验。中商产业研究院公布的数据显示，截至 2020 年 12 月 31 日，不到 25% 的一线城市家庭拥有可安装家用充电桩的停车位。另一方面，汽车售后维修服务不到位等问题仍比较常见，消费者权益难以获得保障。中国消费者协会发布的《中国消费者权益保护状况年度报告（2021）》显示，2021 年全国消协组织受理的汽车及零部件类投诉量同比上涨了 20%。

（四）全球价值链掌控能力不强

目前来看，我国虽然是世界上汽车产销量最大的国家，但多为被动参与全球汽车产业链供应链，对全球汽车价值链引领带动不够。一是缺少核心龙头企业。在传统汽车领域，我国汽车企业与国际知名车企还存在较大差距，在中高端领域难以形成有效竞争，无论是整车制造还是零部件制造都缺少话语权。在新能源汽车领域，虽然近些年通过"弯道超车"取得一些竞争优势，出现了宁德时代、比亚迪等产业链龙头企业，但这些优势更多体现在产量和销量上，在发展质量上与一流汽车企业还存在较大差距，关键价值链参与度不高。如动力电池的关键原材料、智能网联汽车的芯片和软件算法等核心技术仍依赖进口。宁德时代虽然在电池出货量上大幅领先松下、LG 等企业，但电池制造中的高端材料和高精度自动化装备需大量进口，锂离子电池关键技术专利仍掌握在美国、日本、韩国等企业手中。二是企业"走出去"步伐仍需加快。2021 年以来，我国汽车出口量大幅增长，"走出去"步伐明显加快。但相较于汽车产量和进口规模，我国汽车出口规模仍比较小，出口汽车质量仍需提升。海关总署数据显示，2021 年 1～12 月，我国汽车（包括底盘）进口数量为 94 万辆，进口金额为 539.15 亿美元，出口数量为 212 万辆，出口金额为 344.56 亿美元。虽然进口数量远低于出口数量，但出口金额却明显高于出口金额。去除特斯拉等外资企业出口的汽车数量，自主汽车品牌企业出口数量更少、金额更低。2021 年新能源汽车出口 31 万辆，特斯拉占比约一半，反映出我国汽车出口多为中低端产业，整个产业在全球汽车价值链中仍处于中低端位置，急需在中高端领域加快突破海外市场，增强对全球汽车价值链的引领带动能力。

五、政策建议

（一）提升自主创新能力

一是助力企业加大创新投入。围绕动力电池、智能化、网联化等产业链关键环节和领域，鼓励龙头企业和重大技术应用方建立企业主导的科研机构，鼓励金融机构加大对实体企业技术创新支持。二是优化产业创新发展环境，深化汽车产业链上下游、前后侧、内外围协作，建立上中下游互融共生、分工合作、利益共享的一体化创新模式，营造能创新、敢创新、会创新的创新生态环境。三是充分发挥我国新型举国体制优势，整合政产学研用各类资源，打造一批汽车工业创新平台载体，促进动力电池、汽车芯片、汽车软件、电控系统等基础性、共性技术问题协同攻关。四是推动开放式合作创新。重点面向芯片、操作系统、电控系统等短板领域，鼓励国内汽车企业融入全球创新网络，进行全球研发布局与创新资源配置，探索国际创新合作新模式。

（二）加速产品质量品质革命

一是强化先进质量管理技术方法推广应用。对标国际一流汽车企业质量管理技术，推广普及面向设计研发、制造和服务全过程的质量管理先进生产管理模式和方法，建立预防式质量管理体系。二是加强汽车领域质量基础设施能力建设。围绕整车和零部件企业，完善先进标准体系、高质量认证检测服务体系、国家合格评定体系，不断提升质量基础设施水平和效能，加快建设完善国家质检中心、标准创新中心等质量基础设施。三是建立质量保证和追溯系统。充分利用区块链等新一代信息技术，建立从制造到售后的反馈机制，形成汽车质量保证的追溯系统和汽车质量动态评价系统，强化汽车产品质量和服务承诺。四是强化汽车品牌建设。引导企业强化品牌发展战略，鼓励汽车行业协会开展标准宣贯、质量标杆和品牌评价活动，搭建新能源汽车品牌集群，加快培育国际知名品牌。

（三）强化产业基础能力建设

一是加快补齐产业基础短板。聚焦高端材料、关键零部件、核心元器件、汽车软件等关键领域，集中力量、集中资源，加快攻关突破，不断提升产业基础高级化水平。加强铜、钴、锂、镍、锰和石墨等新能源领域关键矿产资源开采和战略储备，增强关键矿产资源供应保障能力。二是强化优质汽车人才供给保障。围绕科技新能源汽车研发人才、复合型人才等短板领域，充分发挥新型举国体制优势，依托重大科技攻关项目和重点企业单位，坚持招引并举，加快培育招引一批高端科技人才。面向汽车组装、维修服务等人才需求，充分发挥普通高校、职业院校、用工企业人才培养各自比较优势，完善技能人才培养体系，不断创新技能人才培养模式，增强高端技能人才供给。三是优化汽车消费环境。以补贴、汽车下乡等方式加大汽车消费刺激力度，适当放宽限购、限行等政策。加快充换电基础设施建设，提升充电基础设施服务水平。充分利用城市道路、广场等非自有用地公共设施地下空间建设公共停车场，提升停车场管理和服务水平。切实保护消费者权利，加大汽车消费投诉处理力度。

（四）积极推动对外开放合作

一是坚持全球化发展理念。全面放开汽车外资投资限制，鼓励国际知名汽车企业加大投资力度，在华建立生产基地、研发中心、合资公司。支持国内外企业、科研院所、行业机构开展研发设计、贸易投资、基础设施、技术标准、人才培训等领域的交流合作，共同维护汽车供应链稳定畅通。鼓励汽车企业、研发机构深度参与国际规则和标准制定，推动国内汽车标准上升为国际标准。二是鼓励本土汽车企业"走出去"。紧紧抓住全球新能源汽车发展战略机遇期，借助"一带一路"开放合作平台，引导企业制定国际化发展战略，鼓励本土汽车企业积极开拓国际市场扩大出口规模，积极在海外布局生产基地、研发中心、营销网络，在重点市场共建海外仓储和售后服务中心等服务平台。强化海外汽车企业指导与援助，引导企业规范海外经营行为。

本章参考文献

［1］付保宗、余新创、刘振中等：《新形势下全球供应链调整趋势及对我国供应链运行的影响》，载于《科学发展》2022年第6期。

［2］付保宗：《增强产业链供应链自主可控能力亟待破解的堵点和断点》，载于《经济纵横》2022年第3期。

［3］郭宏、郭鑫榆：《后疫情时代全球汽车产业链重构趋势及影响》，载于《国际贸易》2021年第8期。

［4］闵珊、李洪庆、杨帆、刘磊：《中国汽车产业集群发展现状及对策研究》，载于《商业经济》2022年第2期。

［5］金永花：《新发展机遇期我国新能源汽车产业链水平提升研究》，载于《经济纵横》2022年第1期。

［6］张庆斌：《中国汽车产业自主品牌发展的问题及对策研究》，载于《中国商论》2022年第16期。

［7］高运胜、孙露、张玉连：《新冠疫情全球蔓延对我国汽车产业链的冲击与机遇》，载于《国际贸易》2020 年第 11 期。

［8］白玫：《"十四五"时期新能源汽车产业竞争力提升的方向与路径》，载于《价格理论与实践》2021 年第 2 期。

［9］李克强：《我看智能网联汽车十年发展》，载于《智能网联汽车》2022 年第 3 期。

［10］庞德良、卜睿、刘兆国：《我国新能源汽车产业制度安排演进与优化建议》，载于《经济纵横》2022 年第 4 期。

［11］乔英俊、赵世佳、伍晨波、臧冀原：《"双碳"目标下我国汽车产业低碳发展战略研究》，载于《中国软科学》2022 年第 6 期。

第十七章

提升服务业产业链供应链现代化水平研究

——以物流业为例[*]

内容提要：服务业产业链供应链的内涵特征集中体现为"五个更强"，产业链主要环节发展水平有显著提升。我国服务业发展未来面临产业升级、品质需求扩大、技术和政策支持等多种机遇，同时也面临集中度差、一体化服务水平低、网络设施设备滞后等诸种挑战。必须以降本增效提质为导向，着力推进数字化转型、培育一体化产业链供应链龙头企业，通过五大路径，打造产业链供应链"五大能力"，在建立物流产业链供应链政策、明确支持重点、设立若干国家重大专项、构建更具韧性的区域政策体系、保障国际物流供应链自主可控等方面加大支持力度。

在新冠肺炎疫情冲击、俄乌冲突和地缘政治冲突加剧的全球百年变局下，加强服务业产业链供应链现代化研究，对于服务业高质量发展和增强产业融合对实体经济的支撑力意义重大。本章尝试以物流业为例，从产业链供应链更为精细化的产业分工视角，围绕产业链供应链主要环节和产业链集成型核心企业，对服务业产业链供应链现代化的内涵特征、主要环节发展水平、面临的机遇和挑战，以及战略思路和实施路径、政策措施建议进行梳理评估和研究。

一、服务业产业链供应链现代化的内涵特征

从产业实践总结看，服务业产业链是上游设施设备、软件技术提供商、中游服务集成商和运营商以及下游应用产业和用户构成的产业组织形态；服务业供应链是服务产品设计、采购、仓储、服务提供、配送和分销等全链条高效协同的组织形态。产业链是根

---

* 本章执笔人：郭怀英。

本，反映的是上下游企业之间制备材料、技术、中间产品和服务相互交换的供需关系；供应链是灵魂，是产业链生产的基础，可以看作为一种特殊形态的产业链。根据我国现阶段产业发展形势和特征，本章把服务业的产业链供应链现代化并行阐述为：适应产业融合和技术革命、生产方式变革要求，以降本增效提质为目标，以集成服务运营商为核心，以整合、协同和一体化运作为手段，建设服务条件组织制备、服务提供、服务集成、服务分销于一体的创新能力更强、更为安全、更加柔性、更可持续以及与其他产业链供应链高效协同的产业组织形态。

服务业产业链供应链现代化的内涵具体体现为"五个更强"：

（一）技术和模式创新能力更强

"十四五"规划强调创新驱动战略，要坚持创新在服务业产业链供应链现代化建设中第一驱动力的地位。创新是产业链供应链的重要特征，新产业、新业态、新模式快速迭代是服务业产业链供应链创新的重要体现。随着云计算、大数据、物联网、移动互联网和人工智能等新技术的深度广泛应用，运用创新集成的理念思想，全方位、全链路、全场景的整合优化各项资源，将极大提升产业链供应链自身的效益和效率。物流业是引导产业布局和模式创新的先导性产业，过去通过结构性优化实现降本增效，未来将通过产业链供应链创新来形成整个产业乃至全局的创新力。加强产业链供应链的创新与应用，可以有效降低商流、物流、资金流和信息流成本，激励一批产业链供应链一体化服务企业变革与创新，推动产业链供应链组织模式和商业模式创新，原来分散、单点的运营模式也将转变为集成化、产业化、社会化的现代化新模式。

（二）安全通畅应急能力更强

当前中国经济要同时实现高质量和稳增长目标，必须从宏观视角转向中观产业链供应链视角，挖掘链式经济的产业纵深，通过保链、稳链来保经济、稳经济、提质量。服务业多数情况下需要面对面接触才能获得服务体验，在出现新冠肺炎疫情等重大突发事件的情况下，容易出现"断链""断供"现象。现代物流业是支撑国民经济高效运行的基础性产业，产业链供应链安全、通畅、可靠、弹性大、应急能力强，正成为物流产业链供应链高水平的基本要求和重要标准。面对疫情等重大突发事件影响时，保证产业链供应链不受阻、不断裂、受冲击较小，这样的产业链供应链就是高级有弹性的，才可称得上是现代化的。

（三）柔性敏捷定制服务能力更强

服务业产业链供应链是一个复杂系统，此类复杂系统要想更加协调顺畅运行，则必须具有柔性化的特征。顺应产业转型、消费升级的基本方向，以顾客需求为中心，一切以顾客的需要为目标构建产业链供应链，推进产业链供应链的柔性化、敏捷化和可定制化，是产业链供应链高级化的关键要求。产业链供应链柔性敏捷可定制，实际表现为协同服务能力、应变能力更强。如今中国经济进入了高质量发展的新时代，人们对美好生活的向往所产生的需求往往是个性化、多样化和品质化的，制造业生产方式也从大规模批量化生产向定制化生产转变，推动了对服务业特别是对物流业的需求不断向柔性化、敏捷化相应的方向发展。物流服务只有从低成本向精细化品质服务转变，才能满足定制化、高附加值的服务需求。未来，只有以客户为中心，满足个性化、专业化、品质化需求的敏捷柔性的产业链供应链才是高级、现代化的产业链供应链。

（四） 数字化绿色可持续能力更强

"十四五"规划提出的产业链供应链现代化，一定是构建数字化的产业链供应链。数字化是先进的科学技术和现代的生产组织方式相融合，是产业链供应链现代化的一个重要标志。数字化正在为服务产业链带来全方位赋能，并重构产业链供应链和价值链，提升产业链供应链的稳定性和竞争力。数字化、智慧化是支撑未来物流产业链供应链始终处于现代化进程的一个重要抓手和重要保障。疫情的反复让市场和社会各界更看到打造智慧物流产业链的重要性，物联网、智能硬件等数智化技术与手段，能大幅提升各地区各行业跨地域性、跨行业性物流的灵活性和安全性，充分解决产业链供应链信息互联互通问题，实现供应链管理的可追溯和透明化。同时，提升产业链供应链现代化水平必须要以绿色为前提，不能牺牲环境环保和自然环境，应具备可持续发展的能力。推动物流产业链绿色发展，将绿色理念导入物流产业链供应链各个环节，把我国建设成为绿色物流发展的标杆与示范。

（五） 与其他产业链供应链高效协同能力更强

根据中国物流与采购联合会发布的历年物流统计数据，我国物流费用总额中，工业是物流业需求的最大产业，一直占据90%左右的高比重，其次是商贸和农业。物流服务供应链和产品供应链两链高效协同整合，将助力产品供应链提升其响应力，带给客户极致的服务体验。比如，物流链与汽车链双链全产业链深度嵌入、深度融合构建汽车物流链，上游是汽车零部件物流，中游是整车物流，下游是汽车售后备件物流。因此，加强与制造业、商贸和农业等服务对象产业链的协同整合，提高其支撑引领国内国际双循环新发展格局的能力，也应该是判断物流产业链供应链走向现代化的重要标准之一。

二、物流产业链供应链主要环节的发展水平分析

从市场主体看，物流产业链供应链主要环节包括上游物流基础设施提供、物流设备及系统制造、中游物流仓储、快递物流运输和供应链服务集成，以及下游物流信息化平台六大环节。其中运输仓储环节是产业链的核心，物流供应链一体化集成商往往成为产业链供应链升级的核心主导。

（一）物流基础设施提供环节建设初具规模

物流基础设施是整个物流产业链供应链的载体和基础，主要包括公路、铁路、航道、航空等基础设施建设行业、仓储地产业。经过改革开放四十余年的发展，我国公铁水航等交通运输线路网络基本成型，大型物流站点和冷链仓储等基础设施大量建成，逐步形成较为完善的流通网络体系。特别是物流枢纽、物流园区等物流基础设施初具规模。中国物流与采购联合会发布的《第四次全国物流园区（基地）调查报告》显示，物流园区服务功能日益完善，涌现出了一批货运枢纽型、商贸服务型、生产服务型、口岸服务型和综合服务型物流园区。从全球范围看，我国现阶段物流基础设施的建设水平处于国际领先地位，但在智能化物流和高标冷链物流基础设施建设方面还有较大的提升空间。以冷链物流为例，由于农产品冷链物流设施建设与市场需求不匹配，导致我国农产品物流成本高、损耗大。据统计，目前我国农产品流通成本约占总成本的40%，其中鲜活产品及果蔬产品占60%以上，而国外发达国家的物流成本一般控制在10%左右。我国肉类、果蔬类的腐损率约为12%和18%，发达国家农产品腐损率仅为5%左右。[①]

（二）物流设备及系统制造环节正在壮大

物流自动化、智能化装备和信息系统对于企业长期服务质量与运营效率的提升必不可少。在我国智能物流成套装备行业，自动化物流系统通常由自动化仓库系统、自动化搬运与输送系统、自动化分拣与拣选系统及电气控制和信息管理系统等部分组成。近年来，中国制造向高质量和智能化方向快速发展，为物流装备行业提供了巨大的市场空间，物流装备和系统制造产业开始发展壮大。数据显示，我国自动分拣设备市场规模2017～2020年年均复合增长率为21.6%。随着快递业务数量的不断增长，我国智能快递柜市场规模从2017年的100亿元发展到2021年的363亿元。[②] 部分物流装备制造厂家及物流软

---

① 原瑞玲、翟雪玲：《农产品现代流通体系的现状、问题和政策建议》，载于《农村工作通讯》2022年第15期。
② 数据参考中商产业研究院研究报告，详见《2022年中国智慧物流行业产业链全景图上中下游市场及企业剖析》，2022年4月24日。

件开发商正从设备软件提供向服务提供转变，积极成为自动化物流系统综合解决方案提供商。未来智能物流装备系统将会日渐成为主流，现阶段我国物流装备环节的发展虽处于先进水平，但还不是最高水平。发达国家的智能物流装备的渗透率高达 80%，而我国虽然近年来渗透加速，但仍只是刚刚超过 50% 的水平。[①]

（三）高标物流仓储环节发展较为薄弱

中国物流业的崛起，加上制造业、新零售业务外包需求的释放，使物流仓储环节在产业链中的战略地位得到加强。物流仓储环节主要包括高标仓、中心城市中心仓、城郊大型配送中转仓以及未来智能仓储系统，我国在仓储总面积和运营效率方面已取得较为不错的成绩。深圳市高工产业研究院（GGII）研究数据显示，2020 年中国智能仓储市场规模达 980.6 亿元，同比增长 14.5%。比如，京东物流的自动化立体仓库、地狼仓、天狼仓及智能分拣系统，其运营效率均是传统仓库的至少 3 倍。[②] 在电商、第三方物流、制造业快速发展的背景下，需求缺口较大，尤其是高标仓和冷库市场。高标仓指高标准仓库，是能够满足安全仓储、最大化空间利用及高效运行等现代物流操作要求的仓储设施。目前我国高标仓、冷库技术设施和装备建设仍较为薄弱，加之由于流通渠道整合程度低、流通环节多，使得规模效应难以形成。美国和日本两国冷链仓储环节较为发达，冷库体系建设成熟，冷链基础设施标准化程度高。未来随着行业标准化程度和流通主体整合能力的提高，我国冷链仓储环节也将朝着标准化、规模化和高集中度方向发展。

（四）快递物流运输环节正进入精细化管理时代

物流运输环节中的主要运输方式包括即时配送、快递、整车运输、同城货运等；传统公路货运（不含即时配送）按照重量可以划分为快递（0~30 公斤）、快运/小票零担（30~500 公斤）、大票零担（500 公斤至 3 吨）和整车（3 吨以上）。从主要运输方式的发展阶段看，中国零担市场整合可能才刚刚开始，整车市场尚处于探索阶段，但快递市场的竞争已进入整合后竞争阶段。近年来，我国快递业收入呈逐年增长趋势。2021 年，全国快递服务企业业务收入累计完成 10 332.3 亿元，同比增长 17.5%。[③] 顺丰控股是国内快递产业链的龙头企业，公司资产营收利润均为行业第一。当前各家头部快递公司核心单票成本已趋于一致，服务质量均已达到较高水平，总部成本管理与服务质量提升在当前技术水平下已逼近极限。为进一步提升竞争力，目前快递巨头正通过数字化、智能

---

① 数据参考天风证券研究报告，详见《物流行业专题报告：智慧仓储物流产业迎黄金发展》，2021 年 8 月 26 日。

②③ 数据参考中商产业研究院研究报告，详见《2022 年中国智慧物流行业产业链全景图上中下游市场及企业剖析》，2022 年 4 月 24 日。

化持续赋能，建立更领先的终端成本优势与服务质量优势，可以说，快递运输端正进入精细化管理时代。

（五）供应链服务集成环节一体化趋势明显

供应链服务集成环节是整个物流产业链供应链的整合者和集大成者。随着物流外包和供应链外包的持续增长，一批领先物流企业开始加快延伸服务链条，在承接物流业务的同时，积极提供供应链增值服务，向供应链一体化服务商转型，其中一批第四方物流领先企业由此诞生。据不完全统计，目前我国供应链专业服务企业已超过 5 000 多家，主要分布在沿海三大经济带。[①] 整合与能力集成是物流产业链供应链的两个关键点，在数字化技术帮助下，传统链状供应链聚链成网，逐步从企业内部协同转变为供应链合作伙伴之间内外协同、数据共享、风险共担，链状结构向网状聚合发展。围绕供应链核心企业，通过供应协同、生产协同、需求协同、物流协同和资金流协同整合，形成了贯穿制造业企业原材料采购、产品开发与生产、仓储、配送、产品销售及售后服务全过程的全程供应链一体化管理运营模式，将供应商、制造商、分销商、零售商直到最终用户连成一个整体，构建了各类企业高效协作的功能性网链结构，帮助客户降低物流成本、提高物流效率，这种技术创新加持下的组织模式创新构成了通过提高供应链管理和供应链整合水平来提升物流产业链供应链现代化水平的基本逻辑。

专栏 17 –1

全程供应链一体化服务集成商的代表

广州市嘉诚国际物流股份有限公司，主营制造业物流和跨境电商物流，是国内著名的全程供应链一体化集成商。公司通过建设汽车智慧物流中心，将丰田精益模式经验切入生产流程复杂而物流需求庞大的汽车行业；持续推进制造业、商贸业、物流业供应链联动模式，通过商流、物流、资金流、信息流全程控制和管理，形成了贯穿制造业企业原材料采购、产品开发与生产、仓储、配送、产品销售及售后服务全过程的全程供应链一体化管理运营模式，探索了一条物流与制造、流通有效链接生产和消费的全链条物流服务价值创造新路子。

资料来源：笔者根据相关资料整理。

---

① 《现代供应链成物流业发展新动能 专业服务企业超过 5 000 多家》，人民网，2017 年 10 月 31 日，http://industry. people. com. cn/n1/2017/1031/c413883 –29618008. html。

（六）　物流信息平台环节初步实现"五流整合"

梳理近年来国内外物流供应链理论和实践发现，在信息处理和信息化平台环节，物流服务供应链将慢慢向平台化发展，物流服务链的创新主要是基于云平台、云生态的一种物流信息平台。在全程供应链一体化服务过程中，供应链服务核心企业，普遍加大在数字化建设以及智能装备方面的投入，推进物流信息化建设，通过数智化提升精益运营水平。同时积极构建区域性的大数据平台或公共智慧物流平台，建设集生产型供应链服务平台、流通消费型供应链服务平台、供应链金融创新服务平台、全球采购及产品整合供应链服务平台于一体的全程供应链服务平台，协同整合物流与商流、信息流、资金流、业务流，实现"五流整合"，引导中小微物流企业提升信息化水平，满足客户对物流信息的实时共享对接，以及提升供应链管理能力的需求。

三、我国物流产业链供应链现代化建设面临的新机遇和新挑战

在加速构建国内国际双循环的新发展格局下，我国物流产业链供应链现代化建设将迎来新一轮发展机遇，同时也面临诸多问题和挑战。

（一）　发展机遇

总体来看，中国经济社会的快速发展，物流业的崛起，工业物流和供应链外包规模的持续扩大，消费水平提升和消费结构升级，云计算、大数据、物联网、移动互联网等新技术的深度广泛应用，国家和地方政策规划的强力支持等，构成了未来物流产业链供应链现代化建设的有利因素和发展机遇。

1. 制造业创新升级助推物流产业链供应链需求快速增长

制造业是国民经济的主体，是全社会物流总需求的主要来源。可以说，制造业物流产业链供应链的发展方向，基本决定了我国物流产业链供应链的发展趋势。在我国制造业创新升级的过程中，传统制造业企业的经营环境发生了明显变化，企业的核心竞争力不再完全依赖直接生产成本的降低，专注主业，寻求反应速度更快、资源配置效率更高、流通成本更优的产业链供应链解决方案，势必就成为多数企业转型的必然选择。制造业生产模式从以产品为中心向以用户体验为中心的转变，对物流产业链供应链各环节的高效协同、快速反应能力提出了更高要求，推动了精细化、专业化的端到端供应链服务需求快速增长。2021年，工业品物流中的高端物流需求快速增长，装备制造、高新技术产业的物流需求较上年分别增长12.9%、18.2%，增速分别高于全部工业品物流需求平均

水平 3.3 个、8.6 个百分点。[①]

2. 消费需求扩大和品质消费升级驱动新型物流产业链发展

在国内国际双循环背景下，扩大内需战略给冷链物流和快递物流产业链供应链壮大开拓了新空间。我国城镇化进程还在加速，中产阶级还在扩增，随着我国居民收入水平的稳步增长，消费水平也在提高，食品的多样性、营养性、口感需求亦大幅提升，消费者的食品安全意识也在不断增强，加上近年来我国生鲜零售市场的不断发展，对高质量、精细化、智能化的冷链物流服务需求日益增长，促进了我国冷链物流产业链的快速发展。据统计，2022 年以来，与消费相关的单位与居民物品物流保持了 30% 以上的高速增长。另外，当前电商网络购物已成为居民消费的重要渠道，由此带动了电商快递业务量加速扩张，业务量规模已居全球第一。中国电商物流指数显示，2021 年总指数平均值为 110.3 点，较 2020 年回升 2.4 个点，需求端总业务量和农村业务量增速均超过 20%。[②]跨境电商的强势崛起，也会增加跨境出口业务量，为跨境物流产业链供应链扩张带来市场机遇。

3. 新技术深度广泛应用为物流产业链现代化提供强力支持

一方面，随着工业互联网技术的应用，企业管理精细化程度日益提升，降本增效的需求愈加明确，对第三方物流和供应链服务提供商的需求强劲。另一方面，物流产业链各环节加速数字化转型，为智慧物流创新发展创造了条件。现阶段新技术在我国物流产业链各环节应用的总体情况是：以条码为基础的自动识别技术、卫星导航追踪定位技术、RFID 识别技术等新技术的普遍应用，推动了物流各环节全流程透明化和可追溯；物流自动化技术，配送终端的无人机、机器人技术开始进入应用阶段，自动驾驶卡车、地下智能物流配送系统等开始发挥重要作用；智慧物流思维系统正从数字化向程控化，未来将向智能化演进。

4. 交通基础设施的改善提供了重要基础和保障

交通基础设施的建设是物流网络规模扩大和物流产业链升级的关键基石。通过四十多年的投入和建设，目前我国交通基础设施和多式联运不断完善。2018 年底我国铁路密度达到美国的 83%，2019 年底我国公路密度达到美国同期的 71%[③]，综合交通基础设施建设布局不断完善。《综合运输服务"十四五"发展规划》提出，到 2025 年，"全球 123 货物流圈（国内 1 天送达、周边国家 2 天送达、全球主要城市 3 天送达）"加快构建，交通基础设施的持续完善及公共交通设施的建设，特别是在国家加强"双碳"和新基建的新形势下，运输结构调整力度会进一步加大，智慧物流产业链发展前景广阔，为物流产

---

①②③　孟圆、吴江、高帅：《2021 年中国物流运行稳中有进，供应链韧性提升》，载于《物流研究》2022 年第 1 期。

业链供应链现代化建设提供了重要基础和保障。

5. 国家和地方相关政策规划提供了有力支持

我国对物流行业的重视程度较高，在顶层制度设计中明确了现代物流业在国民经济发展中的重要作用，相继出台一系列行业性政策、规划和实施方案，从完善物流基础性设施建设、加快供应链在流通及制造领域的创新与运用，以及提升物流业与制造业两业融合程度等诸多方面鼓励和引导物流产业链供应链发展升级。2021 年 3 月，"十四五"规划提出强化流通体系支撑作用，建设现代物流体系，加快发展冷链物流等。2022 年发布的《关于加快建设统一大市场的意见》和国家发展和改革委员会印发的《"十四五"现代流通体系建设规划》，均提出聚焦补齐现代流通体系短板，推动第三方物流产业科技和商业模式创新，培育一批有全球影响力的数字化平台企业和供应链企业。2010～2022年，国家出台多项相关规划、政策和指导意见，助推整个物流行业转型升级，也为物流产业链供应链现代化建设提供了良好的政策环境。

（二）主要问题与挑战

与此同时，现阶段物流产业链供应链现代化建设也存在多方面的问题与挑战。

1. 行业集中度较低，企业核心竞争力和盈利能力不足

集中度高是产业高质量发展的一个重要方面。中国物流业虽然发展迅速，但发展质量不高，还没有完全走出主要依靠数量扩张的发展阶段，发展不太成熟，产业链龙头企业正在培育壮大中，规模效益不足，企业盈利能力和核心竞争力与发达国家同等级别的龙头企业相比，还存在较大的差距。物流业长期微利运营，2021 年规模以上物流企业全年营业收入利润率为 6.81%，与上游工业企业相比盈利水平偏低。[①] 虽然我国冷链物流百强企业营收规模不断扩大，但整体市场集中度仍然较低。2020 年，我国冷链物流百强企业总营业收入占全年冷链物流市场总规模的比重仅为 18.1%，难以实现产业链、价值链增效增值。

2. 物流产业链集成能力不高，一体化水平有待增强

经过多年的发展和市场竞争洗礼，我国物流产业链供应链龙头企业，特别是一体化供应链集成服务商正在培育壮大中，比如快递产业链龙头企业顺丰，在国内国际物流竞争中都已占有一定地位，但与亚马逊等跨国巨头相比，产业链供应链集成服务能力不足，一体化水平有待增强，特别是伴随着中国制造出海，在跨国物流供应链保障方面存在明显的短板。根据世界银行统计的国际物流绩效水平结果，中国的物流水平排名全球第 26

---

① 孟圆、吴江、高帅：《2021 年中国物流运行稳中有进，供应链韧性提升》，载于《物流研究》2022 年第 1 期。

位，分项数据显示，客制化能力为最大短板，位列第 31 位，说明当前我国供应链服务质量不高，还有较大的改善和提升空间。①

3. 数字化、智能化发展滞后，装备和技术水平有待提高

近年来，我国物流产业链节点企业对数字化转型大都已达成共识，数字化赋能确实能够为物流产业链上的企业解决很多现实问题，但数字化转型如何做到在提高效率的同时进一步优化成本，更重要的是如何避免传统思维和运营模式的路径依赖、"脱胎换骨"式的转型、从血液和基因上的改变等，这些都是企业在数字化转型实践中不得不面对的问题和挑战。对于物流企业来说，数字化转型是一个系统工程，目前物流行业真正全面建立起这套转型系统的企业可能不及 20%。与国际先进水平相比，我国物流企业在数字化、智能化长期发展战略上尚未形成体系，数字化智能化设备设施和技术投入不足，特别是装备和技术水平亟待提高。

4. 安全畅通问题突出，应急管理能力不足

物流作为接触性较强的服务产业，近年来深受疫情影响，比如航空货运，疫情下国际货运航线全线萎缩，特别是在关键产业链环节弹性不足、应急能力不强的问题在部分地区表现突出。2022 年 4~7 月的疫情期间，上海物流产业链条在多个环节遇到阻碍，无论是司机还是道路、供货源头等。除了货车、道路之外，造成物流不畅的第二大原因在仓储端。上海市及周边地区的多个国际物流商仓库、电商前置仓等，大多采用的是闭环管理方式，疫情防控导致它们暂时失去了运营功能，形成了物流供应链上阻滞的一环。部分城市物流产业链供应链在突发事件的冲击下不能保持安全畅通，还有一个重要表现就是跨区域物流运转不畅，而跨区域运转不畅与区域应急物流供应链建设布局有极大关系，这些都反映出我国物流产业链供应链在安全畅通和应急能力方面的短板与不足，所以，加强"平时服务、急时保供"的物流体系建设很有必要。

5. 物流产业链与其他产业链条联动不足，协同化程度不高

近年来，物流产业链供应链在促进实体经济降本增效、制造业高质量发展等方面发挥了重要作用。但与此同时，产业链协同不强、供应链痛点明显等问题也很突出。产业链供应链参与主体众多，并且相互之间需要大量的协助处理，但彼此之间却互相独立，信息缺乏有效流通，造成供应链信息不流畅，合作沟通效率低，物流管理容易浪费成本以及发生错误。数据可靠性问题、成本问题以及数据准确性问题成为限制产业链供应链发展的三大痛点。中国企业的传统管理与运作模式大多是自成一体、较为封闭，不太注重开放式的供应链管理，制造商、供应商和经销商缺乏长期合作战略伙伴关系，相互之

---

① 数据参考未来智库研究报告，详见《物流行业专题报告：复盘 DHL，探寻顺丰供应链未来》，2020 年 8 月 10 日。

间缺乏信任和共同获利的价值链，难以有效满足客户在成本、质量、交货时间、体验等方面的要求，也难以形成灵敏的商流、物流、资金流和信息流集聚与互动格局。产品产业链与物流产业链的协同联动，迫切需要解决整体观念落后、传统商贸与现代供应链模式融合难度大、供应链企业之间合作关系难紧密、信息管理和信息传递效率不高、现有政策体制机制不通畅等诸多问题。

四、推进物流产业链供应链现代化建设的战略思路和实施路径

实际上，我国物流产业链供应链是适应技术革命推动、制造业分工细化、产业融合趋势加强等趋势逐步走向优化升级的，未来还要面对国际环境的复杂多变，以及国际产业链供应链区域化、近岸化、本土化、政治化的不利环境影响。因此，未来我国提升物流产业链供应链现代化水平的战略思路是：

以降本增效提质为目标，坚持创新驱动、高效协同、区域整合，注重绿色转型，大力发展智能物流产业链，打造大数据支撑、网络化共享、智能化协作的智慧供应链体系；积极推动大宗商品物流、生产物流、消费物流、电商物流、国际物流产业链数字化转型；着力打造一批供应链一体化集成服务商，培养自主可控的国际物流供应链能力，强化融合型产业链供应链物流生态建设，基本建成符合我国国情和产业链特点、适应经济社会发展需要、能够引领和支撑产业高质量发展的现代物流产业链供应链，为构建经济双循环新发展格局提供有力支撑。

为此，推进我国物流产业链供应链现代化的具体路径为：

（一）以技术创新和模式创新为重点，全力打造产业链供应链创新力

要把创新作为提升产业链供应链现代化水平的第一动力，深入开展理念创新、技术创新和模式创新，推动现代信息、智能技术在物流产业链各环节的深度广泛应用，以技术创新、模式创新重塑产业链供应链生态。以技术创新和模式创新为重点，推进全链条、全场景、全链路现代化水平提升。一是要强化物流产业链底层技术，包括物联网、大数据、人工智能、区块链、车货匹配平台等的技术创新力度。二是要加强高端物流装备和软件系统的研发创新。三是支持物流企业、快递企业利用数字技术改造传统运营模式，提高资源配置效率。四是全力推进智慧物流供应链集成服务、全产业链一体化服务模式等多种模式的创新应用。加快构建和优化中国重点物流产业、重点物流企业的产业链供应链，将中国建设成为全球重要的产业链供应链服务、管理与创新中心。

专栏 17 –2

智慧物流产业链供应链模式

　　智慧物流是指通过智能软硬件、物联网、大数据等智慧化技术手段，实现物流各环节精细化、动态化、可视化管理，提高物流系统智能化分析决策和自动化操作执行能力，提升物流运作效率的现代化物流模式。重点推进一体化供应链物流服务模式，即以数智化核心竞争力为基础，具有全链条服务功能、提供定制化解决方案、基于供应链管理系统的物流服务新模式。对于一体化供应链物流服务提供商，要求资源的协同整合更加广泛，技术应用更加充分，按需定制更加柔性化，服务对接更加高效化。

　　资料来源：笔者根据相关资料整理。

（二）全力打造双链融合型龙头企业，提高产业链供应链的整合带动力

　　对于双链融合型一体化龙头企业，这类龙头企业具备基于数智技术的资源整合协同能力、快速提供按需定制服务能力以及全面的供应链执行能力。在整合资源、提升效率等方面的模式创新，将对整个产业链供应链现代化建设产生重要影响。一是用好"产业链供应链平台"这一关键抓手，精准制定激励政策，推动线下业务上平台、平台数据汇资源、资源配置提效率，努力实现制造业企业成本降低和物流企业利润提升的双赢。二是提升产业链集中度，打造一批能赚钱、能盈利的产业链龙头企业。发挥数字化、智能化的推动作用，快速提升物流产业链龙头企业的品牌化和集中度。支持产业链供应链节点企业整合并购扩张，凭借其品牌优势、网络优势、技术优势跻身产业链供应链龙头企业行列。三是培育供应链服务集成商。支持中国物流集团围绕现代流通体系建设需要，着力打造产业链条完整、综合实力强、具有全球竞争力的综合物流服务方案提供者、全球供应链组织者，更好发挥中央企业在加快建设现代流通体系、构建新发展格局中的战略支撑作用。

（三）打造高效协同的现代物流网络，提高产业链供应链的链群支撑力

　　产业链供应链的核心环节、关键链条发展离不开配套节点、次级链条的支撑，把配套优势发挥好、巩固好，还需要构建高效协同的物流网络体系，积极推动产业链供应链跨区域或国际间融通协作。一是依靠强化综合物流枢纽建设、打造专业化物流园区、补齐冷链物流基地短板、完善县乡村三级配送体系和构建现代物流标准化与信息化服务平台等，提升物流产业链供应链现代化水平。二是加强"一带一路"沿线国家物流资源布局。要跟随国内企业"走出去"发展，建设与国际贸易需求相配套的国际物流服务网

络，提升国际物流话语权。三是鼓励支持发展国际物流供应链。优化国际物流通道，加快形成内外联通、安全高效的物流网络。培育一批具有全球竞争力的一体化供应链服务企业，打造自主可控的国际供应链能力。

（四）加快数字化绿色化转型，提升产业链供应链可持续能力

数字化智慧物流体系给物流产业链各环节带来巨大变革，数字化转型能够赋能传统物流产业链，提升节点企业的运营效率，节约成本，提升客户服务满意度。一是加快建设基础数字技术平台，持续提升数据要素集聚和数据治理应用能力；推动产业链上下游企业间数据贯通、资源共享与业务协同；加快形成大数据支撑、网络化共享、智能化协作的智慧供应链集成服务体系，为各级下属子企业发展赋能。二是推动物联网、自动化、智能硬件等数智化技术与手段深度广泛应用，大幅度提升各地区各行业的跨地域性、跨行业性运输灵活性和安全性，充分解决供应链互通的共享问题，实现物流运输上的透明化管理。三是积极推进绿色、低碳和可持续物流产业链供应链建设。支持地方和企业推广使用清洁能源，推行绿色运输、绿色仓储、绿色包装和绿色配送，以节能环保为切入点，促进技术装备升级，提高排放标准，降低能耗水平。

（五）重新整合物流区域产业链，着力提升物流供应链系统韧性力

物流产业链重新整合，在全球已成为不可阻挡的趋势。争取在更大时空范围内构建产业链供应链体系，消除产业链供应链环节的短板，推进产业链供应链协同化、一体化、敏捷化、柔性化进程，实现人流、商流、物流、资金流和信息流的通畅高效安全。一是支持地方重新整合物流区域产业链。特别是疫情、自然灾害等应急情况下，推进链条上的仓储、货车、数据服务商结构性重组。支持地方推进仓储结构改变、企业重塑生产流程，包括提升产品的标准化、模块化水平，开发可替代的供应商，增加关键部件的库存缓冲，增加可变产能等，推进重构区域物流产业链。二是为抗疫保供，支持企业前期物流产业化布局和数智化投入，强化物流自营自建能力，持续加大对物流产业链各环节的直接服务力度，保证应急状态下的物流供应链韧性。

五、推进物流产业链供应链现代化的政策措施建议

（一）探索建立国家层面的物流产业链供应链政策体系

产业链供应链是一种更精细化的分工形态，基于物流产业链供应链现代化的产业政

策要实现"五个更加"：要更加重视产业链供应链上下游之间的协同，更加重视关键节点、关键链条建设，更加重视风险防范和治理，更加重视运用数字化手段提升产业链韧性和安全性，要顺应产业链跨行业、跨部门的特性以更加重视区域合作。依托全国现代物流工作部际联席会议机制，积极推进物流产业链供应链现代化建设，加强跨部门政策统筹和工作协调，及时研究解决物流产业链供应链现代化建设面临的突出问题，营造良好的政策环境。建议重点评估现有物流相关政策法规、体制机制与产业链供应链现代化建设之间的相互关系，消除突破不符合产业链供应链创新的旧体制机制束缚，加快建立适应物流产业链供应链现代化建设的新政策体系。

（二）　明确国家物流产业链供应链政策支持重点

一是鼓励物流产业链节点企业数字化转型，加强与制造产业链节点企业共建供应链一体化服务联盟，推进产品链与物流服务链的高效协同。支持地方在供应链的基础上，通过构建横向和纵向交叉融合的产业链，进而在宏观层面形成产业集群。二是支持地方培育龙头企业。支持地方对一体化产业链供应链企业、集成服务商积极投资物流网络布局、智能化的硬件设施以及数字化的供应链管理系统给予财政税收支持。三是明确物流产业链各环节支持重点。运输环节推动大宗物资运输干支线与末端配送无缝衔接，完善统仓共配基础设施。仓储环节鼓励智能化仓储网络建设，支持物流高标设施设备推广、多式联运设施设备建设、农产品冷链物流发展等。装卸搬运环节发展集装作业新模式，推广标准化托盘、周转箱和精准装载新技术。加工包装环节推动专业化绿色物流循环发展。

（三）　研究设立若干物流产业链供应链国家重大专项

一是启动国家货运物流优化工程。引导产业链节点运输、仓储、配送企业和港口等货物运输供应链各部分之间，实现关键货运信息交换，制订重要的供应链数据共享计划，缩短供应链的交货时间，减少延误并降低消费者成本，提高供应链效率、安全性和弹性。二是实施产业链供应链服务平台壮大工程。支持建立一批智慧产业链供应链服务平台，培育若干全国性或行业性的大型智慧产业链供应链系统平台，组织形成产业链供应链体系，打通智慧产业链供应链主干网络，整合形成产业链供应链的集成点和枢纽。支持建立供应链管理提升平台。打造大宗商品综合服务型供应链平台，发展基于核心企业的供应链金融，发展一体化物流解决方案＋信息系统合成的第四方物流。

（四）　构建更具韧性的区域产业链供应链政策体系

支持开展区域供应链全环节、全链路韧性评估，持续提高各环节供应链应急保障能力。积极推进区域物流网络和物流服务互联互通，提高快件货物、易腐货物通关速度，整体提升物流效率。保障运输畅通，优化货车通行管控政策，大幅度提升产业链供应链抵御疫情等突发事件冲击的能力。提高工厂的智能化水平和供应链的敏捷管理能力。推动海港冷链物流中心建设，实现货品到港，快速检验，保障冷链不断链，补齐我国港口冷链物流供应链的短板。统筹支持重点地区冷链物流和快递企业发展，打通民生物流堵点、卡点，缓解市场保供压力。支持加强应急物资储备体系建设，精心设计备份系统；建立储备充足、反应迅速、抗冲击能力强的应急物流体系。

（五）研究制定国际物流供应链现代化政策措施

发挥国际物流协调保障机制作用，构建国际物流产业链供应链体系，保障进口货物进得来，出口货物出得去，中国品牌做得好。加强国际航空、海运、中欧班列等国际干线物流通道以及物流枢纽与产业园区统筹布局和协同联动。针对薄弱环节提升边境口岸物流组织效能，加快构建境内外物流网络，提升中欧班列价值创造能力，为畅通亚欧经济大循环提供有力支撑。建立"通道＋枢纽＋网络"薄弱环节识别体系，形成规划、建设和完善机制，稳定支持国际集装箱多式联运高标准体系发展。鼓励跨境电商及中国制造品牌"出海"，拓展海外服务能力，培育整合头程揽收、国际干线、海外仓储、尾程配送全产业链协同的综合跨境物流企业，打造具有全球服务能力的本土物流集团，实现物流供应链的自主可控，降低对海外物流巨头的依赖。

本章参考文献

［1］中国社会科学院工业经济研究所课题组：《提升产业链供应链现代化水平路径研究》，载于《中国工业经济》2021年第2期。

［2］汪鸣、陆成云、刘文华：《"十四五"物流发展新要求新格局》，载于《北京交通大学学报》（社会科学版）2021年第1期。

［3］夏杰长、刘诚：《迈向2035年：世界经济格局变化和中国经济展望》，载于《全球化》2022年第1期。

［4］蔡进：《以数字赋能提升产业链供应链现代化水平》，载于《现代物流报》2020年11月4日。

［5］蔡进：《构建供应链创新发展新生态》，载于《经济日报》2021年3月30日。

［6］董千里：《网链升级：构建国际商贸物流高质量发展新机制》，载于《中国流通经济》2022年第6期。

［7］王露宁、朱海洋：《大型供应链企业数字化转型规划与实施路径》，载于《中国流通经济》2022年第4期。

［8］黄群慧、倪红福：《基于价值链理论的产业基础能力与产业链水平提升研究》，载于《经济体制改革》2020年第5期。

［9］黄群慧：《提升产业链供应链现代化水平 推动经济体系优化升级》，中国社会科学网，2020年11月11日，https：//baijiahao.baidu.com/s?id=1683027158758072139&wfr=spider&for=pc。

［10］张其仔：《产业链供应链现代化新进展、新挑战、新路径》，载于《山东大学学报（哲学社会科学版）》2022 年第 1 期。

［11］张其仔：《提升产业链供应链现代化水平要精准施策》，载于《经济日报》2021 年 1 月 21 日。

［12］倪红福、田野：《新发展格局下的中国产业链升级和价值链重构》，载于 China Economist 2021 年第 5 期。

［13］王继祥：《智慧物流发展路径：从数字化到智能化》，载于《中国远洋海运》2018 年第 6 期。

［14］原瑞玲、翟雪玲：《农产品现代流通体系的现状、问题和政策建议》，载于《农村工作通讯》2022 年第 15 期。

［15］陶力、江月：《产业链视角：重构物流》，载于《21 世纪经济报道》2022 年 5 月 9 日。

［16］王丽娟：《中国产业发展迎来"供应链 +"时代》，载于《中国经济时报》2017 年 10 月 23 日。

［17］钱慧敏、何江、关娇：《"智慧 + 共享"物流耦合效应评价》，载于《中国流通经济》2019 年第 11 期。

［18］杜国功：《国企提升价值链、供应链、产业链现代化水平的思考》，载于《企业观察家》2020 年第 6 期。

［19］《关于印发〈推动物流业制造业深度融合创新发展实施方案〉的通知》，2020 年 8 月 22 日。

第十八章

提升高技术产业链供应链现代化水平研究

——以集成电路为例*

内容提要： 高技术产业是维护产业链供应链安全稳定、培育经济发展新动能的关键领域，而集成电路是支撑国家经济社会发展和保障国家安全的战略性、基础性和先导性产业。目前，设计业在若干细分领域已涌现具有相当国际竞争力的企业，制造业在核心量产工艺上与国际领先制造企业有2代以上的差距，封测业与国际先进水平技术差距最小。同时也要看到，当前我国集成电路发展困难增多，既面临外资企业在我国投资扩产受阻、关键物资采购难度加大、海外并购遭遇阻挠等外部挑战，也存在自主研发能力亟须加强、产品供给能力较弱、产业链上下游关联度低、产业布局有无序倾向等问题。亟须强化预警监测、加快补齐短板、持续优化环境、加强对外合作，提升集成电路产业链供应链现代化水平。

集成电路是电子信息产业的基础，已逐渐发展成为衡量一个国家或地区综合竞争力的重要标志。根据国际半导体产业协会（SEMI）数据，2021年，全球集成电路市场规模以26%以上的速度扩大到5 559亿美元，并在未来几年将继续保持快速增长。我国已成为全球最大的集成电路市场，技术创新能力和产品质量不断提高，规模企业数量持续增加，但在高端集成电路设计、先进工艺制造、高端设备、关键材料等领域仍与国外存在较大差距。

一、高技术产业链供应链现代化内涵与特征

安全性。产业链供应链安全可控，包括产业链整体国产化、核心部件/设备可控、产

---

* 本章执笔人：郑腾飞、张于喆。

线/关键装备可控等，是指在关键时刻、关键领域做到自主供应，确保极端情况下的国民经济正常运转（刘志彪和凌永辉，2021）。现代化的产业链必须实现高水平科技自立自强，只有这样才能确保产业链安全稳定，关键时刻不被"卡脖子""掉链子"。新冠肺炎疫情暴发和俄乌冲突使各国更加重视产业链供应链安全，各国纷纷通过加强资源整合和"保护性措施"减少对外依赖，就近和本地化生产或成为重要趋势。

韧性。产业链供应链韧性是指通过企业链中纵向、横向各类企业的转型升级，不断提高整个产业链的技术经济水平，或重构产业链，使其得以在高端方向适应更广的市场范围、应对更复杂的市场不确定性（罗仲伟和孟艳华，2020）。增强产业链韧性也是产业关联形态从线性链条式向立体网络式转变的高级化过程。在网络结构体系中，各参与主体的协作关系都具备了相当程度的柔性和适应性，并非固定不变的稳态，而是由具有异质化的资源和能力的各类主体按照某种动态利益机制，相互影响、相互作用、分担责任、共同治理，并且能根据外部环境变化实现协作关系和互动结构的自我调整。

创新性。创新性是产业链走向前沿、立足前沿的动力源。在产业链体系中，既有起"四梁八柱"作用的基本链或基础链，也有与之紧密关联的丰富多样的分支链，在完整的产业链体系中，创新链始终是产业链体系中最活跃的部分，展示企业发展的前景。高技术产业需要不断进行创新研发、技术迭代来推动行业技术的迭代发展。以集成电路为例，集成电路是技术、资金密集型行业，具有高投入、高风险特征，2011年以来在器件、材料、工艺、设备、设计等领域频繁的技术迭代推动下，先进逻辑制造技术进入了5纳米量产阶段，2纳米技术正在研发，1纳米研发开始部署。

高效性。高技术产业链一定是具有高附加值、高盈利能力和高国际竞争力的产业链，其中主要产品和服务处于全球价值链中高端，而且能够在全球范围内自主配置资源、进行资源整合。集成电路头部企业往往可以获取较高的附加值增值率，具有较强的市场控制和整合能力，在集成电路产业链的多数环节，排名前两三位企业的市场份额累计达到60%左右（尹丽波，2019）。

开放性。高技术产业领域中的大多数企业都是全球性企业，它们在大范围内进行销售、生产，甚至连科技研究也分散在各地。集成电路产业链复杂而庞大，全球化分工模式成熟，任何一个企业甚至国家都无法不依靠国外资源，完全自成体系。无论是生产厂的建设、技术及产品开发、生产运营管理还是市场销售方面的人才，在组织上和运营机制上大多用国际化的招聘模式、薪酬模式及管理模式。产品技术和加工技术可分别来自厂商、专业人员的知识产权和自主开发等不同渠道，技术来源呈现国际化和多样化。

二、国际视野下我国集成电路产业链供应链现状水平

（一）上游集成电路设计

集成电路设计位于集成电路产业链的上游，目前全球最先进的集成电路设计企业基本为美国企业，美国在集成电路设计领域遥遥领先，占据最大的市场份额。2021 年，我国设计业销售收入为 4 519 亿元，分别是同期制造业、封装测试业的 1.4 倍和 1.6 倍，带动了我国集成电路产业链结构进一步优化。

1. 产业技术：新架构和算法成为发展重点

先进设计技术不断涌现，新架构和算法成为发展重点。在新架构方面，产业界提出了自适应供电、模拟功能数字化和加入新材料等方式，以及二维堆叠晶体管等新结构。例如，美国在互连技术和架构领域的发展重点包括实现 10 纳米以下电子互连、金属通孔之外的层间新型互连、光子开关器件和互连、自旋互连、新型互连材料等。在新算法方面，神经形态计算和量子计算等新型计算范式成为发展热点，均有望对产业带来颠覆性影响。美国 IBM 公司、比利时微电子研究中心（IMEC）等都在该领域积极布局和发力。

我国集成电路设计业成长迅速。以海思半导体和紫光集团为龙头企业，但大部分产品聚焦中低端市场，在中央处理器（CPU）、显示芯片（GPU）、存储器现场可编程门阵列（FPGA）等高端通用领域与国际先进水平差距明显。当前，我国多家厂商已经推出了服务器、桌面 CPU 等产品，并应用于政务、高性能计算、工控等商用场景，但在稳定性、兼容性方面仍在追赶中。GPU 包括图显 GPU 和计算 GPU，少数厂商实现量产，仅有一款产品达到最先进的 7 纳米制程，GPU 先进制程供应链面临一定挑战，自建生态尚未大规模建立，依赖英伟达 CUDA 软件生态。

2. 产业布局：产品种类不断丰富，产品的类型从低端向中高端逐渐延伸

伴随着科学技术水平的不断提高，中国的集成电路企业所设计的产品种类也在不断丰富，产品的类型从低端向中高端逐渐延伸，涌现了移动通信芯片、计算机与网络芯片、信息安全芯片等中高端的芯片产品，嵌入式芯片的出现不仅填补了国内集成电路产业在处理器技术上的空白，还表明国内集成电路企业研发的产品在体系结构和性能指标等方面逐渐向国际先进水平迈近（陈启颖和李传志，2022）。值得注意的是，芯片设计所需的关键知识产权（IP）、EDA 工具等领域仍然高度依赖进口。EDA 和 IP 贯穿芯片制造的全流程，可以缩短芯片开发时间，并提高芯片性能，是芯片设计的重要工具，包括特殊应

用集成电路（ASIC）的外包设计。当前我国在 IP 领域，无论是产品系列完整性，还是研发投入强度和高端人才储备方面，与国际先进水平都差距很大。我国的 IP 核企业基本上属于小而散的模式。虽然近年来积累了一批 IP 核，但由于缺乏技术支持和工艺基础，利用率较低，逐渐失去了竞争力。我国硅知识产权 IP 核的供应基本上源于境外，ARM 和 Synopsys 是主要的供应商。在电子设计自动化领域，新思科技、铿腾电子、明导三家美国公司，占据了全球 60% 的市场份额。国内的 EDA 研发企业中，华大九天主要提供模拟电路设计全流程 EDA 工具系统、数字电路设计 EDA 工具、平板显示电路设计全流程 EDA 工具系统和晶圆制造 EDA 工具等 EDA 软件产品。但是，与能提供整套 EDA 工具的国际企业相比，华大九天缺乏完整的 EDA 产品线、工具链，仅能提供 1/3 左右的 EDA 工具，产业链条较短。

3. 产业组织：市场参与者以中小企业为主

目前，由于中国集成电路设计骨干企业整体实力偏弱，整合创新能力不够，无力作为核心构建和发展虚拟模式，没有形成整个产业和供应的价值生态链环境。2021 年，营业收入超过 1 亿元的集成电路设计业企业合计 413 家，营业收入合计 3 288.3 亿元；营业收入在 1 亿元以下企业共 2 397 家，营业收入为 1 230.7 亿元。中小企业整体营运能力较弱，并在包括人才、技术、知识产权和市场等在内的资源积累方面，缺乏可持续的、有效产学研结合的体制机制。

（二）中游集成电路制造

集成电路制造在整个集成电路产业链中占据重要的地位。制造工艺的进步可以拓宽设计空间，不仅为集成电路设计业提供产品，也支撑着庞大的集成电路专用设备和专用材料市场。

据中国半导体行业协会统计数据，2021 年我国集成电路制造业销售收入为 3 176.3 亿元，同比增长 24.1%，占我国集成电路产业销售收入总额的 30.4%；我国集成电路生产线计划/规划生产能力为 865.8 万片/月，其中 12 英寸晶圆装机产能占 61.6%。

1. 产业技术：在先进工艺领域和特色工艺领域与全球先进水平还存在一定差距

集成电路制造工艺节点一直按照"摩尔定律"持续微缩，当前已逼近物理和经济极限。由于先进工艺节点的建厂成本呈指数级增长，当前全球也仅有中国台湾地区台积电、韩国三星等极个别代工厂可以继续投资 7 纳米及以下工艺的研发和生产线建设，连格罗方德等国际领先代工厂都已搁置 7 纳米研发计划，美国英特尔公司也在 10 纳米工艺节点上遇到巨大困难，同步正在研发 7 纳米工艺，目前台积电和三星已开始布局 3 纳米。此外，集成电路设计企业也难以承受先进工艺节点的高昂研制成本，该领域将呈现大者恒大的局面。中芯国际代表着我国大陆集成电路制造业的高水平，与英特尔和三星对比，代表大陆最先进水平的中芯国际在量产 14 纳米，与海外巨头有 2～3 技术代的差距。

光子芯片有望成为新一代信息产业的基石。随着集成电路芯片特征尺寸已趋于物理极限，以电为传输介质的技术方式受其自身物理属性的限制，已经难以满足新一轮科技革命中人工智能、物联网、云计算等技术对于信息获取、传输、计算、存储、显示等的需要。光子芯片采用光波来作为信息传输或数据运算的载体，一般依托于集成光学或硅基光电子学中介质光波导来传输导模光信号，能够对现有的电子芯片送能进行大幅度提升，解决电子芯片解决不了的功耗、访存能力和计算机整体性能等难题，将成为新一代信息产业的基石。近年来，我国在光子芯片技术研发、理论研究等方面取得重要进展。2022 年，中国科学技术大学郭光灿院士团队在集成光子芯片量子器件的理论研究中取得重要进展，北京大学王兴军教授团队在光子集成芯片和微系统方面取得新突破。

2. 产业布局：高端芯片产能严重不足，产能和需求之间结构失配

晶圆制造通常包含沉积、光刻、刻蚀、离子注入 4 大核心步骤：首先，使用沉积设备［如化学气相沉积（CVD）、物理气相沉积（PVD）、原子层沉积（ALD）］在基材表面沉积多层薄膜；其次，在晶圆表面均匀涂上光刻胶，使射强激光通过含有电路设计的光掩膜，将其设计图形刻制到晶圆表面；再次，刻蚀形成 3D 图形；最后，将离子材料、掺杂剂注入晶圆，通过带电的离子控制电流，并实现晶体管的功能。目前，关键装备和材料仍高度依赖进口，新建生产线 60% 以上投资用于购买国外设备和材料（陈启颖和李传志，2022）。

从晶圆代工业看，晶圆代工业发展相对薄弱。高端芯片制造门槛非常高，目前在高端芯片领域，全球的主要产能都在台积电和三星，也只有这两家企业能制造 7 纳米及 5 纳米的芯片。CPU 存储器等大宗产品高度依赖进口，进口额约占芯片总进口额的 1/4。目前，环球存储芯片制造由三星和 SK 海力士等头部企业垄断（李先军等，2022）。据统计，2021 年我国集成电路生产线（12/8/6 英寸）装机产能占比分别为 53.8%、19.3% 和 26.9%；我国新投 17 条生产线，主要分布在北京、上海、广州、济南、苏州、长沙、无锡、武汉等地。

3. 产业组织：以中小企业为主，缺乏大型垄断企业

我国集成电路企业大多数规模较小，无论是在技术还是资金上，都没有足够的积累，参与市场竞争和抵抗市场风险的能力弱。据统计，目前中国集成电路行业企业的注册资本主要分布在 1 000 万～5 000 万元，企业数量为 7 168 家；其次为注册资本 100 万～200 万元的企业，企业数量为 6 659 家。从整体来看，超过一半的中国集成电路企业注册资本在 500 万元以下（见图 18 - 1）。

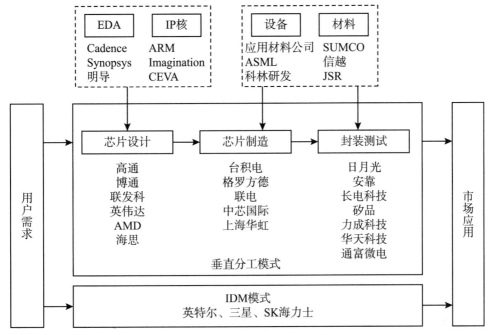

图 18-1 集成电路产业链及相关主要厂商

资料来源：潘教峰：《中国创新战略与政策研究 2019》，科学出版社 2019 年版。

（三）下游集成电路封装测试

集成电路封装测试是半导体制造的后道工序，封装的主要作用是将芯片固定在支撑物内，以增加防护并提供芯片和印刷电路板之间的互联。当前集成电路封装的目的不仅是节省空间和保护内部结构，还包括通过封装提高器件性能。2021 年，我国封装测试业销售额 2 763 亿元，同比增长 10.1%。在全球封装市场中，长电科技、通富微电、华天科技三家国产封测厂商在全球十大封测厂商中排名第 3、第 5 和第 6 位。

1. 产业技术：先进封装提升性能，硅通孔技术备受关注

封装技术经历了由传统封装向先进封装的演进，传统封测主要以 DIP、SOP、SMD、BGA 等封装技术为典型代表，主要特点是以插装、表面贴装为主；先进封测主要以 WLP、Flip Chip、TSV、2.5D、3D、SiP 为主要封装形式，特点是以异构集成和多片多层堆叠为主。在后摩尔时代，加速三维封装布局是破局关键，台积电、英特尔、三星，以及主要封测代工厂商都高度重视先进封装。近年来，我国封装测试业技术创新能力不断提升，其中长电科技重点发展系统级（SIP）、晶圆级和 2.5D/3D 等先进封装技术；同富微电在先进封装方面已大规模生产 Chiplet 产品；华天科技已掌握 3D、SIP、MEMS、FC、TSV、Bumping、Fan-Out、WLP 等集成电路先进封装技术。

2. 产业布局：传统封装仍占据主体，先进封装技术占总产量的 20% 左右

封测业是我国发展最好、最强大的集成电路产业环节，以长电科技、通富微电、天水华天等为龙头企业，产业规模在全球占比接近 20%。中国大陆封测业体量已达到继美国、中国台湾地区后的全球第三位。目前，中国集成电路封装形式仍以中低档产品为主，先进的封装形式已经进入量产阶段。目前我国集成电路封装市场中，DIP、SOP、QFP、QFN/DFN 等传统封装仍占据主体，约占 70% 以上的封装市场份额；BGA、CSP、WLCSP、FC、TSV、3D 堆叠等先进封装技术占总产量的 20% 左右（尹丽波，2019）。

3. 产业组织：市场参与者有大量的中小企业、部分技术领先的国内企业和合资企业，市场竞争激烈

我国的集成电路封装市场较为集中，市场竞争较为激烈。据江苏省半导体行业协会统计，2020 年我国半导体封测企业有 492 家，其中位于竞争第一梯队的有长电科技、通富微电、华天科技，三者跻身全球前十大封测厂商。第二梯队有晶方科技、太极实业等企业，其规模较第一梯队有所差距；其他中低端封装制造商处于竞争第三梯队。集成电路封装产品应用领域广泛，市场需求量大，但目前中国大部分封装企业集中于中低档封装产品的生产，同质化竞争严重。

（四）集成电路材料和设备业

材料和设备是集成电路产业发展的基石。日本材料全球领先，产能占据全球五成（尹丽波，2019）。全球集成电路核心设备制造技术由美国、日本、荷兰等少数国家和企业掌控，设备供应垄断趋势仍在不断加剧。我国集成电路材料和设备业基础较为薄弱，但在相关政策支持下，高端设备和材料从无到有，已经形成一定支撑能力。

1. 产业技术：与国外先进材料和装备的技术差距较大

在"摩尔定律"发展遇困的背景下，以石墨烯、二硫化钼、硅烯等为代表的新型二维材料成为各国发展热点，新型材料正不断涌现。二维材料可促成高性能晶体管发展，未来有巨大的发展潜力。美国能源部和高校、英国高校和实验室、荷兰高校、日本高校等纷纷研发出具备不同特色的新型二维材料，为下一代集成电路的发展奠定技术基础。高端光刻技术是未来芯片技术发展的关键，该领域技术发展由荷兰企业主导，尤其是阿斯麦（ASML）公司，目前业界尖端的 7 纳米工艺使用的极紫外光刻机（EUV）仅有 ASML 一家公司能够提供（尹丽波，2019）。在我国专项的支持下，研制成功靶材、抛光液等多种关键材料产品，性能达到国际先进水平（潘教峰，2019）。国产刻蚀机、离子注入机等多种关键设备研制成功并通过了大生产线考核，实现了海内外批量销售，总体技术水平达到 28 纳米，部分 14 纳米设备开始进入客户生产线验证。

2. 产业布局：严重依赖进口，设备企业主要集中在后道工艺设备部分

从材料业看，半导体材料是半导体产业链中细分领域最多的环节，其中晶圆制造材料供应商包括硅材料、光刻材料、电子气体、工艺化学品等，在全球半导体材料供应商中，日本和美国企业具有绝对优势，韩国和德国企业也具有相当的话语权（尹力波，2019）。硅片巨头集中在日本、韩国、德国、中国台湾，中国大陆仅有少数几家企业具备8英寸半导体硅片的生产能力，而12英寸半导体硅片主要依靠进口。全球光刻胶市场主要由日本企业垄断，根据 Markets and Markets 的数据，全球光刻胶主要供应商包括日本合成橡胶（JSR）、日本东京应化（TOK）、日本信越化学、日本胜高、日本富士胶片电子材料、美国陶氏、美国杜邦等（崔杰和翟博涛，2021）。我国 g 光刻胶产业和国外先进产品相差三四代，极易被国外企业"卡脖子"。

从设备业看，美国、日本、荷兰是全球集成电路设备制造的三大强国，日本东京电子、荷兰 ASML 和美国科天公司这些领先供应商凭借技术、资金等优势高度垄断半导体设备细分市场，尤其是在光刻机、沉积设备和刻蚀设备等精度和稳定性要求最高的晶圆加工设备方面。我国集成电路制造业存在的最大问题是关键设备国产化水平低，缺少自主研发的成熟的工艺技术。我国优势企业主要集中在后道工艺设备部分，在前端工艺方面，如核心光刻工艺方面，国内目前推出了90纳米光刻机装备，这与国际顶尖装备企业（荷兰 ASML 公司）的差距较大（潘教峰 2019）。国产光刻机整机设备中，上海微电子装备（集团）股份有限公司代表了国内顶尖水平，其封装光刻机在国内市场占有率高达80%，全球市场占有率也可达到40%；前道制造光刻机最高可实现90纳米制程。在刻蚀设备市场中，北方华创在等离子刻蚀设备上已开发出应用于90－40纳米制程的12英寸硅刻蚀机，在国内市场中占据6%的份额（李先军等，2022）。

3. 产业组织：市场集中度高，细分领域中小企业具有一定竞争力

集成电路材料和设备业市场集中度非常高。从集成电路材料看，全球光刻胶市场基本被日本 JSR、东京应化、住友化学、信越化学，美国罗门哈斯等几家大型企业垄断；住友电工、日立电线、古河机械金属和三菱化学等日本公司已可以批量出售2～3英寸GaN 体单晶材料，占据了超过85%的全球市场，并具备4英寸体单晶的小批量供应能力（尹丽波，2019）。从全球集成电路设备的领先企业来看，顶端巨头拥有行业内的绝对控制能力，并成为行业发展的技术路线主导者，但由于集成电路制造过程的多流程、高精度、高可靠性要求，在专业化分工的驱动下，中小企业在一些细分领域获取了一定的竞争力，国内代表性企业为中微（刻蚀机）和北方华创（等离子刻蚀、气相沉积设备和清洗设备）等（见表18－1）。

表 18 - 1　　　　　　　　　　　设备领域国内代表企业

序号	设备名称	主要国内厂家
1	光刻设备	上海微电子及其配套企业，例如华卓精科、科益虹源、长春光机所、奥普光电、国科精密、国望光学等
2	刻蚀设备	中微公司、北方华创、拓荆科技、屹唐半导体
3	镀膜设备	北方华创、沈阳拓荆、盛美半导体
4	量测设备	前道检测企业主要有上海睿励、上海精测、中科飞测、ITEC 等，后道测试企业有长川科技、华峰测控、佛山联动、上海御渡、合肥悦芯等
5	清洗设备	盛美半导体、至纯科技、北方华创、芯源微
6	离子注入设备	北京中科信、上海凯世通
7	CMP 设备	华海清科、中电科 45 所、天隽机电
8	热处理设备	北方华创、屹唐半导体、盛美半导体
9	去胶设备	屹唐半导体
10	涂胶显影设备	芯源微
11	清洁室装备	亚翔集成、十一科技

资料来源：李先军等：《我国集成电路设备的全球竞争力、赶超困境与政策建议》，载于《产业经济评论》2022 年第 4 期。

三、集成电路产业链供应链现代化面临的问题和挑战

（一）外部挑战

一是外资企业在我国投资扩产受阻。中国集成电路晶圆制造业前十大企业中，外资的三星和英特尔国际巨头的中国公司位列第 1、第 2 名；台资的台积电（中国）、联芯/和舰芯片（控股股东为联电）分别位列第 6 名和第 8 名。据彭博社报道，2021 年 11 月，英特尔成都硅晶圆工厂扩产计划被拜登政府以危及"国家安全"的理由拒绝。英特尔成都厂于 2003 年宣布建设，随后经过了三次增资，2021 年由于晶圆制程产能持续紧缺，英特尔计划利用其在中国四川成都的封测工厂进行扩产，并希望让该扩产的产线能够在 2022 年底前开始投产，但这项计划遭到拜登政府的强烈反对。2022 年 7 月，美国通过的《芯片法案》要求美国补助的企业在美国建厂后，10 年内不得扩大对中国高端芯片（14 纳米及更小芯片）的投资，意味着台积电、三星、英特尔等受到补贴的企业后续在中国大陆的投资就会受阻。该法案将削弱中国获取国际资源的能力，影响中国半导体产业的发展。一些知名的外国半导体公司，或许会为了获得《芯片法案》的补贴而与中国保持距离。

二是关键物资采购难度加大。美国工业和安全局（BIS）在不断扩大禁止美国科技企业与其开展贸易的"实体清单"，一旦被美国列入"实体清单"，就被阻挡在美国市场和供应链之外，基本不可能从美国获得《出口管理条例》所列物项和技术。2018 年以来，美国商务部已将 600 多家中国企业列入管制清单，2022 年 8 月美国商务部以"国家安全之名"对中国进行了包括电子设计自动化技术（EDA）在内的出口限制，半导体技术出口管制范围扩大到 14 纳米。此外，中芯国际向荷兰 ASML 订购的极紫外线（EUV）光刻机和深紫外线（DUV）光刻机至今仍未交付，SK 海力士计划在无锡半导体工厂引入 ASML 的 EUV 光刻机计划也遭到美国反对。

三是海外并购遭遇阻挠。2017 年底，特朗普政府发布新版《国家安全战略》，指责中国"盗取美国知识产权"，要求限制"中国在敏感技术领域的并购"。2018 年 8 月，《出口管制改革法案》作为《2019 财年国防授权法》附件被签署通过，该法案要求美国商务部改变出口管制流程，加强对关键新兴基础技术出口的预先审批。自此之后，美国加强针对中国的严格投资审查，导致以对美投资为主要形式的并购在交易量和平均交易额上会出现同步减少，投资形式则从整体收购转变为少数股权投资。2021 年，在拜登政府的强力阻挠之下，我国智路资本收购韩国半导体厂商 Magnachip 的交易已终止，意大利政府也通过"黄金权力法案"否决了两笔中资对意大利半导体相关公司资产的收购。更为重要的是，中国企业海外并购会受到《瓦森纳协定》的约束，这是 1996 年西方 33 国签署的先进技术出口管控机制，目前已有 42 个国家对高新技术的出口有严格的管控，签协议的国家间可以转让技术，而向其他国家转让则需要通报，实际由美国控制，后来经过多次修订，目前已经成为对我国高科技出口管制的主要"指导性文件"。

（二）主要问题

1. 核心技术受制于人，产品供给能力较弱

国内制造工艺与国际先进水平仍相差 2 代，芯片设计所需的 EDA 工具、关键知识产权仍然高度依赖进口。CPU、关键设备和材料对外依存度高，新建生产线一半以上投资用于购买国外设备和材料。我国集成电路产业供给侧和需求侧结构失衡，据海关总署数据，2020 年，我国集成电路进口金额超过 2.26 万亿元，同比增长 14.6%。2022 年上半年，中国大陆集成电路进口总额为 2 107 亿美元，占半导体器件进口比例的 62.4%，其中处理器、存储器、放大器进口金额分别为 1 016 亿、536 亿、71 亿美元，占比达 45%、24%、3%；集成电路出口金额为 779 亿美元，占半导体器件出口比例的 70%。其中处理器、存储器、放大器出口金额分别为 246 亿、380 亿、18 亿美元，占比达 22%、34%、2%。集成电路贸易逆差为 1 328 亿美元，尤其是处理器，贸易逆差达 770 亿美元。[①] 我国集成电路产品仍以中低端为主，高端产品供给能力较弱。用于 100G 光模块的 25G 以

---

① 海关总署官网，http：//search. customs. gov. cn/search/pcRender？pageId＝f5261418ddc74f03b27e3590c531102b。

上速率光电芯片，用于相干光通信的可调谐激光器、MZ 调制器和 DSP（数字信号处理）芯片，以及用于全光网 RODAM 设备的 wSS 芯片等，除光迅、华为、海信可以提供少量器件外，其余基本上完全依赖进口。目前，国内先进制造能力不足，导致我国芯片设计业仍有 50% 左右的高端产品订单在境外流片完成。国内自主 12 英寸产能约为 15 万片/月，实际需求为 100 万片/月，缺口较大。

2. 企业竞争力普遍较弱，研发投入严重不足

我国集成电路企业竞争力普遍较弱，经营压力较大，导致企业研发投入严重不足。据统计，目前我国集成电路企业研发投入不足 300 亿元，不到英特尔公司的一半，技术创新投入力度与国际领先企业间差距较大。2021 年全球半导体行业（包括晶圆代工厂、fabless 和 IDM，不包括封测、设备、材料等企业）的研发支出合计约为 805 亿美元，相对 2011 年增长了 58%。从具体的研发支出总金额的排名来看，美国排第一，总部位于美国的芯片企业一共投入了约 450 亿美元，占总投入的 55.8%；亚太地区公司投入比例为 29.5%，欧洲企业占比为 8%，日本的企业占比为 7%。中国大陆企业的研发支出占比约为 3.1%（近 20 亿美元），而中国台湾的企业，其研发支出在 2021 年的占比约为 14.4%（约 117 亿美元），韩国企业则占 11.9%（99 亿美元）。此外，SIA 在早段时间也发布了一份报告——2022 SIA Factbook，列出了全球半导体相对较为发达的国家和地区研发投入占销售额的百分比情况。美国的半导体企业，其研发投入占销售额的比例为 18%，全球最高；欧洲的企业占比为 15%，中国台湾的企业占比为 11%，韩国占比为 9.1%，日本占比为 8.3%。而中国大陆的研发投入占销售额的比例仅为 7.6%（见图 18 - 2）。

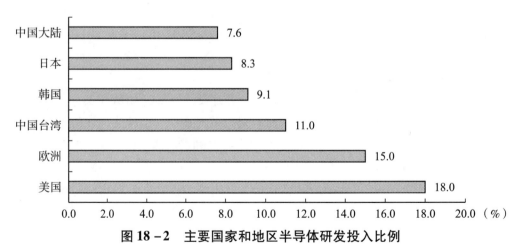

图 18 - 2 主要国家和地区半导体研发投入比例

资料来源：2022 SIA Factbook。

3. 产业布局无序，存在低水平重复建设和盲目投资倾向

当前我国各地政府投资集成电路制造项目热情较高，出现了低水平重复建设和盲目投资倾向。据统计，2017～2020 年，全球共投产半导体晶圆厂 62 座，其中 26 座在中国，占比 42%；目前我国共有芯片相关企业 6.65 万家，2020 年全年新注册企业高达 2.28 万家，同比大涨 195%。[①] 值得注意的是，国内集成路行呈现高出生率、低成功率特征。不少项目烂尾停摆，造成资源浪费。南京德科玛原本号称投资 30 亿美元的晶圆厂项目，被冠以"建成后将填补中国 CIS 产业的空白""弥补南京电子信息产业'缺芯'的不足""将填补国内相关产业的空白"，然而却成为欠薪、欠款、欠税的"三欠公司"，2020 年 7 月申请破产。德淮半导体，投资 120 亿元建设的明星项目，立志于成为"中国第一、世界第二"，然而已经经历了漫长的欠薪和停摆。[②]

四、提升集成电路产业链供应链现代化水平的对策建议

（一）强化预警监测，建立行业趋势分析和预警系统

完善集成电路产业链供应链安全管理体系。加强安全预警、控制和应急处置能力的建设，及时应对因外交事件、国外技术封锁、重大灾害和疫情等导致的产业链供应链安全问题，推动应对安全风险行动的优先次序和资源分配。要加强政府部门、市场主体等各方的沟通交流，在技术上加强跟踪控制，在政策上加强统筹协调，明确沟通程序、冲突管理的解决方法和责任人，提升政府部门的应急管理效率和强化安全监管职能。要加强对不可预见风险的预防性工作，通过风险规划、风险识别、风险估计、风险评价等工作，推动国家安全能力成熟度的审查和评估。定期发布人工智能技术创新与应用发展报告，形成对发展进度、潜在影响、发展趋势的及时、连续、系统记录和报告，有利于防范系统性风险。

建立产业链供应链风险监测处置体系。及时掌握产业链供应链运行情况和发现苗头性风险，有针对性地进行协调解决。科学评估重大事件对我国产业链供应链的冲击效应，对可能受冲击的重点区域、行业、企业进行提前预警。建立产业链供应链安全评估知识体系、方法体系和人才体系，针对产业链供应链不同环节安全情景，从产业政策、技术、市场、资本、外交等各个方面形成应对预案。

（二）加快补齐短板，持续提升产业链创新能力和国产设备产业化进程

加强基础研究支持力度和关键核心技术攻关。持续推进重点领域和关键环节的科技攻关，以国家第三代半导体技术创新中心建设为重点，持续推进第三代半导体材料、器件及核心专用设备前沿技术创新，突破核心技术"瓶颈"。增强重点领域企业核心竞争

---

① 数据来自全球半导体协会。
② 全国企业破产重整案件信息网，https://pccz.court.gov.cn/pcajxxw/index/xxwsy。

力，重视基础研究，选择可行的技术方向实现突破。加大关键领域研究支持力度，尽快缩短在设计、制造与封装技术上与别国的差距，集中力量突破一批重大关键共性技术，建立自主可控的标准体系，并鼓励企业自主创新及研发成果产业化。研发安全可靠事务处理和操作系统，保障党政军、国民经济重要系统信息安全。加快云计算、物联网、大数据等新兴领域核心技术研发，推动集成电路设计企业联合整机和互联网企业开发基于新业态、新应用的信息处理、传感器、新存储等关键芯片及云操作系统等基础软件。研发高端测试技术，对高端的系统芯片测试技术进行适当的储备，适应集成电路的不断升级。

持续推动先进生产线建设。近期聚焦龙头骨干企业和关键技术节点，加强与集成电路设计企业协作，有效整合资源，加快纳米芯片产能扩充，加紧纳米芯片生产线建设，迅速形成规模生产能力。同时大力发展特色专用工艺生产线，着力在射频电路、高压电路、模拟及数模混合电等细分市场领域取得领先地位。增强芯片制造综合能力，以工艺能力提升带动设计水平提升，以生产线建设带动关键装备和材料配套发展。注重技术和工艺变革窗口的把握，关注量子芯片、光子芯片等多种技术路线，有效协同资源支持在特定技术路线上有积极性的企业、企业联盟等予以突破（李先军等，2022）。引进先进测试能力，在场地租用、企业使用服务和设备租赁上给予支持，吸引国外专业机构前来成立相关的公司；采用对外合作的方式，引进国外资金、技术和管理经验，妥善解决设备选型、技术人才的问题，为集成电路产业的健康发展打造完整产业链，形成集成电路产业发展的集群效应。

加大对设备和材料相关企业的支持。加大对光刻胶、靶材、硅片等材料领域的投资布局以及光刻机、化学机械研磨设备等核心设备和关键零部件的投资布局。延续国家对重点项目的支持（如光刻机、镀膜设备等），依托国家科技重大专项，加强集成电路装备、材料与工艺结合，研发光刻机、刻蚀机、离子注入机等关键装备，开发光刻胶、大尺寸硅片等关键材料，通过集成电路制造和装备、材料企业相互参股的方式，加强协作，加快产业化进程，增强产业配套能力。鼓励设备和材料领域各类创新主体根据自身专长细分市场，形成在技术、专利、产品等方面的独特优势。

（三）持续优化环境，引导市场规范运作促进产业良性发展

加强集成电路知识产权的运用和保护。深化知识产权分配机制改革，建立高效便捷、低成本广覆盖的知识产权维权机制，实行侵权惩罚性赔偿制度，建立与国际接轨的知识产权保护和运营体系。严格落实知识产权保护制度，加大知识产权监管和执法力度，严厉打击侵犯知识产权行为，有效保护中外企业集成电路知识产权。建立国家重大项目知识产权风险管理体系，引导建立知识产权战略联盟，建立集成电路产业专题专利数据库，为企业提供信息服务和保障，实时动态跟踪研究国外重点企业的专利信息。鼓励华为、中兴等集成电路龙头企业与知识产权保护和管理能力上较为薄弱的中小企业积极建立专

利联盟，共享专利技术信息。积极探索与知识产权相关的直接融资方式和资产管理制度，优化知识产权质押融资体系，健全知识产权质押融资风险管理机制。鼓励行业组织、产学研用联盟等开展专利态势分析。以知识产权战略为指引，主动规划重点技术领域并建立知识产权预警机制，促进相关企业掌握一批具有自主知识产权的关键技术；对于已经拥有的知识产权，鼓励企业进行相关知识产权的登记，促进企业间的知识产权交流与合作，加强知识产权的有效利用。

建立重点领域人才培引机制。围绕集成电路发展需要，加强高等教育机构与行业之间的课程开发协作，鼓励高校优化学科布局，完善学科人才培养体系，大力支持我国新设立的集成电路科学与工程一级学科建设，提高我国高校和科研院所集成电路专业人才的培养数量。探索科学家与工程师相对固定合作的协作模式，深化企业联合高校、科研院所工作机制。加强以需求为导向的劳动力培训，探索跨界人才联合培养制度，鼓励高校和企业联合开展"订单式"人才培养，重构人才培养体系。大力培养使用一批顶尖的战略科学家，及时捕捉集成电路前沿孕育的相关产业革命先机，为集成电路发展提供顶层谋划和系统布局上的建议。

保持政策的持续性和稳定性。牢固树立在集成电路等重要领域自立自强的战略定力，立足长远发展，不仅要在当前严峻的国际形势下加大对关键领域的支持力度，也要在外部环境缓和时保持政策的持续性和稳定性（李先军，2022）。研究制定更有针对性、更有力度的专项政策，针对产业链不同细分领域、企业和产品制定研发政策支持。对于"卡脖子"技术，产业规模小难以形成有效规模经济的细分行业领域，需要国家加大投入以弥补市场投资的不足，尤其是通过风险补偿和创造投资回报预期刺激和激励企业投资。在企业研发支持方面，支持集成电路行业领军企业、"独角兽"企业和"隐形冠军"企业发展，在资金、项目用地、用房、人才落户等方面给予重点支持和资源倾斜（尹茗和杨梦竹，2022）。针对对外技术依赖程度较高，产业进入成熟阶段行业利润水平较低的领域，但在国内具备一定的产业基础和创新能力的行业，一方面引导企业和政府部门更多采购国产产品，另一方面降低对单一市场的依赖程度，尽力拓展进口来源地。同时，国家投资还要提高资金投入对产出的效率，尽量避免重复无序建设和小规模生产低端投资的问题。中央应在充分考察的基础上全面统筹规划，引导资金流向我国 EDA 软件、光刻机、高端通用芯片等关键但薄弱的环节，确保资金发挥真实作用。

（四）　加强对外合作，着眼国际市场积极实施国际化战略

深度融入全球高技术产业链，培育和发展区域价值链。在互利互惠的基础上推动全产业链协同发展与科技合作。积极打造全球技术合作平台，借鉴比利时微电子研究中心等国际研发中心建设经验，探索设立我国主导的微电子研究中心，打造面向全球的知识共享、项目合作的集成电路及相关领域的全球技术合作平台，进一步加大对国际技术人才的引进力度。加快建设自主全产业要素批量集成验证公共服务平台，通过"小步快

跑"的方式，加速技术更新迭代。一是推动与日本、韩国半导体产业链上下游协同发展。利用好中日韩地缘相近、产业互补性强等优势，助力周边经济体的集成电路产业更多融入全球价值链，通过高水平投资和大项目带动，更有效地推动区域价值链有机融合。二是在日本、韩国芯片企业之外积极寻找替代，增强与欧盟半导体产业在先进国家技术、管理等领域的交流合作，积极引进和学习光刻机等技术。三是加快建立如跨境半导体工作委员会等不受美国牵制的多边芯片贸易技术合作组织，探索建立涵盖日本、韩国及中国台湾地区区域性高端芯片供应链的衔接与合作机制，建立多元化的供应渠道。

以良好有序的市场环境吸引集成电路各环节的外来投资。充分利用我国强大的市场优势与灵活的引资优惠政策，完善竞争性市场环境，引导国外企业加大对我国的投资力度，提高我国国内集成电路产业链的完整性与安全性。通过参股、合资等方式，大力吸引跨国公司在国内投资建厂，并积极引进海外资金、技术和人才，同时注意提高利用外资质量和产业国际化水平。另外，鼓励国内优秀企业设立海外研发中心，整合并购国际资源，通过扩大国际合作积极拓展国际市场，借助深入捆绑的产业链条与双方利益的纽带实现我国集成电路产业链的稳固升级。

本章参考文献

［1］刘志彪、凌永辉：《论新发展格局下重塑新的产业链》，载于《经济纵横》2021 年第 5 期。

［2］罗仲伟、孟艳华：《"十四五"时期区域产业基础高级化和产业链现代化》，载于《区域经济评论》2020 年第 1 期。

［3］陈启颖、李传志：《我国集成电路产业链自主可控能力研究》，载于《供应链管理》2022 年第 3 期。

［4］李传志：《我国集成电路产业链：国际竞争力、制约因素和发展路径》，载于《山西财经大学学报》2020 年第 4 期。

［5］尹茗、杨梦竹：《我国主要城市集成电路产业政策及发展建议》，载于《通信世界》2022 年第 4 期。

［6］尹丽波：《集成电路产业发展报告（2018－2019）》，社会科学文献出版社 2019 年版。

［7］潘教峰：《中国创新战略与政策研究》，科学出版社 2019 年版。

［8］李先军、刘建丽、闫梅：《我国集成电路设备的全球竞争力、赶超困境与政策建议》，载于《产业经济评论》2022 年第 4 期。

［9］崔杰、翟博涛：《国内外光刻胶发展及应用探讨》，载于《新材料产业》2021 年第 5 期。

第十九章

提升战略性新兴产业产业链供应链现代化水平研究

——以生物医药产业为例*

内容提要： 本章提出了战略性新兴产业产业链供应链现代化的内涵，主要包括自主可控能力强、高附加值环节优势突出以及开放合作水平高三个突出特征，并以生物医药产业为例，分析了全球产业链供应链发展格局的变化，特别是对我国在新形势下产业链供应链的优势环节、主要短板及面临挑战做了深入剖析，提出了提升我国生物医药产业链供应链现代化的"三大战略"及"四大举措"。

战略性新兴产业是指建立在重大前沿科技突破基础上，代表未来科技和产业发展新方向，体现当今世界经济发展潮流，而目前尚处于成长初期、未来发展潜力较大，对经济社会具有全局带动和重大引领作用的产业。自从我国提出加快培育发展战略性新兴产业以来，包括新一代信息技术、生物、高端装备制造、新能源、新材料、节能环保、新能源汽车等在内的一批产业已成为加快构建现代化经济体系、促进经济高质量发展的重要引擎，对"稳增长、调结构、促转型、惠民生"发挥了重要作用。近年来，受到突如其来的新冠肺炎疫情影响，社会各界对生命科学的重视、对获取生物资源的紧迫性、对生物技术产品和服务的需求，以及对提高国家生物安全治理能力的紧迫性都达到了空前的高度。越来越多的国家认识到，新型生物安全风险不断增加，维护生物安全、实现人类长治久安至关重要。越来越多的观点认为，生物经济即将成为继信息经济后的重要新经济形态。因此，选择生物医药产业作为分析战略性新兴产业产业链供应链现代化水平的案例，具有重要而且特别的意义。

---

* 本章执笔人：韩祺、姜江。

一、战略性新兴产业产业链供应链现代化的内涵

伴随信息、生物、材料、节能与新能源领域技术进步持续推进且广泛深入渗透于人类生产生活的各个方面，万物互联、人工智能、数字创意、精准医疗、生物合成、清洁生产技术等新技术、新模式蓬勃发展，战略性新兴产业加快演化为网络经济、生物经济、数字经济、绿色经济等新的经济形态，在引领带动产业转型升级、经济社会繁荣可持续方面的作用日益凸显。在错综复杂的国内外形势下，面对大量日新月异的新技术、蓬勃涌现的新业态，战略性新兴产业产业链供应链现代化将肩负新时代赋予的新历史使命。尽管不同时代背景下或者不同国别和地域范围内，战略性新兴产业的行业范围有所变化，但战略性新兴产业兼具"战略性产业"和"新兴产业"的两个本质特点没有变化，意味着其发展必然事关国家经济能源安全等全局、事关未来科技经济变化的长远，能够代表全球技术进步和创新的主流方向，是引领一国或地区产业经济社会转型升级的主导力量。因此，战略性新兴产业产业链供应链现代化应符合以下三个特征。

一是自主可控能力强。突出自主可控是"战略性"的题中应有之义。战略性新兴产业产业链供应链自主可控能力强弱主要取决于三个要点：一是链条是否完整健全；二是链条"缺项"是否短期有替代、长期可弥补；三是链条"长板"优势是否突出并且能保持。需要指出的是，产业链供应链自主和可控两个关键词不能割裂开来看，不能只强调自主而忽视了可控，要形成辩证统一。实际上，战略性新兴产业产业链供应链现代化并不要求所有环节都在国内或由国内资本控股，而应强调产业链供应链是否具有话语权，是否具备对别人"卡脖子"的条件与能力。

二是高附加值环节优势突出。战略性新兴产业具有知识技术资金密集等特点，是引领经济社会高质量发展的"发动机"。实际上，战略性新兴产业的产业链供应链各个环节也有技术含量高低之分，知识、资金的密集程度也存在很大差异。只有真正的高附加值环节也就是核心环节具有优势，才能说明其产业链供应链具有优势。此前对于高技术产业含金量不高的讨论也与此类似，不能把所有产业链供应链环节都一概而论，笼统起来看，而是要更加突出高附加值、高技术含量环节的优势，才能体现产业链供应链现代化的特点。因此，要突出对技术、标准、品牌与市场要素掌控能力强弱的考量，重点追求高附加值环节的全球领先地位。

三是开放合作水平高。战略性新兴产业具有显著的不确定性高、外部性强等特点，产业链供应链环节应有风险共担、收益共享的共识。特别是当前新一轮科技革命和产业变革正在加速演进，究竟哪一种技术路线能够突出重围最终形成规模效应还很难预测。从历次科技革命和产业革命的发展规律看，做大蛋糕、扩大"朋友圈"、以制度型开放高效汇聚产业创新要素，才是实现产业链供应链现代化的关键。这里也要指出的是，战略性新兴产业产业链供应链的开放合作与自主可控并不对立，而应理解为在

更高层次参与国际产业的分工合作，从而牢牢掌握战略性新兴产业发展的主动权和话语权。

二、全球生物医药产业链供应链发展格局及最新动向

生物医药行业包括化学药、生物技术药、中药，是关系国计民生的重要领域，是满足国民健康刚性需求的非周期性产业，也是对社会经济可持续发展贡献巨大的战略性新兴产业，对保障人民生命健康、推动经济高质量发展、维护国家安全稳定具有重大意义。近年来，随着中美贸易摩擦持续升级，加之新冠肺炎疫情影响，全球生物医药供应链格局出现诸多变数。

（一）以"效率和成本"为导向的产业链供应链合作分工模式长期主导全球生物医药发展格局

欧洲国家和美国是老牌生物医药强国。20 世纪 80 年代以来，药品产业链供应链开始从欧洲和美国转移，目前已完全全球化。这是一种成本指向性的产业转移，其背后的主要原因是发展中国家利用较低的劳动力、能源和运输成本，较为宽松的环保标准以及优惠的税收政策，促使药品制造商逐步转移。但研发及部分高端制剂生产等高附加值环节依然稳定在美国、欧洲国家、日本等少数发达国家。这些国家掌握了全球生物医药产业链大多数的技术专利，拥有大批科研院所、顶级医院、大批一流的研发人员。

目前，全球生物医药产业市场呈现高度集中化的发展格局。一是少数国家主导全球医药市场。市场分析机构数据显示，美国、欧洲、日本三大药物市场在世界药物市场所占份额高达 80% 以上，占据绝对比重。尤其是关键生物技术产业上，90% 的生物技术产品销售额来自欧美，其中美国遥遥领先，占全球 70% 以上，而亚太地区仅贡献 3%。二是大的跨国公司主导世界专利药市场。根据公开资料测算，跨国药企巨头如强生、罗氏、默克、诺华、辉瑞、葛兰素史克、礼来等，在肿瘤、心脑血管疾病、糖尿病等慢性病重症药物和各类疫苗中占有 80% 以上比例，垄断着世界绝大多数的专利药。三是单品种销售药物的产品市场集中度也呈现不断增高趋势。根据全球医药健康调研机构 Evaluatepharma 发布的数据，2020 年全球最畅销的前 10 种药物的总销售额超过 1 000 亿美元，占 2020 年全球药品销售额的 1/10。这种市场集中状况在短期内不会改变。四是区域性生物产业集群已形成。美国的旧金山硅谷地区、英国的剑桥基因组园、法国巴黎南郊的基因谷、德国的生物技术示范区、印度班加罗尔生物园等，均聚集了包括生物技术公司、合同研发机构（CRO）、技术转移中心、制药企业、风险投资、服务外包等在内的完整生物产业生态链集群，对扩大产业规模、形成规模经济、增强竞争力起了重要作用。

（二） 我国在部分产业链供应链环节具有较强控制力和话语权

一方面，在"量大面广"的通用名药物、原料药和仿制药等方面，我国具有明显的优势。历史上，我国长期是全球原料药最大生产国和出口国，印度、美国是我国原料药出口第一大目的国和第二大目的国。正是由于美国医药供应链长期以来依赖中国供应原料药，中国原料药在美国市场的可替代性较差，因而美国对我国输美商品加征关税清单中包含的原料药品种极少。美国百日供应链审查报告数据显示，2020 年中国向美国出口了 18 亿美元的活性药物成分（API），在对美出口药品和生物制品的国家中排名第二（13.4%）。例如，美国 95% 的布洛芬（一种常见的抗炎药）、91% 的氢化可的松（一种常见的皮肤科药物）、70% 的对乙酰氨基酚（用于止痛）、超过 40% 的肝素（用于治疗血栓）和青霉素（关键常用的抗菌药物）均来自中国。不仅如此，中国制造的活性药物成分（API）也作为印度等其他国家制造的成品药品的一部分出口到美国。上述报告中还提到，印度政府研究显示，印度供应约 40% 的美国仿制药，而其中构成活性药物成分的原材料及原料药 70% 来自中国，例如抗感染类、青霉素类、头孢菌素类、激素类等。中国因巨大的劳动力价格、地租低廉等优势，在具有劳动密集型特征的原料药市场上占据全球较大份额。

另一方面，在药品合同研发（CRO）、基因检测等方面，我国也在全球形成了一定的影响力。根据弗若斯特沙利文的数据，受益于我国明显的劳动力和临床成本优势，我国 CRO 公司如药明康德（8 万美元/人/年）、凯莱英（7 万美元/人/年）、泰格（6 万美元/人/年）人均成本远远低于 Syneos Health（17 万美元/人/年）、ICON（15 万美元/人/年）国外 CRO 公司。特别是，其中临床前 CRO 公司作为临床试验前负责在实验室开展药理学、毒理学等一系列生理化学实验的专业机构，凭借丰富的项目经验将医药研发流程模块化，可将新药研发时间缩短 1/4 ~ 1/3，且节省 30% ~ 70% 的研发费用。基于我国医药毕业生数量优势，2020 年我国拥有的临床前 CRO 企业占全球比例已高达 30.4%（20 亿美元），已涌现出处于全球研发外包和委托生产龙头地位的药明康德、药明生物、泰格医药等代表性企业。我国这类开展药理药效实验机构的长板优势有利于提升我国"卡脖子"药物研发效率。

（三） 中美竞争博弈加剧加之新冠肺炎疫情导致全球生物医药产业链供应链格局存在较大变数

针对中美逐步形成的创新链分工体系，美国正试图实施相应"围堵""隔离"战术和"遏制""脱钩"战略，全面控制乃至遏制中国在全球创新链分工体系中崛起的机会和发展空间。一方面，应用"小院高墙"隔离战术，围困我国生物医药高科技发展。例如，美国将越来越多的中国生物医药龙头企业列入其出口管制"实体清单"，美国国立卫生研究院（NIH）对在美 55 个科研机构的百余位华裔生物科学家展开调查，美国联邦政府对中国籍生物专业人才入境采取限制措施，将中国对美国生物技术领域投资并购行为的审查周期延长至 6~9 个月，同时美国生物医药龙头企业通过对外专利布局、外围专利申请等手段构筑起越来越高的技术壁垒，进一步强化技术领先优势。通过阻挠我国在生物医药领域与以美国为首的发达国家开展企业并购、技术交流、人才引进，试图从供应链入手，构筑新的贸易壁垒，使我国生物经济陷入全球价值链参与度下降和分工位置不高的双重困境。

专栏 19 - 1

美国加大对我国生物医药企业并购审查调查力度

为了应对中国对美国在生物技术方面的"挑战"，美国对我国在生物科技领域的封锁大幕徐徐开启。近期，拜登政府签署了一项鼓励美国生物技术生产和研究的行政命令，要求美国国外投资委员会（CFIUS）加强审查对美国国家安全有影响的特定交易，尤其是来自"竞争或敌对国家"的资金。受此影响，中国生物制药拟以 1.61 亿美元收购 F - star，获得双抗技术平台，被 CFIUS 延长审查；凯莱英拟以 5794 万美元收购 Snapdragon，布局海外小分子 CDMO，也被 CFIUS 终止。

CFIUS 成立于 1975 年，由美国财政部、司法部、国土安全部、商务部、国防部、国务院等十余个重要部门组成，负责审查外资并购交易，确保外资不会对国家安全带来重大负面影响。作为手握海外公司收购生杀大权的审查机构，CFIUS 素有美国贸易"看门人"、外资收购"拦路虎"之称。

CFIUS 发布的 2021 年度报告显示，2021 年，CFIUS 共审查了 164 项简要申报和 272 项正式申报案件，来自中国投资者的正式申报共 44 起，在所有国家中占比最高。此前，CFIUS 曾暂停多起中资对美国企业的收购，但都发生在能源、化工、电子信息等非医药行业。在医药行业的多起跨境收购，比如 2018 年哈药集团收购 GNC、2019 年远大医药与鼎晖投资收购澳大利亚医疗器械公司 Sirtex，都顺利通过 CFIUS 的审查。

资料来源：笔者根据公开资料整理。

另一方面，通过"遏制脱钩"战略，主动促使美西方供应链"去中国化"。受到新冠肺炎疫情冲击、地缘政治和经济上分散风险的考量等各方面因素影响，美欧日等发达国家和地区加快对制造业"空心化"回流的步伐，试图降低对中国医药供应链的依赖。美国已审议通过并实施《医疗供应链安全法》，提出不能继续依赖中国来生产 80% ~ 85% 的活性药物成分，要降低甚至停止依赖中国的处方药、医疗物资供应链。法国、德国等欧洲大国斥资数亿欧元扶持药企，促进医药相关产业回流，欧洲赛诺菲等龙头药企已于 2020 年宣布正在重新整合其在欧洲的 6 个原料药生产基地，以减少对中国与印度原料药的严重依赖。高端封锁和低端回流的双向打压一旦奏效，美国欲与我国在生物医药产业全方位"脱钩"的步伐将显著加快，将对我国生物医药产业链安全带来较大挑战。这势必大大挤压我国补短板和战略回旋的有效窗口期，美国对我国"下狠手"的时间表将提前。更值得警惕的是，我国高等级生物安全实验室核心零部件及生命科学研究的试剂、装备、设备、实验动物严重依赖进口，生物信息数据库完全被国外垄断等一系列既有风险将加速暴露。

专栏 19 – 2

美国加快对我国医药领域产业链供应链打压进程

美国白宫发布了一份名为《构建弹性供应链、重振美国制造业及促进广泛增长》的"供应链百日审查"评估报告。报告指出了美国药品供应链脆弱性，提出了构建安全、稳健和弹性的药品供应链政策框架，精准针对我国供应链"长板"，拟削弱我国国际分工的既有优势。一是促进药品制造业回流、可控。要投资开发药品生产新技术和新工艺，实现药品制造本土化，支持在盟国建立原料药工厂，优先为美国制造基本药物提供保障。二是争夺全球供应链主导权。美国将尽可能与盟友共同绘制关键药物全球供应链图谱，摸清缓解美国关键药物短缺的路径，提高药品供应链透明度，为加快仿制药审查批准提供有力支撑。三是持续推动"脱钩"。建议增加药品供应链的冗余和多样性，依靠美国国内供应商，探索将原料药等纳入美国国家战略储备体系，在此基础上，支持盟友开展外包服务生产合作，并建立"虚拟产能"的储备，形成应急突击制造的能力。

三、我国生物医药产业链供应链现代化水平及主要问题

（一）我国生物医药产业链供应链现代化水平取得长足进步

21 世纪以来，我国医药产业发展进入了快车道，产业规模快速增长，技术创新不断跨越，产业链供应链体系不断完善，逐步成为全球医药产业链供应链举足轻重的部分，甚至在局部领域已经处于世界先进水平。除了中药特色外，我国化学药、生物药也具备了完整的产业链，可生产品种数量多、种类全，在全球也屈指可数。特别是在药物研发方面，具备了从药物设计、药学研究、安全评价、临床研究到产业化完整的研发链，已经成为名副其实的医药大国。特别是新冠肺炎疫情暴发以来，防护物资、诊疗设备及时

扩能扩产，诊断试剂、治疗药物、新冠肺炎病毒疫苗应急研发和产业化成效突出，多条技术路线的新冠肺炎病毒疫苗顺利实现产业化，并且在短时间内形成了全链条质量安全管控能力，有效满足国内接种需求，并为全球抗疫做出积极贡献。

专栏 19-3

我国生物医药产业链供应链现代化主要历程

新中国成立 70 多年来，我国医药产业经历了从无到有、从小到大的巨大变化，大致可划分为四个阶段，为实现产业链供应链现代化奠定了坚实基础。

第一个阶段（新中国成立至 1978 年）。这个阶段的突出矛盾是无药可用。国家组建制药公司，制订生产计划，自力更生解决药品和医疗器械的生产与供应问题，医药事业迅速发展。原来靠进口的抗生素、磺胺、解热药、维生素、地方病用药、抗结核药六大类原料药，国内已基本上都能生产。这个阶段我国医药产业实现了从无到有的重大突破，但生产质量不稳定、紧缺品种数量多的问题非常突出。

第二个阶段（1978～1998 年）。在改革开放政策推动下，中国医药行业率先开放，进入市场经济轨道。1980 年，日本大冢制药株式会社正式签约落户天津，成为第一家进入中国的外资药企。此后 20 年，我国医药市场蓬勃发展，医药制造水平显著提升，药品生产、流通质量管理工作逐步规范。1978 年，我国医药工业总值 73 亿元，到 1998 年升至 1 317 亿元，20 年间增长 18 倍，远远高于国内生产总值的增长速度，是国民经济各行业中发展最快的产业。

第三个阶段（1998～2015 年）。我国医药产业发展驶入快车道，一跃成为全球制药大国。1998 年，国家设立国家药品监督管理局，药品监管体系在这个阶段逐步建立健全，监管体制、机制和法制在多轮改革过程中不断调整优化，推动医药市场持续规范发展。2016 年，中国规模以上医药企业年主营业务收入超过 2.9 万亿元。

第四个阶段（2015～2020 年）。以 2015 年国务院发布《关于改革药品医疗器械审评审批制度的意见》提出 12 项改革任务为标志，我国药品监管制度改革步伐一路加快。2016 年，国务院办公厅印发《关于开展仿制药质量和疗效一致性评价的意见》。2017 年，中央委员会办公厅、国务院办公厅发布《关于深化审评审批制度改革鼓励药品医疗器械创新的意见》，提出鼓励药品创新 36 条意见。在这个阶段，药品管理法、疫苗管理法和医疗器械监督管理条例全面启动制修订，中国药品监管科学行动计划持续推进，药品监管与国际接轨步伐不断加快，政策红利持续释放，推动药品质量提升的力度前所未有，药物创新活力被极大激发。

资料来源：张燕玲：《"十四五"时期中国医药产业高质量发展的时代内涵和实施路径》，载于《中国医药报》2022 年 1 月 14 日第 1 版。

在创新能力方面，新药创制不断取得突破。生物制药领域论文产出数量、专利申请数量（以专利族计）持续保持在全球第二位，仅次于美国。国家统计局数据和资本市场公开数据显示，"十三五"期间，规模以上医药企业研发投入年均增长约8%，2020年上市公司研发费用占销售收入的比重超过6%。国家药品监督管理局数据显示，我国在研新药数量跃居全球第二位，1 000余个新药申报临床，47个国产创新药获批上市，较"十二五"时期翻了一番。我国生物药研究已具备紧跟国际最新技术的能力，在研和获批产品基本覆盖了全球最新治疗靶点。我国基因检测技术及设备不断迭代更新，基本处于世界第一梯队。高端医疗器械基本实现自主创新，目前，我国3T超导磁共振、128排CT机、PET－CT机、PET－MRI、196通道高端彩超、血管介入DSA、超声内镜等高端设备已经实现国产化，在高端超声探头、CT球管、CT探测器、PET探测器等关键核心部件上也取得较大突破。心血管冠脉支架、脑起搏器、人工耳蜗、骨关节、人工心脏瓣膜等高值植（介）入产品，以及骨科手术定位机器人、手术机器人、脑神经外科手术定位机器人、康复辅助机器人、重离子肿瘤治疗设备等先进治疗设备方面均实现了国产替代。

在开放合作方面，2017年原国家食品药品监督管理总局加入国际人用药品注册技术协调会（ICH），于2018年成功当选管委会成员并于2021年连任管委会成员。加入ICH并成为管委会成员，加快了我国药品注册技术要求与国际要求的协调和统一，为中国同步研发创造了关键条件，是实现全球同步研发、注册与审评的重要基础。从结果上看，我国新药开发能力和质量水平与国际接轨，中外技术协作和双向技术许可增多，越来越多的生物药企业开展了新药中国与美国同步申报。根据美国食品药品监督管理局（FDA）数据，2021年国内企业在美国申报新药临床审批近百个，8个品种通过合作开发等方式完成了临床研究并先后向FDA提交了上市申请。企业跨境技术交易活跃，公开资料显示，2021年我国生物医药领域跨境许可引进（License－in）的项目数量超100个，许可出口（License－out）的项目数量超过40个，均较上年明显增多。许可出口交易中，有7个项目的协议总金额超过10亿美元，标志着我国新药研发水平逐步得到国际认可。

（二）我国生物医药产业链供应链现代化还存在突出短板与差距

同时也要看到，我国生物医药产业的发展是建立在全球化分工协作基础上的，大量技术和人才引进提升了我国的创新能力，单就本土生物医药产业发展来看，还有很多短板和不足。

1. 基础研究及转化应用不足

新药研发与基础研究的推进及相应成果的转化密不可分。国内对于生命科学和严重威胁健康的疾病等方面的基础研究综合实力不足，这与经费投入相对不足，创新激励与科研评价机制以及科研文化氛围不适于原始创新的培育密切相关。此外，在基础研究与新药开发中间，还有基础研究成果转化应用的环节，该环节的投入力度与方向尤为重要。

近年来，美国 FDA 批准上市的很多创新药物，其靶点开发都是在美国国立卫生院（NIH）专项的大力资助下完成的。公开数据显示，美国 2010～2016 年新批准的分子实体，其对应的靶点或表型开发都得到了 NIH 的资助，总额高达 100 亿美元，占该时间段 NIH 基金总额的 20% 左右。

2. 部分环节生产工艺技术存在差距

在化学原料药生产方面，手性合成、连续反应、有毒有害原材料替代使用等绿色化学技术应用不足，环保治理能力亟待增强；全过程质量精准控制技术存在差距，如对微量、特殊杂质研究不足；过程分析技术（PAT）有待提升。在化学制剂生产方面，处方工艺筛选理念落后，缺乏质量源于设计的理念以及规范化流程，缺乏对工艺关键参数的研究和确认，对小试放大过程的问题和影响因素认识不足；高端制剂发展水平低，如长效注射剂技术、透皮和黏膜给药技术、吸入制剂技术等。在中药生产方面，全过程质量控制技术尚未建立，影响产品质量的稳定性和均一性。在生物药生产方面，超大规模细胞培养技术、双功能抗体制备技术、抗体化药偶联技术（ADC）、高密度连续灌流细胞培养技术、多联多价疫苗、疫苗佐剂技术、病毒载体制备技术等有待改进和提升。

3. 高端辅料国产化水平低

药用辅料是药物制剂的重要构成，随着制剂技术发展，药用辅料也在不断增多。在很多高端功能性辅料方面，目前国产水平仍有差距，如口服缓控释材料、快速崩解材料和速释材料；口服制剂的胃溶、肠溶、阻湿等包衣材料；透皮给药系统用的压敏胶和控释膜材料；用于载体给药系统（微球、凝胶、脂质体、纳米粒、胶束等）的生物降解型高分子材料；性能优良的新型固体制剂辅料（填充剂、助流剂、抗黏剂、黏合剂）等。

4. 先进制药装备依赖进口

在制剂领域，在一些复杂的制药装备上国产设备的质量稳定性不足，很多参数无法满足质量标准要求；国外设备往往针对小试、中试到规模化的生产设备进行系列开发，很多研究机构或企业从小试起就使用进口设备，对同系列设备依赖度较高；一些瞄准国际市场的企业，为了生产现场更容易通过境外质量核查，也主要采购进口设备。在生物药领域，我国生物技术近年来发展迅速，建成了一批高水平的抗体、重组蛋白、细胞治疗工厂，但由于细胞培养罐及附属系统、层析系统等关键设备国产化水平低，新工厂基本采购进口设备，一些甚至是全套的国外模块化工厂。智能制造是制药技术发展的方向，在数字化设备、系统软件等方面，目前也是国外供应商"唱主角"。

四、提升我国生物医药产业链供应链现代化水平的思路和政策建议

当前形势表明，未来我国医药产业链供应链竞争面临更加复杂的国际环境，不仅要

找准差距"补短板"，而且要巩固优势"锻长板"。必须通盘考虑，明确重点和时序，不断提升医药行业国际竞争力，在全球产业分工格局深度调整中找到新定位。

（一）思路与路径选择

1. "补短板"战略：更加聚焦关键"核心技术"

政府、企业、科研界要联合开展讨论论证，统筹考虑攻关投入的机会成本，做到分类别、分主次、分时序，避免重复投入、盲目投入和无效投入，尽快在生物医药"卡脖子"问题上达成新的共识。要认识到生物医药产业链供应链全球化分工趋势不可逆转，不宜把"缺什么"等同于"卡什么"，也不宜把"自主可控"等同于"完全国产"。风险不是洪水猛兽，也不是所有风险都等同于"卡脖子"。要综合研判分析，分清哪些是技术水平落后，想干却干不了；哪些是经济性落后，想干却不经济；哪些缺了不行，必须自己干；哪些是相互依存，短期内不可能"脱钩"。在形成新的攻关分类清单基础上，寻求上下游配套政策联动的攻关机制，为攻关项目和产品"一路开绿灯"。

2. "锻长板"战略：强化我国医药行业"威慑力"和"反制力"

要高度关注由于原材料价格上涨、能源电力紧张、环保压力加大、国际贸易运输成本大幅攀升等多重因素叠加，导致的原料药、仿制药在国际产业分工格局话语权存在弱化的风险，确保相关企业稳固在全球供应链中的位置。要紧密跟踪美国供应链审查动向，依托大数据手段，抓紧绘制全球药品产业链图谱，摸清我国在全球供应链中的优势门类、优势企业和优势品种，研究有针对性的支持政策。要想方设法支持国内原料药和仿制药企业开发新工艺，进一步降低生产成本，抵消国内药品集中采购带来的负面影响，避免产能大规模转向海外。进一步支持合同研发（CRO）、合同生产（CMO）发展，在全球医药产业链关键环节站稳脚跟。要以更大力度吸引跨国医药企业到我国投资开设原料药工厂，不断强化集聚效应。有序鼓励国内企业到"一带一路"沿线国家投资设厂，形成全球化产业战略布局（见表19-1）。

表 19 - 1　　　　　我国生物医药产业链有望成为"杀手锏"的领域

部分领域	优势份额
原料药	占全球产能的30%
其中：肝素和盐类	占美国进口量的43%
抗生素	占美国进口量的36%
合同研发服务（CRO）	占全球市场比重的30.4%

资料来源：笔者根据美国百日供应链审查报告等相关资料整理。

3. "新赛道"战略：着力构建"你中有我、我中有你"新格局

要瞄准疫苗、新冠肺炎特效药、细胞治疗等前沿热点新兴领域，鼓励原始创新，持之以恒加大投入，力争形成一批重磅级新产品。要积极部署信息技术与生物技术融合发展，力争在人工智能药物研发、基因检测、脑科学等方面涌现一批具有国际影响力的企业。要发挥政府战略购买者作用，加大订单式采购力度，为创新型企业提供良性循环发展环境。鼓励各地吸引海外生命科学领域科学家、企业家来华发展。支持本土企业投资收购海外新技术、新成果、新企业。

（二）政策建议

1. 分清时序，集中力量攻克"卡脖子"环节

发挥我国社会主义制度集中力量办大事的优势，优化配置全国优势创新资源，组织生物医药优势企业，推动重要领域关键核心技术攻关，补齐产业发展短板。

一是强化国家生物医药战略科技力量。针对当前面临的生物医药难题和"卡脖子"问题，充分激发企业创新主体攻坚克难的积极性，启用生物医药优势企业承接国家重大任务，以创新灵活的方式奖优罚劣，促使更多优秀企业脱颖而出，打造一支生物医药技术创新的企业主力军，团结协作打好关键核心技术攻坚战，抓紧推进能够快速突破的技术，提前布局战略性技术，着力解决制约生物经济发展和生物安全的重大难题。

二是率先提升重点领域、关键环节生物医药技术创新能力。加快对创新药、疫苗等核心新产品的开发，发展本土的实验室仪器与高值耗材及核心部件制造业，重点突破我国制药设备薄弱环节，实现高端设备自主可控；加强对生命安全、生物安全领域关键核心技术和重大科技成果攻关，做好应对重大突发公共卫生事件、生物安全事件的技术储备；推动实施重大传染病防治、智能制造与机器人等涉及生物医药技术创新能力建设的国家科技重大项目，加强生命科学领域的基础研究和医疗健康关键核心技术突破；提升人工智能、边缘计算在生物医药技术开发方面的应用，助力提高生物医药研发效率，加速新药研发流程。

三是完善关键核心生物技术攻关的新型举国体制。注重国家生物技术创新体系建设，加快整合医疗机构、优势高校和科研院所、生物医药头部企业的科研力量，打造生命科学、生物技术、医疗卫生等联合技术攻关体系。强化国家意志，打破医药产业与信息产业之间的行业壁垒，鼓励我国信息技术头部企业与生物技术企业、医疗机构等主体的深度合作。

2. 全力补短，扎实提升产业创新能力

一是加强人才引进培养。要招引海内外高层次人才和团队，缩小与欧美国家的人才

竞争优势差距，建立完善"高精尖缺"人才引进机制，厚植我国国际高层次生物人才施展才华与抱负的土壤，以更大的事业格局、更高的国家礼遇吸引一批高层次战略科技人才、科技领军人才、创新团队。巩固提升高等院校及科研院所现有技术优势，在全球抢占领跑地位，号召广大科技工作者提升科学雄心，加强创造性思辨能力，研究提出新理论与新路径，勇于探索生命前沿科学无人区，取得更多高水平的原创成果。

二是推动企业独立创新。要引导生物医药企业面向世界医药科技前沿、面向我国生物经济主战场，面向人民健康、生物安全等国家重大战略需求，提高自主创新能力，不断向科学技术广度和深度进军。以认识和遵循相关科学规律为导向，积极参与科研界的基础理论研究，争取厘清源头和底层的逻辑，持之以恒，久久为功，实现关键核心技术自主可控。积极承担国家关键核心技术攻关重大任务，参与解决"卡脖子"的一系列堵点，为增强我国生物技术创新韧性贡献力量。

三是强化国际合作。科技自立自强和国际合作是辩证统一的关系。坚持科技自立自强，不代表盲目探索，自主创新也不等于闭门创新，而是以全球视野用好全球创新资源，让创新之路走得更宽。要引导生物医药企业顺应生物科技创新要素全球流动的趋势，加大开放式创新，加强国际科技合作，主动融入全球技术创新网络，充分利用"两个市场、两种资源"，尤其是全球人力和资本等创新要素，不断提升技术创新能力及在全球创新格局中的地位。此外，面对国家基础研究数据库建设等不确定性任务，储备人力、物力、财力，未雨绸缪，做好可行性与必要性研究与建设方案。

3. 多措扬长，提升产业竞争力和影响力

一是积极推动"走出去"。考虑到欧美制药巨头在美国、加拿大、欧盟成员国、英国和日本等发达国家已经有着成熟的注册申请、渠道和推广经验，我国生物医药企业可以与"一带一路"沿线国家和地区深入开展临床研究、注册申请、销售等方面的务实合作，实现生物医药产品与企业"走出去"，开辟新的国际市场空间。

二是加大力度"引进来"。着力构建"你中有我、我中有你"新赛场，鼓励各地吸引海外生命科学领域科学家、企业家来华发展，进一步吸引跨国医药企业到我国投资开设工厂，不断强化集聚效应，在我国内部形成国际竞合新赛场。

三是着力推动"产学研医金"融合发展。鼓励生物医药企业面向国内科研机构开展业务合作，与高校、科研院所、医院合作成立研发机构，建设各类有利于产业共性技术创新的平台，以技术平台建设为切入点扎根国内技术创新网络，共生共荣。支持形成高风险高回报的良性机制，鼓励金融资本向生物医药领域投资。

4. 着眼未来，优化生物医药产业链生态

鼓励各类创新主体转变思想观念，共建、共享本土创新网络，形成富有活力的创新生态，适应全球生物医药创新模式与激烈的国际竞争。

一是组织医药企业成立创新联合体。在单个企业竞争力较弱的情况下，创新联合体

往往是应对国际竞争的有效组织方式。统筹各环节、各领域的企业创新主体，构建多元化的创新生态，形成体系化、任务型的创新模式，推动我国高层次人才从科研院所流向创新联合体，通过联合体内平台设施共建共享、人才交流、协同创新等举措，提高内部资源配置效率、降低内部交易成本，打造整体竞争优势。

二是强化本土生物技术创新网络。鼓励生物医药企业之间，生物医药企业与我国大学、科研机构、投资机构加强合作。对与本土企业、科研机构开展技术合作的生物医药企业，按合同交易金额一定比例给予奖补，增加我国本土创新网络的吸引力与黏着力。鼓励科研机构主动融入国内外生物技术创新网络，在开放合作中提升自身科研水平，成为全球创新网络的重要节点。

三是注重打造生命科学活跃社群。打通人才流动渠道，创造条件让科学家、企业家、职业经理人在高校、科研机构和企业之间有序流动，推动我国科学家增强企业家精神，企业家增强科学家精神，助推我国生物人才不断提升综合素质，为跨界对话打好基础。促进科研院所与企业的沟通交流常态化，各地定期举办面向学术带头人与企业家的沙龙、茶话会、研讨会，为技术开发与产业化紧密结合营造氛围、创造机会。

四是孕育土生土长的生物医药企业。通过加快发展一批新型研发机构、鼓励科研机构与优势企业合作、构建协同开放的公共服务平台等具体举措，加强我国产学研合作创新，与此同时，建设生物医药小微企业创新创业公共服务平台，完善生物医药企业全过程孵化服务链条，孕育一批生物医药企业成为我国科技成果转化的重要渠道。

五是打造大中小企业融通创新格局。鼓励通过合资合作、兼并重组等方式，形成一批拥有拳头产品、主业突出、核心能力强的新型生物企业大集团，强化全球竞争思维，提升全球配置创新资源水平，以投资、技术购买、合作等方式支持生物医药企业在创新前沿的无人区和高风险领域进行探索。支持我国大型药企与国内外生物医药企业开展合作，遏制我国创新资源单向流出，并争取全球创新成果为我所用。

本章参考文献

［1］陈曦、韩祺：《新发展格局下的科技自立自强：理论内涵、主要标志与实现路径》，载于《宏观经济研究》2021 年第 12 期。

［2］韩祺：《生物产业发展战略与政策——把握疫情带来的窗口机遇期"面向人民生命健康"加快发展生物经济》，载于《中国生物工程杂志》2021 年第 6 期。

［3］韩祺：《寻找新一轮经济增长的驱动力——对信息经济和生物经济的思考与研究》，科学技术文献出版社 2018 年版。

［4］韩祺、于潇宇：《贯彻"面向人民生命健康"国家战略导向 加快建设科技强国》，载于《中国经贸导刊》2021 年第 6 期。

［5］姜江：《增强战略性新兴产业产业链供应链自主可控能力的思考》，载于《经济纵横》2022 年第 2 期。

［6］姜江、白京羽：《"十四五"战略性新兴产业发展的思考》，载于《宏观经济管理》2020 年第 1 期。

［7］邱灵、韩祺、姜江：《中国生物经济发展战略：面向 2035 的生物经济强国之路》，科学出版社 2022 年版。

［8］王昌林、姜江：《"创新、壮大、引领"：新时期赋予战略性新兴产业新使命》，载于《中国战略新兴产业》2017 年第 1 期。